RÖMISCHE HÄUSER, VILLEN UND PALÄSTE

Alexander G. McKay

RÖMISCHE HÄUSER, VILLEN UND PALÄSTE

Deutsche Ausgabe
bearbeitet und erweitert von Rudolf Fellmann

Atlantis

Dieses Buch erscheint im Rahmen der Zeitschrift *Antike Welt,* herausgegeben vom Raggi-Verlag
Aus dem Englischen übersetzt von Heide Bideau
Originaltitel: «Houses, Villas and Palaces in the Roman World»

Atlantis Verlag Luzern und Herrsching

Sonderausgabe 1984
ISBN: 3-7611-0585-1

Inhaltsverzeichnis

6 Vorwort

10 Die etruskischen Grundlagen

26 Die italischen Stadthäuser: Pompeji, Herculaneum und Cosa

59 Rom und Ostia: Domus und Palatium

76 Italische Mehrfamilienhäuser

95 Italien: Villae rusticae, suburbanae und maritimae

128 Römische Innenausstattungen und Dekorationen

151 Östliche Provinzen und Nordafrika

177 Die europäischen Provinzen

Anhang

227 Anmerkungen 240 Bibliographie 246 Glossar 251 Register

VORWORT

Die moderne Archäologie hat, was die Aufdeckung und Untersuchung von Privatbauten der Griechen und Römer aus nahezu jeder Periode und von einer Vielzahl von Orten anbetrifft, eindrückliche Fortschritte gemacht. Seit Bertha Carr Riders Arbeit erstmals veröffentlicht wurde[1], können wir das griechische Haus sehr viel genauer erfassen. Es sind Strukturen sichtbar geworden, die, obwohl sie vergänglich sind, ein Gefühl für Würde widerspiegeln, eine Feinfühligkeit für die Bedürfnisse der Familie und ein ästhetisches Gespür, das durchaus mit anderen Leistungen griechischen Geistes übereinstimmt. Die krasse, immer noch von gewissen Geschichtsbüchern wiederholte Verallgemeinerung, daß die Griechen das kommunale Zentrum, die *palaestra* oder den Tempelbezirk aufsuchten, weil ihre Häuser so belanglos und unerfreulich waren, haben die herrlichen Funde in Olynthus und Delos sowie neuerdings in Attika und in Athen selbst gänzlich zunichte gemacht[2]. Die schlichte Behausung des Sokratesschülers Simon des Schuhmachers, die zugleich Geschäft war, gehört dem 5. Jh. v. Chr. an. Sie und das Atelier-Haus des athenischen Bildhauers Mikion belegen ein unerwartetes Maß an Brauchbarkeit und Komfort[3]. Die Tradition der antiken griechischen Hausform dauert, weiterentwickelt, bis auf den heutigen Tag fort, oft mit einer erstaunlichen Ähnlichkeit in der Einstellung zum häuslichen Leben[4]. Man spürt auch in den aufgedeckten Häusern der alten Griechen und Römer die Gegenwart lebender Menschen, eine Vertrautheit, die die Zeit überdauert und die private Sorgen und den Wohlstand einer Familie in unheimlichen Einzelheiten auferstehen läßt. Das rekonstruierte *cubiculum* der Villa von Boscoreale im Metropolitan Museum in New York und das herrlich rekonstruierte römische Haus in Augusta Raurica in der Schweiz sind nur zwei Beispiele für das, was unter geschickter Leitung und mit hinreichenden Mitteln erreicht werden kann[5].

Das unternehmungsfreudige Ingenieurgenie Hippodamus, der milesische Stadtplaner, und andere mit demselben Beruf, die anonym bleiben, gestalteten im Hellas des 5. Jh. v. Chr. und in der Magna Graecia griechische Stadtanlagen von Grund auf um. Darauf entstanden zweifellos neue Haustypen, die sich in die schachbrettartig konzipierten Ortschaften einfügten[6]. Indes war es von altersher zu jeder Zeit schwer, Lebensgewohnheiten zu verändern. Nero war bestrebt, nach dem großen Feuer von 64 n. Chr. mit väterlicher Fürsorge einzugreifen, um der Probleme der städtebaulichen Konfusion in Rom Herr zu werden. Aber selbst er konnte mit seinem mächtigen Einsatz und seinem Ingenieurverstand keine neuen Lebensgewohnheiten erwecken. Die Masse der römischen Bürgerschaft blieb in ihren *botteghe oscure* eingeschlossen, träumte wehmütig von pastoralen Landschaften und ließ sich vom Gedränge, der Fröhlichkeit und Abwechslung in der Metropole fesseln. Juvenals Umbricius zog Cumae, eine Landstadt in Campanien, der rücksichtslosen, unpersönlichen Hauptstadt vor; aber er war einer der wenigen, die sich gänzlich dem Reiz des Stadtlebens und den «Brot und Circus»-

Belohnungen entzogen, mit denen die Kaiser für ihre unruhigen Untertanen sorgten. In den Landstädten Italiens finden sich Belege für einladende Häuser, die systematischer und geräumiger angelegt waren als die entsprechenden metropolitanen Beispiele. Wir haben hier dasselbe Bild wie in W. G. Audens satirischen Zeilen über das England der Zeit vor Chamberlains Gang nach München: «Die sich für Füchse halten/ Oder einen besonderen Platz für ihre Spinnereien/ Errichten ihre Villen an den rechten Orten/ Luftdicht, beleuchtet, gut beheizt». Als zusätzliche Dreingabe konnte man sich einen Garten halten und seine Gäste mit einem Wandbild nach einem berühmten Meister oder mit einem eindrucksvollen Mosaikboden beeindrucken. Stadthäuser neigten zur Beibehaltung des traditionellen Atriumgrundrisses, wurden jedoch mit neuentwickelten Elementen wie Peristylen, Portiken und Durchblicken auf eine Art und Weise ausgestattet, die noch heute Bewunderung erregt.

Unter dem Gesichtspunkt von Ausstattung und Dekor können wir viel von der Innendekoration olynthischer, delischer, campanischer und von Häusern in der Provinz lernen. Es gibt einige erstaunliche Vorwegnahmen von Interieurs der Renaissance und des Barocks sowie von surrealistischen, abstrakten Malereien von ungewöhnlicher Qualität und Modernität. Das Entfernen von Wandbildern aus ihrer ursprünglichen Umgebung hat glücklicherweise aufgehört, und die fortschrittlichen Ausgräber von Stabiae und Pompeji haben wie andernorts zu den notwendigen Maßnahmen gegriffen, um ihr Überleben *in situ* sicherzustellen zur Freude und Belehrung der Besucher.

Antike Schriftsteller, Griechen wie Römer, schieben oft in ihre Werke Bemerkungen über Hausformen, Innenräume, Einrichtungsgegenstände und ähnliches ein. Homer, die griechischen Tragiker, die Redner, die Philosophen und die Biographen bieten Schilderungen und Meinungen, die ebenso bildhaft und wertvoll sind wie epigraphisches oder archäologisches Material. Virgil, dessen Paläste Spiegelungen von hellenistischen Wohnsitzen darstellen[7], Horaz, Plinius d. Ae. und sein Neffe Plinius der Jüngere sowie die römischen Satiriker bringen eine Fülle von Anspielungen auf Hausformen. Ihre Stellungnahmen sind so unparteiisch und so freigebig wie meine eigenen. Die Paläste von Kaisern, kaiserlichen Legaten und Klientelkönigen, die Luxusvillen von reichen Aristokraten und prätentiösen Freigelassenen in der Umgebung Neapels, sowie die stattlichen Häuser von *domini* und finanzgewaltigen in den Provinzen wetteifern um Aufmerksamkeit mit den Häusern der einfachen Leute, wo Schlichtheit, Wirtschaftlichkeit, Anmut und Brauchbarkeit oft bestimmende Gestaltungsfaktoren waren.

Die überseeischen Tochterstädte Roms gebieten Hochachtung vor der Größe der kaiserlichen Mission – *parcere subiectis et debellare superbos* – «den Eroberten Gnade erweisen und die Hochmütigen unterwerfen»[8]. Rom hielt an einer Herrschaftsform fest, die manchem bedrückend und anmassend erscheinen mochte. Für die Mehrheit gewährleistete das Imperium Romanum jedoch eine längere Friedenszeit als man sie je zuvor gekannt hatte oder später erleben sollte. Der *colonus*, ob Soldat oder Grundbesitzer, in Bezirkshauptstädten oder auf abgelegenen Gehöften lebend, blieb Rom durch Dick und Dünn treu ergeben. Die römischen Gründungen waren von einer gewissen Monotonie. Timgad, Volubilis, Silchester und Verulamium, Italica und Ephesos bringen den Besucher mit einer in ihrer Modernität verblüffenden Umwelt in Berührung. Terrassen- und Hochhauswohnungen, kompakte und ansprechende Stadtplätze, großartige öffentliche Gebäude und Tempel, Einkaufszonen und Handelszentren, gepaart mit dem Verkehrschaos, dem Durcheinander und der Häßlichkeit übervölkerter Städte sind eine Erfahrung, die sie alle machen. Rom ist ein Spiegel für unsere eigene Zivilisation, gibt aber keine leichte Antwort auf die rätselhaften Probleme unseres eigenen Stadtlebens. Bei all seiner Abgelegenheit bietet England ein abgerundeteres Bild vom Leben in den kaiserzeitlichen Provinzen als irgendeine andere Provinz. Londinium, Silchester, Verulamium und Lincoln konnten kaum die Bedeutung von Alexandria, Antiochia, Pergamon oder Trier für sich beanspruchen. Trotzdem ermöglichen sie uns, mehr als alle anderen Orte, selbst solche in Italien, Aspekte des römischen Lebens mit Hilfe von mühsamer archäologischer Freilegungs- und Forschungsarbeit umfassender und mit mehr Gewinn zu verstehen.

Der Wagemut und die überall im Reich zur Erneuerung drängende Energie der Architekten und Bauherren faszinierten immer wieder. Offensichtlich umfaßt die Auswahl, die in diesem Buch umrissen werden kann, nur einen kleinen Teil des bekannten und ausgegrabenen Materials; die jedem Kapitel beigegebene Bibliographie sollte für zusätzliche Beispiele und ausgreifendere Betrachtung anregen. In der gesamten römischen Welt sind die Belege für den Wagemut und die Fähigkeit provinzieller Architekten und Bauherren fast unüberschaubar.

Mein Ziel war, eine lesbare, informative und zeitgemässe Übersicht zum Thema zu liefern, eine verbindliche Auswahl von Zeichnungen und Photos zu bieten, die das gedruckte Wort erhellen und die Vorstellungskraft inspirieren sollten. Die Wahl der Beispiele war willkürlich, aber überlegt. Fachmann und interessierter Laie sollten die Zusammenstellung nützlich finden, und wäre es auch nur darum, weil keine andere Monographie das Thema so umfänglich abdeckt. Carl Blegen, Alan Wace, Homer Thompson, Walter Graham und viele andere haben durch ihre Ausgrabungsarbeit und ihre klar verständlichen Berichte das Repertoire und das Verständnis hellenischer Häuser stark erweitert. Italiens Beitrag, unbestreitbar vielfältiger als das der griechischen Halbinsel und der Inseln, ist in vieler Hinsicht Amedeo Maiuri, dessen Hartnäckigkeit und Glück legendär sind, sowie auch Alfonso de Franciscis, Frank E. Brown, Lawrence J. Richardson Jr., John B. Ward-Perkins und den Mitgliedern der British School in Rom, Erik Sjøqvist, Richard Stillwell, Axel Boëthius und sehr vielen anderen zu verdanken. Die neueren Funde in Gegenden der römischen Provinz und wissenschaftlichen Berichte machen mir wiederholt die wichtigen Beiträge bewußt, die Franz Miltner und Hermann Vetters, Raymond Thouvenot, John B. Ward-Perkins und Richard Goodchild, A. Grenier und K. M. Swoboda, M. Rostovtzeff, Sir Ian Richmond, Sheppard Frere, Barry Cunliffe, A. L. F. Rivet und eine Schar von weiteren Gelehrten verfaßt haben.

Ich schulde mehr Wissenschaftlern Dank als ich höflicherweise aufzählen kann. Sie haben während zwanzig Jahren meine Vorlesungen mit Rat und Unterstützung gefördert. So danke ich dem verstorbenen Commendatore Amedeo Maiuri, dem ebenfalls verstorbenen Professor Libero d'Orsi, dem unermüdlichen Ausgräber von Stabiae, John B. Ward-Perkins, Dr. Edward Togo Salmon, Dr. Claudio Pellegrino Sestieri, dem verstorbenen Dr. Robert F. Paget und in besonderem Masse Dr. Axel Boëthius. Der verstorbene Dr. Ernest Nash von der Fototeca Unione in Rom war immer zur Hilfe mit Rat und Photos aus seinem Materialienschatz bereit. J. Appleton Thayer, der verstorbene Ehrenpäsident der *Vergilian Society of America*, hat mich immer wieder ermutigt und sich für meine wiederholte Ernennung zum Leiter des Überseeprogramms der *Vergilian Society* in Cumae, dem eigentlichen Herzen der campanischen Archäologie, eingesetzt. Nicht zu vergessen ist die freundliche Einladung von Professor H. H. Scullard, einen Band für seine Buchreihe «Aspects of Greek and Roman Life» zu liefern.

Wiederholt wird mir meine Schuldigkeit gegenüber Paul MacKendricks Kompendien archäologischer Geschichte und Funde sowie gegenüber Edith Wightmans Studie über das römische Trier bewußt. Den meisterhaften Berichten und Schriften von Joan Liversidge und Sheppard Frere verdanke ich viel, was detaillierte Aspekte des täglichen Lebens und der Inneneinrichtung anbetrifft. Schließlich schulde ich unendliche Dankbarkeit meiner Frau Jean und Frau Veronica Morrison für ihre konstante Tatkraft und Sorge beim Abschreiben des Manuskriptes und Prof. Rudolf Fellmann für seine Sorgfalt bei der Überarbeitung der Übersetzung vom Englischen ins Deutsche, für seine Änderungen und eigenen Zusätze zur ursprünglichen Ausgabe in englischer Sprache und dem Raggi-Verlag für die Bemühungen um eine Verbesserung der Bebilderung.

Hamilton, Kanada A.G.M

Die etruskischen Grundlagen

Das Rätsel um die Herkunft der Etrusker bleibt weiterhin ungelöst[9]. Selbst in der Antike ließ sich die Frage nach dem Herkunftsland der Etrusker nicht bündig beantworten. Die geringe Zahl erhaltener Inschriften bietet keine hinreichende Auswahl, um den Gelehrten zu ermöglichen, die Sprache der Etrusker in Italien vollständig zu entschlüsseln. Jedoch ist aufgrund der Wörter, die mit einiger Sicherheit übersetzt werden können, erwiesen, daß die Sprache weder indo-europäisch noch semitisch ist. Griechen und Römer waren hinsichtlich der ursprünglichen Heimat der Etrusker ebenso unsicher wie die modernen Forscher: Herodot von Halikarnassos sah in den Etruskern Lyder, die in einer Zeit des Hungers und allgemeiner Not von Kleinasien nach Italien ausgewandert waren[10]; der ebenfalls aus dieser unter Augustus aufblühenden griechischen Stadt in Kleinasien stammende Dionysios von Halikarnassos betrachtete die Etrusker nicht als ein eingewandertes, sondern als ein einheimisches, seit frühesten Zeiten in Italien ansässiges Volk[11]. Die Theorie, daß sie ursprünglich jenseits der Alpen beheimatet gewesen wären, hat kaum mehr Anhänger.

Eine der heute vertretenen Meinungen gibt einer Reihe von sukzessiven Invasionen den Vorzug. Die erste, während der Eisenzeit erfolgte Besiedlungswelle führte Siedler in das Gebiet der Toskana und Latiums. Es war ein Volk, das die Leichenverbrennung kannte und gewisse Ähnlichkeiten mit nordeuropäischen Völkern aufwies. Diese seefahrenden Eindringlinge aus dem östlichen Mittelmeerraum, die zwischen 1000 und 500 v. Chr. ankamen, überwältigten schnell die ansässige bronzezeitliche Bevölkerung – Landwirtschaft treibende und friedfertige Leute – und leiteten eine neue Zeit ein, in der Seeräuberei und kriegerische Abenteuer an der Tagesordnung waren. Zu Beginn der Periode des sogenannten Orientalischen Stils erreichte eine weitere von Osten kommende Gruppe, die sich selbst *Rasenna* nannte, die toskanische Küste und löste eine neue Kulturphase in der sogenannten Villanova-Kultur aus. Herodot und Thukydides nannten sie *Tyrsenoi* (offensichtlich kein griechisches Wort), Griechen und Italiker *Tyrrhenoi* und *Tyrsenoi*, *Tusci* und *Etrusci*. Diese neuen Zuwanderer aus einem hochentwickelten Kulturkreis erwarben bald eine wahrscheinlich von den Griechen in Cumae (nach 750 v. Chr.) entliehene Buchstabenschrift zur Aufzeichnung der etruskischen Sprache. Diese letzte Etappe im Verlauf der Invasionen markiert den Anfang vom Aufstieg Etruriens zur Vormachtstellung in Mittel- und Norditalien.

Der Anteil der Villanovakultur an der Entwicklung des späteren italischen und etruskischen Haustypus ist ungewiß. Aber Hausformen sind gewöhnlich weit mehr als Tempel und Gräber landschaftlich und klimatisch bedingt, und die Träger der Villanovakultur der frühen Eisenzeit müssen schon vor der Ankunft der *Tyrsenoi* Formen entwickelt haben, die dem Klima der Toskana angepaßt waren.

Villanova-Häuser waren grundsätzlich einfache Hirtenbehausungen, wohl nicht unähnlich den *capanne* im heutigen Italien; auch Spuren der rechteckigen *megaron*-

Form sind nachgewiesen, einer für das Griechenland der sogenannten geometrischen Periode typischen Form.

Nach Ausweis von Aschenurnen der Villanovazeit, die in Mittelitalien, insbesondere in Latium gefunden wurden, waren die Hirtenhütten rudimentäre, aus Flechtwerk 1, 2
und Lehm errichtete Gebäude mit steilem, auf zwei Seiten abfallendem Strohdach und schrägen Giebeln. Mitunter war eine dreieckige Öffnung in das Dach eingelassen, durch die Rauch abziehen und Licht einfallen konnte. Oft war der Firstbalken mit Hörnern, Vögeln und dergleichen verziert, was auffallend an die spätere Neigung der Etrusker erinnert, die Firstbalken ihrer Tempel in spätarchaischer und frühklassischer Zeit mit Terrakottafiguren zu schmücken. Solche Hütten waren die gebräuchlichsten Behausungen in dem Dorf auf dem Palatin, das Rom vorausging. Dieselben Formen müssen den Leuten der Villanovakultur wohl auch an anderen Orten gedient haben. Ein Vergleich der Gräber und der Überreste von Häusern zeigen, daß die Etrusker rechteckige Giebeldachhäuser bevorzugten. Gräber und Reste von Tempeln sowie auch Ausführungen Vitruvs erhellen Form und Bauweise der ältesten, voll entwickelten etruskischen Häuser in der archaischen Periode. Sicher ist, daß spätestens gegen Ende des 6. Jh. v. Chr. die etruskische Tempelarchitektur in einem charakteristischen Konservatismus anscheinend bestimmten, festgelegten Formen anhing. Der Tempel war gewöhnlich ein Gebäude, das auf einem hohen Podium errichtet, frontal ausgerichtet war und nur einen Zugang hatte. Vorne besaß er eine tiefe Vorhalle und dahinter entweder einen einzigen ungeteilten oder einen großen, in drei separate *cellae* unterteilten Raum. Laut Vitruv waren die eben geschilderten *tuscanicae dispositiones* ein gleichbleibendes Charakteristikum. Orientierung und Axialität bestimmten die Gestaltung des Tempels[13]. Das schräge Dach war so angelegt, daß es weit über die Seitenwände vorkragte, wohl zum Schutz der empfindlichen Malereien auf den Terrakottaverkleidungen und stuckierten Flächen an den Seitenwänden des Gebäudes.

1 (oben). Aschenurne in Form einer Hütte aus der Villanovazeit.
2 (rechts). Hütte aus der Villanovazeit, Rekonstruktion.

3. Veii. Tempel der Minerva. Modell.

3 Die massiven Seiten- und Rückwände wurden in einer Ziegel- und Holzrahmenkon-
struktion errichtet und ruhten auf Stein- und Tuffsteinfundamenten. In der tiefen,
schattigen Vorhalle standen hölzerne Säulen, aber abweichend vom griechischen
Tempel gab es keine umlaufende Kolonnande. Die sechs Säulen der Vorhalle – es sind
4 selten mehr – widerspiegeln die Innenaufteilung der *cella:* vier Säulen stehen in der
vorderen Reihe, dahinter zwei weitere Säulen *in antis* (d.h. zwischen den vorspringenden Flügeln der Seitenwände). Dieses völlig ungriechische und für griechisches und
römisches Empfinden gleichermaßen wuchtige, ausgreifende und ungefällige Bau-
schema spiegelt sich vielfach in den Felsgräbern von Caere und Tarquinia. Nur das hohe
Podium und die Prozessionstreppe fehlen.

Etruskische Steinmetze, die in den Tuffsteinhügeln Etruriens Gräber für die reichen
Zeitgenossen schufen, übertrugen genauestens die Formensprache der damaligen
Sakral- und Profanarchitektur[14]. In einem Material, das weniger vergänglich war als
das der Vorbilder, haben sich an den Decken der Vorhallen oft die sorgsam gearbeiteten
Holzbalken der oberirdischen Bauten erhalten. Die Gräber von Caere reproduzieren
gewöhnlich alle Einzelheiten der auffallend schweren Balkenwerke, der Firstbalken,
Sparren, Leisten und mitunter sogar der Kassetten. Wenngleich Halloway und andere
zu Recht festgestellt haben, daß viele der Grabmalereien offene Pavillons darstellen,
zeugen doch viele dieser naßkalten und hoffnungslos verfallenden Räume von dem
bewundernswerten Balkenwerk, den eleganten Dachformen, Türpfosten und Tür-
stürzen, welche vermutlich die Häuser der *lucumones* und der reichen Bürger auszeich-
neten. Strabo, Vitruv und Dionysios von Halikarnassos preisen übereinstimmend die
großen Wälder Mittelitaliens, die vorzügliches Bauholz lieferten. Das Innere dieser
Gräber, wie auch die Fülle an schützenden Terrakottaverkleidungen bestätigen, daß
ihre Aussagen für die klassische Zeit zutreffen[15]. Gelegentlich weisen die Vorhalle oder
der Atriumhof aus demselben Tuffstein gehauene Säulen auf, die einen propyläenarti-
gen, monumentalen Zugang zu den inneren Kammern schaffen, wie dies beispielsweise
6 im «Grab der Kapitelle» und im «Grab mit dem Alkoven» in Caere der Fall ist. Oft
sind die Wände im Innern mit Fenstern und immer mit Türen durchbrochen, weitere
Anklänge an den oberirdischen Haustypus. Vielfach gab es im großen Vestibül Bänke
und Stühle, das heißt in Stein übertragene Versionen der Möbel, die in der Stadt der

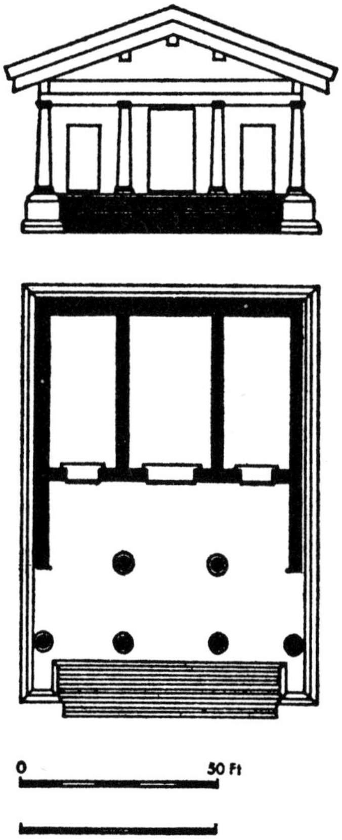

4. Cosa. Plan des Capitolium (Boëthius & Ward-Perkins, fig. 64).

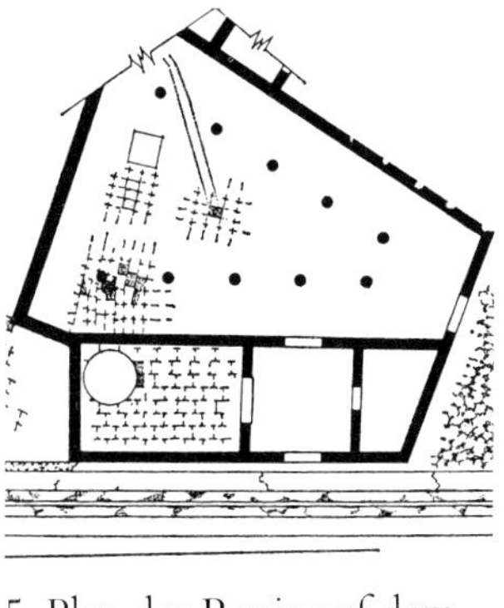

5. Plan der Regia auf dem Forum Romanum (F. E. Brown, fig. 80).

Lebenden benutzt wurden, wo die Klienten geduldig auf den *patronus* warteten. Die Vorhalle öffnete sich gewöhnlich zu einer Hauptkammer mit zwei Nebenräumen *(alae)*. Es handelt sich abermals um eine Dreigliederung, die wieder an die Tempelarchitektur erinnert.

Ohne Zweifel sind die frühen etruskischen Städte und Häuser stark vom Nahen Osten her beeinflußt. Im Mittelpunkt des streng religiös ausgerichteten Staates und des politischen Lebens standen die Heiligtümer, in denen wahrscheinlich orientalische Ursprünge anklingen; doch sollte auch in Betracht gezogen werden, daß importierte Formen mit solchen einheimischen Ursprungs verschmolzen wurden oder von diesen überlagert werden konnten. Bereits um 550 v. Chr. wurden etruskische Städte planmäßig angelegt – sicherlich wieder ein Ergebnis nahöstlicher Versuche, denn Hippodamus von Milet war gewiß nicht der erste Städteplaner – und als Folge dieser neuen, regelmäßigen Stadtanlagen entstanden in Etrurien neue Hausformen. Das «Regolini-Galassi Grab» in Caere mit seinen unglaublichen Schätzen, die bienenstockartigen Gräber in Vetulonia und die wichtigen Funde in Casaglia Marittimo, Populonia, Volterra und Sesto Fiorentino zeichnen sich alle durch orientalischen Luxus aus, so daß man auf frühe östliche Einflüsse schließen möchte. Boëthius und Gjerstadt sind sich einig, daß die Form der frühesten Atriumhäuser und die von diesen abhängigen Gräber auf eine etruskische Tradition zurückgehen, die dem östlichen einstöckigen Liwan-Baustil verwandt ist, der noch heute in Syrien und weitherum im Nahen Osten heimisch ist[16]. In Veji gefundene Hausfundamente aus der archaischen Zeit belegen, daß den rechteckigen Häusern der griechische *Megaron*-Grundriß zugrunde liegt, der aus einem Vorraum von geringer Tiefe und einem tiefen, rückwärtigen Raum besteht, in dem die Feuerstelle untergebracht war. In Rom folgte die traditionell *Numa Pompilius*, dem zweiten römischen König zugeschriebene *Regia* demselben überkommenen Bautypus, 5
der hier aber noch durch einen offenen Hof mit Brunnen ergänzt wurde. Diese uralte Hausform wurde, solange die *Regia* existierte, bei jedem Wiederaufbau unverändert beibehalten, weil sie der Wohnsitz des Pontifex Maximus war[18].

6. Caere (Cerveteri). «Grab der Kapitelle».

Wohl das interessanteste Merkmal der Gräber von Orvieto ist ihre Ausrichtung auf eine einzige Straße, was vermuten läßt, daß bereits im 6. Jh. v. Chr. in den etruskischen Städten bei der Planung ein Schachbrettmuster oder Gitternetz mit sich rechtwinklig kreuzenden Straßen Anwendung fand. Grabtypen und Grabungsfunde belegen, daß die Etrusker in der archaischen Zeit mehrere Hausformen kannten. Die Kammergräber von Caere bezeugen auch die Vielfalt an Türen, die es in Privathäusern gab. Viele der anmutig geformten und verzierten Türrahmungen deuten auf schwere, mit Bronzebeschlägen dekorierte, hölzerne Vorbilder hin; wie etwa auch die Scheintüre an der rück-
7 wärtigen Wand des Augurengrabes in Tarquinia (um 540–530 v. Chr.)[19]. Gewöhnlich verjüngen sich die Türgewände nach oben und haben mitunter eine vorstehende Einfassung, die in den Ecken der T-förmigen Türrahmung in einen gekrümmten Habichtschnabel ausläuft.

Die literarischen Quellen, die das etruskische Haus betreffen, waren viele Jahre lang ein umstrittenes Diskussionsobjekt. Der Grammatiker M. Terentius Varro, ein Zeitgenosse Ciceros, meinte, daß die Römer das Atrium – das Wort und den Brauch – von der etruskischen Stadt Atria (Adria) übernommen hätten[20]. Er definierte und erklärte auch den Ausdruck *cavum aedium*, die Höhlung des Hauses, als «den überdachten Bereich innerhalb der Hausmauern, der offen gelassen ist und von allen benutzt wird», was voraussetze, daß das Atrium die Funktion eines Warteraumes zum Aufenthalt und Empfang von Klienten und Besuchern hatte.

Vitruv gibt weit wertvollere Belege über das Atriumhaus[21]. Der augusteische Militäringenieur und Architekt behauptet nicht, daß das Atrium eine aus der Stadt an der Pomündung stammende etruskische Hinterlassenschaft sei, er verwendet aber das Adjektiv tuskanisch in seiner Aufzählung der verschiedenen Atriumformen. Er benutzt das Wort Atrium als ein Synonym für Varros *cavum aedium*, und näher auf das tuskanische Atrium eingehend, führt er aus, es gehöre dazu ein Dach, welches auf zwei schweren Balken ruhe, die sich über die ganze Länge des Raumes erstrecken und die Längsseiten des *compluvium*, die Licht, Luft und Regen einlassende Öffnung, rahmen, die ja von den campanischen Häusern in Pompeji und Herculaneum her bekannt ist. Die Schmalseiten wurden durch zwei Balken gebildet, die zwischen den Hauptbalken eingehängt waren. So entstand ein Rechteck, von dem aus das Dach nach außen in vier Richtungen anstieg. Eine nur mäßig verzierte Holzdecke ist für die Etrusker überaus typisch, was in den Tuffsteindecken der Gräber anklingt. Vitruv stellt auch fest, daß an den Ecken des *impluvium* (des in den Boden eingelassenen Auffangbeckens) keine Säulen zur Abstützung des Rahmens *compluvium* (Oberlichtöffnung) standen. Das von Vitruv beschriebene Atrium mit *impluvium* war vermutlich um die Mitte des 3. Jh. v. Chr. in den hellenistischen Städten Campaniens eine verbreitete Erscheinung.

Es ist logischerweise anzunehmen, daß der weniger entwickelte Typ mit Walm- oder Giebeldach und ohne Oberlicht der ältere ist. Dieses völlig überdachte Atrium – wegen seiner Ähnlichkeit mit einem Schildkrötenpanzer *atrium testudinatum* genannt – hatte ein Satteldach und einen die ganze Hauslänge einnehmenden Firstbalken. Er entspricht der Beschreibung Varros. Bevor das *compluvium* das Dach durchbrach, beschränkte sich die Beleuchtung des «dunklen» Raumes vermutlich auf das Licht, welches durch die geöffnete Eingangstüre, durch Fenster in der rückwärtigen Wand des *tablinum* (des Wohnraums des Hausherren gegenüber der Eingangstüre, der sich zum Atrium öffnete) und von den ebenfalls mit Fenstern versehenen *alae* oder Nebenräumen einfiel. Mit größter Wahrscheinlichkeit ist das Haus mit Impluvium eine Entwicklung der

7. Tarquinia. «Grab der Auguren». Rückwärtige Wand der Grabkammer.

hellenistischen Zeit. Problematisch ist der Ursprung der Grundform. Vitruv und Varro zum Trotz haben sich aber bis in die jüngste Zeit nur Unerschrockene für einen etruskischen Ursprung der typisch römischen Hausform eingesetzt. Patroni hat jedoch bezüglich der Grundform dieses Haustyps überdenkenswerte Vorschläge vorgebracht [22]. Er postulierte die Existenz eines archetypischen italischen Bauernhauses mit einem einzi- 8, 9
gen Hauptraum und zwei nach Süden auf einen offenen Hof ausgerichteten kleineren Räumen *(alae)*. In dieser hypothetischen Behausung flankierten vielleicht zusätzliche Räume oder Schuppen die Hofseiten in einer Weise, daß zwischen diesen und den Zimmern an der Nordseite noch genügend Platz für freie Zirkulation blieb.

Akzeptiert man diesen etwas schematischen Grundriß als wesentliche Voraussetzung für das spätere Atriumhaus, muß man mit weiteren wichtigen Zwischengliedern auf dem Weg zur hochentwickelten Form des gedeckten oder mit Impluvium versehenen Atrium rechnen. Die Verpflanzung dieses ursprünglich bäuerlichen Hauses in eine städtische Umgebung hätte notwendigerweise mehrere Veränderungen zur Folge: vor allem würden in der städtischen Behausung die vom Hof abgehenden Erweiterungsbauten entlang dem zentralen Wohnraum zu *alae*, dazu bestimmt, die Familie des Besitzers oder Porträtbüsten der Vorfahren aufzunehmen; ebenso wären die Größe des ursprünglich den Brunnenschacht oder die Zisterne bergenden Hofes und seine Funk-

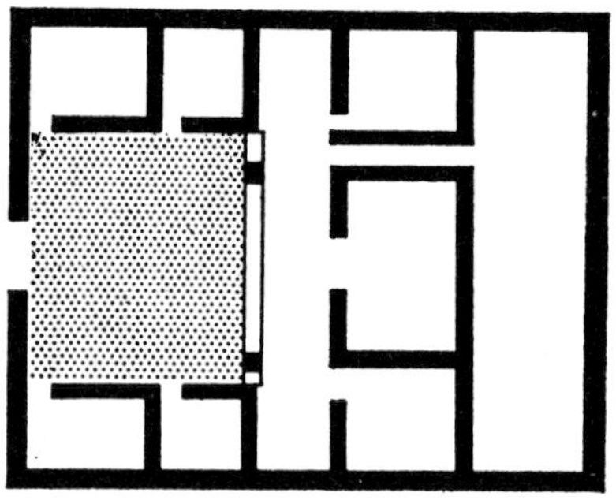

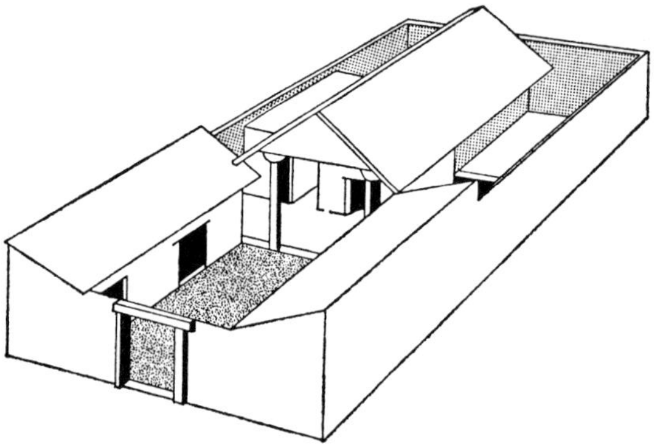

8 (links). Domus Italica. Plan des Prototyps nach Patroni (J. W. Graham, fig. 22).
9 (rechts). Domus Italica. Rekonstruktionszeichnung des Prototyps nach Patroni (J. W. Graham, fig. 25).

tion einzuschränken. Walter Graham meinte, daß die tief überhängenden Dachränder, die von den frühen etruskischen Tempelbauten bekannt sind, wohl weit in den Hof vorragten, daß deren weitere Verlängerung den Hof in einen hohen *Raum* – das Atrium – verwandeln würde, wobei in der Dachmitte eine hinreichend große rechteckige Öffnung entstünde[23]. Man möchte dieser Evolution zustimmen, die zum Atriumhaus mit Compluvium führte, aber der Wandel geschah nicht plötzlich, und der Typus mit durchgehendem Dach scheint ein wesentliches Glied dieser Kette darzustellen.
Bis vor kurzem wurde in der Diskussion um den römischen Haustyp Patronis «Bauernhaus» abgelehnt. Es schien zwischen den Gräbern und Aschenurnen und diesem postulierten Urhaus kaum eine Beziehung zu bestehen. In jüngster Zeit haben nun aber Archäologen verstärkt Interesse an der Freilegung etruskischer Städte, an der Erforschung der Stadtplanung sowie des Privathauses und dessen Einrichtung gezeigt.

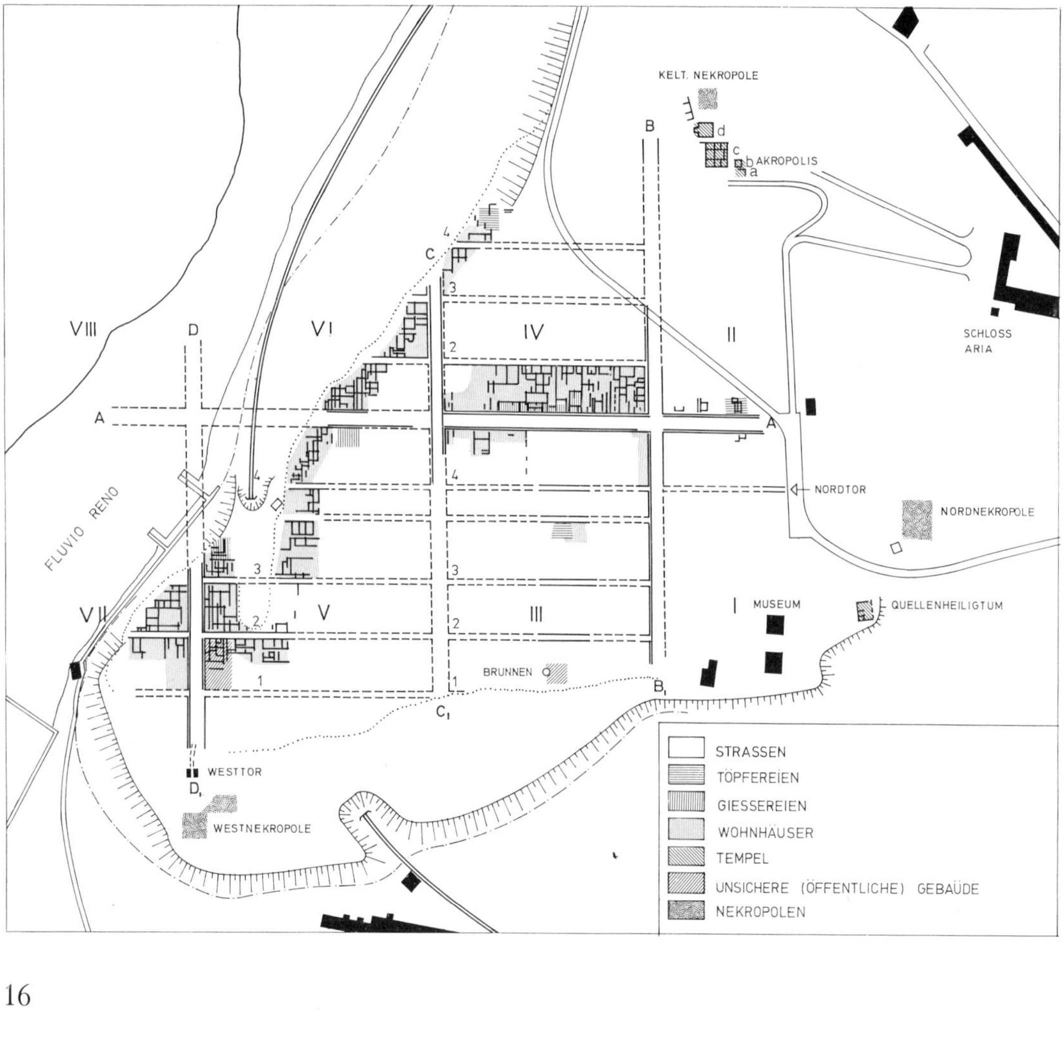

10. Marzabotto. Übersichtsplan.

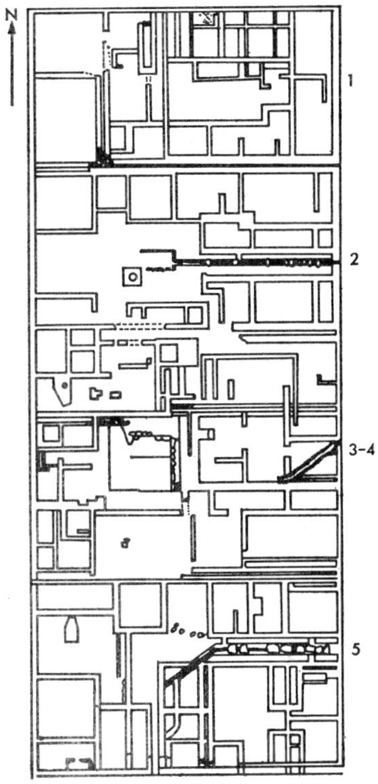

11. Marzabotto. Hausgrundrisse in einer Insula der Regio IV (A. Mansuelli, fig. 46).

Obwohl diese Forschungen weniger aufsehenerregend sind als die Funde in den Nekropolen, sind sie kostspieliger und mühsamer, haben die neuesten Funde in Marzabotto doch unsere Vorstellung von der Bauweise etruskischer Wohnarchitektur von Grund auf verändert.

In herrlicher Lage hoch über dem Fluß Reno und umgeben von steilen Berghängen 10
liegt ungefähr 25 km südlich von Felsina (dem heutigen Bologna) die Kolonie Marzabotto, deren antiker Name ungewiß bleibt. Sie ist um 520 v.Chr. als etruskischer Vorposten gegründet worden. Die von den italienischen Ausgräbern Brizio und neuerdings Mansuelli freigelegten Ruinen bestätigen aufs erstaunlichste Patronis Theorie[24]. Die Stadtanlage von Marzabotto gehört derselben Zeit an wie die mutmaßliche Hausarchitektur der Gräber von Caere und Tarquinia und ist älter als die «hippodamischen» schachbrettartigen Anlagen in Großgriechenland und auf Sizilien. Wie die Städte Olynthus, Piraeus, Neapel, Capua, Selinunt (Selinus) und Paestum (Poseidonia) entworfen, bot Marzabotto seinen fortschrittlich gesinnten Einwohnern eine rational geplante Stadtanlage. Die breiten, ost-westlich verlaufenden Straßen wurden von einer breiten und mehreren schmäleren, nord-südlich verlaufenden Straßen gekreuzt. Die großen Straßen waren 13,50 m breit und dienten wie später der *decumanus* als Hauptverkehrswege. Jede Straßenseite hatte einen 4,50 m breiten, erhöhten und gepflasterten Bürgersteig, während die mittleren 4,50 m dem Fahrverkehr dienten. Alle Straßen waren mit Flußkieseln gepflastert; größere Straßen besaßen auf beiden Seiten einen Abwassersammelkanal, während die engeren, 4,50 m breiten Nebenstraßen nur einen Abfluß entlang einer der beiden Straßenseiten hatten. Die Regelmäßigkeit etruskischer Stadtanlagen scheint sich in den Friedhöfen von Caere und noch deutlicher in der Crocefisso-Nekropole von Orvieto zu spiegeln. Die Kammergräber mit ihren falschen Gewölben, über denen sich die bekannten Erdtumuli und Stelen erheben, sind zu rechteckigen Blöcken zusammengefaßt, deren Breite zwischen 3,60 und 9,00 Metern schwankt. Alle sind über ein Netzwerk aus geradlinigen Straßen erreichbar, das offensichtlich um 550 v. Chr. begonnen wurde, also nur wenige Jahre vor der ähnlich gegliederten Stadtanlage von Marzabotto. Von den Häusern in Marzabotto haben sich nur
die Fundamente unterhalb des Fußbodenniveaus erhalten. Der Oberbau war ziemlich 11, 12

12. Marzabotto. Etruskische Hausfundamente.

sicher eine Holz- oder Fachwerkkonstruktion, die völlig verschwunden ist. Selbst dort, wo durch die Ausgrabungen der Grundriß klar zu erkennen ist, kann man nicht immer die ursprüngliche Form aus den Um- und Anbauten herausschälen, die ohne Zweifel im Laufe der hundert oder mehr Jahre, in denen die Stadt bewohnt war, hinzugefügt wurden[25]. Die Größe der Häuser variierte beträchtlich. Normalerweise gehörte ein gepflasterter Hof dazu, um den sich die Wohnräume in zufälliger Anordnung gruppierten. Der Hof hatte gewöhnlich einen Brunnenschacht oder eine Zisterne, und oft war dafür gesorgt, daß Abwässer vom Hof in den Hauptkanal der angrenzenden Straße ablaufen konnten. Das Abwässersystem der Stadt war sorgfältig geplant und ausgeführt. Alle Abwässer flossen in einheitlicher Richtung von Norden nach Süden und von Osten nach Westen ab. Die Überreste der Wohnhäuser in Marzabotto sind vor allem deshalb interessant und wichtig, weil sie als aneinander gebaute Stadthäuser mit gemeinsamer Scheidewand der in griechischen Städten üblichen Bauart entsprechen. Kleine, rechteckige Räume, die sich zur Straße hin öffneten, dienten wahrscheinlich der untersten Bevölkerungsschicht zu Wohnzwecken, als Geschäfte und Werkstätten. Dies sind die Prototypen der *tabernae*, die in Pompeji, Herculaneum und Ostia gefunden wurden. Keines der Stadthäuser hatte einen Garten, aber vielleicht waren in den gepflasterten oder mit Kieseln belegten Höfen Stellen ausgespart, wo kleinere Pflanzen und Büsche (beide gibt es häufig auf etruskischen Wandmalereien) angepflanzt wurden, und es war wohl auch vorgesehen, daß im Freien gewaschen und gekocht werden konnte[26].

Bei Brizios früheren Grabungen wurde ein Gebäude gefunden, welches er als partiellen Prototyp des Atriumhauses deutete. Es verfügte über die übliche Eingangspassage *(fauces)*, angrenzende und rückwärtige Geschäftslokale, Zimmer und außerdem einen großen Hof, in dem er (noch bevor Patronis Theorie bekannt wurde) einen nicht überdachten Vorgänger des Atriums sah. Ergänzt man das Gebäude symmetrisch, wie dies Brizio vorschlug, dann entsteht ein dem entwickelten Atriumhaus sehr nahekommender Grundriß. In der Tat war Brizios Haus ein großer Wohnsitz, eine *casa signorile*, Eigentum eines reichen Handelsherren, der in diesem in den Bergen gelegenen, fortschrittlichen Vorposten etruskischer Zivilisation lebte.

Guido Mansuellis neuere Grabungen haben zwei zusätzliche, unverkennbare Prototypen für das Atriumhaus ans Licht gebracht. Diese sind vollständig ausgeformt mit *alae*, *tablinum* und axialen *fauces*. Ein Beispiel (Ins. IV, i, 2) ist an der Front 18 m breit und erstreckt sich über die ganze Breite des Blockes, nämlich über 33,80 m. Das Haus ist nach Westen orientiert. Der innere, mit Kieseln gepflasterte und mit einem Sodbrunnen ausgestattete Hof mißt 8,60 × 11,80 m. Ein anderes, vergleichbares Haus (Ins. IV, i, 6) ist an der Fassade 23 m breit. Es hat annähernd trapezförmige *fauces*, die am Eingang 2,50 m breit sind, beim Zugang zum Hof eine Breite von 2 m haben und 18 m lang sind. Der Bereich in der Mitte oder Hof mißt 10 × 12 m und hat einen zentral gelegenen Sodbrunnen. In beiden Häusern ist an der Rückseite dieselbe Dreiergruppe von Räumen aufgereiht, in der Mitte das *tablinum* und zwei *alae*.

Diese dem 5. Jh. v. Chr. entstammenden Beispiele aus Marzabotto, dem etruskischen Pompeji, weisen darauf hin, daß das Atriumhaus wahrscheinlich eine etruskische Neuschöpfung war. Die zentrale Halle und der axiale Grundriß, welche beiden Elemente die in den Fels gehauenen Gräber erahnen lassen, werden nun auch über Grund greifbar und dies lange vor dem Hellenismus, währenddem nach der Meinung der meisten Gelehrten dieser Haustypus entstanden sein sollte. Patronis hypothetisch erschlossenes

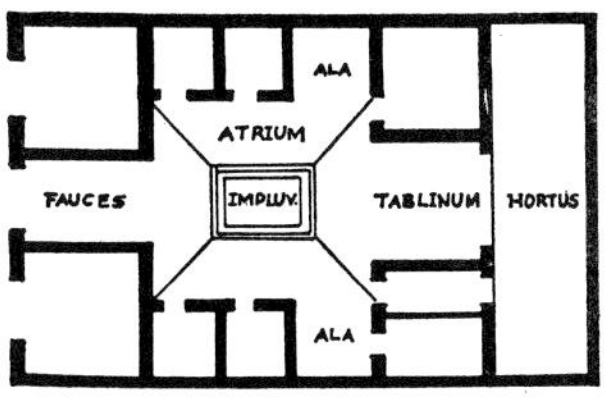

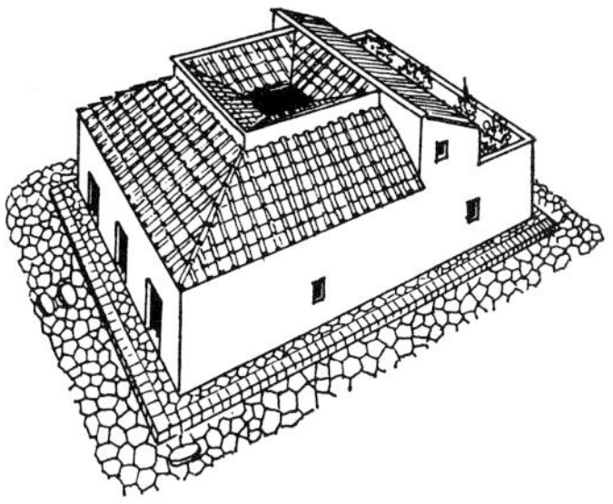

13 (oben). Domus Italica. Plan nach Luckenbach (L. Crema, fig. 95).
14 (unten). Domus Italica. Rekonstruktionszeichnung nach Luckenbach (L. Crema, fig. 97).

Bauernhaus tritt jetzt in verfeinerter und regelmäßiger gegliederter Form in städtischer Umgebung auf. Die Sodbrunnen im Hof, die in Marzabotto belegt sind, werden schließlich einer *compluvium-impluvium*-Anlage weichen. Mit zunehmender Bevölkerungsdichte und Verknappung des Baulandes in den Städten traten an die Stelle der Hofbrunnen ein *compluvium* und eine Zisternenanlage, wie sie aus einer späteren Zeit von Pompeji, Herculaneum und Ostia bekannt ist. Um für die vielfältigen Bedürfnisse 13, 14
des Haushaltes einen gleichbleibenden Vorrat an sauberem Wasser sicherzustellen, der auch leicht erreichbar war, wurde, wie Graham angenommen hat, dem Hofdach eine entgegengesetzte Neigung gegeben. Zugleich entstand ein weiterer Raum, der groß genug war, um der Familie oder Klienten als Aufenthaltsraum zu dienen, und ferner mit einer gewölbten Zisterne unter dem *compluvium* für den Wasserbedarf der Familie zu sorgen.

Der frühere, vom Bauernhaus und älteren, weniger übervölkerten Städten übernommene Brauch, Behälter und Zisternen außerhalb des Hauses zu plazieren, um das vom Satteldach oder anderen Dachtypen ablaufende Regenwasser aufzufangen, wurde nun durch ein mehr eigenständiges, zuverlässigeres System der Vorratshaltung innerhalb der Hausmauern ersetzt.

Zwei weitere frühe Häuser des Atriumtyps wurden auf etruskischem Gebiet gefunden. Das Atriumhaus in Cosa (dem antiken Ansedonia) nördlich von Rom hat ein tuskanisches Atrium, das Vitruvs Definition des tuskanischen Atriums entspricht, mit rechteckigem *compluvium* und gewölbter Zisterne[27]. Es war kein privates Wohnhaus, sondern eher ein *atrium publicum*, ein öffentliches Gebäude, das zum Forum hin geöffnete Amtsräume aufwies. Ein weiteres tuskanisches Atriumhaus, das von bescheidenem Umfang ist und aus spätrepublikanischer Zeit stammt, wurde in Vetulonia gefunden. Das prächtige Kammergrab der Volumnii (um 150–100 v. Chr.) nahe Perugia in den umbrischen Hügeln spiegelt im gelblichen Sandstein der Gegend einen etruskischen Palast wider[28]. Man betritt durch ein kleines Vestibül das Grabinnere, zu dem ein langes, rechteckiges und mit einem steilen Giebeldach ausgestattetes Atrium gehört, an dessen hinterer Wand sich ein Alkoven oder *tablinum* befindet. Nebenräume *(alae)* liegen rechts und links vom *tablinum*, und von jedem Flügel geht ein weiterer, auf einer Linie mit dem *tablinum* liegender Raum aus. Zwei kleine Schlafkammern *(cubicula)* unterbrechen die Seitenwände des Atriums zwischen den *alae* und der Fassadenwand. Das steile Schrägdach über dem Atrium läßt auf ein Sattel- oder Walmdach des von Vitruv beschriebenen Typs schließen; die eleganten Kassetten und Deckendekorationen verweisen auf die viel gerühmte Fertigkeit der Etrusker in der Holzbearbeitung. Die palastartigen Wohnsitze der *lucumones* und der reichen Bürger verschönerten zwar die etruskischen Städte, aber sie waren wohl kaum charakteristisch[29]. In Marzabotto waren die Werkstätten entweder in sich geschlossene Einheiten oder Mieträume, die in die Hausfassaden inkorporiert waren und denen wahrscheinlich die Ware bis auf die Straße hinausquoll. Den Besitzern boten sie einfache, manchmal primitive Behausungen in Dachkammern über der Werkstatt oder in Räumen hinter der Werkstatt an. Auch in San Giovenale, einer typischen Hügelstadt, wurden an einem Hang kleine, rechteckige und eng zusammengedrängte Häuser der unteren Bevölkerungsschichten gefunden. Daneben gab es in bester Aussichtslage einige prachtvolle Terrassenhäuser aus der Mitte des 6. Jh. v. Chr., die auf Unterbauten aus Tuffsteinquadern standen. Bei den Häusern am Nordhang, ohne Zweifel einer bevorzugten Gegend, befand sich der Eingang an der Längsseite von einer Gasse aus.

Parallelen zur hellenistisch-etruskischen Hausarchitektur finden sich in pompejanischen Häusern des 4. und 3. Jh. v. Chr., zum Beispiel im «Haus des Chirurgen» und im «Haus des Sallust» und in Herculaneum im sogenannten «Samnitenhaus». Die eindrücklichste Bestätigung des hohen Entwicklungsstandes der späteren Wohnsitze vermitteln die in den Fels gehauenen, überladenen und für Zentraletrurien charakteristischen Grabfassaden von Bieda (dem antiken Blera), Castel d'Asso, Norchia, San Giovenale und San Giuliano. Sie alle liegen am Flusse Marta und dessen Nebenflüssen[30] und bieten eine vorzügliche Auswahl an Haus- und Tempelfassaden, eine Art etruskisches Petra, das in den weichen Fels der Steilwände gegraben ist. Manchmal haben die Fassaden die Form von Giebelhäusern mit nur einem, in der Mitte liegenden Eingang. Sie sind gelegentlich auch zweigeschossig und haben dann, ähnlich wie die Häuser am Südabhang von Pompeji, eine Säulenloggia über dem Eingang. Diese späten Grabfassaden, die wie Adlerhorste hoch oben an den Felsen sitzen, geben zusätzlich Einblick in die Vielfalt und durchgebildete Ausführung etruskischer Herrenhäuser. Mit ihren Vorhallen, die zwei, vier, auch sechs dorische oder korinthische Säulen hatten, gelegentlich sogar zweigeschossig mit einem zurückgesetzten oberen Geschoß waren, wirken solche Häuser, die einst die lieblichen Hügel Etruriens krönten und zierten, wie eine Vorschau auf die Renaissancepaläste in der Toskana und in Umbrien.

15, 16 Eine Aschenurne aus dem 2. Jh. v. Chr. gibt zusätzliche Information über Einzelheiten und die allgemeine Pracht der späteren etruskischen Häuser. Der rechteckige, als Relief dargestellte Bau wirkt wie die Versteinerung des Typus des langen Einraumhauses mit vorspringendem Giebeldach und rundbogigem Eingang an der Schmalseite. Der untere Teil des Hauses besteht aus Rustica-Mauerwerk, der obere aus Holz. Es ist möglich, daß hier, ähnlich wie an den Grabfassaden in Zentraletrurien, der obere Teil einen dem ersten Stock vorgelegten Umgang mit Pilastern darstellt. Das auf der Längsseite der Urne eingeritzte Muster stellt wohl ein Fenster zur Beleuchtung der großen Erdgeschoßhalle dar. Die Ecksäulen mit den Volutenkapitellen deuten wahrscheinlich eine das ganze Haus umgebende Vorhalle an. Auffallend ist die große Ähnlichkeit zwischen diesem etruskischen Palast und solchen der Florentiner Frührenaissance. Eine weitere
17 Aschenurne aus Clusium (Chiusi), heute im Berliner Alten Museum, gleicht einem Landhaus mit *compluvium* aus dem 4. Jh. v. Chr. Es steht auf einem hohen Podium,

15./16. Etruskische Aschenurne mit Reliefdarstellung eines Hauses. Links: Langseite. Rechts: Stirnseite.

17. Chiusi. Etruskische Aschenurne in Form eines Hauses.

hat weit vorkragende Dachränder und auf einem niedrigen Walmdach ein *compluvium*. Eine dritte Urne stellt ein Beispiel mit vorkragendem Dach und einem offenen Umgang mit kleinen Säulen dar, einen Typus, der dem Schema bekannter Beispiele aus Herculaneum und Pompeji folgt.

Zwei andere Fundplätze könnten weitere Geheimnisse der etruskischen Wohnbauten und Siedlungssysteme lüften: Spina und Rusellae. Luftbilder von Spina, einer Stadt an einer der sieben Pomündungen, lassen eine bewohnte Fläche von nahezu 3 km^2 erkennen, genug, um eine Bevölkerung von 500 000 Menschen aufzunehmen[31]. In dieser Stadt war der *decumanus* ein Kanal von 30 m Breite, und wenn auch die Stadt wie Marzabotto nach moderner Stadtplanung angelegt wurde, war sie doch eher eine Art etruskisches Venedig, das im 5. und 4. Jh. v. Chr. seine Blütezeit erlebte. Ähnlich wie später die Venezianer lebten die Bewohner von Spina, zur Hälfte Griechen und zur andern Hälfte Etrusker, in Häusern, welche auf Pfählen errichtet waren.

In Rusellae (dem heutigen Roselle), das 302 v. Chr. von den Römern erobert wurde, hat man bereits prachtvolle Stadtmauern aus der Mitte des 6. Jh. v. Chr. gefunden[32]. Diese Mauern sind die ältesten bekannten Steinbefestigungen in Etrurien. Sie bilden einen von fünf Toren durchbrochenen, 6,5 km langen Ring. Spuren einer noch älteren, dem 7. Jh. v. Chr. angehörenden Mauer wurden ebenfalls entdeckt.

Innenräume der Gräber geben unschätzbare Auskünfte über die Innendekoration und Einrichtung etruskischer Häuser im Verlaufe mehrerer Jahrhunderte. Es wurde oft festgestellt, daß die Gräber Tuffsteinrepliken der prächtigen «Adels»-Hallen und Wohnräume etruskischer *lucumones* und Handelspotentaten darstellen. Das Gleiche wird man von deren Inneneinrichtung annehmen können, die wohl nicht nur für etruskische Kriegsherren und Handelsleute typisch war, sondern auch für römische Patrizier der archaischen und der Übergangszeit vor und nach der Vertreibung der Tarquinier (509 v. Chr.) bis hin zum Zeitpunkt der Plünderung Roms durch die Gallier (um 390 v. Chr.).
Die Inneneinrichtung ist umfangreich und prachtvoll. Offensichtlich waren die Gräber dazu bestimmt, dem Verstorbenen einen Ort zu bieten, an dem er weiter seine Schätze und die Annehmlichkeiten seines Lebens benutzen und genießen konnte. In den Wandmalereien hat sich die etruskische Neigung zu Luxus und höchsten Ansprüchen glanzvoll niedergeschlagen.
Die Form der Möbel ist weitgehend von griechischen Vorbildern abgeleitet, daneben finden sich aber auch aus dem assyrischen und ägyptische Kulturkreis übernommene Typen[33]. Der Thron mit geschlossenen Armlehnen, dessen Form die Etrusker selbst hervorgebracht haben, mit seinem tonnenförmigen, gelegentlich auch rechteckigen Sitz und einer gerundeten Rückenlehne ist das Gegenstück zu unseren modernen Lehnsesseln. Ein steinernes Exemplar eines besonders schönen Thrones mit zugehöriger Fußbank steht unverrückbar im sogenannten «Grab der Schilde und Stühle» in Caere. Ornamente und figürliche Reliefdarstellungen schmücken andere aus Bronze und Marmor gefertigte Thronsessel. Der in Bronze gearbeitete Barberini-Thron im Museum der Villa Giulia und der Marmorstuhl im Palazzo Corsini in Rom sind beispielhaft für diesen prachtvollen Möbelstil [34]. Es wurden auch Thronsessel (Vorfahren der römischen *sella curulis* aus Elfenbein), Bänke und Ruhebetten hergestellt. Darstellungen solcher Ruhebetten gibt es in großer Zahl auf Grabmalereien, welche die Zeit von der Mitte des 6. Jh. v. Chr. bis zu den letzten Jahren der eigenständigen etruskischen Gesellschaft umspannen.
Mit Recht werden die beiden lebensgroßen, aus Caere stammenden Terrakotten, die je einen Mann und eine Frau darstellen, die auf einem Speisesofa ruhen, gerühmt und bewundert. Sie befinden sich heute im Louvre in Paris und in der Villa Giulia in Rom. Beide stellen höchstwahrscheinlich Ehepaare dar. Sie stammen aus den letzten Jahrzehnten des 6. Jh. v. Chr. und sind stilistisch und wegen ihrer anspruchsvollen Details mit gleichzeitiger jonischer Kunst eng verwandt. Das Motiv eines ruhenden Ehepaares, das häufig auf Grabmalereien des 6. Jh. v. Chr. wiederkehrt (so z.B. in Tarquinia im «Grab der Jagd und der Fischerei», im «Grab des alten Mannes» und im «Grab der gemalten Vasen») war auch im 5. Jh. v. Chr. weit verbreitet, und selbst wenn mehrere Ruhebetten dargestellt sind, darf man annehmen, daß es sich bei den Frauen, welche das aufs sorgfältigste gearbeitete Ruhebett mit einem Mann teilen, im Unterschied zu griechischen Gewohnheiten, um ehrenwerte Familienmitglieder oder Gäste handelt und nicht um Kurtisanen. Diese Vermutung basiert auf dem Umstand, daß meist ein Zusammenhang mit Totenwache, Totenmahl und mit zeremoniellen Handlungen besteht, die dem Verstorbenen dargebracht werden[35].
Drei- und vierbeinige Tische lehnen sich eng an die griechischen Vorbilder an. Die Bankettische, die so oft auf den Grabmalereien erscheinen, wurden um der größeren Bequemlichkeit willen längs zu den Ruhebetten aufgestellt. Runde, dreibeinige Bei-

stelltische treten in den spätetruskischen Zusammenhängen auf. Truhen, Hausratkisten und *cistae,* die so markanten Toilettenkästchen, gehören zur üblichen Grabausstattung. *Cistae* aus Bronze, gewöhnlich rund und oft mit eingeritzten Szenen großartig verziert, waren zur Aufbewahrung von Parfumfläschchen, Spiegeln, *strigiles* und anderen Toilettenartikeln, ja sogar mitunter für Schmuck bestimmt. Seit dem 4. Jh. v. Chr. hatte man sich in Praeneste (dem heutigen Palestrina) auf die Herstellung dieser Toilettenkästchen spezialisiert, die oft auf bronzenen Tierklauen standen, manchmal auch einen kuppelförmigen Deckel und daran befestigte Griffe hatten, die gegossen waren und Gruppen von Satyr und Nymphe, von Kriegern, die einen toten Kameraden tragen, und ähnliches darstellten. Diese Toilettenkästchen waren eine italische Erfindung, waren praktische und elegante Ausstattungsstücke.

Im «Grab der Auguren» (um 520 v. Chr.) begegnet man erstmals jenem voll entwik- 7
kelten architektonisch gegliederten Schema der Wandmalerei, das über lange Zeit beibehalten wurde. Die Wände sind in vier deutlich getrennte Zonen unterteilt: Sockel oder Fußbodenleiste, Wandfries mit figürlicher Malerei, Gebälk in Form von Streifenbändern, und dann das Giebelfeld. Man wird annehmen dürfen, daß, entsprechend der Mode der Zeit, etruskische Häuser ähnlich mit Genre- und Landschaftsdarstellungen, mythologischen Bildern oder Familienporträts geschmückt waren. Bronzekandelaber von oft barocken Ausmaßen, die auch beliebte Exportartikel waren, beleuchteten die Räume. Manche Leuchter waren ungewöhnlich hoch, schlossen oben mit einer Bronzestatuette ab, oder waren mit schnabelförmigen Spitzen versehen, die Kerzen oder Fackeln hielten. Die Kandelaber trugen oft ebenso aufwendige Öllampen. Dreifüße aus Bronze, Weihrauchgefäße und mit Rädern ausgestattete Kohlebecken waren besonders im Winter nützliche Bestandteile der häuslichen Einrichtung.

In Caere ist das «Grab mit dem bemalten Stuck» ein Musterbeispiel für die Vielfalt 18
und den Reichtum der Innenausstattung. Dieses Grab aus dem 3. Jh. v. Chr. enthält nur einen Raum, in dessen Wände zur Bestattung der Toten bestimmte Nischen eingelassen sind. Wie in manchen Grabkapellen wurden die illustren Toten in 13 dieser Wandnischen beigesetzt, während sich der weniger erlauchte Rest der Dahingegangenen (ungefähr 30), wie im Leichenschauhaus mit zu ebener Erde aufgereihten Pritschen abfinden mußte.

Das Grab war Eigentum der Familie Matuna (Mat[h]onius), und der Name von Ramta Matunai Canatei ist im mittleren Alkoven der rückwärtigen Wand, dem Ehrenplatz, eingehauen. Das in den Tuffstein eingearbeitete Bett oder Ruhebett hat gedrechselte Beine. Unterhalb des Bettes sind reliefierte Wesen aus der Unterwelt dargestellt, eine schlangenschwänzige Skylla und ein dreiköpfiger Cerberus mit Schlangenschwanz. Das Ensemble vervollständigen zwei übereinander getürmte Kopfkissen und eine Fußbank, auf der ein Paar Riemensandalen bereitstehen. Zur Linken liegt ein Stapel sorgsam gefalteter Bettwäsche auf einer mit Ziernägeln oder Knäufen geschmückten und mit einem Schloß versehenen Truhe. An den Pfeilern, die diesen Mittelalkoven flankieren, sind ein Spazierstock, ein Federfächer, Ketten und Girlanden und in Relief gearbeitete Gefäße zur Schau gestellt. Heute verstümmelte Bilder der Toten befanden sich ursprünglich an den Pilastern neben dem Ruhebett, links der Mann und rechts die Frau, die beide offensichtlich der Bettstatt zugewandt waren.

Eine Schaustellung ausgesuchter Waffen ist über dem Bett angebracht und verläuft darüber hinaus friesartig entlang den Wänden des Grabes, gleichsam den Berufsstand der Familie verkörpernd. Helme und Beinschienen, runde Schilde, Schwerter in Scheiden, *phalerae* für Pferdegeschirr, aufgehäufte runde Geschosse und Kriegstrompeten hängen in Relief an den Wänden, wie in einer alten Waffenkammer oder einem Heiligtum, in dem siegreiche Waffen ausgestellt werden. Neben den Helmen, von denen einige Visiere und andere Wangenklappen haben, sind die Filz- und Lederkappen dargestellt, die als Reibungsschutz unter den Metallhelmen getragen wurden. *Bucrania* (Stierschädel), eine gebogene Kriegstrompete und *paterae* (Opferschalen) bekrönen den Eingang.

18 Noch aufschlußreicher informieren die Pfeiler im Zentrum der Grabkammer über das tägliche Leben der Etrusker. Aus Sparsamkeit hat man die Schaufläche auf die vom Eingang aus sichtbaren Seiten beschränkt. Die vier rechteckigen Felder, ungefähr 1,80 m hoch und 70 cm breit, sind mit erstaunlich vielfältigem Hausrat bedeckt. Zu den mit Sicherheit identifizierbaren Gegenständen gehören ein Weinkrug aus Bronze *(oenochoë)*, eine mit Griffen versehene, mit einem Lorbeerblattdekor verzierte Terrakottaschüssel, Kellen und Löffel, ein Becken auf einem Dreifuß, ein Stößel, ein Gestell, an dem zwei aus Eisenklinge und Holzgriff bestehende Messer hängen, Bratspieße, eine Spitzhacke und ein Haumesser, eine große Seilrolle, Zangen und Pinzetten. Alle sind an Nägeln aufgehängt, die in die Holz oder Lehm vortäuschenden Deckenstützen getrieben sind. Ein Tischchen aus Holz (oder Bronze), an dem eine Ledertasche befestigt ist, hat beträchtliche Spekulationen ausgelöst. Es wurde vorgeschlagen, daß die Platte zur Herstellung von speziellen Teigwaren bestimmt war; die Tasche sollte das Mehl enthalten haben. Die Deutung hat neuerdings Heurgon mit dem Hinweis abgelehnt, daß es sich um eine *tabula lusoria* mit zusammenklappbaren Griffen handle, also um einen Spieltisch mit 12 Feldern für die Spielmarken und Würfel, welche in der Tasche aufbewahrt wurden. Würfelspiel und Brettspiele waren in der Antike beliebt, und diese etruskische Version, auf die sich vielleicht Varros Bemerkung über den *lusus latrunculorum* bezieht, ist ein weiterer Hinweis auf die Spielfreude der Etrusker, die laut

18. Caere (Cerveteri). «Grab mit dem bemalten Stuck». Pfeiler und Wände mit Stuckreliefs.

der viel älteren Überlieferung Herodots das Würfelspiel, das Knöchelspiel und den Handball erfunden haben sollen, um sich während Hungersnöten Ablenkung zu verschaffen.

An einer anderen Stelle gibt es einen Tisch auf Rädern, der, mit rotem Tuch oder Leder bezogen, vermutlich in der Art unserer «Teewagen» die Einrichtung des *triclinium* in der etruskischen *domus* vervollständigte. Ferner tauchen Schleudern auf, der Krummstab eines Auguren, ein Rucksack mit angehängter *patera* und Feldflasche und eine große, gelbliche Scheibe Käse, die Appetit erregt und einem Teigwarengericht durchaus zum Vorteil gereichen würde. Es wurde auch nicht vergessen, die Haustiere in die Unterwelt zu versetzen. Ein zahmer Marder ist an die Leine genommen und spielt mit einer schwarzen Maus (oder einem Maulwurf?), eine Gans pickt am Boden nach Futter, eine schlafende Ente und eine Katze, die eine Eidechse zwischen den Pfoten hält, runden die Menagerie ab und vervollständigen den Katalog der bemalten Reliefs.

Das «Grab der Volumnier» bei Perugia, das «François-Grab» in Vulci und das berühmte «Grab mit dem bemalten Stuck» in Caere sind stumme und doch beredte Zeugen für den zu höchster Verfeinerung gesteigerten Lebensstil, der die städtische Kultur der Etrusker in hellenistischer Zeit auszeichnete. Von ihren römischen Konkurrenten herabgesetzt und karikiert, verachtet und doch insgeheim bewundert und nachgeahmt, hatte die etruskische Kultur größte Ausstrahlungskraft, bis sie durch politische Wirren und unausgewogene Machtverhältnisse zwischen den verschiedenen etruskischen Zentren zu einer leichten Beute für die Römer wurde.

Was von den Etruskern blieb, war das Herzstück der römischen Praxis der Staatsform, der Religion, der Kunst und der Architektur. Der hohe Geist ihrer Ahnen, die in den alten Tumuli begraben waren, und ihre Lebensqualität und Errungenschaften lebten in der Erinnerung und in der Kunst fort und bildeten ein Erbe, das durch Dichter und Gelehrte wie Persius und Kaiser Claudius immer wieder zu neuem Leben erweckt wurde. Sicherlich beabsichtigte Horaz, seinem Auftraggeber höchstes Lob zu spenden, wenn er daran erinnerte, daß Maecenas *atavis edite regibus* war, d. h. «von den alten Herrschern» abstamme, die einst im etruskischen Arretium geherrscht hatten.

Die italischen Stadthäuser: Pompeji, Herculaneum und Cosa

Pompeji und Herculaneum geben die beste und ausführlichste Auskunft über italische hellenistisch-römische Wohnbauten von der Mitte des 4. Jh. v. Chr. bis zum Vesuvausbruch im Jahre 79 n. Chr. Beide Städte hatten bereits 62 n. Chr. (oder 63 n. Chr.) schwere Erdbebenschäden erlitten, und aus diesem Grunde waren viele Häuser vor der endgültigen Katastrophe beträchtlich erneuert oder erweitert worden[36]. Der Ausbruch scheint die Bewohner beider Städte unerwartet getroffen zu haben. Pompeji wurde unter Tuffsteinbrocken *(lapilli)* und leichter Asche *(scorie)* begraben, einer zerstörerischen, aber zugleich wirksamen Abdeckung, die 5 bis 7 Meter über dem ganzen Stadtgebiet erreichte. Die Natur des Niederschlags, der leicht und sukzessiv erfolgte, scheint manche Pompejaner getäuscht zu haben, so daß sie in ihrem Haus, in den öffentlichen Bädern oder in den *cryptoporticūs* Zuflucht finden zu können glaubten. Alle diese Menschen, ungefähr 2000, das entspricht annähernd fünf Prozent der Bevölkerung, erlitten den Erstickungstod. Andere kehrten nach der ersten Panikwelle zu ihren Häusern und Geschäften zurück, um Wertsachen zu retten, wieder andere in der Absicht, leerstehende Häuser und Gebäude zu plündern. Viele kamen dabei um. Der hervorragende Augenzeugenbericht des jüngeren Plinius über den Ausbruch und dessen Auswirkungen in Misenum, dem römischen Flottenstützpunkt, wo sein Onkel als Admiral der Flotte diente, macht uns die Ereignisse bekannt, die sich an jenem unheilvollen Tag zutrugen: «Es erhob sich eine Wolke, für den Beobachter aus der Ferne unkenntlich, auf welchem Berge – später erfuhr man, es sei der Vesuv gewesen –, deren Gestalt am ehesten einer Pinie ähnelte. Denn sie stieg wie ein Riesenstamm in die Höhe und verzweigte sich dann in eine Reihe von Ästen... manchmal weiß, dann wieder schmutzig und fleckig, je nachdem sie Erde oder Asche mit sich emporgerissen hatte...

Nicht lange danach senkte sich jene Wolke auf die Erde, bedeckte das Meer, hatte bereits Capri aufgehüllt und unsichtbar gemacht, hatte das Cap Misenum unsern Blikken entzogen... Schon regnete es Asche, doch zunächst nur dünn... Aber das Feuer blieb in ziemlicher Entfernung stehen: Es wurde wieder dunkel, wieder fiel Asche, dicht und schwer, die wir, fortgesetzt aufstehend, abschüttelten: wir wären sonst verschüttet und durch ihre Last erdrückt worden... Endlich wurde der Qualm dünner und verflüchtigte sich sozusagen zu Dampf oder Nebel. Bald wurde es richtig Tag, sogar die Sonne kam heraus, doch nur fahl wie bei einer Sonnenfinsternis. Den noch verängstigten Augen erschien alles verwandelt und mit einer hohen Aschenschicht wie mit Schnee überzogen. Wir kehrten nach Misenum zurück, machten uns notdürftig wieder zurecht und verbrachten eine unruhige Nacht, schwankend zwischen Furcht und Hoffnung.»[37]

Der Bericht des Plinius über den Vulkanausbruch wäre eines Tacitus würdig. An diesen hat ihn Plinius denn auch im Sinne einer Rechtfertigung geschickt. Er wirft außerdem einiges Licht auf die Umstände und das Verhalten der Pompejaner am Unglückstage,

obgleich dort, ebenso wie in Stabiae, die Verschüttung viel größere Ausmaße erreichte als in Misenum. Herculaneum erlitt ein etwas anderes Schicksal. Die nur an die 6½ km 19
vom Vulkan entfernte Stadt ging in einem Fluß schlammiger Asche unter, der bald zu einer festen Decke versteinerte. Die Häuser und ihr Inhalt wurden hermetisch vor den zersetzenden Säuren abgeschlossen, die sonst zur Zerstörung oder Entstellung von Kunstwerken führen. Manche Funde aus Herculaneum sind so gut erhalten, als hätten sie im Sand von Ägypten oder Tripolitanien gelegen. Auch die Zahl der Toten scheint gering gewesen zu sein, was darauf schließen läßt, daß sich der vulkanische Schlammstrom langsam genug fortbewegte, um die Evakuierung der meisten Einwohner zuzulassen. Obgleich Herculaneum an Fläche und Einwohnerzahl (9,7 ha und 4000 Einwohner) kleiner war als Pompeji, hat es sehr bedeutende und schöne Funde geliefert. Unübertroffen ist der Erhaltungszustand der in der «Villa dei Papyri» gefundenen Bronzen. Die Fülle an verkohlten hölzernen Objekten (Tische, Bettgestelle, Türrahmen, Innentreppen, Falttüren zum Unterteilen der Räume, Vorratsschränken, Kleiderpressen, Amphorengestellen, Sandalen u. a. m.) und die wertvolle Papyrusbibliothek, die in der genannten suburbanen Villa ausgegraben wurde, sind praktisch ohne Parallelen.

Bevor wir auf spezifische Beispiele für nicht hauptstädtische Wohnhäuser eingehen,

19. Herculaneum. Luftaufnahme der Ausgrabungen: «Haus mit dem Mosaik-Atrium» Mitte rechts.

sollte nochmals Vitruvs Bericht über die zeitgenössische, ihm bekannte Hausform in Rom und in den Provinzstädten (ungefähr 25 v. Chr.) herangezogen werden. Natürlich ersetzen die Häuser von Pompeji und Hercualeneum keine komplette Übersicht über Roms Stadthäuser, aber wir können aus ihnen Einblicke in das Leben der Hauptstadt erschließen, wo Räume und Fassaden zweifellos großartiger und Materialien wie Dekoration kostspieliger als anderswo waren, jedoch gewiß die Lebensweise derjenigen in den Provinzstädten ähnelte. In seiner Besprechung der korrekten Proportionen der Haupträume im Stadthaus betont Vitruv bestimmte wesentliche Grundbestandteile des Architekturentwurfes: *atrium, alae, tablinum,* Peristyle, *triclinium, exedrae* und *oeci,* Bildergalerien u. s. w.[38].

Das Hauptelement des Grundrisses, der in Vitruvs Architekturkommentar verkörpert ist und von Grabungsbefunden bestätigt wird, sind Axialität und durchgehende Sym-
20 metrie. Zumindest die Gestalt traditionsgebundener Häuser ist von diesen beiden Charakteristika geprägt. Zwischen Eingangstür und Straße lag oft ein *vestibulum,* wo man sich dem Straßengewimmel entziehen, Zuflucht und Schutz finden konnte und zuwartete, bis die Aufforderung zur morgendlichen *salutatio* erging, zu einem Ritual, dem sich die Klienten täglich unterziehen mußten, um dem Schutzherren ihre Bitten oder Glückwünsche zu überbringen. Die Passage im Eingang, die *fauces,* gleichbedeutend mit «Schlund» des Hauses, führten zum eigentlichen Empfangsraum, dem Atrium. Die Türen, oft von ungewöhnlicher Höhe, waren mit Angelzapfen *(cardines)* versehen und drehten sich in Halterungen, welche in den Boden und in den Türsturz eingelassen waren. Die Haustüren waren mit wirksam verteilten eisernen Schlössern oder Riegeln versehen und garantierten sicheren Schutz vor Unruhen und den Gefahren der nächtlichen Straßen. Der Atriumhof konnte überdacht sein, hatte jedoch meist ein Oberlicht und erlesen bearbeitete Wasserspeier aus Terrakotta oder Abflußröhren, die das Regenwasser von der Dachschräge ins darunter liegende Auffangbecken *(impluvium)* lenkten. Die frühesten *compluvium-impluvium*-Anlagen müssen wahrscheinlich dem 3. Jh. v. Chr. zugeordnet werden, denn in den vor dieser Zeit entstandenen altehrwürdigen Häusern von Pompeji fehlt das flache Becken im Atrium. Aus Plinius flüchtiger Erwähnung antiker Atrien und der Wachsbüsten *(imagines)* von Vorfahren, die dort in speziell dafür vorgesehenen Schränken standen, läßt sich kein Hinweis auf *impluvia* entnehmen, die einen Widerspruch zum eindeutigen Charakter dieses archetypischen Raumes bilden würden.

Das *tablinum* lag gewöhnlich an der von Eingang und *fauces* bestimmten Hauptachse und war ein großer Raum unmittelbar hinter dem Atrium, zu dem es sich oftmals in ganzer Breite öffnete. Architektonisch war das *tablinum* der eindrucksvollste Raum der Atriumanlage. Ursprünglich als Schlafzimmer des Hausherren konzipiert, später als Ort, an dem Urkunden zur Familiengeschichte (Lagerraum für Schreibtafeln) und persönliche Urkunden aufbewahrt wurden, kam dem *tablinum* zentrale Bedeutung zu, solange der Typus des Atrium-Peristylhauses existierte. Holzgitter, Falttüren und Portieren gewährten Abgeschiedenheit, wenn solche vom *patronus* erwünscht war, und schützten vor dem Blick neugierig Vorübergehender[39]. Ohne Zweifel machten hier Klienten, Parteigänger und Gefolgsleute dem *patronus* ihre Aufwartung und erkannten somit seine Unterstützung als maßgebend für ihre Pläne und Unternehmungen an. Patronis Meinung, die von Pierre Grimal beharrlich unterstützt wird, daß nicht das Atrium der eigentliche Kern des italischen Hauses gewesen sei, sondern das *tablinum* oder Wohnzimmer des Herren, ist durchaus überzeugend und wahrscheinlich zutref-

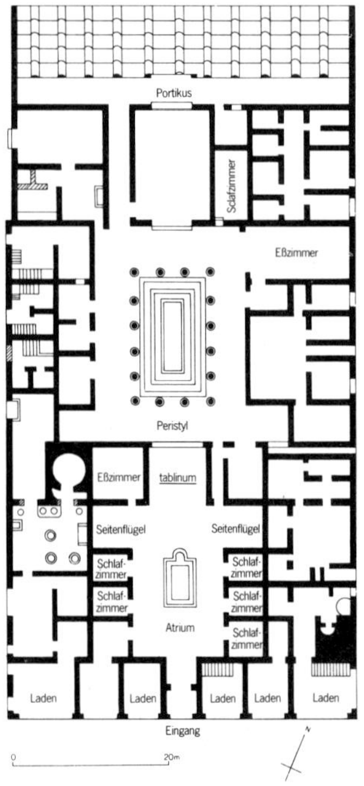

20. Pompeji. «Haus des Pansa». Grundriß (M. Grant, fig. 8).

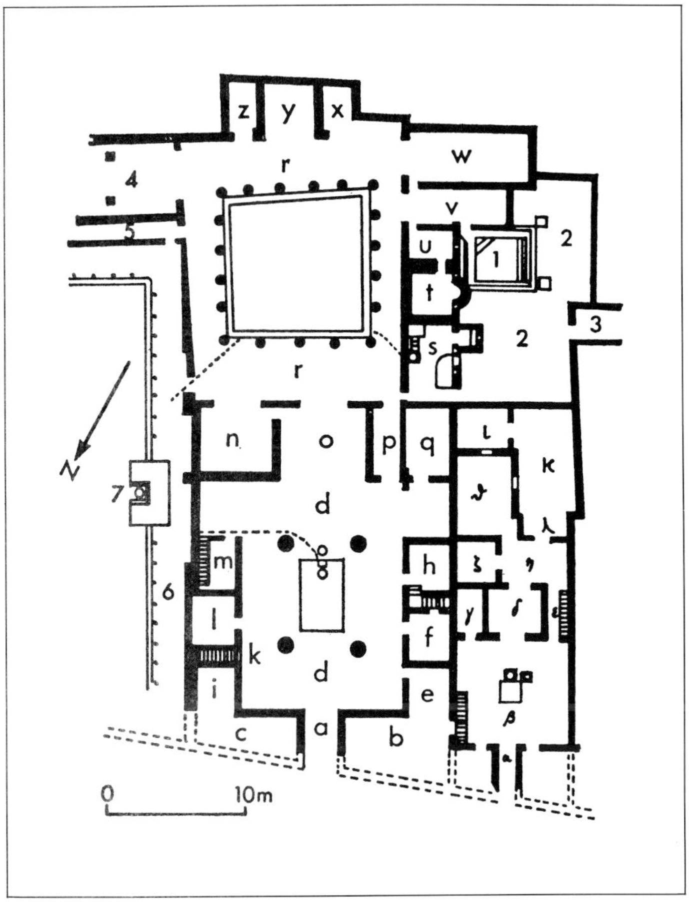

21 (links). Pompeji. «Haus der Silbernen Hochzeit». Atrium-Haus. Grundriß (Mau-Kelsey, fig. 141); a: fauces; d: tetrastyles Atrium; n: Speiseraum; c: tablinum; p: andron; r: Peristyl; s: Küche; t–v: Bad (t: caldarium; u: tepidarium; v: apodyterium); w: Sommer-Eßraum; x, z: Schlafräume; y: exedra; i: offenes Schwimmbecken in kleinem Garten (2); 3: Verbindungsgang zum Nebenhaus und zu einer Seitenstraße; 4: oecus; 5: Korridor; 6: Garten, teilweise freigelegt; 7: offenes triclinium; a–i: fauces, atrium und andere Räume einer separaten Wohnung.

22 (rechts). Pompeji. «Haus der Silbernen Hochzeit». Tetrastyler Oecus.

fend[40]. Zwei tiefe Einbuchtungen seitlich vom *tablinum* bildeten die *alae*. Ursprünglich hatten sie vermutlich eine doppelte Funktion. Sie dienten der Beleuchtung des Atrium, als durch das Dach noch kein Licht einfallen konnte, und waren außerdem Wartezimmer für die Klienten, bis diese in den Empfangsbereich befohlen wurden. Zum Atrium öffneten sich mehrere *cubicula* und gewöhnlich ein oder zwei weitere Räume, die als Eßzimmer *(triclinium)* angelegt waren. Der rechts oder links neben dem *tablinum* verlaufende Gang verband das Atrium mit dem Garten und wurde *andrōn* genannt.

Dieser Grundplan konnte natürlich durch Anfügung weiterer Höfe, von *oeci, triclinia* und Peristylgärten abgewandelt werden; aber fast überall wurde die charakteristische
Raumaufreihung des Atriumhauses beibehalten. Der italische Architekt hatte eine 21, 22
Vorliebe für Durchblicke und war um klare Raumverhältnisse im Innern des Stadt- 23
oder Landhauses bemüht. Im hellenistischen Haus manifestierte sich eine Tendenz zu lockerer Anordnung der Räume um einen Kolonnadenhof, wobei keine eindeutige Ausrichtung aufkommen konnte; es war ganz auf sich selbst bezogen. Aber für das römische und italische Haus waren die Annehmlichkeit und der Reiz axialer Ausrichtung maßgebend, die in dem weitreichenden Durchblick durch das Innere vom Eingang über das *tablinum* zum Peristylgarten zum Ausdruck kommt.

Für die Architekturhistoriker war bislang das campanische Stadthaus einfach das Produkt einer Kreuzung zweier Formen, nämlich des italischen Atriumhauses und des hellenistischen Peristyls, die man unbedenklich und für alle Zeiten miteinander verkuppelt hatte. Dieser Allianz stellen sich jedoch unüberwindliche archäologische Einwände entgegen. In den hellenistischen Häusern von Olynthus, Delos und Priene war das Peristyl nicht ein Garten, vielmehr ein Hof, der oft mit Mosaiken ausgelegt war und in der Gesamtanlage einen zentralen Platz einnahm; hingegen war das pompejanische oder campanische Peristyl zuerst ein Hof, später ein bepflanzter, von Säulengängen umgebener, ruhiger Ort der Erholung und gleichzeitig ein Ausstellungsraum für Kunstwerke. Das hellenistische Peristyl ist auch in das italische Haus eingedrungen, dies wirkte sich vor allem auf das Atrium aus. Dadurch entstand das tetrastyle oder korinthische Atrium, ein Typus, der die zentrale Bedeutung dieses Raumes für das ganze Gefüge verstärkt betonte. Erst zu einem späteren Zeitpunkt wurde das hochentwikkelte, von der Palästra und den Portiken an öffentlichen Plätzen übernommene Peristyl zum eindrucksvollen Rahmen und festen Bestandteil als Gartenanlage.

In den Bergstädten von Hirpinum und Samnium haben sich kaum Spuren des italischen Hauses erhalten. In den abschätzigen Bemerkungen, die Livius in seinen Bericht über die Streitigkeiten zwischen den Samniten und Rom einfließen läßt, klingt an, daß die Samniten temporäre, ihrer halbnomadischen Lebensweise angepaßte Wohnstätten hatten, die sie errichteten, wo immer ihre Herden weideten. Aufgrund der Grabbeigaben von Aufidena muß angenommen werden, daß die Sabiner einfachste Wohnhäuser, nur grobe Keramik und nur rudimentäres Eßgerät kannten. Der Großteil der Bevölkerung lebte wohl in schlichten, grobgefügten Einzimmerbehausungen, auf die vermutlich die lateinischen Wörter *mapalia* oder *tuguria* zutreffen, in schmucklosen Hütten oder rechteckigen Behausungen also, ähnlich den hüttenförmigen Villanovaurnen und der sogenannten «Hütte des Romulus» auf dem Palatin[41].

Die Einrichtungsgegenstände waren wahrscheinlich sehr einfach. Leider helfen die sabellischen Malereien bezüglich des Hausrates nicht weiter, da die Einzelheiten immer griechisch sind, aber Ciceros Urteil über die Samniten ist in diesem Zusammenhang aufschlußreich: «Nichts war glänzend, nichts war hochstehend, nur die Menschen selbst waren so geartet»[42].

24 Das «Haus des Chirurgen» in Pompeji (VI, i, 10)[43], wegen der dort gefundenen Sammlung chirurgischer Instrumente so benannt, entstammt dem 4. oder 3. Jh. v. Chr. Es ist bis jetzt das älteste in Campanien gefundene italische Haus und wird aufgrund seines

23 (links). Pompeji. «Haus des Labyrinths». Atrium-Haus mit korinthischem oecus. Grundriß

24 (Mitte). Pompeji. «Haus des Chirurgen». Grundriß (Mau-Kelsey, fig. 127).
1: fauces; 5: atrium; 7: tablinum; 8: alae; 9, 10: Eßräume; 13: Küche, mit Herd (a); 14: Hintertür; 16: Kolonnade; 18: Treppe zu Räumen über der Rückseite des Hauses; 19: Raum mit Fenster zum Garten hin; 20: Garten.

25 (rechts). Pompeji. «Haus des Sallust». Grundriß (Mau-Kelsey, fig. 129).

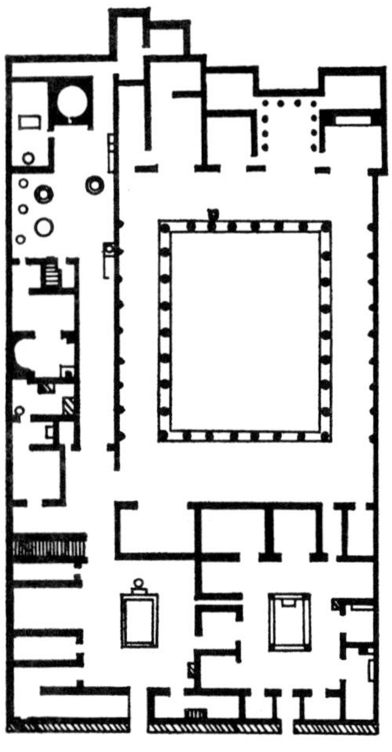

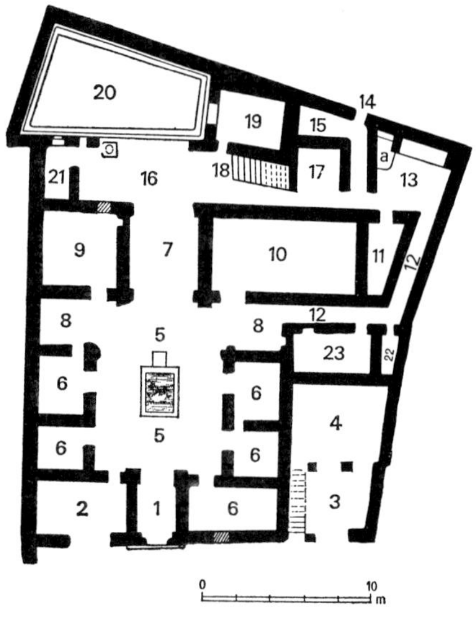

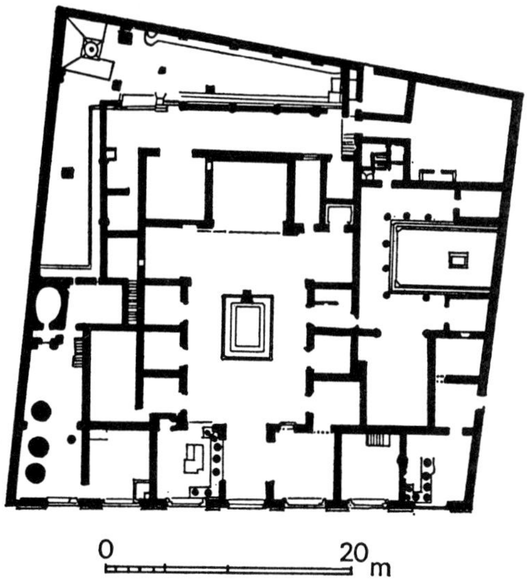

rechteckigen Grundrisses und mangels hellenistischer Anbauten (Peristylgarten, und so weiter) so früh datiert. Die schwere und strenge Kalksteinfassade, für die Blöcke in den Ablagerungen des Sarnus gebrochen wurden, und das einfache, quadratische Atrium mit zentralem Auffangbecken und *compluvium* spiegeln wahrscheinlich etwas von der nüchternen Schlichtheit reicher samnitischer Häuser in Malventum (Beneventum) oder Bovianum wider[44]. Die Hausmauern wurden aus übereinander liegenden Kalksteinquadern errichtet, die ein Bindemittel aus Lehmmörtel zusammenhält. Die in die Wände eingelassenen Schlitze, durch die das Licht einfiel, erinnern an die Dispositionen von Stadtmauern. Die *cubicula* sind um das Atrium verteilt, je eines zu Seiten der Eingangshalle, je zwei weitere beidseitig des Atrium, und auf diese folgten zwei offene Räume *(alae)*. Zuhinterst liegen auf beiden Seiten des eigentlichen Wohnzimmers *(tablinum)* zwei größere Räume. Zwischen *tablinum* und dem *impluvium* im Atriumhof stellte der Architekt den traditionellen Eßtisch *(cartibulum)* auf, der in späterer und wohlhabenderer Zeit durch einen eleganten Marmortisch mit skulpierten Beinen ersetzt wurde. Hinter dem *tablinum* lag der von einer Mauer umgebene Garten, und in einer Ecke des Gartens befand sich der Larenschrein *(lararium)* für die Schutzgötter des Haushaltes.
In seiner heutigen Form illustriert das pompejanische «Haus des Chirurgen» musterhaft Vitruvs *cavaedium tuscanicum*[45]. Anfänglich hatte das Haus weder Oberlicht noch Auffangbecken, erhielt jedoch im 2. Jh. v. Chr. ein *impluvium* aus Tuffstein, als durch den Umbau eines ursprünglich vorhandenen *cavaedium displuviatum* oder *cavaedium testudinatum* die heutige Anlage entstand. Vitruv informiert ausführlich über die beiden Dachformen, die für dieses Haus erwogen werden: «Trauflose Höfe sind die, bei denen schräg aufwärtsgerichtete Dachbalken eine aufwärtsgerichtete Wasserauffangfläche tragen und so das Regenwasser zu den Wänden zurückführen... Ganz überdeckte Hofräume aber macht man dort, wo die Spannweite nicht groß ist und in dem oberen Stockwerk geräumige Wohnungen gebaut werden[45].»
Dieser letztere Typ läßt vermuten, daß das ganze Dach mit Platten belegt oder in der Art eines Schildkrötenpanzers schuppenförmig abgedichtet war. Vitruv sagt auch, weshalb die displuviative Dachform von einem anderen Dachtyp verdrängt wurde:
«Bei Reparaturen haben sie jedoch große Nachteile, weil die Röhren, die das rings an den Wänden zusammenströmende Regenwasser zusammenfassen, das aus den Dachrinnen abfließende Wasser nicht schnell genug aufnehmen können, daher überfüllt überfließen und bei solcher Art von Häusern das Holzwerk und die Wände schädigen.»[45]
Das Hausinnere, das nach der zweiten Bauphase ein wenig heller wurde, war aber im Grunde höhlenartig und düster, fast sakrosankt und erschreckend in seiner «patriarchalischen» Strenge. Nur durch die Eingangstür und vom rückwärtigen Garten drang Tageslicht in das Innere, später verbesserte das von Eichen- oder Buchenbalken eingefaßte Oberlicht die Beleuchtung und Belüftung des Hauses. Der Wunsch nach mehr Repräsentation, nach gefälligeren Häusern und Empfangsräumen wurde wohl in der Marktstadt Pompeji immer häufiger der Anlaß zu Umbauten der Art, wie wir sie für das «Haus des Chirurgen» beschrieben haben. Vitruv urteilt auch darüber, welcher Haustyp den verschiedenen Schichten der Bevölkerung angemessen war:
«Allgemein zugängliche Räume aber sind die, in die auch uneingeladen Leute aus dem Volk mit Fug und Recht kommen können, das heißt Vorhallen, Höfe, Peristyle und solche Räume, die in derselben Weise benutzt werden können. Daher sind für Leute,

die nur durchschnittliches Vermögen besitzen, prächtige Vorhallen, Empfangssäle, Atrien nicht notwendig, weil diese Leute andern durch ihren Besuch ihre Aufwartung machen, aber nicht von andern besucht werden.»[46]

Ein weiteres Beispiel für das vorrömische Haus aus Pompejis samnitischer Zeit ist das
25, 26 nur einstöckige, aber weit ausgreifende «Haus des Sallust» (VI, ii, 4)[47]. Es wurde wie
29 das gleich alte «Haus des Chirurgen» im späten 4. oder frühen 3. Jh. v. Chr. vermutlich ebenfalls ganz aus Kalkstein erbaut. Der Grundriß entspricht dem des «Hauses des Chirurgen». Das Haus hat aber an der Straßenseite zu beiden Seiten des Eingangs zusätzlich vier Ladenlokale. Die Innenräume waren um das vermutlich völlig überdachte Atrium *(atrium testudinatum)* angeordnet. Aus einem Sodbrunnen im ersten Raum zur Rechten des Atriums wurde das Wasser geschöpft. Eine Porticus im rückwärtigen Teil war Blickfang für das *tablinum* und die zwei seitlich angrenzenden *oeci.* Im 2. Jh. v. Chr. erfolgten beträchtliche Umbauten. Eine neue Tuffsteinfassade wurde errichtet und ein Tuffstein-*impluvium* – ein solches war vermutlich vorher nicht vorhanden – wurde im Atrium eingelassen. Die zugehörige Zisterne befand sich im Garten hinter dem Haus. Gleichzeitig mag das *viridarium* angelegt worden sein. Im frühen 1. Jahrhundert n. Chr. verwandelte man eines der links von den *fauces* gelegenen Ladenlokale in eine Art Schnellimbiß *(thermopolium)*. Diese Änderung war offenbar ein Teil der Umbauten, die aus dem Haus ein Wirtshaus machten. Später wurde das Haus als Geschäftshaus benutzt, enthielt jedoch noch eine Privatwohnung. Nach dem Erdbeben des Jahres 62 n. Chr. scheint eine Bäckerei *(pistrinum)* in das altehrwürdige Gebäude eingezogen zu sein.

Steigender Wohlstand und größere Erfahrung im Hausbau führten zu zahlreichen Veränderungen und Erweiterungen der pompejanischen Atriumhäuser an den südwestlichen Hängen der Stadt. Ursprünglich entsprach ihr Grundriß dem italischen Prototyp, nur gelegentlich fehlte das *tablinum* im Bestreben, ein größeres Atrium zu schaffen. Im 2. Jh. v. Chr. gestaltete man sie zu reizvollen Terrassenhäusern um, die von tiefer gelegenen Portiken gestützt wurden. Die anschaulichsten Überreste dieser einfallsreichen und wagemutigen Bauform finden sich auf dem felsigen Vorsprung zwischen dem Forum triangolare und der Basilica[48]. Neuerungen dieser Art, zu denen eine zunehmende Bevölkerungsdichte und Bodenknappheit drängten, machen im wesentlichen die Umbautätigkeit an pompejanischen Häusern während des 2. und 1. Jh. v. Chr. aus.

Für die meisten Neuerungen waren hellenistische Vorbilder maßgebend, die sich in der gesamten römischen (und italischen) Architektur von der Mitte des 2. Jh. v. Chr. an auswirkten. Die Architekten des 2. Jh. v. Chr., bei denen es sich vermutlich zumeist um Griechen handelte, kannten die Hausarchitektur des hellenistischen Ostens (in Rhodos, Milet, Mitylene, Delos, Priene und Athen). Angeregt von diesen Beispielen veränderten sie grundlegend die Struktur der älteren Häuser in den Städten Campaniens und Latiums. Allgemein trachtete man danach, den Grundriß zu erweitern und das pompejanische Haus geräumiger und lichter erscheinen zu lassen, um gleichzeitig dem verfeinerten Lebensstil und den höheren Ansprüchen einer wohlhabenden Händlerschicht Genüge zu tun. Die Verbindung von italischen und hellenistischen Formen bewirkte überall im römischen Reich eine Erneuerung der Wohnarchitektur, die sich über Jahre hinzog. Auch die Baumaterialien wurden von den Veränderungen an Grundriß und Umfang betroffen, teilweise waren sie selbst Anlaß zu Neuerungen. Cato erwähnt in seinem Werk *De Agricultura,* das er in der 1. Hälfte des 2. Jh. v. Chr. verfaßte, daß übli-

Farbbilder:
26. Pompeji. «Haus des Sallust». Straßenfront mit Ladenlokalen zu Seiten der Haustüre.
27. Pompeji. «Haus des Pansa». Blick vom Tablinum ins Peristyl.

19

28. Herculaneum. «Haus des Neptun- und Amphitrite-Mosaiks». Sommertriclinium.

cherweise Mörtel mit einer Beimischung von Bruchstein oder Backstein beim Bau der *villae rusticae* verwendet wurde[49]. Die weit verbreitete Verwendung von *opus caementicium* beruhte auf der in der 1. Hälfte des 2. Jh. v. Chr. gemachten Entdeckung der erstaunlichen Eigenschaften der *pozzolana*-Erde, die in Mittelitalien, Latium und Campanien eingeschlossen, ein überall vorhandener Bestandteil der vulkanischen Erdschichten ist. Giuseppe Lugli datiert die Entdeckung dieses «natürlichen Zements» in die Zeit von 300 bis 250 v. Chr. und nimmt an, daß sich die in Campanien gemachte Entdeckung schnell in Rom und Latium verbreitete, wo sie bereits im späten 3. und frühen 2. Jh. v. Chr. ausgedehnte Anwendung fand[50]. Pozzolana wurde nicht nur für Substruktionen verwandt, auch für das *opus incertum,* eine von Vitruv überaus geschätzte Bautechnik:
«Die unregelmäßigen Bruchsteine *(opus incertum)* aber, die einer über dem anderen sitzen und unter sich im Verband stehen, geben kein gut aussehendes, aber festeres Mauerwerk als das netzförmige *(opus reticulatum)*.»[51]
Bis zur 1. Hälfte des 2. Jh. v. Chr. hatten die pompejanischen Architekten mit lokalen grobbehauenen Kalksteinquadern gebaut, die sie nun durch vulkanische Tuffquadern aus dem nahegelegenen Nocera (Nuceria) ersetzten. Obgleich sich Tuffstein leicht bre-

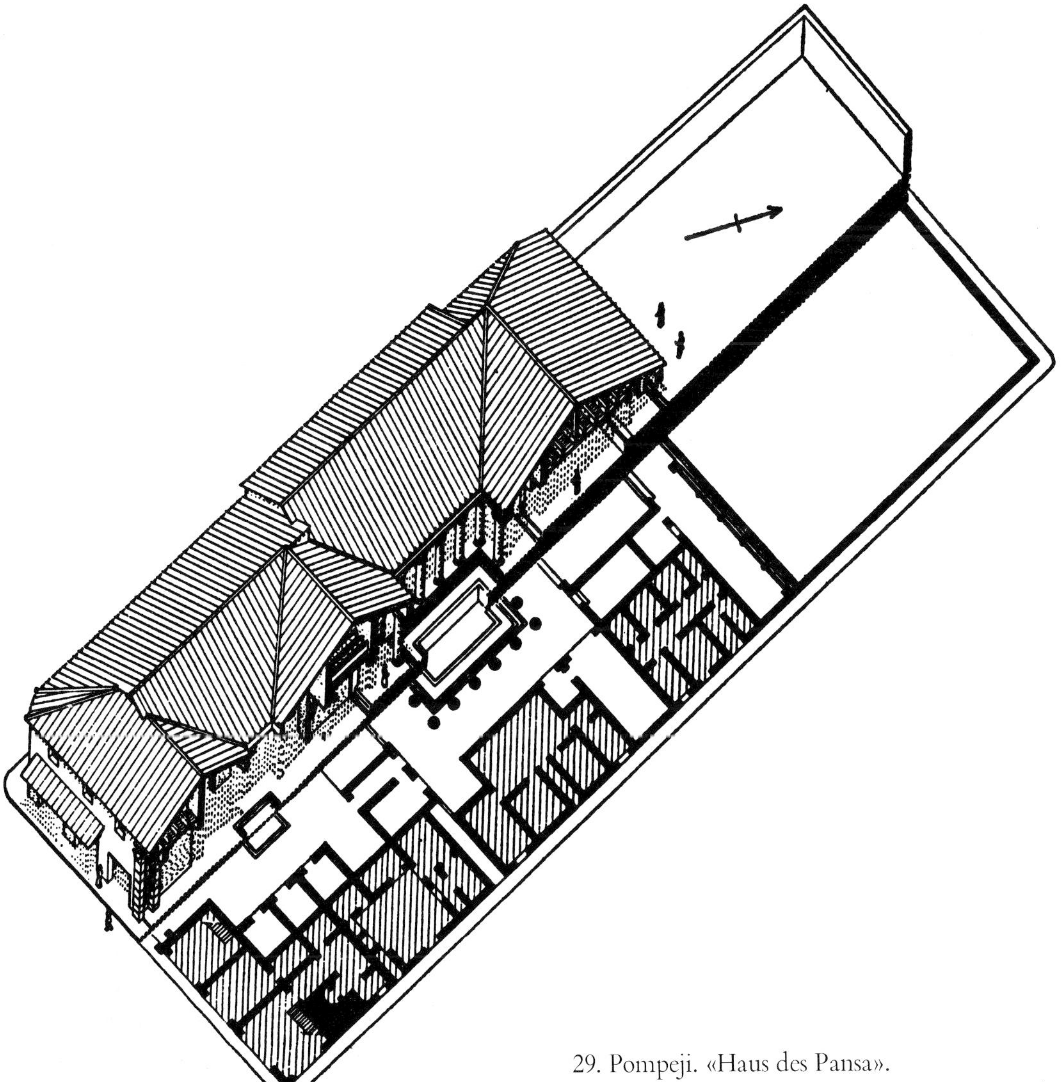

29. Pompeji. «Haus des Pansa».
Querschnitt und Grundriß (M. Grant, fig. 21).

chen und bearbeiten läßt, auch leicht skulpiert werden kann, erhärtet er unter Witterungseinfluß zu einem sehr dauerhaften Material. Gips und bemalter Stuck haften vorzüglich und dauerhaft an der porösen Oberfläche dieses Gesteins[52].

In der Architektur des 2. Jh. v. Chr. veränderten sich nicht nur die Baumaterialien von Grund auf. Auch das bis dahin gebräuchliche Wohnhaus unterlag einem tiefgreifenden Wandel. Der ursprüngliche Kern des Hauses, das Atrium, genügte der gewandelten Zeit nicht mehr. Die Architekten gaben nun dem sonnigen, bepflanzten und von Säulengängen umgebenen Freiraum des Peristylgartens den Vorzug, so beispielsweise im
29 «Haus des Pansa». Besonders in den neueren Wohnvierteln wurde der Atriumanlage der meisten Häuser ein von Portiken umgebener Hof angefügt, und ausgestattet mit Bronze- und Marmorstatuen, mit Springbrunnen sowie mit Räumen zur Erholung und Muße, die von an Gerüsten rankenden Pflanzen und mit Wandmalereien ausgeschmückt waren.

Das «Haus der silbernen Hochzeit» (V, ii, 2), dessen Name an einen Pompejibesuch des italienischen Königpaares im Jahr 1893 erinnert, ist ein hervorragendes Beispiel dieses neuen Wohnhaustypus. In seiner ursprünglichen Anlage samnitisch, wurde das dem 2. Jh. v. Chr. angehörende Haus teilweise unter Augustus und nochmals unter Nero und den flavischen Kaisern umgebaut und erweitert. Das Atrium ist ein eindrucksvoller Raum mit 4 Säulen (tetrastyl) an den Ecken des *impluvium*-Beckens. Dahinter liegt ein Gartenperistyl[53]. Die an das *tablinum* angrenzende Seite ist in der Art eines rhodischen Peristyls überhöht. In seiner Beschreibung des sogenannten «griechischen» Hauses sagt Vitruv über das «rhodische» Peristyl:

«Dieses System von Räumen hat stattliche Vorhallen und eigene prächtige Türen (zur Straße) und Säulenhallen der Höfe, die mit Stuck, (bemaltem) Verputz und geschnitzten Deckenfeldern verziert sind: und an den Säulenhallen, die nach Norden liegen, kyzikenische Speisesäle und Gemälderäume, gegen Osten Bibliotheken, gegen Westen aber Exedren, nach Süden zu aber quadratische Säle von so beträchtlicher Höhe, daß darin leicht vier Triklinien aufgestellt werden können und doch noch viel Platz für die Diener und Darsteller unterhaltsamer Aufführungen sein kann[54].»

Das «Haus der silbernen Hochzeit» entspricht erstaunlich genau dem vitruvschen Beispiel. Die Peristylsäulen hatten im oberen Teil eine reliefierte Stuckummantelung, im unteren eine glatte Oberfläche, ein hellenistischer Brauch, aus dem sich Einsparungen und Schutz vor Beschädigungen ergaben. Einen geräumigen Garten und einen Eßplatz *(triclinium)* im Freien erreichte man von der Ostseite des Peristyls. An der Südseite lagen die schönsten Räume. Hier befand sich ein großer *oecus,* dessen Gewölbe auf vier stuckverkleideten und Porphyr imitierenden Backsteinsäulen ruhte; ein Gang *(ambulacrum)* führte zu ausgemalten *cubicula* und zu einer *exedra;* ein weiterer *oecus* öffnete sich an der Südwestecke und ein privates Bad, das die ganze Raumsequenz von *caldarium, tepidarium* und *frigidarium* umfaßte, befand sich draußen in dem kleinen Garten.

29 Das «Haus des Pansa» (VI, vi, 1) ist das schönste und höchstentwickelte Beispiel für die Verschmelzung hellenistischer und italischer Elemente. Wie das «Haus des Faun» nimmt es ein ganzes Geviert *(insula)* ein. Von einem anfänglich samnitischen Haus entwickelte es sich zu einem stattlichen Wohnsitz. Der ursprüngliche Kern ist noch erkennbar: ein tuskanisches Atrium mit den üblichen Stützbalken und im vorderen Teil des Hauses *cubicula, alae* und *tablinum,* die axial und symmetrisch angeordnet sind. Das im hinteren Teil gelegene Peristyl enthielt eher ein großes Wasserbecken *(piscina)* als einen Garten. An das Peristyl schließt sich rückwärtig eine große Halle *(exedra)* an

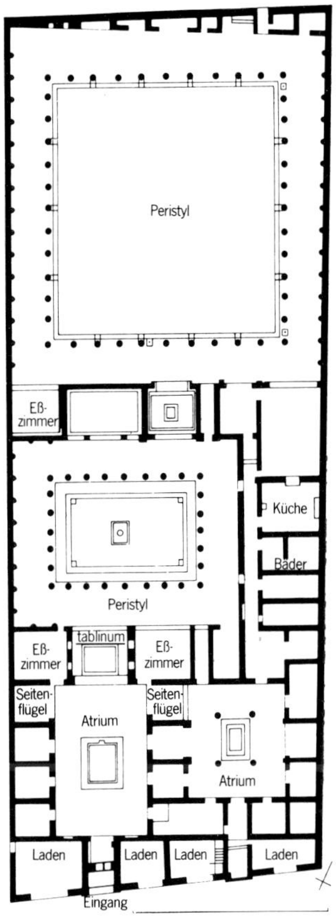

30. Pompeji. «Haus des Faun». Grundriß (M. Grant, fig. 7).

und zur Linken eine Küche *(culina)*, außerdem ein Stall mit einer Latrine und ein Abstellraum für Karren und Wagen.

Der große Garten, der sich hinter dem «Haus des Pansa» erstreckte – er bedeckte eine 20 auf 30 Meter messende Fläche – wird auch heute noch angebaut. Während der Ausgrabung fertigte der französische Archäologe Mazois einen Plan des Gartens an und beobachtete dabei, daß der Garten systematisch in rechteckige Beete unterteilt war und daß die dazwischen verlaufenden Wege gleichzeitig der Bewässerung gedient hatten. Obwohl in dem Garten auch Blumen gestanden haben mögen, war er offensichtlich ein Gemüsegarten, aus dem die Märkte in Pompeji und in der näheren Umgebung beliefert wurden. Die heute an dieser Stelle angelegte Pflanzung scheint sorgsam an der alten Aufteilung festzuhalten, selbst die Beete sind wie früher 2,40 m breit[55].

Das prachtvollste und wahrscheinlich berühmteste pompejanische Haus ist das «Haus 30
des Faun» (VI, xii, 2–5), das seinen Namen einer im *impluvium* des Hauptatriums gefundenen Bronzestatue eines tanzenden Fauns verdankt[56]. Wie die oben beschriebenen früheren Häuser gehört es dem 2. Jh. v. Chr., also Pompejis samnitischer Zeit an, als hellenistische Einflüsse in Stadtplanung und Architektur einzudringen begannen. Im Bürgersteig vor dem *vestibulum* und den mit zwei schweren Türflügeln ausgestatteten *fauces* ist der Willkommensgruß HAVE in Mosaik eingelegt. Hoch oben an den Vestibülwänden sitzen zwei in Stuck ausgeführte und reich verzierte *lararia*. Mittelpunkte des vorderen Hausteils sind zwei Atriumhöfe, ein traditionelles tuskanisches als erstes und ein weiteres tetrastyles, das hellenistischen Vorbildern verpflichtet ist. Der Einfluß hellenistischer Gymnasien und Palästren ist in den beiden Peristylen offensichtlich, da deren weitläufige Nebenräume *(exedrae)* an entsprechende Räume in den Gymnasien erinnern. Neben dem nach Süden auf das tuskanische Atrium ausgerichteten *tablinum* gibt es zwei Eßzimmer *(triclinia)*. Aus ihrer Lage und nach den Motiven ihrer Fußbodenmosaiken zu urteilen, wurden die beiden Räume wechselweise im Herbst und Winter benutzt. Hinter diese Atrien plazierte der Architekt das erste Peristyl mit einer 28 jonische Säulen zählenden Porticus, in dessen Mitte ein Brunnenbekken steht. Stuckdekorationen bedeckten die Wände. Die *exedra* an der Mitte der rückwärtigen Peristylwand wurde durch einen Eingang betont, den vorgezogene Wandstücke *(antae)* und zwei Porphyr imitierende stuckierte Säulen korinthischer Ordnung flankierten. In den Boden war das bekannte Alexandermosaik eingelassen, während eine Nilszene die Türschwelle markierte. Zwei nur im Sommer benutzte und nach Norden ausgerichtete Eßzimmer grenzten an die *exedra*. An der Ostseite des Hauses sonderte ein schmaler Gang Küche, Bad und Stall vom übrigen Haus ab. Ein anderer kurzer Bedienungsgang führt vom Peristylgarten zu einem weiteren, von einer dorischen Porticus umgebenen Garten, wo dank einer Hintertür *(posticum)* dafür gesorgt war, daß der Wohntrakt der Familie sowie der Unterhaltung und Erholung dienende Bereiche unberührt blieben vom offiziellen Gepräge der nun weit abgelegenen Atrien.

Zweifellos hatte das «Haus des M. Loreius Tiburtinus» (II, ii, 2–5) den spektakulärsten 31, 48
und größten aller pompejanischen Gärten[57]. Er war in die bauliche Gliederung des Wohntraktes und der Terrasse einbezogen, die, durchzogen von einem Kanal oder Bewässerungsgraben, Ausgangspunkt für Wasserspiele war, welche wie ein Prototyp der Brunnenanlagen im Park der Villa d'Este in Tivoli wirken. Die Terrasse war offen und vom Atrium aus zugänglich. In der Mitte befand sich eine Kaskade, deren Wasser sich in ein niedriger gelegenes Brunnenhaus *(nymphäum)* ergoß, um darauf in einen langen Kanal *(euripus)* zu fließen, der bis in die Tiefe des Gartens reichte und von Bäu-

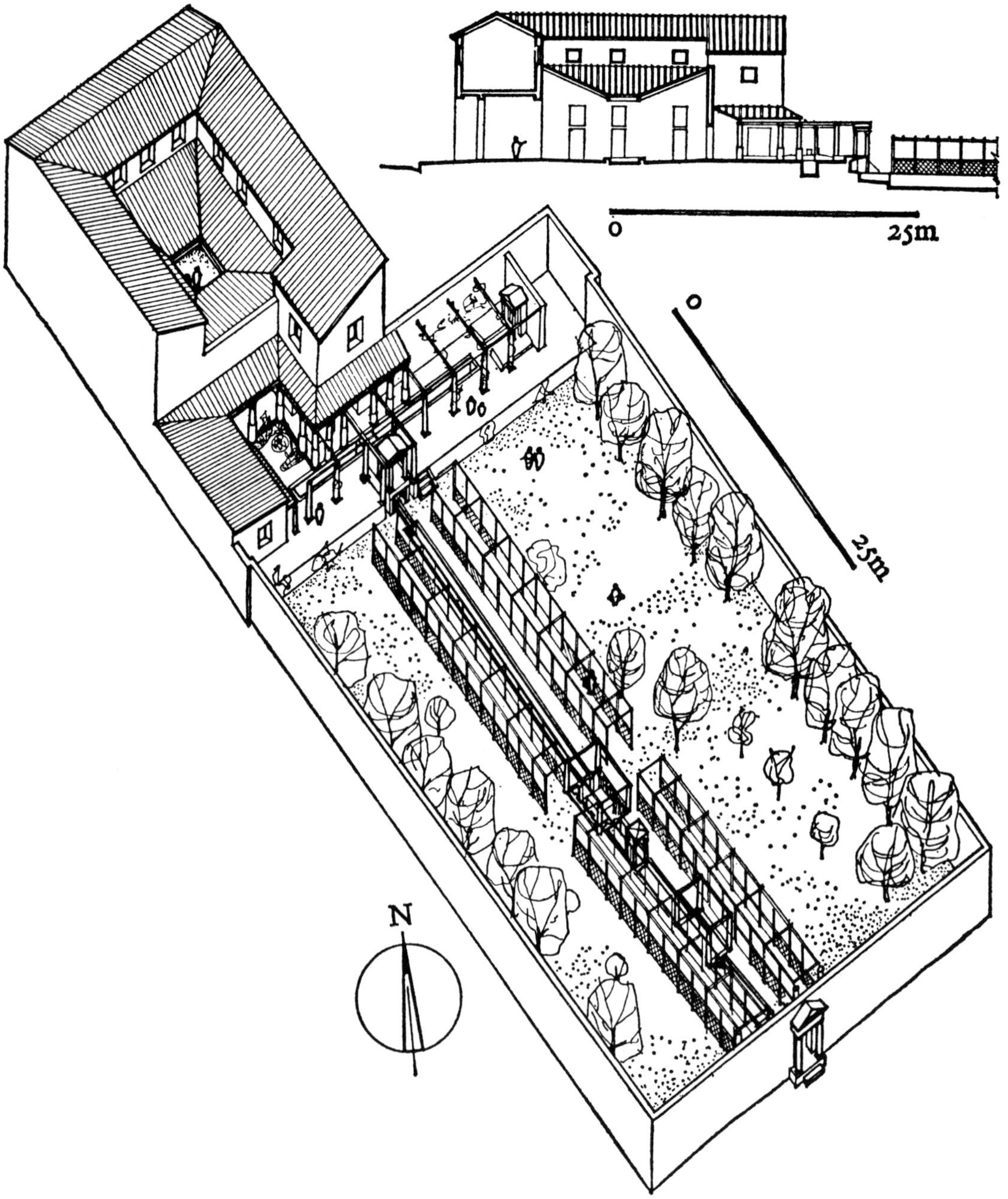

31. Pompeji. «Haus des Marcus Loreius Tiburtinus». Rekonstruktionszeichnung und Schnittzeichnung (Boëthius & Ward-Perkins, fig. 121).

men und blühenden Büschen gerahmt war. Ein marmorner Springbrunnen und eine Pergola unterbrachen auf halbem Wege den Verlauf des Kanals, an seinem Ende stand ein Hermaphrodit in einer Nische. Statuetten und Hermen säumten das Kanalufer, und weitere standen in den Interkolumnien der Perticus. Für die Ostseite der Terrasse an der Nordseite des Gartens entwarf der Architekt ein offenes Sommerspeisezimmer, das mit zwei Speisesofas ausgestattet und mit Wandmalereien versehen war. Eines der von dem römischen Maler Lucius signierten Gemälde stellt Narzissus dar, das andere Pyramus und Thisbe.

Das Problem der Übernahme des Peristyls in die italische Architektur hat zahlreiche Diskussionen und kritische Untersuchungen veranlaßt, die sich besonders mit den Auswirkungen auf die Entwicklung des Atriums beschäftigen. Das Peristyl, ein offener Garten mit einer umlaufenden Kolonnade *(peristylum)* und unregelmäßig an den Rück- und Seitenwänden verteilten Räumen, war gewiß kein Ersatz für das Atrium[58]. Die Eingangshalle der Vorfahren vermochte, auch während sich die Hausform weiterentwickelte, ihre einstige Bedeutung zu erhalten, aber ihre Säulenstellung verdankt sie weitgehend der Peristylform. Denn das ursprünglich überdachte, später mit *compluvium* versehene Atrium entwickelte sich in späterer Zeit zu einer ausgesprochenen Säulenarchitektur. Die Säulen, die anfänglich nur an den Ecken des Auffangbeckens standen, wurden mit der Zeit so zahlreich, daß sie peristylartig wirkten. Anfangs sehr hoch, schrumpften sie schließlich auf die Höhe der Peristylsäulen in den privaten Teilen des Hauses zusammen. Das *impluvium,* ursprünglich ein wesentlicher Bestandteil der Wasserversorgung des Hauses, wurde durch die verbesserte Kanalisation in den spätrepublikanischen Gemeinwesen überflüssig, und Auffangbecken wie Zisterne degenerierten zu einem Zierbecken, das durch Bleileitungen oder Terrakottaröhren an das vor dem Haus vorbeiführende städtische Kanalisationssystem angeschlossen war. Allmählich übernahmen Springbrunnen, Büsche und Blumen den für das *impluvium* vorgesehenen Platz, und die Neigung, Landschaftselemente in den Innenraum einzubeziehen, die auch in der Malerei spürbar ist, wurde zu einer reizvollen Eigenheit pompejanischer und campanischer Häuser.

Es ist denkbar und liegt durchaus im Bereich des Möglichen, daß die von Säulengängen umrahmten Gärten nicht nur aus hellenistischen Hausformen und Bräuchen hervorgegangen sind, sondern aus einer Verschmelzung – im technischen Sinn einer *contaminatio* – von Peristylen, wie sie in Gymnasien und Palästren Verwendung fanden, mit den prachtvollen öffentlichen und privaten Gärten *(paradeisoi)* des Nahen und Mittleren Ostens. Es haben aber wiederum nicht alle der angefügten Gärten Kolonnadenanlagen. Das «Haus des Pansa», das derselben Zeit wie die bereits angeführten Beispiele angehört, hat nur einen von ungeschmückten Mauern umgebenen *hortus conclusus* als Nutzgarten. In Rom und vermutlich auch in anderen italienischen Städten wie Pompeji und Herculaneum war die Gartenkunst ursprünglich nicht heimisch. Die ältesten bekannten Lustgärten Roms gehörten im späten 2. Jh. v. Chr. den Philhellenen P. Cornelius Scipio Africanus Minor und Decimus Junius Brutus Augur. Lucullus und Pompejus der Große, die sich beide mit dem gleichen kleinasiatischen Gegner, mit Mithridates VI. Eupator, in Pontus und Kappadokien auseinandersetzen mußten, waren die ersten, die sich in Rom für die Gartengestaltung und für große Gärten in einer städtischen Umgebung einsetzten. Nach dem Vorbild östlicher *paradeisoi* und öffentlicher hellenistischer Gärten ließen sie sich selbst weitläufige Gärten anlegen. Auch waren von Anfang an die Berufsgärtner sicherlich Griechen, und Cicero benutzte zuerst die Wörter griechischen Ursprungs *topiarius* und *ars topiaria* für Gärtner und Gartenkunst[59]. Die hellenistisch-griechischen Gärtner, eigentlich Techniker, was im Wort *ars* anklingt, befriedigten vor allem den Wunsch nach Erholungsstätten im Freien, die frische Luft, Schatten und Ruhe in einer riesigen, überfüllten Stadt boten, in der die meisten Menschen in Wohnungen hausten. Mehr noch dienten vielleicht die öffentlichen Gärten einer dem Italiker (und seinen polyglotten Nachbarn) angeborenen und sich schon in früheren Jahrhunderten in den Gärten und Landschaften etruskischer Malereien äußernden Verbundenheit mit der Natur. In der bereits erwähnten Bemerkung über den Landschaftsgärtner kommt Cicero auch darauf zu sprechen, was deren Hauptabsicht war, wenn sie in häuslichem oder größerem Rahmen Gartenanlagen schufen: die Herstellung einer bildartigen Darstellung nämlich. Literatur und Kunst bezeugen wiederholt, daß die Römer ein feines Gespür hatten für die Pflanzen und Blumen innewohnende Schönheit, auch wenn es erst eines Gartenarchitekten bedurfte, um deren dekorativen Wert zur Geltung zu bringen.

32 In einem eleganten Wohnviertel Pompejis lag das «Haus der Dioskuren» (VI, xi, 6–9), das seine hübsche Fassade der breiten und mit einem hohen Bürgersteig ausgestatteten Via di Mercurio zuwandte[60]. Das um 100 v. Chr. vollendete Haus übernahm den nun bereits klassischen Typ einer Peristylanlage mit Atrium und *tablinum*. Diesem ersten Peristyl scheint es jedoch an Glanz und modernem Luxus gemangelt zu haben, denn nur so läßt sich der um 30 v. Chr. erfolgte Zukauf des Nachbarhauses des Caetronius mit *atrium tuscanicum* (VI, ix, 7) erklären. Die beiden Häuser waren nicht von dem gleichen Architekten gebaut worden. In der letzten Lebensphase der Stadt gab man beiden Häusern eine einheitliche Stuckfassade. Offensichtlich war die Via di Mercurio kein Hauptverbindungsweg, es zirkulierten dort auch nur wenige Wagen, denn Spurrinnen, die ein Charakteristikum der meisten pompejanischen Straßen sind, fehlen hier fast völlig, und nur an den Straßenkreuzungen gibt es starke Abnützungsspuren. Die Lage des Hauses war ideal. Schnell erreichte man das Forum und die Forumbäder, und die Hauptverkehrsstraßen lagen in der Nähe. Vielleicht erklärt diese vorteilhafte Lage den ungewöhnlichen Aufwand, der dieses Haus und andere, in der Nähe gelegene, das
33 «Haus der vergoldeten Amoretten» (VI, xvi, 7) und das «Haus der silbernen Hochzeit» (V, ii, 2), auszeichnet. Richardson hat die letzten Bewohner dieses Hauses mit der Familie des Nigidius identifiziert, reichen, im Import und Export tätigen Geschäftsleuten und Kaufherren, die anscheinend wohlhabend genug waren, um in einem Doppelhaus zu leben und es mit dem auserlesensten Dekor zu schmücken. Die Wandmalereien sind so hervorragend, daß Richardson meint: «Die sieben Maler der Casa dei Dioscuri kann man nicht mit den typischen Repräsentanten des vierten pompejanischen Stils (50 bis 79 n. Chr.) gleichsetzen, denn das Haus war so glanzvoll, daß nur ausgesuchte Maler ersten Ranges an seiner Dekoration arbeiteten». Anstatt mit Richardson anzunehmen, daß das Nachbarhaus erworben wurde, um zwei Familien Platz zu bieten, könnte man auch vorschlagen, daß das erste Haus mit seinen erlesenen Wandmalereien und dem luxuriösen Aufwand zu Geschäftszwecken benutzt wurde, während es der Besitzer vorzog, im kleineren und vielleicht ruhigeren Haus zu wohnen.

Die kurzen, engen, in das korinthische Atrium führenden *fauces* verjüngen sich leicht, was ein pompejanisches Charakteristikum ist. Wie so oft in pompejanischen Häusern hat auch hier der Architekt die an der Eingangstüre beginnende Hauptachse so gelegt, daß ein das ganze Haus beherrschender Durchblick entsteht. Der südlich von den *fauces* abgehende kleine Raum war eine Loge für den Türhüter *(ostiarius)*. Eine hölzerne Treppe führte zu einem darüber gelegenen Raum *(cenaculum)* und zu einem Badezimmer, die beide an den Schlafplatz des Türhüters grenzten, den dieser vielleicht mit andern Dienern teilte. Ein großes Fenster im oberen Stock ermöglichte es späten Besuchern oder solchen, die zur Zeit der Siesta eintrafen, den Türhüter aufzuwecken. In die Ostwand des Raumes, in dem der Türhüter schlief, war offenbar ein Sprechrohr eingelassen, welches diesen oberen Raum mit dem Atrium verband[61].

Das geräumige korinthische Atrium ist das schönste in ganz Pompeji. Zwölf Säulen, vier auf jeder Seite, umringen das quadratische *impluvium*. Die Hauptachse verläuft von der Eingangstür (Westen) durch das *impluvium* zum *tablinum* (Osten). Auf dem Ostrand des *impluvium* steht ein Brunnen, der ursprünglich eine bald nach dem Ausbruch geborgene Statue trug. Einst stand ein zweiter Springbrunnen in der Mitte des Auffangbeckens. Die weiße Marmorschale ist wie eine Blüte geformt, auf der sich winzige reliefierte Frösche und Eidechsen tummeln. Der Wasserstrahl wurde mit einem Bronzeschlüssel reguliert, der jedoch wie die Statuen verschwunden ist[62].

32. Pompeji. «Haus der Dioskuren». Atrium und Peristyl.

Es überrascht, daß zur Zeit der Flavier in einem geräumigen Haus die ursprüngliche Funktion des *impluvium* beibehalten wurde. Gewiß lieferte die pompejanische Wasserleitung ausreichend frisches Wasser, aber der Architekt und wohl auch die Besitzer scheinen das inzwischen überholte System der Vorrathaltung in einer unter dem *impluvium* liegenden Zisterne vorgezogen zu haben. Es wurde auch angeführt, daß für bestimmte Zwecke, wie z.B. das Wäschewaschen, das weiche Regenwasser dem harten Wasser des Aquäduktes vorgezogen wurde. Außerdem half das Regenwasser, das in den Trockenmonaten Mai bis September spärlicher fließende Wasser aus dem Aquädukt zu ergänzen.

Der Kern der zwölf Säulen besteht aus Mörtel und Backsteinen. Die untere Hälfte der Stuckumhüllung war rot bemalt, die obere Zone weiß. Der Bodenbelag im Atrium und in den *fauces* entsprach dem in anderen Bürgerhäusern dieser und der vorausgegangenen Zeit und bestand aus Mörtel und Ziegelkleinschlag, unter den hellere Splitter und Kiesel gemischt waren. Von den nur einfach vorhandenen *alae* am östlichen Ende der Atriumnordwand glaubt Richardson, daß sie ursprünglich mit Schränken angefüllt war und als Büro oder Archiv für die Geschäftsakten des Besitzers diente. Schwere Kisten *(arcae)* standen zu beiden Seiten des Eingangs (vgl. die entsprechende Situation im «Haus der Vettier», VI, xv, 1). Das modernisierte *tablinum,* das zur flavischen Neu-

ausstattung gehört, ist auf seiner ganzen Frontseite zum Atrium offen und stellt den Höhepunkt des Durchblickes von der Eingangstür durch das säulenumringte Atrium dar. Mit seinen überreichen Wandmalereien scheint es der Hauptempfangsraum gewesen zu sein. Zu normalen Zeiten sorgten die Bewohner des Hauses dafür, daß das *tablinum* vom Atrium abgetrennt war, wozu Vorhänge, Falttüren oder Scherengitter
36 gedient haben mögen, in der Art wie sie in Herculaneum im «Haus mit der hölzernen Trennwand» gefunden worden sind (Herculaneum, III, 11–12).

Die Küche im «Haus der Dioskuren» ist ähnlich gestaltet wie jene im «Haus der Vettier» (VI, xv, 1). Geräumig, ohne Fenster und Dach, war sie im Grunde ein offener, an die etruskischen Höfe in Marzabotto erinnernder Hof, ein freudloser und ungeschmückter Raum. Der gestampfte Erdboden und die grob verputzten Wände waren zwar praktisch, aber wenig reizvoll. Der Herd, für den Brennmaterial gleich daneben in Regalen bereitstand, entspricht dem Normaltyp. Es handelt sich um eine Abdeckung aus in Mörtel eingelassenen, zerbrochenen Ziegelplatten mit einer schützenden Kante entlang dem Rand. Über dem Herd hielt ein abnehmbares Dach den Regen vom Feuer fern. Arbeitstische und Tablare zur Aufbewahrung von Tellern, Pfannen und Besteck ergänzten die Ausstattung. Am östlichen Ende der Küche *(culina)* befand sich eine Latrine. Die Wände hatten einen feinen, im unteren Teil roten Verputz, während die Zone darüber in weiße Felder unterteilt war, die rote und weiße Streifen und Ornamente ausfüllten. Der Abfluß lag am östlichen Ende dieses relativ großen Raumes (2,20 × 4 m). Unmittelbar über dieser Stelle saßen schlitzförmige und ein weiteres rechteckiges Fenster in die Wand eingelassen. Sicherlich war ein Spülsystem vorhanden, unbekannt ist nur der Typus der Anlage. Möglicherweise wurde vom Dach ablaufendes Regenwasser benutzt, um die Abwässer in die städtische Kanalisation zu spülen.

Das Peristyl ist groß und eindrucksvoll. Mitsamt dem Garten, der allein 7,30 × 14,50 m groß ist, mißt es 12,60 × 21,50 m. Man betrat den Garten von der Südseite des Atriums her. Zum Peristyl hin öffnet sich ein seltener, sogenannt Cyzicenischer *oecus,* der Vitruvs Beschreibung aufs genaueste entspricht:

«Diese werden in Nordrichtung (hier Nord- und Westrichtung) angelegt und zumeist mit einem Blick ins Grüne, und sie haben in der Mitte Flügeltüren. Sie selbst sind so lang und breit, daß zwei Triklinien einander gegenüber aufgestellt sein können, um die man herumgehen kann. Rechts und links haben sie türähnliche Fensteröffnungen, so daß die Gäste von den Speisesofas aus einen Blick ins Grüne haben.»[63]

Richardson überzeugt mit seinem Vorschlag, daß in der Ostporticus des Peristyls wohl Musiker und Schauspieler Lieder und Possen zur Unterhaltung der Speisenden vortrugen. Die Themen der Malereien an der dem *œcus* gegenüber liegenden Peristylwand sind geeignet, diese Vermutung zu stützen, denn hier waren Perseus und Andromeda, sowie Medea bei der Planung des Mordes an Jasons Söhnen dargestellt. Trotz vieler Veränderungen und Anbauten, einschließlich der Einbeziehung des Nachbarhauses, ist das «Haus der Dioskuren» für den Besucher von Pompeji eines der verständlichsten und zugleich lohnendsten Häuser, weil es eine Anzahl schöner Beispiele für die Grundbestandteile und die Ausstattung im Hause eines reichen Mannes in sich vereinigt.

Das «Haus des Epidius Rufus» (IX, 1, 20) ist ein samnitischer Bau, den das größte mehrsäulige korinthische Atrium Pompejis auszeichnet. Die 16 korinthischen Säulen in dieser glanzvollen Halle erinnern eher an öffentliche Bauwerke denn an ein Privathaus[64]. Eine Estrade, an die seitlich eine kurze Treppe angebaut ist, verläuft entlang der Hausfassade und gleicht merkwürdig der Estrade am mittleren Bauwerk im offi-

Farbbilder:
33. Pompeji. «Haus der vergoldeten Amoretten». Peristyl mit Garten.
34. Pompeji. «Villa der Julia Felix». Garten mit Halle und Euripus.

35. Herculaneum. «Samnitenhaus». Atrium.

ziellen Baukomplex am Südende des Forums von Pompeji. Da das Haus keinen Peristylgarten, sondern nur einen ummauerten Garten *(hortus)* hat, sind unterschiedlich bemessene Räume um das peristyle Atrium angeordnet. Zwei in die Mitte der beiden Längsseiten eingerückten *exedrae* haben zwei Säulen, die in die offen gelassene Wand gestellt sind, und wirken wie kleine Vortragssäle *(auditoria)*.

Malereien im 1. pompejanischen Stil schmücken die *fauces* des «Samnitenhauses» in Herculaneum (V, 1–2). Die *fauces* führen in ein Atrium, das auf der Höhe des ersten Stockwerkes eine Galerie mit winzigen jonischen Säulen hat, die eine durchbrochene und stuckierte Brüstung *(pluteus)* verbindet[65]. Der Raum zwischen den Säulen war usprünglich offen, aber veränderte Bedingungen in der Verwendung des Hauses machten die Schließung der Interkolumnien mit Ausnahme derer an der Ostseite notwendig. Bevor die oberen Räume vermietet wurden, dies geschah nach dem Erdbeben von 62 n. Chr., müssen an der West- und Nordseite der Loggia Fenster vorhanden gewesen sein. Beim Umbau wurde der obere Stock um eine über die Straße vorstehende Galerie, die über die ganze Fassadenbreite lief, erweitert. Aus diesen Räumen, welche man über eine separate Treppe neben dem Eingang erreichte, wurde eine kleine Mietwohnung gebildet. 35, 37

Das «Haus mit dem Mosaikatrium» in Herculaneum (IV, 1–2) erhielt seinen Namen 38, 39
aufgrund eines schwarz-weißen Schachbrettmusters beim Eingang[66]. *Fauces,* Atrium 40, 41
und Wintereßzimmer, statt des üblichen *tablinum,* folgen der Ost-Westachse des Hauses. Das Eßzimmer, welches hier das altehrwürdige *tablinum* ersetzt, ist ein *oecus Aegyptius* oder ägyptischer Speisesaal des Typus, den Vitruv eingehend beschreibt. Seine basilikale Form mit Nebenschiffen und Mittelschiff ist ungewöhnlich, bot aber entscheidende und neuartige Vorteile, weil durch die Fenster in der Obergadenwand des Mittelschiffes Licht einfallen konnte und über den einstöckigen Nebenschiffen ein begehbarer Umgang entstand. Zum Peristylgarten stieg man über eine vom Atrium abgehende, rechtwinklig geführte Treppe hinab. Die Interkolumnien waren zuge-

36. Herculaneum. «Haus mit der hölzernen Trennwand». Atrium, impluvium, tablinum und Garten.

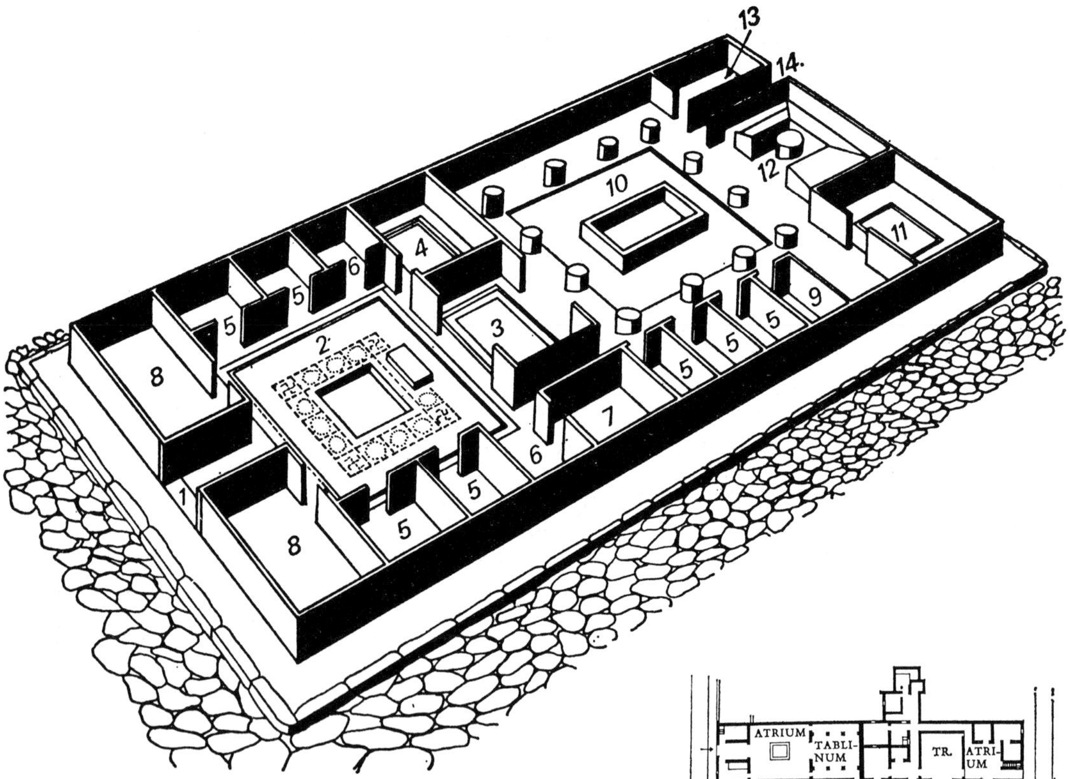

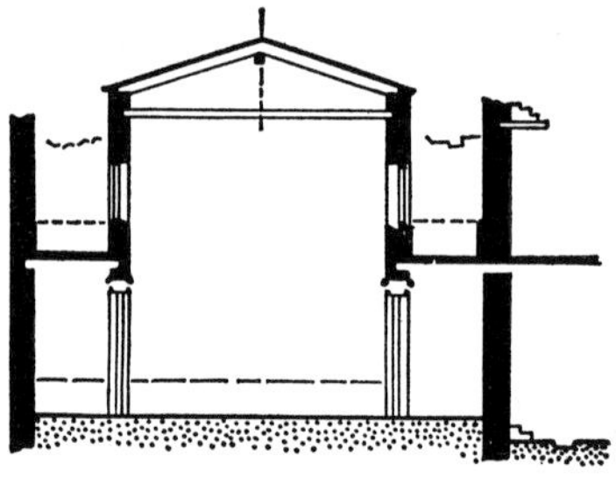

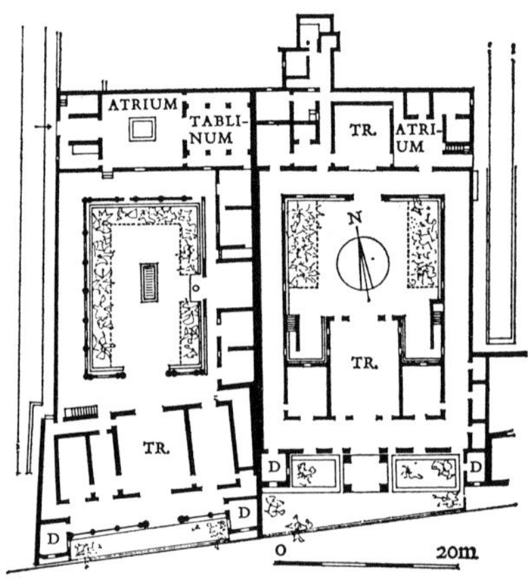

37 (oben). Herculaneum. «Samnitenhaus». Schematischer Grundriß (V. Catalano, fig. 14). 1: Eingang; 2: atrium; 3: tablinum; 4: triclinium; 5: cubiculum; 6: alae; 7: Vorratsraum; 8: Werkstatt; 9: Küche; 10: Peristyl, Garten und Wasserbecken; 11: exedra; 12: Sommer-triclinium (oecus); Schlafraum oder Stall; Diensteingang.

38 (Mitte rechts). Herculaneum. «Haus mit dem Mosaikatrium» (links) und das «Haus der Hirsche» (rechts). Grundrisse (Boëthius & Ward-Perkins, fig. 110).

39 (Mitte links). Herculaneum. «Haus mit dem Mosaikatrium». Schnittzeichnung durch den oecus Aegyptius.

40 (unten). Herculaneum. «Haus mit dem Mosaikatrium». Garten und cubicula. Rekonstruktionszeichnung (V. Catalano, fig. 18).

41 (oben). Herculaneum. «Haus mit dem Mosaik-atrium» und «Haus der Hirsche», südliche Fassade über der Stadtmauer. Rekonstruktionszeichnung (Boëthius & Ward-Perkins, fig. 120).
42 (unten). Herculaneum. «Haus der Hirsche».

mauert und mit Fenstern sowie zwei Zugängen zum Garten versehen. Glasfenster schützten den engen Gang an der Ostseite des Gartens. Zu beiden Seiten einer leicht erhöhten *exedra* öffnen sich vier rot ausgemalte *cubicula* auf den Garten hin. Auch das Sommer-*triclinium* als ein Empfangsbereich liegt annähernd auf der Nord-Südachse, von wo der Blick auf der einen Seite über den Garten, seinen Springbrunnen und das *impluvium* und auf der anderen Seite über die Bucht freigegeben ist. Zwei zusätzliche Räume *(diaetae)*, die das *triclinium* flankieren, gestatteten dem Hausbesitzer und seinen Gästen einen großartigen Rundblick über die Bucht. Beide werden als Räume gedeutet, in welchen man untertags ausruhte *(cubicula diurna)*; wie sie in Patrizierhäusern und Villen häufig anzutreffen sind.

34 Die sogenannte «Villa *(praedium)* der Julia Felix» (II, iv, 3) aus der Kaiserzeit, die am Ende der Via dell'Abbondanza in Pompeji liegt, nimmt ungefähr ein Drittel eines Straßengevierts *(insula)* ein. Den Rest füllt ein großer Markt aus, bei dem es sich auch um einen kommerziell betriebenen Blumengarten handeln könnte[67]. Das Wohnhaus der Besitzerin Julia Felix enthielt möglicherweise ein weiteres Beispiel eines Cyzicenischen *oecus*, der laut Vitruv in Italien unüblich war. Garten und Landhaus der Julia Felix waren reizvoll angelegt und ausgestattet. In der Mitte des Gartens überquerten Marmorbrücken einen Fischteich *(euripus)*, in dem zahlreiche Nischen den Fischen Schatten boten. Die Porticus wies an der Westseite Marmorpfeiler auf (vergleichbar denen, die kürzlich in Stabiae gefunden worden sind), während kleine stuckierte und grün bemalte Pfeiler entlang der Süd- und Ostseite standen, wo eine Reihe rechteckiger und apsisförmiger Nischen die Gartenmauer schmückten. Hinter der Porticus öffnete sich in der Mitte der Westseite des *hortus* eine rechteckige *exedra* mit marmornen Ruhebetten und mit einer kleinen Kaskade an der Rückwand, deren Fluten einem Wasserspeier zuflossen, der unterhalb der Kaskade den Mittelpunkt des Raumes bildete (Gartentriclinium).

43 Bemerkenswert vornehm ist auch das «Haus des Menander» (I, x, 4), worauf schon die korinthischen Tuffsteinkapitelle am Eingang hinweisen[68]. Das mit Landschaften und Jagdszenen (im 4. pompejanischen Stil) ausgeschmückte Atrium enthält ein *lararium* und eine mit Szenen aus dem trojanischen Krieg ausgemalte *exedra*. Im großen Peristyl, wo wieder eine niedere Wand die Interkolumnien verschließt, bedecken Darstellungen von Pflanzen und von weißen Reihern, die Nahrung aufpicken, die Wände. Vorzügliche Malereien und ein Mosaikboden mit einer Nillandschaft zieren die beiden *oeci* an der Nordseite. Das *triclinium* und eine Anzahl kleinerer Räume liegen am östlichen *ambulacrum*. Die Dienerzimmer befinden sich im rückwärtigen Teil des Hauses. In der Rückwand der Porticus sind mehrere rechteckige und apsisförmige Alkoven eingetieft, ein in der Zeit Neros aufkommender Brauch. Diese Vertiefungen sind vorzüglich ausgemalt. Eines der Wandgemälde zeigt ein Porträt des hellenistischen Komödiendichters Menander, dessen Name auf einer Rolle in seinen Händen und nochmals an seinem Gewandsaum erscheint. In einem Alkoven wurden Spuren von Regalen gefunden, die vielleicht darauf hinweisen, daß er als Bücherei benutzt wurde. Eine private Badeanlage befand sich am Ende des westlichen *ambulacrum*. Ein Gang führte zur Küche und zu unterirdischen Lagerräumen, wo in einem Raum ein insgesamt 115 Stücke umfassender prächtiger Silberfund gemacht wurde, zu dem auch Münzen und Schmuck gehörten. Der Fund besteht aus einem Speiseservice, das heute im Nationalmuseum in Neapel ausgestellt ist. Es handelt sich um eines der drei bedeutenden silbernen Tafelservices, die sich aus der Antike erhalten haben.

43. Pompeji. «Haus des Menander». Atrium.

Im «Haus des Neptun- und Amphitrite-Mosaiks» in Herculaneum (V, 6–7) wurde 44
der Mangel eines aus Platzgründen fehlenden Peristyls durch die Zusammenlegung von Eßzimmer und *nymphaeum* (Wandbrunnen) mit dem Atrium und dem *tablinum* aufs vorteilhafteste ausgeglichen[69]. Das Atrium, das *tablinum* und die Nebenräume zu seiten des *tablinum* sind in der für italische und römische Stadthäuser üblichen Weise angeordnet. Um einen Peristylgarten vorzutäuschen, waren die Wände des an das *tablinum* angrenzenden *triclinium* mit farbenprächtigen Mosaiken und Malereien geschmückt, die Bäume und Blumen darstellen. Das typische Stadthaus, welches Atrium und Peristyl in sich vereinigte, wurde bei zunehmender Bevölkerungsdichte nach und nach ein-

geschränkt, und so ist der hinter dem Atrium und dem *tablinum* gelegene, von Säulen umgebene Hof in Herculaneum nur selten anzutreffen.

Das «Haus des tragischen Dichters» (VI, viii, 3–5) gegenüber den Forumbädern von Pompeji ist oft das erste Haus, das Teilnehmer an Führungen durch die Ausgrabungen besuchen. Es lenkt darum in besonderem Maße Aufmerksamkeit und Interesse auf sich[70]. Durch Bulwer Lyttons Roman «Die letzten Tage von Pompeji» (wo es als das Wohnhaus des Glaucus bezeichnet wird) ist es berühmt geworden. Es wurde nach einem sehr schönen, im *tablinum* gefundenen Fußbodenmosaik benannt, das einen Tragödiendichter, vielleicht Aischylos zeigt, der mit einem Chor von Satyrn eine Vorführung einübt. Die im Haus gefundenen Kunstwerke lassen vermuten, daß die Hausbewohner hochkultiviert und wohlhabend gewesen sein müssen. Die Randsteine aus Tuffstein und das delikate *opus signinum*-Pflaster vor dem Haus zeugen von der Sorgfalt, die pompejanische Hausbesitzer auf den Unterhalt ihrer Häuser verwendeten. Sie zeigen auch, daß selbst in einer Gegend mit vergleichsweise starkem Fahr- und Fußgängerverkehr auf ein ansprechendes Haus Wert gelegt wurde.

Im Vestibül verwies ein schwarz-weißer Mosaikboden den Besucher gleich beim Eintreten auf den Wunsch des Besitzers, daß man seine Privatsphäre achte. Ein bösartiger Kettenhund mit einem roten Lederhalsband drängt bedrohlich zur Tür, wobei die Beischrift «Warnung vor dem Hunde» (Cave Canem) wie eine überflüssige Mahnung wirkt. Etwas weiter westlich befindet sich an der gegenüberliegenden Straßenseite das

44. Herculaneum. «Haus des Neptun- und Amphitrite-Mosaiks». Atrium, impluvium, tablinum und Mosaik.

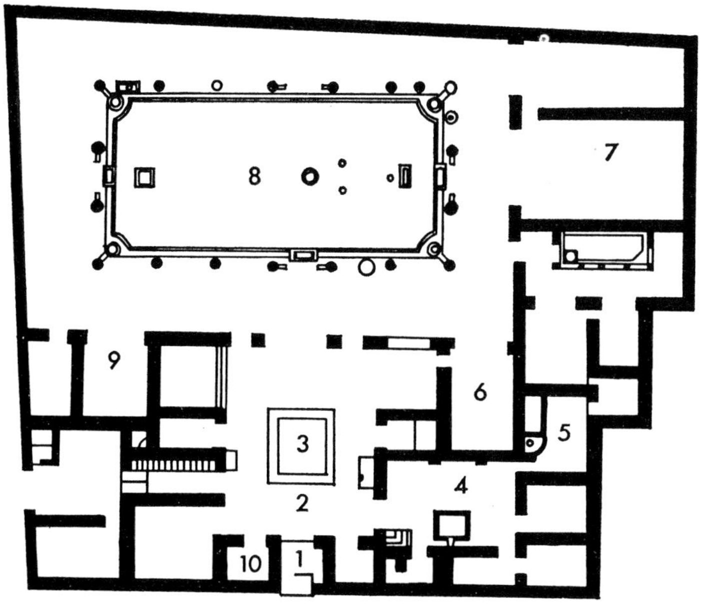

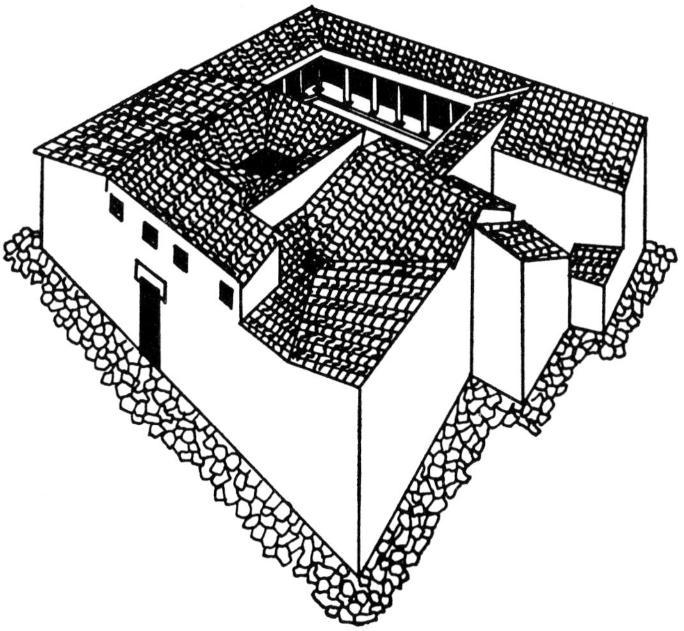

45 (links). Pompeji. «Haus der Vettier». Grundriß (Nash, Roman Towns, fig. 43a). 1: fauces; 2: atrium; 3: impluvium; 4: atriolum; 5: culina; 6: Roter Raum: Daedalus, Ixion, Dionysos und Ariadne; 7: triclinium; 8: Peristyl; 9: Gelber Raum mit Malereien der Thebanischen Legende; 10: Raum des Pförtners.

46 (rechts). Pompeji. «Haus der Vettier». Rekonstruktionszeichnung (Nash, Roman Towns, fig. 43b).

«Haus des Pansa». Sein Atrium, 8,50 m lang und 6 m breit, war mit schwarzen und weißen Mosaiksteinchen ausgelegt, in die am Rand des *impluvium* aus Marmor ein Muster aus schwarzen Steinchen eingelegt war. Die Dekoration des Atriums stellt eine der reichsten Sammlungen an mythologischer Wandmalerei in Pompeji dar und war gewiß der am aufwendigsten geschmückte Raum des ganzen Hauses. Es handelt sich um ein großartiges Beispiel für die nach dem Erdbeben in der Stadt durchgeführten Erneuerungsarbeiten. Das Pseudoperistyl enthielt fünf freistehende dorische Säulen und zwei Wandsäulen. Eine hölzerne (oder eiserne) Brüstung verband die stuckierten Backsteinsäulen, deren Basis und untere Teile rot bemalt waren, während der Rest weiß angelegt war. Die Wasserspeier am Dach der Porticus hatten die Gestalt von Fröschen und waren aus Terrakotta geformt. Das *lararium* befand sich nahe der Nordwestecke an der Nordwand des Peristyls. Eine Hintertür *(posticum)* erlaubte den Familienmitgliedern unbeobachtet ein und aus zu gehen. Ein großes Eßzimmer liegt am Peristyl und war ebenfalls auf das reichste ausgeschmückt. Den Hauseingang rahmen zwei große Geschäftslokale *(tabernae)*. Gewöhnlich von Freigelassenen oder Sklaven im Auftrag des Hausbesitzers geführt, waren diese Geschäfte vielleicht auch Portierslogen für das Haupthaus; beide hatten nämlich einen direkten Zugang zu den *fauces*.

Den Brüdern Vettius (Aulus Vettius Restitutus und Aulus Vettius Conviva) gehörte das «Haus der Vettier» (VI, xv, 1), ein luxuriöses Bürgerhaus[71]. Locker gegliedert, ist
es um die Hauptachse und die kanonischen Bestandteile *fauces*, Atrium und Peristyl 45, 46
angeordnet. Damit endeten freilich die Zugeständnisse an die Tradition. Vom Eingang 50
an der Ostseite gelangte man in das Atrium, dem das übliche *tablinum* fehlte, obgleich zwei *alae* den Zugang zum Peristyl flankierten. Zwei Schatztruhen *(arcae)* stehen noch immer an beiden Seiten des *impluvium*. Ein kleines Nebenatrium *(atriolum)* geht rechts vom Hauptatrium ab und ist mit der Küche und den Sklavenzimmern verbunden. Das in Pompeji wohl glänzendste und berühmteste *lararium* schmückt die Wand dieses *atriolum*. Über eine Treppe erreichte man das obere Stockwerk, das sich über den südöstlichen Bereich des Hauses erstreckte. Weißstuckierte Säulen mit reich verzierten Stuckkapitellen tragen das weitgehend restaurierte Peristyldach. Der Garten ist wieder angelegt worden, wobei man sich in der Neubepflanzung von Löchern im hart

gewordenen Boden und von der wissenschaftlichen Analyse verkohlter Pflanzen- und Baumwurzeln leiten ließ. Auf Brunnen zwischen den Peristylsäulen stehen Eroten und Satyrn aus Bronze und Marmor und spiegeln sich an ihrem angestammten Platz in den zu ihren Füßen liegenden Marmorbecken. Die Wasserleitungen aus Blei wurden freigelegt und erneut in Betrieb genommen, und die marmornen Gartenmöbel, Tische und janusköpfigen Büsten (Bacchus und Ariadne, Bacchus und eine Maenade) befinden sich noch *in situ*. Drei große Räume sind auf den Peristylgarten ausgerichtet; zwei Schlafräume mit prachtvollen Wandmalereien auf rotem, respektive gelbem Hintergrund und ein großer, mit Eroten und Psychen ausgeschmückter *oecus*. Das Eßzimmer liegt etwas versteckt an einem kleinen Peristyl an der Nordseite des Hauses und ist das eleganteste Zimmer im ganzen Haus. Besonders beachtenswert ist sein Fries. Amoretten oder besser Eroten sind bei der Ausübung verschiedener Berufe (was vielleicht eine Anspielung auf die Berufe der Brüder, die Freigelassene waren, ist) und bei Vergnügungen dargestellt, die für Pompeji bezeichnend waren.

33 Das «Haus der vergoldeten Amoretten» (VI, xvi, 7) gegenüber dem «Haus der Vettier» besticht durch das glanzvolle Peristyl[72]. Man erreicht den hinteren Teil der Gartenummauerung wie eine Bühne über eine kurze Treppe. Der mit Porticus und Giebel *(fastigium)* ausgestattete rückwärtige Raum war wahrscheinlich ein erhöht gelegenes Eßzimmer, hatte aber auch Ähnlichkeit mit jenen Räumen, die an öffentliche Portiken angrenzen. Mehrere dieser erhöhten Prachtzimmer wurden bei Grabungen in Campanien gefunden. Gewöhnlich hatten sie einen breiten, giebelbekrönten Eingang. Am ehesten läßt sich diese Form mit jener *curia* (die technisch gesehen ein *conclave* war) vergleichen, die in dem an das Pompejustheater in Rom anschließenden Garten oder Park lag, wo sie auf einem Sockel die Mitte der kurzen Seite der umlaufenden Porticus einnahm. Nachdem Cäsar dort 44 v. Chr. ermordet worden war, war die *curia* ein verwünschter Ort, ein *locus sceleratus*.

Außer im «Haus mit dem Mosaik-Atrium» setzte sich bei der Planung von zwei weiteren aristokratischen Häusern am Südrand von Herculaneum der Wunsch nach vorteilhaftester Einbeziehung der Meereslandschaft durch. Ihre Gärten gehen in Terrassen über, vor denen die Bucht von Neapel ausgebreitet liegt. Doch darf nicht vergessen werden, daß der Lavafluß von den Ausbrüchen des Vesuv, so besonders der von 79 n. Chr., den Verlauf der Küste weitgehend verändert hat, so daß die betreffenden Häuser heute mehrere Hundert Meter vom Meer entfernt stehen.

Das «Haus des Telephos-Reliefs» (I, 2–3) ist eines der bemerkenswertesten Häuser in Herculaneum, sowohl aufgrund der genialen Planung, die einen Rundblick über das Meer anstrebte, als auch wegen der eleganten Räume und Dekorationen[73]. Die Eingangstür führt direkt in das Atrium, das ähnlich wie ein *oecus Corinthius* auf zwei Seiten von Kolonnaden gerahmt ist. Das toskanische Dach war ebenso hoch wie das obere Stockwerk. Zwischen den rotstuckierten Säulen hatte der Besitzer *oscilla* (Marmorzierscheiben) aufgehängt, deren reliefierte Vorder- und Rückseite sich thematisch ergänzen. Die *stabula* (Stallung) war von der nördlichen Atriumseite zugänglich und hatte außerdem einen Zugang von der Straße her in Form einer Rampe für die Wagen und Maultiere (oder Esel), die der Besitzer benutzte. Das Peristyl und die Terrassen befanden sich auf einer unteren Ebene, zu der man vom Atrium auf einer steilen Rampe hinabsteigen konnte. Die Backsteinsäulen des Peristyls, die ein niederer *pluteus* (Balustrade) verbindet, rahmen eine rechteckige *piscina* (Becken) ein, die zum Teil mit blauem Verputz ausgestrichen war. Von der Südseite des Peristylgartens gehen drei

47. Pompeji. «Haus des Sallust». Garten mit Porticus und Sommertriclinium im Hintergrund.

48. Pompeji. «Haus des M. Loreius Tiburtinus». Garten mit Euripus.

Farbbild:
49. Pompeji. «Haus des Labyrinths». Blick vom Atrium durchs Tablinum zum Peristyl.

50. Pompeji. «Haus der Vettier». Garten.

Räume ab, und dahinter liegt am Ende des Korridors, der eine Fortsetzung des Peristylweges ist, eine offene Terrasse mit verschiedenen Räumen. Der Raum am äußersten Südende des Hauses (9,20 × 6,60 m) hat einen polychromen Marmorboden und eine auffallende Sockelzone, die aus Feldern aus Cipollin, Pavonazzetto- und Africanomarmor zusammengesetzt ist. Diese Felder werden von Bändern eingerahmt und durch spiralförmig kannelierte Halbsäulen mit korinthischen Kapitellen gegliedert. Ein kleiner Raum neben dem *oecus* enthielt ein neoattisches Relief mit einer Darstellung von Achilles mit seiner Mutter Thetis sowie von demselben Helden, wie er die Wunde des mysischen Königs Telephos pflegt. Zusätzliche Räume unter dem eleganten *oecus* müssen im Terrassenstockwerk noch ausgegraben werden.

Das «Haus der Hirsche» in Herculaneum (IV, 21) ist das eindrucksvollste der am Meer 38
gelegenen Wohnhäuser[74]. Mit seinen 42 Metern Länge beansprucht es den größten Teil 41
der *insula,* in der es steht. Um wieder vollen Nutzen aus dem Ausblick aufs Meer zu 42
ziehen, unterteilte der Architekt das Haus in zwei Hauptbaukörper. Zum Eingangsteil gehören ein kleines Atrium mit geschlossenem Dach, das zugleich Empfangshalle und Durchgang war, das *triclinium* mit Blick auf den Garten, die befensterte *quadriporticus* und der Wirtschaftsbereich, über dem sich die Dienerzimmer befinden. Der vornehmere Garten- und Terrassenteil des Hauses gibt den Blick über das Meer frei. Marmortische, Statuen und Vasen schmücken den umfriedeten Garten. Das Eingangsportal zum inneren *triclinium* überragt ein Giebel, in den ein Mosaik mit einer Darstellung eines Oceanuskopfes und auf Seepferdchen reitender Eroten eingelassen ist. Am meerseitigen Ende des Gartens steht eine Pergola oder Laube mit vier Pilastern sowie zwei Ruhezimmer für den Sommer *(diaetae),* die sich zu der nicht überdachten Terrasse

(solarium) und zu dem weiten Panorama hin öffnen. In diesem überaus geschickt geplanten Haus (das ebenso neuartig ist wie das benachbarte «Haus des mosaizierten Atriums») hatte das Atrium eher die Funktion eines Vestibüls als die eines Vorraumes oder Empfangszimmers. Die Bedienstetentreppe und die hölzerne Galerie im oberen Teil verweisen auf den abgesunkenen Status der antiken Halle. Pompös ist jedoch das *triclinium* ausgestattet. Schlanke Architekturmotive vor einem luxuriös schwarzen, von roten Streifen unterbrochenem Hintergrund sind der Wandschmuck, während Marmorintarsien den Fußboden bedecken. Durch die offene Porticuswand konnten die Speisenden über die Gartenanlage auf das dahinter ausgebreitet liegende Meer schauen. Die Plastiken, die je ein von Jagdhunden angegriffenen Hirsch darstellen, standen wahrscheinlich ursprünglich im Garten. Hinter dem Eßbereich befinden sich der Vorratsraum für die Küche *(apotheca)* und die Latrine, ferner ein elegantes *cubiculum* mit einem Marmorfußboden. An das *triclinium* grenzt ein *oecus,* der einen polychromen Marmorbodenbelag und rotgrundige Wände hat. In den Sommermonaten bot das äußere *triclinium* mit seinen großen, den Blick aufs Meer freigebenden Fenstern besondere Annehmlichkeiten.

51, 52 Bevor wir uns dem sogenannten «SUNY-Haus» in Cosa zuwenden, müssen nochmals die auffallendsten Entwicklungen und Tendenzen in der campanischen Hausarchitektur insbesondere was die 2. Hälfte des 1. Jh. n. Chr. angeht, hervorgehoben werden. Es handelt sich um den Zeitraum, den ungefähr die Regierungszeit des Kaisers Claudius und der Vesuvausbruch unter Titus eingrenzen. Der Niedergang der herkömmlichen *mores* (Sitten), der neuerworbene Reichtum und die Auswirkungen hellenistischer Lebensweise führten schon in spätrepublikanischer Zeit dazu, daß die hervorragende Bedeutung und Funktion des Atriums auf das Peristyl übergingen. Der reiche Hausbesitzer vergrößerte entweder seinen Besitz um einen Peristylgarten, oder er baute sein Atrium peristylartig um. Fest steht, daß in der Kaiserzeit das Peristyl in der Hausplanung das entscheidende Element wurde[75]. Die weitverbreitete Verwendung von gläsernen Fensterscheiben, um einen innen gelegenen *oecus* zu beleuchten oder auch um an Peristylgängen gelegenen Räumen Tageslicht zuzuführen (z.B. im «Haus mit dem mosaizierten Atrium» in Herculaneum), erleichterten den Bruch mit hergebrachten Wohnformen und Grundrißanordnungen[76]. Das Atrium überlebte nur in der untergeordneten Form als ein bloßer Vorhof für das Peristylhaus, sowohl was seine Dekoration als auch was seine allgemeine Funktion anbetrifft. Seit der Vollendung des augusteischen Aquädukts, der *Aqua Serino,* war in Pompeji reichlich Wasser vorhanden, so daß wohlhabende Hausbesitzer in der Lage waren, sich private Springbrunnen anzulegen. Das *impluvium* im Atrium mußte nicht länger Regenwasser für die darunter befindliche Zisterne sammeln. Nun wurden die hohen Seitenwände des Zier- oder Brunnenbekkens mit Topfpflanzen geschmückt, die mithalfen, das Atrium in einen Nebengarten zu verwandeln. Den ursprünglichen Nutzgarten oder den in seiner Verwendung eng begrenzten einfachen Hausgarten *(hortus* oder *heredia)* ersetzte der Peristylgarten, der es reichen Hausbesitzern ermöglichte, sich ihrer Vorliebe für Axialität und weite Durchblicke in nie dagewesenem Ausmaß hinzugeben. Das Konzept des «Paradiesgartens» und die damit verknüpften bukolischen und dionysischen Vorstellungen verschmolz mit der traditionellen Naturverbundenheit. Um den Garten konzentrierten sich jetzt Kunstsammlungen *(pinacothecae),* Bibliotheken *(bibliothecae),* Vortrags- und Versammlungssäle, Basiliken und *conclavia* (Eß- und Schlafzimmer). Alle waren mit Türen oder Markisen ausgestattet, die am Vormittag geschlossen und später geöffnet

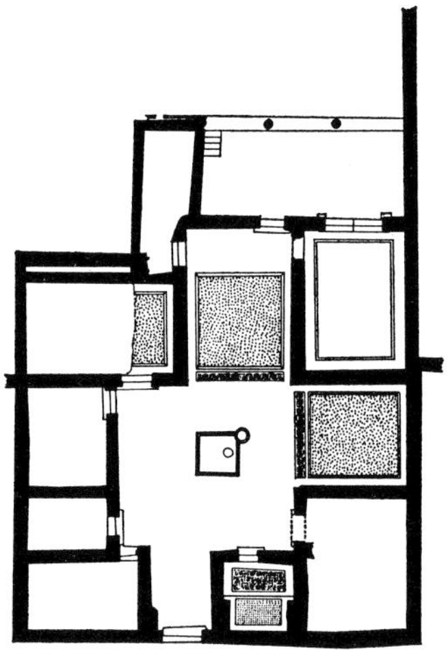

51 (links). Cosa. SUNY-Haus. Grundriß (V. Bruno, Archaeology, XXIII (1970), S. 234).
52 (rechts). Cosa. SUNY-Haus. Blick von Nordost.

wurden, so daß die frische Luft und die Schönheit des Gartens voll ausgekostet werden konnte. Diodorus erwähnt einmal Peristylgärten (oder *peristoa)* als «nützliches Mittel, um Verwirrung zu vermeiden, wenn große Menschenansammlungen vorhanden sind»[77]. Die Peristylgärten, ein befruchtendes Vermächtnis des hellenistischen Ostens, lassen in ihrer ursprünglichen Rolle als einfacher Anhang der Atria kaum die auffallende Eleganz und ungewöhnliche Schönheit ihrer kaiserzeitlichen Nachfolger erahnen.

Reste von Häusern in Cosa, das an der Via Aurelia, 56 km nordwestlich von Rom liegt und eine Tagesreise von der alten Tibermündung entfernt ist, sind völlig verschieden und stören das entworfene Bild. Sie rufen in Erinnerung, daß die campanischen Haustypen keineswegs in Italien allgemein verbreitet waren, daß es lokalen Architekten freigestellt war, bis in späteste Zeiten an älteren Grundrissen festzuhalten, und daß die durchgehende Axialität und Symmetrie etruskischer Häuser und der davon abhängigen campanischen Bauten nicht unerläßlich waren für ein reizvolles und seine Funktion erfüllendes Haus. Die Gründung der Kolonie von Cosa, das zugleich fester Ort an der Küste und Handelshafen war, geht auf den Sieg zurück, den die Römer 273 v. Chr. bei Vulci über die Etrusker errangen. Seit 1948 in Cosa durch die amerikanische Akademie in Rom durchgeführte Grabungen haben die bis jetzt ältesten Beispiele für *comi-*

tium, curia, Triumphbogen, Basilika und *atrium publicum* erbracht. Die State University von New York ist nun dabei, Reste einer Häusergruppe zwischen dem modernen Museum und dem alten Forum aufzudecken. Ein großes Haus, das sogenannte
51, 52 «SUNY-Haus», ist bereits greifbar und unterscheidet sich deutlich von der campanischen Privathaus-Architektur[78]. Obschon der Grundriß die auch sonst in Italien gebräuchlichen Hauptbestandteile des Privathauses enthält, läßt sich keine für die Anordnung der Räume entscheidende Achse erkennen. Die *fauces* öffnen sich nicht zur Mitte des Atriums; das *impluvium* beherrscht nicht die Mitte des Atriumbereiches, noch fluchtet es mit dem dahinter liegenden *tablinum.* Ein Zugang zu einer Loggia hinter dem *tablinum* ersetzt hier das große Fenster, das üblicherweise in die Wand des *tablinum* eingelassen ist. Der Ausgräber Vincent Bruno nimmt an, daß man diese überraschende Tatsache als symptomatisch für die Zeit werten sollte, in der römische Baumeister noch mit Strukturen experimentierten, welche später in streng symmetrischen Anlagen Verwendung fanden. Der Wohnraum (Raum II) mit dem Zugang zur rückwärtigen Loggia hat Dekorationen im I. pompejanischen Stil, doch weist die Sockelzone, wo rote und violette Felder alternieren, stilistische Abweichungen auf. Delische Parallelen zu diesem ungewöhnlichen Schema sind auch für das Motiv eines Streifenbandes angeführt worden, auf dem monochrom weiß gemalte, geflügelte Eroten um eine farbenprächtige Girlande wirbeln. Abweichend vom sonst üblichen Cocciapesto besteht der Bodenbelag von Raum II aus schwarzem Mörtel, in den weißer Kalkstein eingelassen ist. Das Ganze faßt ein äußerer Mosaikrahmen ein und zwar in der Art eines Fußbodens in der pompejanischen «Villa der Mysterien» (Raum 47). Das Badezimmer, Küchen und der Platz für Vorräte wurden linkerhand vom Eingang in den anstehenden Fels gehauen; ein kleines *cubiculum* mit Dekorationen im I. Stil liegt rechts vom Eingang und war entweder ein Gästezimmer oder eine Portierloge. Das Auffangbecken führte das Regenwasser einer darunter gelegenen Zisterne zu. Der Schacht zum Hochziehen des Wassers ist noch nebenan erhalten. In diesem bequemen bürgerlichen mittelständischen Stadthaus ist überall der Wunsch nach Abgeschiedenheit erkennbar, als wollte man sich von der Geschäftigkeit des benachbarten Forums absondern. Das um 75 v. Chr. erbaute «SUNY-Haus» in Cosa ist eine überraschende Mahnung an die Ausgräber, daß auf sie nicht zuletzt auf dem Gebiet der privaten Wohnarchitektur noch viel wichtiges Material wartet.

Rom und Ostia: Domus und Palatium

Der Gang des Aeneas durch das antike Pallanteum, auf dem der Arkadier Euander sein Führer war, liest sich wie eine Vorausschau auf das augusteische Rom[79]. Von den Alten her Überkommenes, der Nachdruck auf Einfachheit und Bußfertigkeit passen vorzüglich zu Virgils Vorstellung von der Vergänglichkeit und Kontinuität alles Zeitlichen und zu seinem Idealbild römischer Tugenden. Virgil vergleicht das Kapitol zur Zeit von Euander mit dem seiner eigenen Zeit: «Nun golden, einst bestanden mit Wald und Dickicht» und verklärt Euanders pastoral einfache Lebensweise: «Die freundliche Morgendämmerung und die Vögel, die über dem Strohdach sangen, lockten Euander aus seiner bescheidenen Behausung»[80].

So bildete auch Vulkan auf dem Schild des Aeneas «Manlius, den Wächter der Tarpeischen Burg, auf seinem Posten vor dem Tempel, das hochragende Kapitol verteidigend; darunter, neu mit Stroh bedeckt die Hütte des Romulus» ab[81].

Reste solcher, den heutigen *capanne* nicht unähnlicher Hirtenhütten wurden auf dem Palatin nahe der sogenannten Scalae Caci gefunden. Ihre Form und Bauweise ergeben sich aus am Ort erhaltenen Pfostenlöchern und aus Vergleichen mit Aschenurnen in der Form ovaler Miniaturhütten, die in Alba Longa in den Albaner Bergen (in der Nähe des heutigen Castelgandolfo) und auch auf dem einfachen Friedhof unter dem Forum Romanum neben dem Antonius- und Faustina-Tempel gefunden wurden[82]. Die von den Pfosten hinterlassenen Löcher ermöglichten eine annähernde Rekonstruktion der Hüttengrundrisse, die rechteckig waren, jedoch abgerundete Ecken und einen mäßig breiten Eingang an einer Schmalseite hatten. Die Fassadenseite flankierten manchmal Pfeiler, die ein Vordach trugen. Dach und Wände bestanden aus einer Flechtwerk- und Lehmkonstruktion, einer Vorstufe des *opus craticium* und wurden von Holzpfosten gestützt; Öffnungen, die Rauch austreten und Licht einließen, saßen ähnlich wie eine Lüftungslucke im Giebelfeld über dem Eingang, gelegentlich auch an beiden Giebeln. Die Palatinhütten gehören der Zeit zwischen dem 8. und 7. Jh. v. Chr. an, also ungefähr der Zeit, in die Roms Gründung angesetzt wird (753 v. Chr.). Virgils Rückschau auf Rom entsprach der augusteischen Absicht, die Erinnerung an die Vergangenheit auch in der Zukunft wachzuhalten. Auf dem Palatin wie auf dem Kapitol hegten die Römer die strohgedeckten Hütten der Vorfahren als Erinnerungsmale für die eigenen, denkwürdigen Anfänge. Aus Vergil ergibt sich, daß sie wiederholt erneuert und mit frischen Strohdächern in der alten Art versehen wurden[83].

In der Eisenzeit waren Hütten dieser Art sowohl auf den römischen Hügeln, als auch in den Tälern der im voretruskischen Rom vorherrschende Haustyp. Gegen die Mitte des 7. Jh. v. Chr. treten in dieser ländlichen Umgebung die ersten grobgefügten Ziegelbauten mit Steinfundamenten auf. Der historische Grundriß der Regia, später der Wohnsitz des Pontifex Maximus, hatte um 500 v. Chr. seine endgültige Form als dreigeteilte Anlage mit offenem Hof und nördlich gelegenen Nebengebäuden erlangt[84].

Traditionsgemäß ist die Regia mit dem Wohnsitz von Roms zweitem König, Numa Pompilius (716-672), identifiziert worden. Gewiß kann das dreigeteilte Gebäude, das Frank Brown entdeckte, nicht das Werk eines sabinischen Architekten sein; aus der triadischen Anordnung geht eher hervor, daß der Bauplan der Regia ein etruskischer war. Boëthius meinte, daß das Gemeinwesen auf dem Palatin nach 600 v. Chr., als die etruskische Vorherrschaft gesichert war, zunehmend das Aussehen einer etruskischen Stadt annahm[85]. Es war fast unvermeidbar, daß die älteste römische Wohnhausarchitektur die Wohnbauten der Etrusker in anderen Landesgegenden widerspiegelte, und daß die Wohnsitze der Etrusker wie der reicheren römischen Bürger um die Mitte des 6. Jh. v. Chr. den Atriumshäusern im benachbarten Veii und Caere eng verwandt waren. Es gibt eine merkwürdige, vermutlich apokryphe Anekdote, die sich auf das Haus, das Publius Valerius Poplicola nach der Vertreibung der Tarquinier baute, bezieht[86]. Sein neu gebautes Haus mit Blick über das Forum löste heftigen Widerspruch aus, so daß er es schließlich selbst abriss und sich in ein bescheidenes Haus am Fuße der Velia zurückzog. Eine zweite Nachricht, die sich auf Poblicola und dessen Sieg über die Sabiner (505 v. Chr.) bezieht, enthält einen Hinweis auf übernommene Bauformen. Um seinen Triumph zu vervollständigen, wurde Marcus Valerius mit einem auf öffentliche Kosten auf dem Palatin errichteten Haus geehrt; wohingegen sich die Türen anderer Häuser nach innen öffneten, bauten die Römer für ihn Türen, die sich zur Straße hin öffneten, um in dieser Weise ihrer immerwährenden Anerkennung seiner Verdienste öffentlich Ausdruck zu verleihen, denn jedermann wurde so gezwungen, ihn beständig vortreten zu lassen[87]. Plutarch fügt dem Bericht hinzu, daß das Haus im griechischen Stil gebaut war, was er daraus schloß, weil in der Komödie jene, die ein Haus verlassen, an der Tür ein Geräusch machen, damit es nicht zu Zusammenstößen zwischen Ankommenden und Weggehenden kommt. Wie immer man Plutarchs Bemerkung wertet, so scheint sie doch eine Verschmelzung hellenistischer Bauformen mit einer nach etruskischer Art gebauten *domus* anzudeuten.

Durch den gallischen Einfall und die Zerstörung Roms (390 v. Chr.) wurden alle bedeutenden Wohnsitze und öffentlichen Gebäude jener Zeit vernichtet. Die von den Etruskern bevorzugte Lehm- und Holzbauweise, welche die in Gräbern und Ausgrabungen reflektierten Formen belegen, bedeutete die völlige Einäscherung. Die nach der Besetzung gebauten Häuser blieben sicher den festeingebürgerten etruskischen Formen verpflichtet, nahmen jedoch auch hellenistische Anregungen auf, die in den Städten Großgriechenlands immer gebräuchlicher wurden. Die Materialien und Bautechniken blieben mindestens bis in das 2. Jh. v. Chr. unverändert. Die alte und weitgehend brandgefährdete Stadt war sehr wahrscheinlich eine Siedlung, die aus luftgetrockneten Ziegeln bestand, mit Riegelwerk *(opus craticium)* sowie Tuffquadern als dauerhafteren Bestandteilen.

Die Atriumarchitektur muß in der römischen Stadtlandschaft fortgedauert haben. Obgleich nun größtenteils Händler, Handwerker und plebejische Arbeiter hier wohnten, gab es größere Häuser neben den *pauperum tabernae.* Livius wirft Licht auf das Atriumhaus der Familie Scipio, das hinter den *tabernae veteres* unterhalb des Palatins auf der Forumsüdseite stand. Neben dem Haus befanden sich Metzgereien und Verkaufsstände[88]. Im *patronus-cliens*-Verhältnis entsprach das Atriumhaus am besten dem formellen Vorgang und den Erfordernissen des Brauchtums. Die etruskische, vielleicht sogar italische Vorliebe für Axialität und Symmetrie in der Hausplanung war in Einklang mit der Förmlichkeit der gesellschaftlichen Bräuche. Der Großteil der plebejischen Einwohnerschaft muß aber in aneinandergebauten Geschäftslokalen gelebt haben, die aus luftgetrockneten Ziegeln, Lehm und Astwerk errichtet waren, gelegentlich auch aus Tuffquadern bestanden und mitunter mehrere wacklige Stockwerke hoch waren.

Ungefähr um 200 v. Chr. setzte ein tiefgreifender Wandel in der Bauweise ein, als römische Bauingenieure, die sich mit Bauwerken an den campanischen Küsten vertraut gemacht hatten, ihren überholten Lehmmörtel durch den schnell trocknenden, vulkanischen *pozzolana*-Sand ersetzten[89]. Ihre Vorliebe für extrem hohe Bauten, die schon früher offensichtlich war, zu der die Römer auch seit Bestehen der Servianischen Mauer gezwungen waren und ihre Gewohnheit, kommerzielle und industrielle Betriebe im Erdgeschoß unterzubringen, hatten dazu geführt, daß mit leicht brennbaren Materialien bedenklich hoch gebaut wurde. Seit das *opus caementicium* verfügbar war, konnte man mit mehr Sicherheit gegen Einsturz und Feuer bauen.

Die severische *Forma Urbis Romae* (um 200 n. Chr.) bietet überzeugende Beweise dafür, daß Rom damals zur Hauptsache aus Mietshäusern bestand, zwischen die zahlreiche Geschäfte, Tavernen, Eßlokale, Werkstätten eingestreut waren. Für die frühere Zeit ist die Beweislage nicht so günstig, aber es gibt genügend Andeutungen in der Literatur, die uns in die Lage versetzen, unzureichende archäologische Befunde über spezifische Wohnhäuser zu ergänzen.

Die Hügel von Rom und besonders Palatin, Esquilin und Caelius waren bevorzugte Standorte für mehrstöckige Wohnbauten. Die Liste der Hausbesitzer im Germalus-Gebiet des Palatins liest sich wie ein «Who's Who» der spätrepublikanischen Geschichte: Q. Lutatius Catulus, im Jahr 101 der Waffengefährte des Marius im Kampf gegen die teutonischen Horden; Q. Hortensius Hortalus, der hervorragende Jurist und einstige Gegner Ciceros; M. Tullius Cicero (nach 63 n. Chr.); Seius und der ehemalige Konsul Q. Caecilius Metellus Celer, Ehemann von Catulls Clodia/Lesbia; die Claudii und besonders Publius Clodius, der Erzfeind Ciceros; Lucius Licinius Crassus, der Redner, der 95 n. Chr. Konsul war und wegen der luxuriösen Ausstattung seines Hauses den Spitznamen «Palatinische Venus» erhielt; Marcus Aemilius Scaurus, der sein Haus mit den unglaublichsten Dekorationen verschönerte; Publius Cornelius Sulla, der Neffe des Diktators und T. Annius Milo, der den Mord an Clodius in Bovillae im Jahr 52 v. Chr. anstiftete[90].

Das Wohnhaus des Clodius scheint bereits in eine erstklassige Pension umgewandelt worden zu sein, als dort Ciceros kecker Schützling M. Caelius Rufus Aufnahme fand. Über das Äußere und Innere dieser Palatinshäuser wird oft anschaulich berichtet, so besonders von Plinius dem Älteren, der ein Auge für Luxus hatte. Der millionenreiche Aedil von 58 v. Chr. M. Aemilius Scaurus versah sein Atrium mit Theatersäulen, die beinahe 9 m hoch waren und aus schwarzem lucullischem (melianischem) Marmor gearbeitet waren, womit er L. Licinius Crassus weit übertraf, denn dieser hatte früher mit sechs, nicht weniger als 3,50 m hohen Säulen aus hymettischem Marmor Versuche angestellt[91]. Der unablässige Zustrom verschiedener Marmorsorten war nach der Ausdehnung in den hellenistisch-griechischen Osten enorm. Marcus Aemilius Lepidus, der im Jahr 78 v. Chr. mit Q. Lutatius Catulus (dem Jüngeren) Konsul war, benutzte erstmals numidischen Marmor für seine Türrahmungen und wurde deswegen heftig kritisiert. Der Ritter *(eques)* aus Formiae, der berüchtigte Mamurra, der Caesar in Gallien als Ingenieur diente, verkleidete als erster sein Haus mit Marmorplatten und verwandte in seinem ganzen Haus nur Marmorsäulen aus Carystus und Carrara[92].

Plinius' Äußerungen über die offensichtliche Verschwendung und Protzerei, die auf Lukulls Neapolitaner und anderweitigen Besitzungen getrieben wurden, veranlassen ihn auch zu Gedanken über die erstaunlichen Stilschwankungen, die dazu führten, daß das Haus des M. Aemilius Lepidus (Konsul von 78 v. Chr.) zur Zeit von Caesars Ermordung bereits ein im Wert gesunkener Anachronismus war[93]. Aber der hohe Lebensstil der reichen Römer entsprach nicht immer den von Scaurus und Lucullus gesetzten Maßstäben. Der Freund des Cornelius Nepos, der Epikureer und Millionär Titus Pomponius Atticus, der auch Ciceros geliebter und getreuer Briefpartner war, lebte auf andere Weise:

«Obwohl er nämlich viel Geld besaß, war doch niemand weniger kauflustig oder baulustig, wie er. Dennoch wohnte er in der Tat vorzüglich schön und hatte alles von besonderer Güte. Denn fein war das ihm von seiner Mutter Bruder erblich hinterlassene tamphilianische Haus auf dem quirinalischen Hügel, dessen Reiz indes nicht in dem Gebäude, sondern in dem Park bestand. Das Haus selbst nämlich war vor Alters gebaut und zeigte mehr Geschmack, als Pracht, und er änderte nichts daran, außer wo ihn etwa Altersschäden dazu nötigten... Hausrat war in mäßiger, nicht überreicher Menge vorhanden, so daß er nach keiner von beiden Seiten hin auffallen konnte.»[94]

Den noch vorhandenen Resten von spätrepublikanischen Wohnstätten muß man
61 unter dem *lararium* der Domus Flavia auf dem Palatin nachgehen, wo man Überreste der Casa dei Grifi (Haus der Greifen) sehen kann[95]. Um 100 v. Chr. erbaut, gewähren Anlage und Dekoration einen Einblick in die Eleganz aristokratischer Häuser aus der Spätzeit der Republik. Gut mit den Häusern am Abhang im südwestlichen Teil von Pompeji vergleichbar[96], hat es ein Atrium, das auf der Anhöhe des Palatins liegt, von wo Treppen zu den tonnengewölbten und in den Hang eingelassenen Räumen führen. Alle waren mit Fußbodenmosaiken, mit Stuck und Wandmalereien ausgeschmückt. Die Malereien stehen dem zweiten pompejanischen Stil nahe, wozu Hanfmann bemerkt: «Seine Dekorationen beweisen, daß die Hauptstadt für Modetrends wegweisend war, denen man in den Ferienorten am Meer getreulich aufs genaueste folgte, wie z.B. in Herculaneum, Stabiae und Pompeji»[97].

54, 55 Auf der Südseite des Palatinhügels wurde 1869 im Gebiet nördlich des Apollo-Tempels das mit *caementicium reticulatum* gebaute Haus der Livia freigelegt[98]. Octavian erwarb das Grundstück und das Haus, nachdem der Besitzer Q. Hortensius Hortalus, Sohn des bekannten, mit Cicero rivalisierenden Redners, im Kampf für Brutus und Cassius in Philippi gefallen war. Der Grundriß gemahnt an die fast gleichzeitig entstandene Casa dei Grifi. Wiederum versah der Architekt ein mehrstöckiges Atriumhaus mit unterhalb der Erdgeschoßräume gelegenen, gewölbten Kammern als kühle Aufenthaltsräume für die Sommermonate. Drei dieser Räume haben überlebt. Ihre Proportionen entsprechen genau den Vitruvschen Anforderungen an die Proportionen von Eßzimmern[99]; sie sind ebenso lang wie breit. Alle sind mit dezenten Wandmalereien im zweiten pompejanischen Stil geschmückt. Im westlichen, mit seinen gemalten Scheinsäulen an die Casa dei Grifi erinnernden Raum hängen zwischen den Säulen Girlanden aus Früchten und Blumen, die den Girlanden der späten Ara Pacis (13–9 v. Chr.) und den Festdekorationen eines griechischen *andron* ähnlich sind. Im mittleren Raum sitzen mythologische Malereien in der Mitte einer jeden Wand und auf erhabene Felder sind Figurenmotive gemalt; das Ganze erweckt den Eindruck einer Gemäldegalerie *(pinacotheca)*. Eine romantische Liebesszene (gleichermaßen auf Scribonia wie auf Livia zutreffend) an der Südwestwand ist das besterhaltene Wandbild.

53. Rom. Palatin mit den Kaiserpalästen, dem Kolosseum und dem Circus Maximus.

Es zeigt Io vor einer Junostatuette unter dem wachsamen Auge des Argus, während Merkur zu ihrer Rettung herbeifliegt. Der dritte Raum enthält weitere Dekorationen im zweiten pompejanischen Stil mit Scheinsäulen und Figurenornamenten.
Lange wurde die offizielle Residenz des Princeps mit dem Stadthaus des Hortensius auf dem Palatin identifiziert, doch haben neueste Ausgrabungen um den Apollo-Tempel einen profanen Komplex zutage gefördert, den man mit Sicherheit dem Staatsoberhaupt zuweisen darf. Der anspruchsvolle Octavian konnte sich offensichtlich nicht für immer mit dem hortensischen Wohnsitz begnügen. Daher begann er in der Umgebung Grundbesitz zu erwerben, um seinen Wohnsitz vergrößern zu können. Aber während der Abbruch- und Bauarbeiten im Jahre 36 v. Chr. wurde das Gebiet von einem Blitz getroffen, worauf das Collegium der Auguren den Boden für sakrosankt erklärte. Unbeeindruckt entschloß sich nun Octavian, an dem ursprünglich für seine neue Residenz vorgesehenen Platz einen Apollo-Tempel zu errichten. Der Senat willigte ein und entschädigte Octavian für die Mühe durch eine zwischen 36 und 29 v. Chr. in der Nähe erbaute Residenz.

Die seit 1956 laufenden Ausgrabungen von Gianfilippo Carettoni haben den allgemei-
56, 57 nen Grundriß des Hauses des Augustus geklärt; eine enge Straße trennt das oberste
Stockwerk vom gegenüberliegenden Haus der Livia, das zweifellos der letzte Wohnsitz
58, 59 der Kaiserinwitwe unter Tiberius war; das untere Stockwerk ist neben dem monu-
62 mentalen Treppenaufgang angeordnet, der zum Tempel des Apollo Palatinus führt,

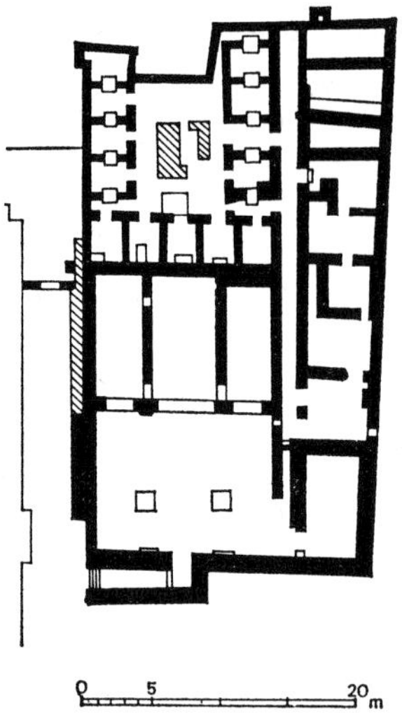

54 (oben). Rom. Palatin. Haus der Livia. Grundriß (Nash, Pictorial Dictionary).

55 (unten). Rom. Palatin. Haus der Livia. Wandmalereien.

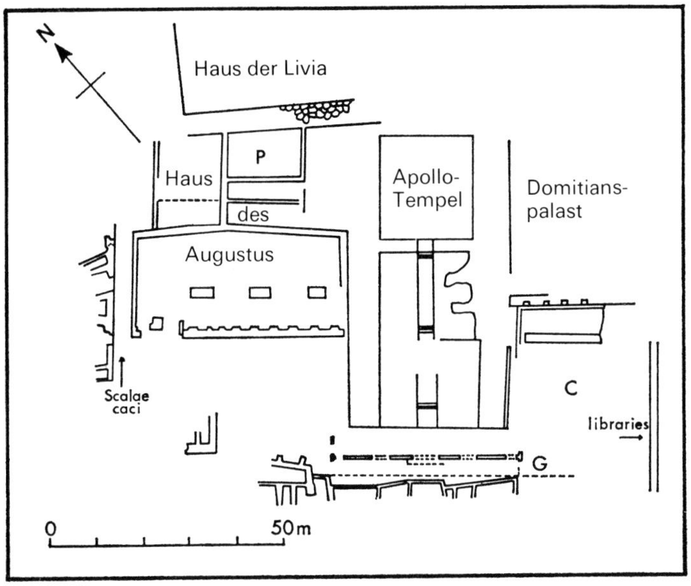

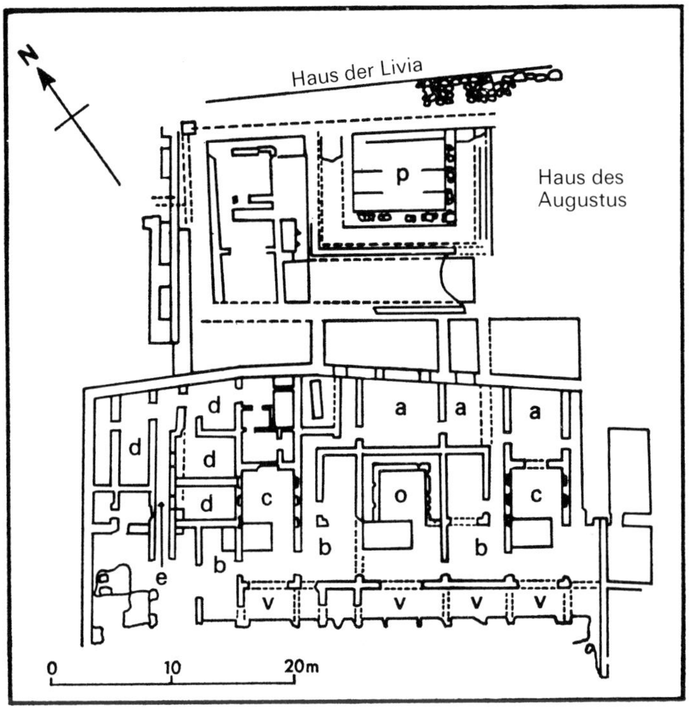

56 (links). Rom. Palatin. Haus des Augustus. Lageplan (Carettoni, ILN 6799, 20. Sept. 1969).
57 (rechts). Rom. Palatin. Haus des Augustus. Gesamtplan.

des Hüters und Helfers des neuen Regimes und zugleich des zuverlässigen Propheten und Garanten von Roms Geschicken. In den Hauptwohnbereich (d) – er war bewußt als ein privater Teil des größeren Hauses geplant – gelangte man durch eine enge Halle (e); die Räume sind klein, haben schmucklose, niedrige Decken und einfache, geometrische Mosaiken. Im oberen Stockwerk gab es zusätzliche, noch nicht identifizierte Räume und eine aufwendige Porticus (p). Südlich und östlich des privaten Flügels liegen Räume mit eingelegten Marmorfußböden, eleganten Wandmalereien und Stuckdekor. Von der Fassade der unteren Terrasse öffneten sich Fenster (v) zum Circus Maximus. Im mittleren *oecus* (o) verläuft entlang den Wänden ein von Säulen und Pilastern gestütztes Gesims; zwei Bibliotheken mit Nischen für die Ablage der Bände rahmen den Empfangsbereich (b). Rückwärtige Räume (a) ohne jeden Dekor und ohne Fußbodenbelage dienten wahrscheinlich als Lagerräume oder waren möglicherweise Amtsräume.

Aus hadrianischer Zeit stammt Suetonius', auf eigenen Augenschein gestützte Beschreibung vom Haus des Augustus, doch unterscheidet sein Bericht nicht zwischen dem späteren Geschenk des Senats und der hortensischen *domus:*

«Zuerst wohnte er beim Forum Romanum oberhalb der Ringmachertreppe im Haus, das dem Redner Calvus gehört hatte; später auf dem Palatin, aber auch dort nur im bescheidenen Haus des Hortensius, das sich weder durch Größe noch Komfort auszeichnete. Es hatte nur kleine Säulenhallen aus Albanerbergstein *(peperino),* und in den Zimmern waren kein Marmor und keine prächtigen Mosaikfußböden. Mehr als vierzig Jahre lang schlief er dort Sommer und Winter im gleichen Zimmer, und trotzdem er erfahren mußte, daß der Winter in Rom seiner Gesundheit wenig zuträglich war, blieb er ständig in der Stadt. Falls er ganz für sich, ohne jede Störung arbeiten wollte, benützte er ein besonderes Zimmer im oberen Stockwerk, das er sein ‹Syrakus› und sein ‹kleines Kunstwerk› zu nennen pflegte; dorthin oder in die Vorstadtwohnung eines seiner Freigelassenen zog er sich zurück. War er krank, so wohnte er im Haus des Maecenas (auf dem Esquilin).»[100]

Die Haustüre wird als zweiflüglig beschrieben, mit einem geraden Türsturz, auf dem sich ein Eichenkranz befand; zu beiden Seiten der Türe stand je ein Lorbeerbaum[101]. Suetons Bericht verschleiert wahrscheinlich die charismatische Bedeutung dieses Baukomplexes. Des Kaisers privates Haus war, wie das der Attaliden in Pergamon, bescheiden. Der Komplex schloß aber den Tempel des Apollo von Actium mit ein. Dort empfing Augustus ausländische Gesandtschaften und wohnte hier in seinen letzten Lebensjahren Senatssitzungen bei. Im Südwesten war sein nächster Nachbar Romulus und zwar in der Form der sog. «Hütte des Romulus» und des kleinen Heiligtums, welches den Ort bezeichnete, wo Romulus die Auspicien erhalten hatte, auf die letztlich auch der Name Augustus zurückging. Weiter in Westen lag der Tempel der Magna Mater, welche nach Vergils Bericht (Aeneis II 801–803) die Abreise des Aeneas, welcher ja der Urahne von Augustus war, von Troia gesegnet hatte. Der ganze Komplex, der wahrscheinlich vom übrigen Palatin durch den «Arcus Octavii» abgetrennt war, bildete somit eine architektonische Einheit und eine Vereinigung zweier wichtiger charismatischer Aspekte des augusteischen Prinzipates, der Theologie des Sieges nämlich und der Gleichsetzung von Romulus und Augustus.
In der sehr viel mehr Aufwand treibenden Kaiserzeit erhielt man offensichtlich das Haus des Augustus als ein Museumsstück, als ein Relikt aus anspruchsloseren Tagen. Es war weit entfernt von Vitruvs an Männer von Rang und Ansehen, an Advokaten, Redner und deren Publikum gerichteten Empfehlungen:
«Ferner muß man für Geldverleiher und Steuerpächter den Verhältnissen angemessene, ansehnliche und gegen Diebstahl gesicherte Wohnhäuser bauen, für Rechtsanwälte und Redner elegantere und geräumigere, damit in ihnen Zusammenkünfte stattfinden können. Für hochstehende Personen aber, die, weil sie Ehrenstellen und Staatsämter bekleiden, den Bürgern gegenüber Verpflichtungen erfüllen müssen, sollten fürstliche, hohe Vorhallen, sehr weiträumige Atrien und Peristyle gebaut werden, Gartenanlagen und Spazierwege, die der Würde angemessen angelegt sind; außerdem Bibliotheken, Räume für Gemäldesammlungen und basilikaähnliche Hallen, die in ähnlicher Weise prunkvoll ausgestattet sind wie die staatlichen Gebäude, weil in den Häusern dieser Männer öfter politische Beratungen abgehalten und Urteile und Entscheidungen in privaten Angelegenheiten gefällt werden.»[102]
Sicherlich haben sich viele unter Augustus' Zeitgenossen, Leute wie Maecenas, Messalla und die im Staatsdienst überall anzutreffenden Freigelassenen an die Vitruv'sche Formel gehalten. Das alte *patronus-cliens*-Verhältnis hatte noch Bestand, auch wenn sich bereits eine neue Servilität bemerkbar machte. Die Nachfolger von Augustus, d.h. Tiberius, Caligula, Claudius und Nero, trachteten jeder auf seine Weise danach, sich einen angemessenen Wohnsitz großen Stils zuzulegen. Der Palast des Tiberius, die sogenannte Domus Tiberiana auf dem Palatin, erhob sich über eine schwere Plattform (117 × 177 m) an der Nordwestecke des Hügels[103]. Seine Ruinen ruhen heute unter den Renaissance-Gärten des Kardinals Alessandro Farnese. Die Villa Jovis auf Capri und die kaiserliche Villa in Albano lassen charakteristische, vom Kaiser bevorzugte Formen erkennen; ungewiß ist aber, in welcher Weise sie in Rom Verwendung fanden. Nero, der für seine Ausbrüche und seinen extravaganten Lebensstil bekannt war, hatte ein Künstlertemperament. Er erregte mit seinen Architekten Severus und Celer durch unerhörte Experimente und neuartige Vorrichtungen für seine Residenzen Aufsehen[104]. Er hatte den kaiserlichen Palast auf dem Palatin, die Gärten auf dem Esquilin und außerdem den Besitz seines Vaters an der Via Sacra geerbt, die er nun alle durch

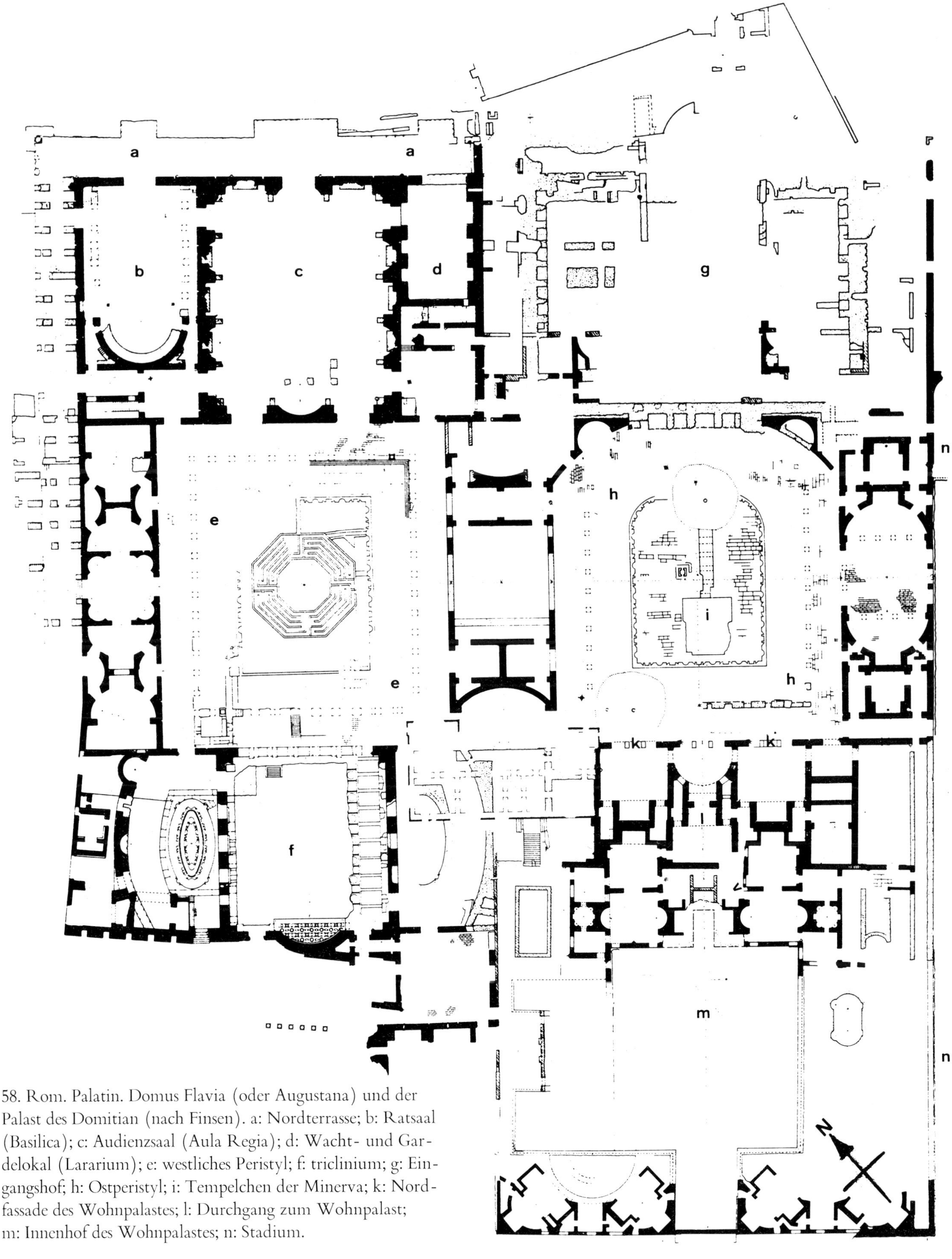

58. Rom. Palatin. Domus Flavia (oder Augustana) und der Palast des Domitian (nach Finsen). a: Nordterrasse; b: Ratsaal (Basilica); c: Audienzsaal (Aula Regia); d: Wacht- und Gardelokal (Lararium); e: westliches Peristyl; f: triclinium; g: Eingangshof; h: Ostperistyl; i: Tempelchen der Minerva; k: Nordfassade des Wohnpalastes; l: Durchgang zum Wohnpalast; m: Innenhof des Wohnpalastes; n: Stadium.

Überbauung jener Gegend vereinen wollte, in der heute der Titusbogen und die Kirche Sta. Maria Nova stehen. Auf diese Weise entstand ein riesiger Palast, die Domus Transitoria, von dem nur geringfügige Teile das große Feuer von 64 n. Chr. und die darauffolgenden Plünderungen überlebten[105].

In Hadrians Venus und Roma-Tempel ist ein nicht näher bestimmbares Teilstück enthalten; zusätzliche Bestandteile wie der Schnittpunkt von zwei Korridoren und ein versunkener Garten mit einem nach oben hin offenen *biclinium* liegen unter Domitians Domus Flavia. Glanz und Größe des Nachfolgebaues, der Domus Aurea, waren Neros Reaktion auf den von der Feuersbrunst verursachten Schaden. Die Domus Aurea war eigentlich ein überdimensionierter, im Herzen der Stadt gelegener Landsitz. Sie sollte deshalb der Villenarchitektur zugerechnet werden.

Die gewiß eindrucksvollsten, aus der Kaiserzeit Roms erhaltenen Palastruinen sind die der Domus Flavia oder Augustana, Domitians herrlichen Wohnsitzes auf dem
53, 59 Palatin[106]. Sein Architekt Rabirius hat ihn barock-elegant und eindrücklich symmetrisch entworfen in der eindeutigen Absicht, bewußt der kaiserlichen Stellung und Allgegenwart verstärkten Ausdruck zu verleihen. Obgleich die Domus Tiberiana das Feuer von 64 n. Chr. überlebt zu haben scheint, zeigte Vespasian eine ausgesprochene Abneigung gegen den Palatin und die mit ihm verknüpften Vorstellungen vom Kaisertum[107]. Mit größter Wahrscheinlichkeit bereitete im Jahre 80 n. Chr. ein Feuer dem

59. Rom. Palatin. Domus Flavia (oder Augustana). Modell mit dem Circus Maximus im Vordergrund.

Palast des Tiberius ein Ende, und nachdem die Domus Aurea von Vespasian und dessen Sohn allmählich zerstört und anderweitig verwendet worden war, sah sich Domitian in der Lage, auf dem Palatin unbehindert von neuem zu bauen.

Die Einzelteile des Palastes, der im Jahre 92 n. Chr. eingeweiht wurde, waren großartig, farbenprächtig und mit Absicht beeindruckend. Die Plattform, die beträchtliche Räumungsarbeiten und den Abbruch früherer Bauten erforderlich machte, war 153 m breit und 19 m tief. Der Westflügel, der Empfangsbereich, war über den Clivus Palatinus vom Titusbogen her zugänglich, der gleichsam als unteres Portal zum Palast diente. Die Staatszimmer im offiziellen Flügel erreichte man durch einen Hof und eine Porticus. Eine Basilika, eine Audienzhalle *(aula regia)* und ein *lararium* bildeten den nördlichen Teil des offiziellen Flügels im Palast. Die äußere Porticus verschlang die «Casa dei Grifi», Caligulas Isishalle und das *nymphaeum* von Neros Domus Transitoria. In der Basilika, einer rechteckigen apsidialen Halle, wurden sehr augenscheinlich zwei Reihen numidischer Säulen zur Stützung des Kassettengewölbes verwendet; der Empfangsraum, ein riesiger, 32.70 m mal 33.70 m messender Saal, war wahrscheinlich als gewölbter Bau geplant gewesen, wurde aber schließlich mit einer getäferten Flachdecke versehen. Er präsentierte sich mit einer eindrucksvollen Reihe von abwechselnd rechteckigen und abgerundeten Nischen, die phrygische Marmorsäulen rahmten; der Thron stand wie in der *aula regia* der Villa Jovis auf Capri auf einem Podium in einer flachen Nische der Südseite; importierter, polychromer Marmor bedeckte den ganzen Fußboden und die Wände. Von der Audienzhalle aus gab es doppelte Zugänge sowohl zur Basilika, als auch zum *lararium,* der kaiserlichen Kapelle.

Ein großes Peristyl mit Porticus lag hinter der Audienzhalle und beherrschte den mittleren Teil des offiziellen Palastflügels. Es war mit einem in der Mitte gelegenen Springbrunnen ausgestattet und hatte einen reizvollen Garten zur Erbauung offizieller Besucher und des kaiserlichen Gefolges. Die Säulen waren aus Porta Santa-Marmor gefertigt und hatten weiße Marmor-Basen und -Kapitelle, über die ein reiches Gebälk verlief. Phengites, ein kappadozischer Gips, bedeckte teilweise die Wände und verwandelte die Porticus in einen Spiegelsaal. Darüber wurde in der Antike viel geredet; vielleicht widerspiegelt sich hier Domitians Interesse an der eigenen, kaiserlichen Person[108].

Auf der Westseite standen kleine Empfangsräume zur Verfügung. Sowohl größenmäßig, als auch durch seine apsidiale Anlage entsprach das *triclinium,* das Staatseßzimmer, beinahe dem Thronsaal. Mit größter Wahrscheinlichkeit war es mit einer vergoldeten Holzdecke überspannt. Die Ruhebetten des Kaisers und seines Hofstaates standen auf einem gemeinsamen Podium am Südende, und von allen schweifte der Blick an sechs Riesensäulen aus ägyptischem Granit vorbei in den Peristylgarten. Zusätzliche Granitsäulen schmückten sowohl die Wände des Speisesaals, als auch die Türen und drei große, zu beiden Seiten des Podiums sich öffnende Fenster, vor denen zwei ovale *nymphaea* lagen. Die kaiserliche Plattform war mit großfigurigen geometrischen Mustern aus Porphyr, Serpentin, Giallo Antico und Pavonazetto-Marmor belegt. Der Raum erhielt seine Beleuchtung von den Freiluft-*nymphaea* und vom zentralen Peristyl her. Rabirius hatte sich auf das wunderbarste seines Auftrages entledigt. «Das alte, steife Ritual formeller Empfänge, Besuche und Gastmähler wurde feierlicher durch die Anwesenheit des Kaisers, der über allen stand. Es gab nun höfische Zeremonien der Begrüßung, Audienzen und Epiphanie: zu diesen Zwecken dienten im Palast Repräsentationsräume.»[109]

Die mittlere Zone der Domus Augustana enthielt den privaten Wohnbereich des Kai-

sers und das mit dem Castor-Tempel auf dem Forum flutende, monumentale Eingangsportal. Hier war die kaiserliche Fassade, die sich über die ebenen Partien und die Hänge des Palatins bis zum Forum und zum Circus Maximus hin ausbreitete. Der Haupteingang befand sich auf der unteren Ebene der Südfassade, lag somit mehr als 10,50 m tiefer. Er führte in ein unteres Peristyl, zu dem ein oberes Stockwerk gehörte, welches in der Art der Mietshäuser mit Innenhof in Ostia auf schweren Pfeilern mit Bogen ruhte. Die Mitte des Hofes nahm ein *impluvium* ein, zu dem ein komplizierter, mit Statuen überladener Brunnen gehörte. Treppen führten sowohl von der Ost-, wie
62 der Westseite ins obere Stockwerk. An der Nordseite waren drei oktagonale Kuppelsäle in den Hang eingebaut, eine neue Art kühler Salons. Ein weiterer Peristylgarten mit Becken, Brücke und möglicherweise einem auf einer Insel untergebrachten *cubiculum* war ein Pendant zum westlichen Garten.

Den Ostflügel des Palastes nahm ein weitläufiger versenkter Garten ein, das sogenannte
63 Stadion oder Hippodrom, das 160 m lang und 50 m breit war. Fünf überwölbte Räume erinnerten an die üblichen Starttore *(carceres)*. Sie befanden sich am Nordende; die Wendemarken *(metae)* des Gartens waren als Springbrunnen gestaltet und standen nahe der Schmalseiten, deren südliche in der Art eines Stadions gekrümmt war. Eine zweistöckige Porticus mit einer Pfeilerarkade aus Backstein im unteren Geschoß und einer Kolonnade im Obergeschoß umschloß den Garten auf drei Seiten. In die längere östliche Mauer war eine große, halbkreisförmige und gewölbte *exedra* eingebaut, welche vermutlich Ausstellungszwecken diente; am Südende erhob sich der Aufbau mit der kaiserlichen Loge *(pulvinar)*, die den unmittelbar darunter befindlichen Circus Maximus überragte.

Umbauten und Anbauten der Kaiser Hadrian und Septimius Severus hatten kaum Einfluß auf die großartige Anlage, die Rabirius entworfen hatte. So blieb die Domus Augustana in den kommenden Jahrhunderten die offizielle Residenz der Kaiser. Manche Herrscher mochten es vorziehen, sich an anderen Orten wie in Baiae, Tibur (Tivoli), Ravenna, Trier, Konstantinopel, Piazza Armerina oder Split ihre Paläste zu bauen, aber das wundersame Gefüge von Domitians Palast überdauerte und stand jedem Thronaspiranten zur Verfügung, gleichgültig ob er Emporkömmling oder rechtmäßiger Erbe war.

Die kaiserzeitlichen Privathäuser in Ostia, von denen von den Ausgräbern nur zwanzig mit einiger Sicherheit identifiziert werden konnten, dürften typisch sein für die Hausformen, die bis ins kaiserzeitliche Rom überlebten. Von nur einer Familie bewohnte Atriumhäuser, oft gepaart mit einem Arkaden- oder Kolonnadenhof, gehörten in einem großen Teil von Italiens Ortschaften und Städten zum festen Bestand der Stadtlandschaften. Die Bevölkerung von Ostia und Rom bevorzugte vermutlich das Wohnen in Mietshäusern. Einfamilienhäuser wurden zwar immer noch gebaut, und die Küste blieb der Standort für ganze Gruppen von Villen, zu deren bemerkenswertesten Plinius' lauretanischer Landsitz gehörte, der nur 7,5 km entfernt war.

Ein vorzügliches Peristylhaus des zweiten Jahrhunderts, das «Haus der Fortuna Annonaria» (um 150 n. Chr.), hat in Ostia überlebt[110]. Sein Gartenhof wird auf drei Seiten von Travertinsäulen eingerahmt, die einst stuckiert und vermutlich kanneliert waren. Eine durchlaufende Mauer erstreckt sich entlang der vierten Seite des Hofes, und an drei Seiten öffnen sich Räume zum Hof hin. Der straßenseitige Zugang befindet sich an der Nordseite und das *triclinium* liegt am Westende. Der mittlere Raum an der Ostseite des Gartens war beheizt, der erste dieser Art in Ostia bekannte Fall. Er diente ver-

60. Rom. Der Palatin über dem Circus Maximus.

61. Rom. Palatin. Peristylgarten der Domus Flavia.

62. Rom. Palatin. Wohnpalast der Domus Augustana. Blick ins Peristyl.

Farbbilder:
63. Rom. Palatin. Stadion des Domitian.
64. Tibur (Tivoli). Hadrians Villa. Blick über das Bassin auf dem Platzbelvedere bei der sogenannten «Poikilè».

mutlich als *cubiculum*. Das «Haus mit dem runden Tisch» war zwar mit einer *insula* 65
verbunden, bietet aber mit seiner peristylen Hofanlage trotzdem attraktive Wohnbedingungen[111]. Die Straßenfassade umfaßt zwei große Geschäftslokale, die beide mit Innentreppen zu den darüberliegenden *cenaculum* ausgestattet sind; zwei weitere Treppen führen auch von der Straße zu den oberen Stockwerken einer dreistöckigen *insula* (Mietshaus). Ein zwischen den Geschäftslokalen gelegenes Vestibül führt zu der dahinter befindlichen *domus*. An der Nordseite geht der Hof in den Hauptwohnraum des Hauses über; drei der vier Räume an der Westseite waren beheizt, und vier weitere Räume gingen von der Ostseite ab. In seiner heutigen, aus dem späten 3. Jh. n. Chr. stammenden Form hat das Haus eine weite Porticus mit Backsteinpfeilern und mit Marmor verkleideten Wänden. Was den Zugang zum Forum und zum Stadtplatz anbetrifft, war es günstig gelegen.

Während des 3. und 4. Jh. n. Chr. setzte in Ostia ein ernsthafter wirtschaftlicher Verfall und ein Rückgang der Bevölkerung ein. Die Dienstleistungen waren unterbrochen, es mangelte an Sicherheit, und gegen Ende des 4. oder zu Beginn des 5. Jh. n. Chr. war Ostia praktisch verfallen, eine Geisterstadt mit prächtigen, langsam zugrundegehenden

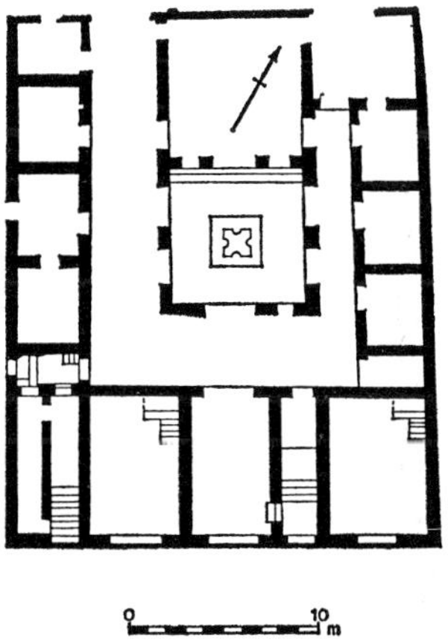

65 (oben). Ostia. «Haus des Rundtempels» (Meiggs, fig. 17).
66 (rechts). Rom. Der Trajan-Markt. Via Biberatica. Ladenlokale und darüberliegende Räume.

insulae, und war so ungesund wie die von Juvenal geschilderten Katastrophengebiete einer früheren Zeit[112]. Aber die Hafenstadt wurde niemals gänzlich aufgegeben, und in einigen Vierteln, besonders an der Peripherie der Stadt, wo es in reichlicherem Maße wiederverwendbare Materialien gab, trat eine teilweise Wende im Geschick der Stadt ein. Meist waren die Gebäude einstöckige *domūs* und hatten Annehmlichkeiten, die in den *insulae* nie vorhanden gewesen waren, so z.B. Bodenheizung in bestimmten Räumen. Das umgebaute «Haus der Fortuna Annonaria» war ein hervorragender Wohnsitz, der im 4. Jh. n. Chr. entstand. Ein weiteres, wohl das schönste Beispiel für die späteren Residenzen, ist das «Haus von Cupido und Psyche» (I, xiv, 5), das ungewöhnlich 67, 72
elegant und in verschiedener Hinsicht zukunftweisend ist[113]. Der Architekt veränderte ein älteres halbruiniertes Mietshaus mit Innenhof, das angefüllt gewesen war mit Geschäften, einem Produktionsbetrieb und natürlich auch mit einer allerdings ungewissen Anzahl Wohnungen. Der neue Bau hatte einen breiten Mittelgang, der das Haus in zwei deutlich voneinander abgesetzte Bereiche unterteilte; auf der Ostseite betrat man durch eine korinthische Arkade einen kleinen Garten mit einem *nymphaeum*, das sich aus fünf abwechselnd runden und rechteckigen Nischen zusammensetzte. Diesen waren Ziegelbögen vorgelegt, die sich über zierlichen korinthischen Säulchen wölbten; an der Westseite gab es vier kleine Räume und im hinteren Teil eine Innentreppe zum oberen Stockwerk über dem Westflügel, außerdem existierte eine Toilette. Der Gang endete in einem großen Raum mit einer Nische in der Wand. Die Vorrichtung für Wasserspiele, die vielgestaltigen Fußbodenmosaiken, die marmorierte Wandverkleidung aus *opus sectile* und die Statuengruppe, die dem Haus seinen Namen gab, sind dem Reichtum und Geschmack des Besitzers angemessen. Treffend umschrieb Sir Mortimer Wheeler den Eindruck, den das Haus hinterläßt, mit «Leichtigkeit, Charme und Annehmlichkeit, dazu mit einer Spur von jener Eleganz, die fast des 18. Jahrhunderts würdig gewesen wäre und die so kennzeichnend war für die letzten Tage des Imperiums»[114].

67. Ostia. «Haus von Cupido und Psyche». Blick zum Nymphäum.

Italische Mehrfamilienhäuser

Ein Tag in Trastevere beispielsweise oder auf dem Campus Martius ist noch immer die beste Hilfe, um das kaiserzeitliche Ostia, d. h. Rom, zu verstehen. *Axel Boëthius*

Das republikanische Rom hielt nach dem gallischen Einfall an der *domus* mit Atrium als seiner patriarchalischen aristokratischen Hausform fest, aber die Stadt setzte sich weitgehend aus Werkstätten, Geschäften und den Behausungen von Handlangern zusammen. Wie auch später muß damals bereits ein Großteil der Bevölkerung in Geschäftslokalen *(tabernae)* gelebt haben, wo man entweder hinter dem Geschäftslokal oder in einem darüber gelegenen, über eine Treppe oder Leiter vom Innern des Geschäftes erreichbaren Raum *(cenaculum)* wohnte. Für das Rom des 2. Jh. v. Chr. ergibt sich aus den frühesten Belegen, daß *domus* und *taberna* ineinander übergingen. Handel, Gewerbe und Wohnen waren in einer Weise räumlich vereint, die in den älteren Stadtteilen von Provinzstädten wie Pompeji unbekannt war. In diesen lagen Geschäfte und Werkstätten abseits der Wohnviertel der Stadt dicht gedrängt um das Forum oder an den wichtigsten Straßen[115]. Aufgrund campanischer und sizilianischer Überreste muß angenommen werden, daß Süditalien zunächst griechischen und orientalischen Bräuchen folgte, bis im 1. Jh. v. Chr. metropolitane Bauformen auf die in der Provinz gültigen Normen einzuwirken begannen.
Boëthius hat nachgewiesen, daß bereits um 100 v. Chr. in Städten wie Pompeji und Praeneste Werkräumen ähnliche, vom Atriumgrundriß gänzlich abweichende Behausungen mit Reihen von Geschäften, die durch Außentreppen mit den darüber gelegenen Stockwerken *(cenacula)* verbunden waren, existierten[116]. Untersuchungen der detaillierten Grabungspläne von Pompeji, sowie zu einem geringeren Grade jener von Herculaneum, ergeben, daß bei einer sehr verschiedenartigen Ansammlung von Gebäuden unregelmäßige Häuser, Hausgeschäfte, Fabriken, Weiterverarbeitende- und Verkaufsbetriebe überall anzutreffen waren. Die Thermen am Forum in Pompeji geben Einblick in solche spätrepublikanische Mietwohnungen; mittels einer einzigen Treppe und eines Ganges an der Nordfassade des aus *opus caementicium* bestehenden Gebäudes hatte jedes Geschäftslokal einen Zugang zu den darüber befindlichen Wohnungen[117]. Seine Form und Entstehungszeit (um 80 v. Chr.) lassen vermuten, daß für diesen Bau zwei Gründe ausschlaggebend waren: der Druck einer sich vergrößernden, Handel treibenden Bevölkerung, die nicht mehr vom Bürgerkrieg bedroht war, und der Zustrom römischer Veteranen zu Sullas Colonia Cornelia Veneria Pompeiana, welche willens waren, die neuen architektonischen Tendenzen der Hauptstadt hier nachzuvollziehen. Die Komplexe von kombinierten Wohn-Geschäften in Pompeji und die Insula Orientalis in Herculaneum lassen annehmen, daß sich in beiden Provinzstädten eine Erneuerung nach römischem Vorbild anbahnte, wobei sich ohne Zweifel der Ablauf wiederholte, der früher zur Entwicklung der großartigen *insulae* in Rom geführt hatte.
In den italischen Städten Pompeji und Herculaneum, fraglos auch anderswo in Campanien, z. B. in Neapel, Puteoli, Capua, befriedigte man die Bedürfnisse einer wachsen-

den Bevölkerung oft durch den Umbau von großen älteren Häusern. Das altherkömmliche peristyle Atriumhaus blieb das Haus der Reichen, auch wenn mitunter schon in spätsamnitischer Zeit die Fassaden *tabernae* aufnahmen. Zunehmend wurden jedoch während der letzten Jahre der Republik und danach ältere Wohnsitze in Mehrfamilienhäuser umgewandelt. Das berühmte «Samnitische Haus» in Herculaneum (V, 1–2) enthielt nach einem Umbau im Obergeschoß eine Wohnung, die man über eine von der Straße ausgehenden Treppe erreichte; eine das Atrium überblickende, elegante Galerie mit jonischer Balustrade wurde zugemauert, wodurch der Mieter zwei Zimmer erhielt, die eine verputzte Holzwand trennte. Die Wände wurden mit Dekorationen im vierten pompejanischen Stil neu bemalt[118]. Ebenso wurde das «Haus der Zweihundertjahrfeier» in dem man angeblich den Abdruck eines Kruzifixes gefunden hat, in eine «*pensione*» umgebaut, die im Obergeschoß zwei Wohnungen für die Geschäftsbesitzer enthielt[119]. Die eine Wohnung an der Nordostecke des Hauses bestand aus zwei Räumen, welche eine Tür in einer Trennwand verband; eine andere, benachbarte Wohnung war den Geschäften im Erdgeschoß angeschlossen und verfügte über ein eigenes Vestibül auf Straßenhöhe. Die L-förmige Zimmerflucht umfaßte zwei Schlafräume, die ein Wohnraum mit einem *lararium* trennte, weiter eine zu zwei rückwärtigen Schlafzimmern führende Halle und ein großes *triclinium* an der Nordwestecke. Vom ganzen oberen Stockwerk überschaute man die Hauptstraße nahe dem Forum; ein Balkon überragte die Straße.
Die einstige Herrlichkeit des «Hauses des Pansa» hielt einen seiner Besitzer nicht davon ab, für sein Haus mit einem jetzt verlorenen Graffito zu werben:
«Die Insula Arriana Polliana, Besitz des Gnaeus Alleius Nigidius Maius. Zu vermieten ab dem ersten Tag des nächsten Juli: Geschäfte mit angeschlossenen Räumen darüber, herrschaftliche Wohnung im Obergeschoß, und das Haupthaus. Voraussichtliche Mieter sollen sich bewerben bei Primus, dem Sklaven des Gnaeus Alleius Nigidius Maius.»
Ein vergleichbares Arrangement wurde im Zusammenhang mit dem Besitz der Julia Felix angeboten:
«Auf dem Besitz der Julia Felix, der Tochter des Spurius, ist zu vermieten: das Venusbad für die ‹Elite›, Geschäftslokale mit Räumen darüber und Wohnungen im ersten Stock, ab dem 13. Tag des nächsten August bis zum 13. Tag des sechsten August danach.»
Ohne Zweifel waren Mietwohnungen dieser Art für die Mehrheit der *insula*-Mieter in italienischen Städten typisch, und dies trifft sicherlich auch auf die Hauptstadt zu. Die «Casa a Graticcio» in Herculaneum (III, 13–15) ist ein Mietshaus der Übergangs- 68, 69
zeit, das um einen Innenhof angelegt ist[120]. Laut Vitruv bedeutet *opus craticium*, welches dem Haus seinen Namen gab, eine verputzte Fachwerkkonstruktion, die sich aus flechtwerkgefüllten, verschmierten und anschließend verputzten Feldern zusammensetzte[121]. Heute liegen die nackten Wände des Baues bloß, ein eher unordentliches Zementwerk enthüllend, das weit auseinander gesetzte Ziegelpfeiler zusammenhalten. Dazwischen war das Holzbalkengerüst eingefügt. Der Eingangskorridor führte zu einem Innenhof mit einer Zelle für den Hauswart und einem einzelnen *cubiculum*. Ein Geschäftslokal lag direkt an der Straße und dahinter Arbeits- und Lagerräume des Besitzers, die fast den ganzen Erdgeschoßbereich einnahmen. Dem rückwärtigen Teil des Hauses standen zwei zusätzliche Höfe zur Verfügung; einer hatte aus der Zeit des samnitischen Hauses überlebt, welches auf diesem Grundstück der *insula* vorausgegangen war; der zweite hintere Hof enthielt drei Becken für die Bedürfnisse der Mieter des Erdgeschosses. Im ersten Hof gibt es eine große Zisterne und eine Treppe für den

Mieter im ersten Stock. Die Dreizimmerwohnung hatte einen Schlafraum, Eßbereich sowie einen nicht näher zu bestimmenden Raum. Die verkohlten Reste der Holzmöbel wurden gefunden. Der Eßraum und ein zu einer Latrine führender Gang waren zum ersten Hof hin geöffnet, so daß in der etwas düsteren Umgebung Licht und Luft vorhanden waren. Der obere Stock enthielt eine weitere Wohnung mit einer eigenen, von der Straße ausgehenden Treppe. Zur Wohnung gehörten ein Eßzimmer und Schlafräume, die um eine in der Mitte gelegene Halle angeordnet waren und ein überdeckter, über die Straße vorspringender Balkon, den Backsteinsäulen trugen. Das Essen der Wohnungsinhaber wurde auf einem kleinen Herd in der zentralen Halle unter einem dazu gehörenden Kamin gekocht. Es gibt zwei Latrinen, eine im Erdgeschoß und eine weitere im ersten Stock.

Die Ursprünge der römischen *insula* werden seit vielen Jahren heftig diskutiert. Das Problem bleibt umstritten, doch ist vielleicht der Begriff leichter zu fassen. Die Verzeichnisse der vierzehn Bezirke Roms, das der Mitte des 4. Jh. n. Chr. entstammenden *Curiosum Urbis Romae Regionum XIV* und die zeitgleiche *Notitia* zeigen, daß das Forum Romanum allein 3480 *insulae* hatte, die gesamte Stadt 46 602 *insulae* enthielt und nur 1797 Privathäuser *(domus)*. Meiggs Definition der *insula* als «großen, gewöhnlich hohen Wohnblock, unterteilt in abgeschlossene Wohnungen, die getrennt vermietet werden können»[122], überzeugt für Ostia, aber nicht für Rom. Die Umwandlung des Einfamilienhauses in ein Mehrfamilienhaus, wie sie in Pompeji und Herculaneum faßbar ist, kann nicht ein Sonderfall auf der Halbinsel gewesen sein. Offensichtlich wurde in Rom der Bevölkerungsexplosion auf ähnliche Weise begegnet und der Begriff *insula*, der sich ohne Zweifel ursprünglich auf ein von vier Straßen begrenztes Grundstück bezog, wurde allmählich auf die Mehrfamilienhäuser ausgedehnt. Dieser Begriff schloß auch ältere Wohnsitze ein, welche in Mietshäuser mit möblierten Wohnungen oder «*pensioni*» umgewandelt worden waren, sowie auch die größeren, bequemeren und mehrstöckigen Etagenhäuser[123]. Die Gegend um Forum und Palatin war mit alten und neuen Gebäuden förmlich übersät, in denen Wohnungen verschiedenster Größe an Leute vermietet wurden, die aus allen möglichen Gründen nahe dem Stadtzentrum wohnen wollten.

Noch vor kurzem haben Wissenschaftler gerne angeführt, daß das Mietshaus, oft drei oder vier Stockwerke hoch, eine eigenständige, römische Besonderheit sei, weil es im Nahen Osten keine überzeugende Vorläufer gab, da dort die für die römische *insulae* wesentlichen Geschäfte entweder in der Stadtmitte lagen oder an den Hauptstraßen zusammengedrängt sind.

Obwohl Strabo andeutete, daß zu seiner Zeit die Babylonier ihr Problem der Überbevölkerung mit Hilfe von Hochhäusern zu lösen versuchten und hinzufügt, daß ähnliche Versuche auch in Aradus und Tyrus gemacht wurden[124], waren nur wenige Archäologen bereit, mehr als eine ähnlich gelagerte Situation anzunehmen. Ein direkter Einfluß auf die hochentwickelten *insulae* im kosmopolitanen Rom schien unwahrscheinlich. Beweise von anderen Orten, wie aus Motya in Sizilien, wo phönizisch-karthagische Hochhäuser auf Steinfundamenten aufliegende, hölzerne Oberbauten hatten, schienen auf den römischen Fall nicht anwendbar[125]. In Syrien, Karthago und Alexandria gefundene Ruinen von mehrstöckigen Häusern schienen als Anstöße für die Inspiration der Architekten von Rom und Ostia fragwürdig[126]. Aber neue Funde in Ephesus ergeben für die römischen *insulae* treffend ähnliche, ohne Zweifel beispielhafte Entwicklungsabläufe. Trotz der neuen Beweislage bleibt aber auch Boëthius' Argument glaub-

68. Herculaneum. «Casa a Graticcio». Fassade auf der Straßenseite und Balkon über dem Cardo V.

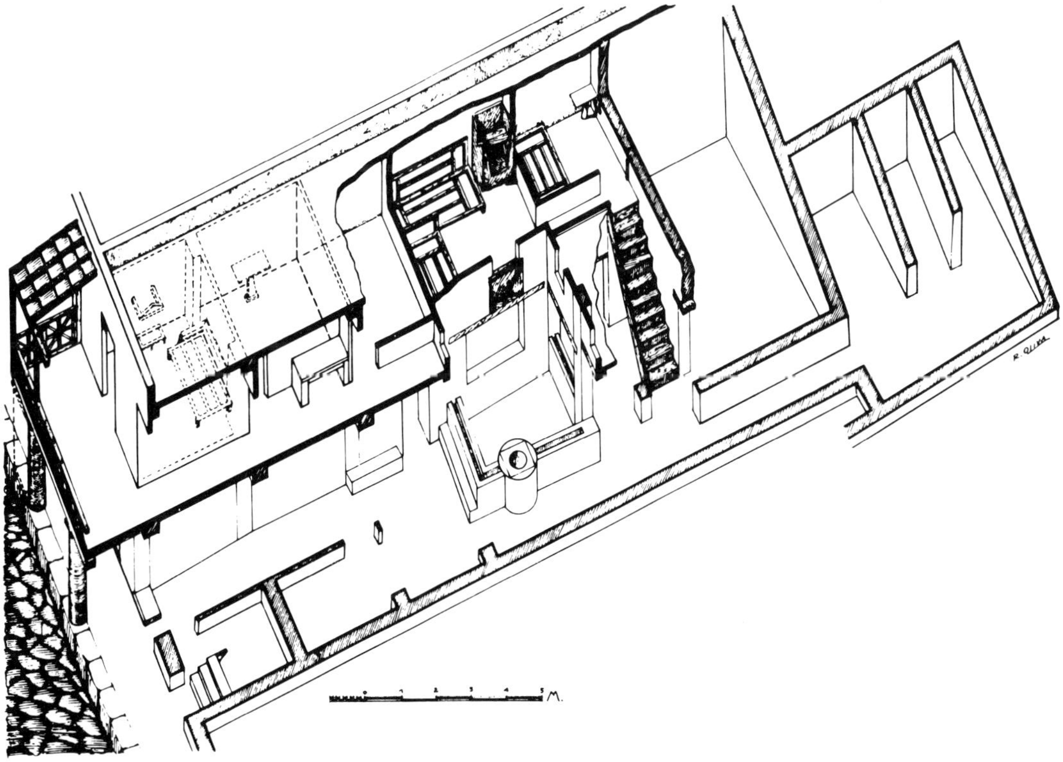

69. Herculaneum. «Casa a Graticcio». Erdgeschoß und erstes Stockwerk. Axonometrischer Plan.

haft, daß sich das Mietshaus der Römer direkt aus Reihengeschäften mit Speicher oder Dachkammer darüber herausgebildet habe, denn dies war gewiß die gebräuchlichste Wohnform für das städtische Proletariat. Durch gemeinsame Trennwände verbunden, eigneten sich die *tabernae* für Erweiterungen und waren auch in der Lage, zusätzliche Stockwerke zu tragen. Mit der Zunahme der Geschosse über den Geschäften und über den *cenacula* im Straßengeschoß entstand, manchmal auch als Antwort auf das hügelige Gelände, die charakteristische und klassische Form der antiken kleinasiatischen oder italischen Megalopolis[127].

Ein Faktor war von entscheidender Bedeutung für die Entwicklung der Hochhauswohnungen, nämlich ein Bestandteil, der spezifisch italisch ist und den einzigartigen Charakter der römischen *insula* ausmachte, der Gußmörtel-«Beton» *(opus caementicium)*. Ursprünglich in Campanien hergestellt und benutzt, wurde er sehr schnell vervollkommnet und im 2. Jh. v. Chr. in Rom allgemein verwendet. Diese Entdeckung ergab nicht nur ein billiges Baumaterial, sie versetzte Rom auch in die Lage, vielleicht schon im 3. Jh. v. Chr. auf eine völlig neue Weise mit den rapid steigenden Bevölkerungszahlen fertig zu werden[128].

Das rasche Wachstum der Bevölkerung und die turbulenten Zustände während der letzten Jahrhunderte der Republik brachten ernsthafte Probleme für die Bautätigkeit und für die Sicherheit mit sich. Während sich die Errichtung von Luxusbauten sicherlich beschleunigte, wird man sich auch erinnern, daß das Haus des Lepidus in Rom, 78 v. Chr. ein «erstrangiger Wohnsitz», bereits 43 v. Chr. auf den hundertsten Platz zurückgesunken war[129]. Neben den hellenistisch inspirierten, teuer möblierten und Grünraum wie Gärten verschlingenden Stadtpalästen standen neue Mietshäuser und wenig kunstvoll umgebaute *domus*, deren Dauerhaftigkeit und Sicherheit recht unterschiedlich war. Mit angsterregender Regelmäßigkeit finden sich bei den Autoren der späten Republik und der beginnenden Kaiserzeit wiederkehrende Andeutungen von einstürzenden Wohnungen, Feuern, internen Problemen in dem in Billigbauweise errichteten Hochhäusern, Rissen in den Wänden und schwachen Fundamenten[130]:

«Den Häuserbau machen Einsturz, Brand und Verkauf, die ununterbrochen stattfinden, zu einer Dauerangelegenheit. Denn auch der Verkauf ist gewissermaßen ein absichtlicher Einsturz, indem der Käufer niederreißt und nach eigenem Belieben anderes aus anderem wiederaufbaut.»[131]

«Wir bewohnen eine Stadt, die zum großen Teil auf dünne Streben abgestützt ist. So bekämpft nämlich der Verwalter die Einsturzgefahr. Wenn er den Spalt des alten Risses zugepflastert hat, heißt er die Bewohner sorglos schlafen, obwohl Einsturzgefahr besteht. Man müßte dort leben können, wo es keinerlei Brände gibt und niemand nachts Angst haben muß! Schon ruft Ucalegon nach Wasser und schleppt die Eimer herum und im dritten Stock über dir raucht's! Und du weißt nichts davon, denn während man in den untern Stockwerken flieht, wird der verbrennen, der zuoberst wohnt, der, den nur die Ziegel allein vor dem Regen schützen, dort wo die sanften Tauben ihre Eier legen.»[132]

Dies sind keine imaginären Schreckensberichte, wenn man die uns greifbaren sich wiederholenden Fälle betrachtet. Das Bild ist außerordentlich lebendig. Erdrückende Anonymität, Einsamkeit und Häßlichkeit der Hochhauswohnungen oder der heruntergewirtschafteten «Pensionen» sind mehrfach belegt. Verarmte Autoren, Römer in wirtschaftlicher Notlage und Immigranten waren verurteilt, in Räumen zu leben, von denen gesagt wurde, es seien wegwerfbare Schlafwinkel für entbehrliche Menschen.

Farbbild:
70. Tibur (Tivoli). Hadrians Villa. Inselvilla mit Ringporticus und Euripus. Im Hintergrund das sogenannte Turmbelvedere.

Farbbilder:
71. Tibur (Tivoli). Hadrians Villa. Sogenannter Canopus. Säulenstellung mit Statuen am halbrunden Ende des Bassins.
72. Ostia. «Haus von Cupido und Psyche». Blick ins Nymphäum.

Fehlende Transportmittel, seien es Pferde oder Wagen, hatten zur Folge, daß Bürger der Unterschicht nahe dem Zentrum wohnen mußten, wo Gewerbe und Bevölkerungsdichte über alle Maßen die Wohnlichkeit der Umwelt belasteten. Die engen krummen Straßen im vorneronischen Rom, in denen Reihengeschäfte, Werkstätten, die Wohnstätten der Mittelklasse und große Wohnsitze unbehagliche Nachbarn waren, boten der Mehrheit der Stadtbewohner wenig Sicherheit und nur ein Mindestmaß an Annehmlichkeiten. Schon im 3. Jh. v. Chr. reagierten Bauunternehmer auf diese Zwangslage mit der Erstellung von mehrstöckigen Unterkünften. Livius berichtet eine amüsante und aufschlußreiche Geschichte von einem Ochsen, der vom Forum Boarium neben dem Tiber ausbrach und, um seinen Verfolgern zu entgehen, in ein Haus der Umgebung stürmte, wo er schließlich aus dem vierten Stock auf die Straße hinunterstürzte[133]! Die vom Einsturz dieser vielstöckigen Gebäude verursachten Zerstörungen veranlaßten Augustus gesetzlich festzulegen, daß die höchstzulässige Höhe für Häuser 60 Fuß (= 17,70 m) betragen sollte, d. h. im Höchstfall sechs Stockwerke. Um seinen Forum Augusti-Komplex vor den vom angrenzenden Mietshäuserviertel der Subura drohenden Feuern zu schützen, baute er eine 35 m hohe Feuermauer[134].

Feuerausbrüche waren nicht nur das Resultat krimineller Tätigkeit oder von Handlungen der Götter. Weil Kochgelegenheiten in den *insulae* fehlten, nahmen Römer ihr Essen meist in umliegenden Restaurants und öffentlichen Lokalen ein, die mitunter vorteilhaft im Erdgeschoß der eigenen *insula* untergebracht waren. Aber wenn ein Bewohner zu Hause kochen wollte, und heißes Wasser war unumgänglich bei der italienischen Kost von Suppen und Pasta, war die Gefahr eines Feuers immer gegenwärtig. Wenn dieses einmal ausgebrochen war, so breitete es sich rasch aus. Die «modernen» Beton- und Backsteinbauten waren viel feuersicherer als das *opus craticium* der Wohnungen im «*casa popolare*»-Stil, die bis zu sechs und sieben Stockwerken aufstiegen, um eine größtmögliche Anzahl Mieter aufzunehmen. Vitruv kommentiert diese Bauweise kritisch und illustriert Juvenals Klage: «Auch macht das unter Verputz liegende Fachwerk durch die senkrechten und querliegenden Balken am Verputz Risse. Verputzt man sie nämlich, so schwellen sie durch die Aufnahme der Feuchtigkeit an: dann ziehen sie sich beim Trocknen wieder zusammen und so, dünner geworden, zerreißen sie die feste Schicht des Verputzes.»[135]

Senecas Tiraden und Klagen über die Mietshäusern innewohnenden Gefahren beeinflußten zweifellos nach dem Feuer von 64 n. Chr. Neros städtisches Erneuerungsprojekt, als endlich die Zeit von Nutzbauten aus dauerhafterem Material und einer besseren Aufteilung begann[136]. Durch die Katastrophe von 64 n. Chr. drängte sich auch die Bereitstellung von genügend Wasservorräten in jedem Stadtviertel auf. Auch sollten regelmäßige Straßen, breite Alleen und Freiräume die engen gewundenen Gassen aus der alten Zeit ersetzen. *Insulae* durften die Höhe von 70 Fuß (= 20,65 m) nicht übersteigen; Arkaden hatten einen integrierenden Bestandteil des Bauwerks zu bilden, so daß die oberen Stockwerke der Gebäudefassaden von Pfeilern getragen wurden. Die Wirkung dieser Maßnahme lag darin, daß ein sicherer Zugang oder eine Fluchtmöglichkeit im Brandfalle gewährleistet waren, falls die Straße selbst durch Trümmer blokkiert war. Die Hausbewohner mußten ihre eigenen Feuerlöschgeräte besitzen. Neros weitsichtigste Maßnahme, die Verringerung von Holzkonstruktionen zugunsten von feuerfestem Gabiner Stein oder *peperino,* wurde weitgehend hintertrieben. Trümmer und Schutt des Feuers von 64 n. Chr. wurden teilweise in die Sümpfe bei Ostia gebracht, teilweise als festigende Elemente für die neuen «Betonbauten» benutzt[137].

Atrium- und Peristylhäuser, umgewandelte Mietshäuser und zerfallene *insulae* sollten durch Ziegel- und Betonbauten ersetzt werden. Sie mußten Fenster zur Straße, Balkone, Kolonnaden und Arkaden, Gußmörtel- und Steintreppen sowie kräftige Tonnengewölbe haben. Aber Umfang und Erfolg des Erneuerungsprojektes, Neros *Urbs Nova,* bleiben zweifelhaft. Die früheren Mängel wurden zwar gemildert, aber keineswegs beseitigt.

Vitruv mißtraut allgemein der Dauerhaftigkeit und Stärke von *opus caementicium*, das er erst nach einem Intervall von 80 Jahren für zuverlässig hielt. Trotzdem äußerte er begeisterte Zustimmung zu den in seiner Zeit (um 25 v. Chr.) speziell entworfenen und gebauten Backstein- und «Beton»-*insulae.* Wie Augustus begrüßte er sicherlich die Erlösung, selbst wenn es nur eine kurze Unterbrechung war, von den Allerweltsentwürfen, den luftgetrockneten Backsteinen, den hölzernen Fußböden, den Treppen und Decken, die so bestürzend häufig zu den Feuersbrünsten in den Gassen beitrugen und Profitmacher wie Crassus in die Lage versetzten, zu lächerlichen Preisen Häuser und Grundstücke für neue Bauvorhaben zu erwerben[138].

«Ziegelmauern aber können wohl bei einer Stärke von zwei oder drei Ziegellängen, nicht aber einer Stärke von nur 1 ½ Fuß mehr als ein Stockwerk tragen. Bei der großen Bedeutung der Stadt aber und der unendlich großen Zahl von Bürgern muß man unzählige Wohnungen schaffen. Da also Häuser, die nur ein Erdgeschoß haben, eine so große Menge zum Wohnen in der Stadt nicht aufnehmen können, zwangen die Umstände selbst dazu, daß man sich damit half, die Häuser in die Höhe zu bauen. So wurden mit Hilfe von Steinpfeilern, Mauern aus gebrannten Ziegeln und Bruchsteinmauern hohe Häuser errichtet: sie wurden auf häufigen Balkenlagen mit Bretterböden versehen mit dem Ergebnis, die oberen Stockwerke zum größten Nutzen Aussicht (auf die Stadt) haben. Da also das Fassungsvermögen der Stadtmauern durch die verschiedenen Stockwerke nach der Höhe zu vervielfältigt ist, hat das römische Volk ohne Schwierigkeit ausgezeichnete Wohnungen.»[139]

Römische Dichter und Erzähler lassen weniger zufriedenstellende Zustände durchblikken. Heftig tadeln sie unehrliche Bauunternehmer, die versäumten, dem Gußmörtel-«Beton» ausreichend Kalk beizugeben, und Vitruvs «gute Aussicht» war nicht jedermann beschieden. Auch ist gewiß, daß, wenn immer sich die Gelegenheit bot, auffallend gerne in bessere Unterkünfte umgezogen wurde, um Finsternis, Lärm, Schmutz und dem Mangel an Privatsphäre in den Mietshäusern der Stadt zu entgehen. Tacitus berichtet, daß oft Gebäude beieinander standen, die so hoch wie der kapitolinische Hügel waren[140]. Augustus, dessen Baufreudigkeit ja die Wiederherstellung von 82 Tempeln in der Stadt belegt, zeigte sich ebenso um die Wohnbauten besorgt. Mit strengen Bauvorschriften versuchte er, die Bürgerschaft vor Feuer und einstürzenden Häusern zu schützen. Er zwang sogar die Senatoren zur Lektüre von Rutilius' *De Modo Aedificiorum,* um die Ernsthaftigkeit seiner Absicht zu unterstreichen, die Sicherheit in der Stadt und die Qualität der Bauten zu verbessern[141]. Erstmals in Roms Geschichte kümmerte sich die Regierung um Sicherheit und römische Lebensqualität.

Nur in enttäuschend geringer Zahl gibt es Reste von Roms Mehrfamilienhäusern. Das Wohnhaus am Hang des kapitolinischen Hügels nahe der Treppe zur Kirche Sta. Maria in Aracoeli weist mehrere interessante Einzelheiten auf. Der untere Stock war für Geschäfte bestimmt, deren Besitzer über diesen wohnten; doch hatte die Dachkammer, deutlich anders als beim Ostia-Typus, große Fenster zum Hof des Gebäudes. Gemessen an den heutigen Verhältnissen, waren die drei Stockwerke über den *cenacula* dunkel und feucht; ursprünglich saß an der Fassade ein schmaler Balkon, den eine Reihe von Travertinkonsolen trugen. Er wurde jedoch später zu einer zweistöckigen Arkade umgebaut. Als Belege gibt es außer der *Forma Urbis* (um 200 n. Chr.) noch Reste in der aurelianischen Mauer bei der Porta S. Lorenzo, Teile von Mehrfamilienhäusern in der Kirche SS. Giovanni e Paolo, ein anderes unter der heutigen Galleria Colonna, weitere an der Via Biberatica auf dem Trajansmarkt, an der Via Nova, etc.[142]. Es war üblich, Geschäfte oder ein Gewerbe im Erdgeschoß unterzubringen; mitunter enthielten die Höfe Gärten oder Freiräume, und öffentliche Portiken waren reichlich vorhanden. Die Spärlichkeit der Reste liegt in der fortdauernden Holzbauweise begründet, was bedeutet, daß auch die leichte Brennbarkeit der Mietshäuser bis in die Spätzeit andauerte. Aulus Gellius beobachtete von einem erhöhten Punkt auf dem Esquilin, wie ein ganzer Straßenzug abbrannte, und äußerte sich zu dem hohen Risiko, das Liegenschaftsinvestitionen innewohnt[143]. Herodian spricht von regelmäßig auftretenden Feuern, was darauf schließen läßt, daß Holzkonstruktionen in der *Urbs* noch immer gebräuchlich waren[144].

Letztlich hat man vom Rom der republikanischen wie von dem der Kaiserzeit den Eindruck von einer heterogenen Ansammlung von Gebäuden, die zusammengewürfelt war aus noch verbliebenen *domus*-Wohnsitzen, aus zerfallenden großen Privathäusern, die zu «Pensionen» geworden waren, geflickten und unsicheren Mietshäusern und den neuartigen Backstein- und «Beton»-Hochhäusern, die einladende Portiken und Geschäftslokale im Erdgeschoß hatten. Der Bevölkerungsdruck, die chaotischen Verkehrsverhältnisse, die Bedrohung durch einstürzende Gebäude und die zahllosen Feuer verschlimmerten die miserablen Zustände für die Menschen, die in den Etagenwohnungen lebten. Wenn auch dichterische Freiheit und Übertreibung das von Martial und Juvenal entworfene Bild verzerren, so läßt es doch auf eine freudlose Existenz für die meisten derjenigen schließen, die in den *tabernae* und *pergulae* der unteren hinter Portiken versteckten Stockwerk wohnten, wo sie kein direktes Sonnenlicht und nur ein Mindestmaß an Wohnraum und frischer Luft hatten. Wohl werden die öffentlichen Plätze Gelegenheit und Raum für Ausgelassenheit geboten haben; aber das Einge- 73
schlossensein muß des nachts für die große Mehrzahl der Bürgerschaft ein Albtraum gewesen sein.

Die Hafenstadt Ostia mit ihrer regelmäßigen Stadtanlage und den modernen städtischen Dienstleistungen bringt für das Mehrfamilienhaus die besten Beispiele aus der antiken Welt. In der Zeit von Trajan bis Commodus (98–192 n. Chr.) bietet die Stadt wertvollen Einblick in die Geschichte und Vielfalt dieser Bauform. Baulich bestand zu Trajans Zeit das Äußere aus *opus reticulatum* und *opus latericium* und das retikulate oder Tuffstein-Netzmuster der Oberfläche durchzogen in regelmäßigen Abständen schmale Backsteinstreifen. In Hadrians Regierungszeit (117–138 n. Chr.) wurde der Backsteinanteil ausgeweitet, bis er schließlich die Oberfläche beherrschte. *Opus vittatum,* was alternierende Ziegel- und Tufflagen bedeutet, war zwischen 150 und 450 n. Chr. gebräuchlich[145].

Den meisten Wohnungen in Ostia waren Geschäfte angegliedert, die manchmal hinter einer schützenden Porticus lagen. Des Nachts wurden die Geschäfte mit Hilfe von hohen hölzernen Türläden verschlossen, die in die Türschwelle und den Türsturz aus Travertin eingelassen wurden, doch war vielleicht nachts und während der mittäglichen Ruhepause der Zutritt durch eine in das größere Tor eingesetzte Tür möglich. 74
Andere Türen, zum Beispiel der Haupteingang zum Etagenhaus, hatten normalerweise

zwei hölzerne Türflügel, die sich in Angeln in der Türschwelle und im Türsturz drehten und sich nach innen öffneten. Der ursprünglich nach innen gewandte Charakter der *domus* verschwand mit dem Aufkommen von regelmäßigen Fensterreihen, die es zunächst über dem Mezzanin gab und die sich dann auch über die oberen Stockwerke ausdehnten. Selunit, Glimmer und Glas brachten Licht in die Wohnungen. An weniger wohlhabenden Wohnungen gab es doppelte hölzerne Fensterläden eines Typus, der noch heute in Italien üblich ist. Die Arkade war ein attraktiver Bestandteil der teureren Etagenhäuser und der öffentlichen Gebäude und stammt direkt von den älteren Kolonnaden ab, die in Herculaneum und Pompeji auftreten. Die Betonkonstruktion

73. Ostia. Luftaufnahme der Ausgrabungen von Nordwest. Forum (im Zentrum), Kornspeicher (rechts), Theater und decumanus maximus (links).

74. Ostia. Fassade einer Insula, im Erdgeschoß ein thermopolium. Rekonstruktionszeichnung (Boëthius & Ward-Perkins, fig. 111).

und die Wölbung der Arkade, welche das Hochhaus darüber stützte, war oft zwei Stockwerke hoch und boten den Bewohnern von Erdgeschoß und Mezzanin einen feuersicheren Schutz. Balkone waren ein weiterer anziehender Bestandteil des Lebens im Etagenhaus von Ostia. Dies trifft auch für das Haus bei der Aracoeli-Kirche in Rom, für die *insula* bei der Porta Tiburtina und die Häuser an der römischen Via Biberatica 66
zu. Die Balkone waren offensichtlich nicht dafür gedacht, daß sie die Familie regelmäßig benutzte und waren gelegentlich völlig unbegehbar; ihre geringe Größe läßt vermuten, daß sie nur ein Ornament waren, vergleichbar jenen heutigen «Nachkommen» über den Geschäften an der Via del Tribunale in Neapel. Sie mögen zum Schutz vor Gegenständen gedient haben, die von höher gelegenen Fenstern oder vom Dach fielen. Einige waren aus Holz gebaut, manche ruhten auf Tonnengewölben, wieder andere wurden von Kreuzgratgewölben getragen und gewöhnlich befanden sie sich auf der Höhe des dritten Geschosses[146].

Boëthius hat in Ostia vier Kategorien von *insulae* herausgearbeitet: (I) einen Grundtypus, bestehend aus Reihen von *tabernae* mit darüberliegenden Unterkünften; (II) eine Kombination von zwei zusammengelegten, an der Rückseite aneinander grenzenden Reihen von Geschäften mit Wohnungen (vgl. den Mercato Nuovo in Venedig); (III) eine Kombination beider Grundformen um einen Hof angeordnet; und (IV) Calzas *palazzi di tutti,* eine Weiterentwicklung der Hoftypus-*insulae,* die «drei oder vier 75, 76
Stockwerke hoch, die üblichen Fassaden mit *tabernae* zur Straße hin und Innenhöfe mit 77
Peristylen kombinieren»[147].

Diese standardisierte Typenauswahl ist Wandlungen unterworfen, aber sie findet sich mit fast monotoner Beständigkeit immer wieder. Mit Sicherheit beherrschten *insulae* das Stadtbild von Ostia. Bis heute haben Ausgräber 78 Straßengevierte freigelegt, die 364 Bauten umfassen; von diesen sind 205 offensichtlich Etagenhäuser.

Die *tabernae* gehörten zu den kleinsten verfügbaren Mietobjekten und waren höchstwahrscheinlich Eigentum des Wohnblockbesitzers. Sie wurden von diesem oder von seinem Verwalter zu einem der Lage angemessenen Preis verpachtet. Gelegentlich wurden auch Luxuswohnungen im Erdgeschoß untergebracht, wodurch für die *insula* das Einkommen aus den Geschäften und Werkstätten entfiel.

Mit ihren Nebenräumen boten die Geschäfte im Erdgeschoß durchschnittlich vier Personen Unterkunft; in den oberen Stockwerken der *insulae*, die selten höher als vier Stockwerke waren, gab es vermutlich Zweizimmerwohnungen. Die größten *insulae* in Ostia konnten sicherlich mehr als 100 Mieter aufnehmen; zwei ungewöhnlich große Komplexe, die Häuserblöcke iii und iv (Regio II), müßen jeder 250 bis 300 Personen beherbergt haben.

Wer baute die Etagenhäuser? Wahrscheinlich waren es private Unternehmer, die über genügend Kapital verfügten, um Baumaterial von den Backsteinfabriken des 2. Jh. v. Chr. zu kaufen und um zahlreiche erfahrene Schreiner, Handwerker und «Beton»-Ingenieure, die ein solches Projekt erforderte, anzustellen. Die neue Bevölkerungsdichte, eine Folge von Trajans Hafenanlagen (100–106 n. Chr.), machten zusätzliche größere Bauten nötig. Es hatte sich damals schon erwiesen, daß das Etagenhaus eine wirtschaftlichere Konstruktion als das Privathaus war, weshalb Bauunternehmer bei steigenden Landpreisen und steigendem Lebensstandard versuchten, eine immer größere Anzahl von zahlenden Mietern, auch der wohlhabenden Mittelklasse, auf relativ kleinem Raum unterzubringen. Die Stadtväter förderten offensichtlich die neuartigen Hochhausbauten; zwischen den Getreidespeichern von Roms vorrangigem Hafen wirkten ihr gedrängt-blockhaftes Aussehen und ihre Feuerfestigkeit ausnehmend attraktiv. Die beschränkten Verkehrsmöglichkeiten innerhalb der Stadt sprachen ebenfalls für Mietshausunterkünfte nahe dem Zentrum und in der Nähe der Hauptgeschäftsstraßen der Stadt.

Zu keiner Zeit war Ostia eine suburbane Stadt oder Schlafstadt für Rom, wozu es in neuester Zeit geworden ist. Im Gegenteil muß man aus dem Fehlen großer Wohnsitze nach dem 1. Jh. v. Chr. schließen, daß reiche Händler und finanzkräftige Kaufleute bevorzugt in Rom oder in den Villen an der Küste von Latium wohnten und die Führung ihrer Geschäfte vertrauenswürdigen Freigelassenen überließen. Selbst in den Wohnungen für höchste Ansprüche waren die Dekorationen und Vorrichtungen bescheiden. Geschäftsleute, Handwerker, Dienstpersonal, Hafenarbeiter und ihresgleichen waren die arbeitende Bürgerschaft von Ostia. Viele von ihnen waren Einwanderer aus Nordafrika und dem griechischen Osten und wenn nicht selbst Sklaven, waren sie doch zumeist solcher Herkunft.

In den Wohnungen war es um Annehmlichkeiten und Versorgung schlecht bestellt. Die Mehrzahl der Bevölkerung lebte, so wird man annehmen müssen, in zwei Räumen ohne eigentliche Küche oder Latrinen. Abflußrohre am obersten Stockwerk reduzierten die Gefahr, daß von den Dächern Wasser durchsickerte, und gelegentlich nahmen sie auch Abwässer von den höher gelegenen Wohnungen auf. Wie in Rom war das Kochen niemals bequem und konnte nicht viel Abwechslung bieten. Die Mieter müssen ihre tägliche Mahlzeiten auf tragbaren Öfen oder Kohlebecken zubereitet haben,

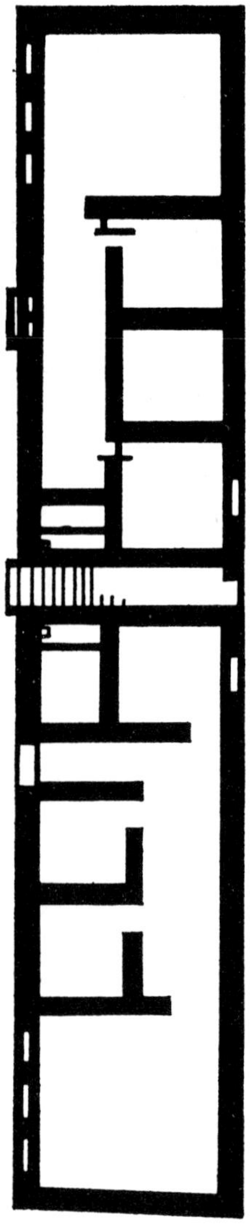

75. Ostia. Häuser vom Casette-Typus. Grundriß, ca. 117–138 n. Chr. (Meiggs, fig. 12).

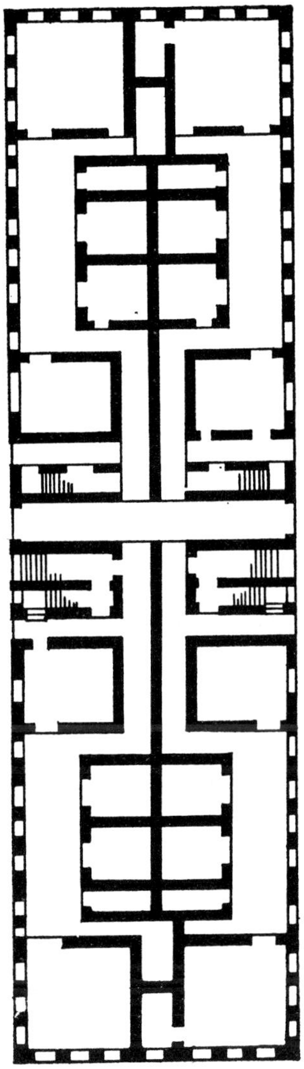

76. Ostia. Garten-Haus, ca. 117–138 n. Chr. Grundriß (Meiggs, fig. 11).

die im Winter auch gleichzeitig ein wenig heizten. Klebergs Studie über Hotels, Restaurants und Kleinkunstbühnen in römischer Zeit enthält einige lehrreiche Statistiken über die Zahl solcher besonders dem pompejanischen Haus- und Etagenbewohner zur Verfügung stehender Einrichtungen. Dort hat er 20 Hotels *(hospitia, stabula)* und 118 Restaurants mit Ausschank entdeckt, die, wie zu erwarten ist, bei den Stadttoren konzentriert waren oder an öffentliche Gebäude wie Bäder, Gladiatorenkasernen, Theater und Ähnliches mehr angrenzten[148]. In den bis jetzt ausgegrabenen Gebieten scheint Ostias polyglotte Arbeiterbevölkerung merkwürdigerweise selbst nach dem Wiederaufbau im 2. Jh. n. Chr. nur zwei Hotels und 14 Tavernen eine Existenz ermöglicht zu haben. Diese geringe Anzahl überrascht in einer Hafenstadt, deren Bevölkerung wohl 20000 Seelen überstieg. Mehrere Erklärungen wurden für diese rätselhaft kleine Zahl vorgebracht. Tavernen waren der Regierung in der Kaiserzeit verdächtig, was für Rom selbst erwiesen ist; man hielt sie für Brutstätten von Unzufriedenheit und politischer Unrast und für Versammlungslokale illegaler Gesellschaften. Dieser Umstand, zusammen mit dem kaiserlichen Erlaß gegen den Verkauf von gekochtem Essen und heißem Wasser deutet darauf hin, daß in der Kaiserzeit die Tavernen Gegenstand sozialer und politischer Umtriebe waren. Aufgrund des Berichtes von Petronius über das Wirtshaus des Marcus Mannicius und der lebensnahen, oft obszönen Graffiti auf den Wänden der *tabernae* in Pompeji und an anderen Orten, wird man sie wohl eher als Bordelle *(lupanaria)* bezeichnen müssen, die sich hinter einem Wirtshausschild verbargen[149]. Auch die Vorsichtsmaßnahmen der kaiserzeitlichen Bauvorschriften sind zu bedenken. Sie erlaubten *insulae*-Bewohnern, eigene Küchenvorrichtungen zu haben, selbst wenn sie von kaiserlichen oder privaten Lebensmittelspenden lebten. Außerdem boten Ostias Zunfthäuser, der «Caseggiato dei Triclini» (I, 12, 1), d. h. die Versammlungsstätte der *fabri tignarii* (Vereinigung der Schreiner, die 198 n. Chr. 350 Mitglieder zählte), der «Tempio dei Fabri navales» (III, 2, 2), der «Tempio und die Aula dei Mensores» (I, 19, 2–3) und die ebenso eindrucksvolle wie elegante «Schola

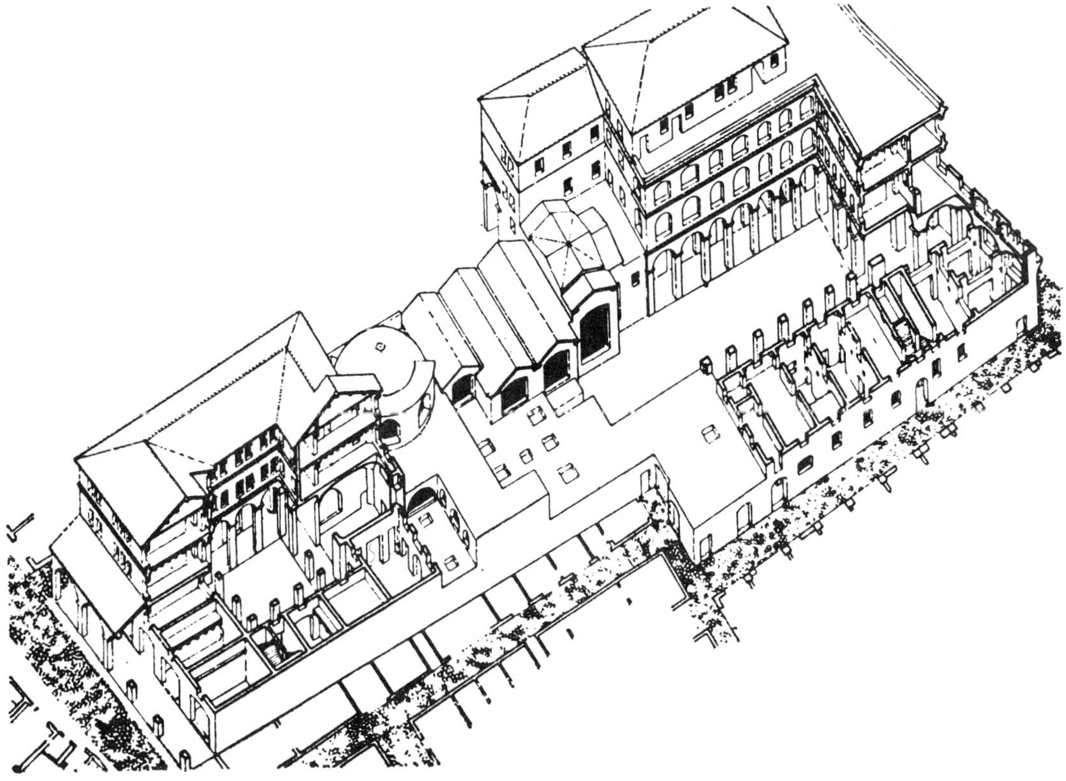

77. Ostia. Insulae. Schnittzeichnung und Rekonstruktion (F. E. Brown, fig. 80).

di Traiano» (IV, 5, 15) als Gegenstücke zu modernen Klubhäusern Platz für große Bankette, Totenwachen und enthielten weitere nur für Männer bestimmte Lokalitäten, wo diese häusliche Kost und Unterhaltung ergänzen konnten. Nicht zu vergessen ist, daß die Ausgräber in Ostia vielleicht noch Varianten oder Alternativlösungen für die Taverne und das Restaurant finden werden.

Mit Ausnahme der «Domus dei Dioscuri» (III, ix, 1) waren in Ostia eigene Bäder im Privathaus und Wohnblock selten, da Wasser nicht über das Erdgeschoß hinaus befördert werden konnte. Aber der Stadtbewohner und seine Familie litten keinen Mangel an öffentlichen Bädern; kaum jemand war mehr als fünf Minuten von einem solchen entfernt. Drei waren eindrucksvolle Bauwerke, Stiftungen der Verwaltung – die «Terme di Nettuno», die «Terme del Foro» und die «Terme di Porta Marina». Von den vierzehn bis jetzt entdeckten Bädern waren diese sicherlich die prächtigsten; die übrigen, sogenannte *balnearia,* waren oft einer Palästra angeschlossen[150].

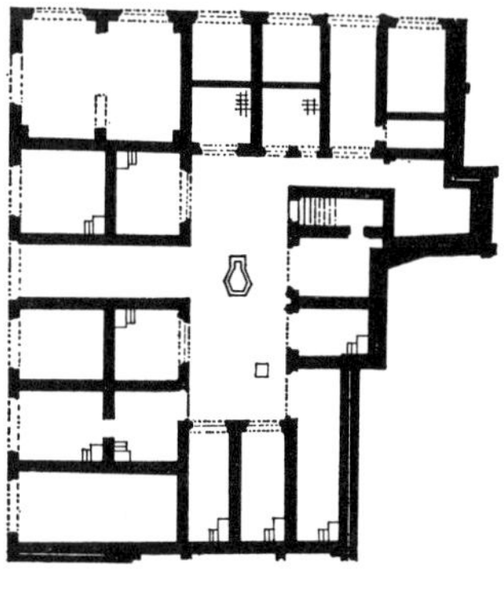

78. Ostia. «Caseggiato del Lario». Grundriß (Meiggs, fig. 21).

Die Innendekoration der *insulae* war normalerweise recht bescheiden. Die meisten Mosaiken und Malereien in den Etagenhäusern scheinen das Werk reisender Künstler oder Amateure zu sein, die für geringes Entgelt arbeiteten. Mosaike, Marmorverkleidung, gute Wandmalereien und dergleichen finden sich in den Mietshäusern nicht, sie tauchen jedoch mitunter in den hübschen Läden auf. Korridoren im Erdgeschoß und Eingängen gab man manchmal einen Mosaikboden, während die oberen Gänge mit Backsteinen mit Fischgerätenmuster *(opus spicatum),* die in Beton eingebettet waren, oder Ziegelplatten *(bipedales)* gepflastert waren. Die Wände gewöhnlich einfach weiß verputzt, waren ebenso schlicht gehalten wie die Fußböden und der übrige Dekor. Über das Aussehen und die Bedingungen in den obersten Wohnungen läßt sich nur wenig sagen, da keine überlebt hat, aber wir können wohl annehmen, daß normalerweise mit steigender Stockwerkzahl die Lebensbedingungen an Attraktivität einbüßten. Mit Sicherheit hatte keine der Wohnungen in Ostia, auch nicht die luxuriöseste, Vorrichtungen zum Heizen. Die hervorstechendsten und typischsten Eigenschaften der Etagenhäuser in Ostia waren die im allgemeinen unverputzt belassen, mit Backstein verblendete Fassade, die Gewölbestrukturen innen und außen, die Portiken und Balkone, die reichlich vorhandenen Fenster und sehr häufig vorkommende Innenhöfe, durch die Licht und Luft einströmten.

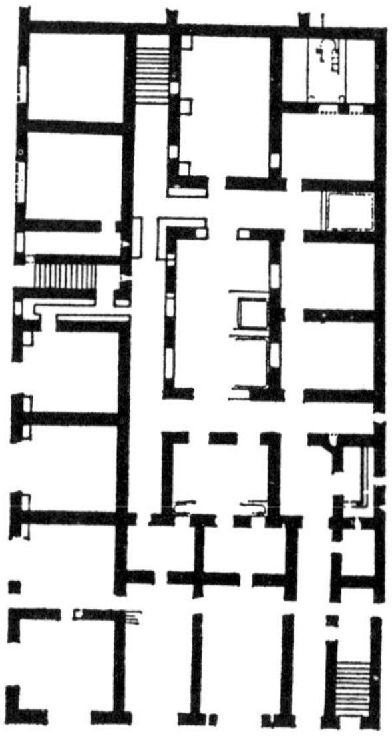

79. Ostia. «Caseggiato di Diana». Grundriß des Erdgeschosses (Meiggs, fig. 9).

An einigen Beispielen sollen die Charakteristiken der verschiedenen Mietshaustypen im
78 kaiserzeitlichen Ostia dargestellt werden. Viele der Etagenhäuser des 2. Jh. n. Chr. bevorzugten den Hoftypus, dessen zentraler Innenhof den inneren Räumen des Etagenhauses Licht und Belüftung verschaffen sollte. Der «Caseggiato del Lario» (I, ix, 3) ist ein ziemlich typisches Beispiel für diese Form, obgleich hier, im Gegensatz zum normalen Brauch, eine doppelte Reihe von Geschäftslokalen den Hof umgibt. Dieses Etagenhaus auf einem 23,80 m × 23,80 m großen Grundstück hatte zwei Eingänge; einen von der Nordostecke des *decumanus* und einen von der «Via della Casa del Lario» her. Beide führten in den offenen Hof (15,50 m × 5,80 m) mit einem in der Mitte gelegenen Brunnen und der Ansammlung von Geschäften. Eine Treppe führte vom Hof zu den oberen Stockwerken, deren es vielleicht vier gab. Fenster über den Geschäftszugängen sorgten für Licht in den Mezzaninwohnungen. Je nach ihrer Größe und Form waren die Decken entweder tonnen- oder kreuzgewölbt. Die oberen Räume waren über Treppen im Geschäftsinnern zugänglich. Aus den in die Wände eingebauten Tonröhren geht hervor, daß das Dach flach war und wahrscheinlich den Bewohnern als Terrasse diente. Innere, den Hof überschauende Balkone dienten vielleicht als

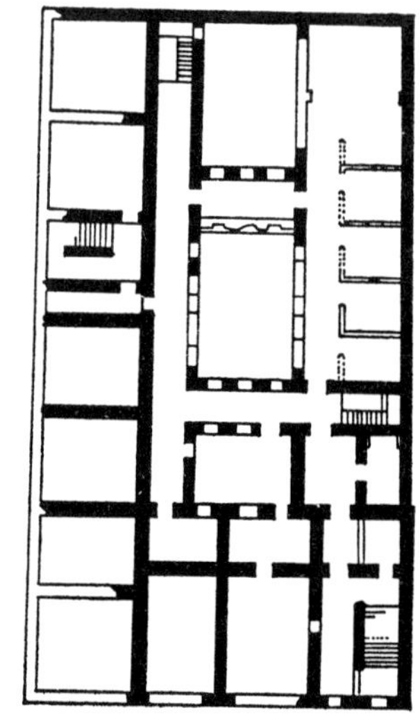

80. Ostia. «Caseggiato di Diana». Grundriß des piano nobile (Meiggs, fig. 9).

81. Ostia. «Casa dei Dipinti». Garten-Hof. Rekonstruktionszeichnung von I. Gismondi.

Zugang zu den oberen Stockwerken, aber es gab diese Holzbalkone nur an zwei Hofseiten[151].

Dem «Caseggiato di Diana» (Regio I, iii, 3) ähneln *insulae* auf der severischen *Forma* 79, 80
Urbis[152]. Das Erdgeschoß, das großzügig mit Malereien und Mosaiken verziert ist, ver- 82, 83
fügte über zahlreiche Geschäfte, welche später umgebaut, ein Mithraeum und einen Verkaufsstand aufnahmen. Der erste Stock hatte einen großartigen Balkon und erstrangige Wandmalereien (pompejanisch III); dieses Stockwerk enthielt nur zwei Wohnungen, deren eine von der Straße aus zugänglich war, während man die andere über eine Holztreppe vom Innern her erreichte. Die Massigkeit der Erdgeschoßwände läßt darauf schließen, daß drei zusätzliche Stockwerke den Bau vervollständigten. Der Brunnen im mittleren Hof wurde aus dem öffentlichen Aquädukt gespeist und stand jeglicher Art der Benutzung zur Verfügung, einschließlich für das Waschen und Kochen.

Die «Casa dei Dipinti» (I, iv, 4) gegenüber dem «Caseggiato di Diana» ist eines der 81–84
bekanntesten Etagenhäuser der Stadt[153]. Wieder von der Art des Typus mit Garten-Hof, stand es in einem wunderschönen Garten, der mit Bäumen, Büschen, Marmorbecken, Bänken und Statuen angefüllt sich an Eleganz mit jedem Haus in Pompeji oder Herculaneum messen konnte. Dieses luxuriöse Etagenhaus enthält drei Zwölfzimmerwohnungen, von denen jeweils sieben Zimmer im Erdgeschoß und je fünf im ersten Stock lagen. Wohn- und Eßzimmer waren doppelt so hoch wie üblicherweise (also ungefähr 6 m hoch), die Schlafzimmer hatten annähernd 3,00 m hohe Decken. In vielerlei Hinsicht entspricht dieses Haus den Luxuswohnungen im hocheleganten Parioli-Viertel des modernen Rom.

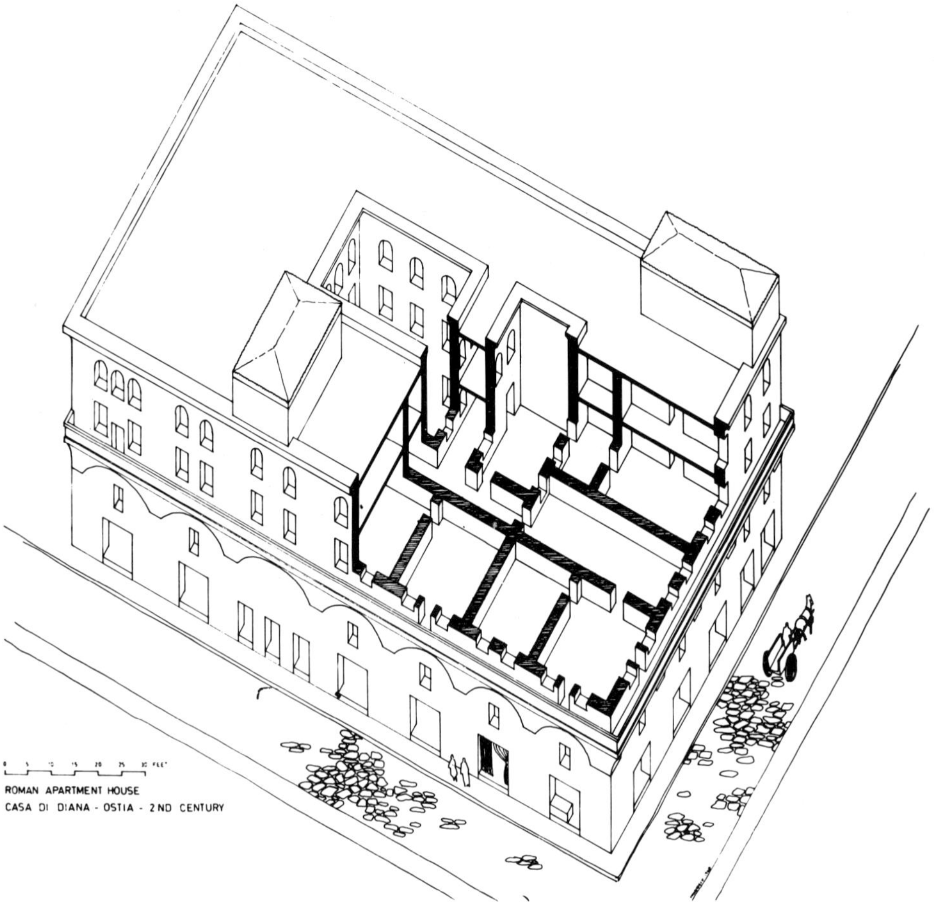

82 (oben). Ostia. «Caseggiato di Diana». Axonometrischer Plan.
83 (unten). Ostia. «Caseggiato di Diana». Südfassade entlang der Via di Diana.

Die «Casa delle Volte dipinte» (III, v, 1) wird um 120 n. Chr. datiert. Das Erdgeschoß, das einmal die Wohnung eines reichen Mannes war, enthält sehr gute Wandmalereien und Mosaiken und beherbergt außerdem eine Küche und eine Latrine. Die Entwicklung verlief hier wie bei den *insulae* von Pompeji und Herculaneum, jedoch viel großartiger. Ein anfänglich privater Wohnsitz wurde nach und nach für eine reiche Mieterschaft unterteilt. Der von der Straße über eine Treppe erreichbare erste Stock scheint dasselbe Schicksal wie der Wohnsitz im Erdgeschoß erfahren zu haben; wahrscheinlich ergänzte ein drittes Stockwerk den Bau. 84, 85

Im Gegensatz zu Rom, Pompeji oder Herculaneum war Ostia eine vorbildliche Stadt, deren Bebauungsplan der Verstopfung, der Bedrohung durch Feuer und einstürzende Häuser eine Ende setzen sollte. Ihre glücklichen Bewohner hatten den Vorteil, daß sie vom kaiserlichen Interesse am Ingenieur- und Bauwesen profitieren konnten. Zweifellos blieben weite Teile der wuchernden Masse Roms Elendsviertel, Opfer von Überfüllung und Klaustrophobie, die lärmige wirre Straßen umgaben, auf allen Seiten vom Krach der Gewerbe bedrängt wurden, und nahezu jedes Viertel hatte seine «*botteghe oscure*». Aber doch hatte der Römer in seinen beengten Wohnverhältnissen ausreichend grüne Umgebung in den zahlreichen Parks, Gärten und auf den wohlgeformten, eher öffentlichen Plätzen, die für die Ewige Stadt noch immer charakteristisch sind. Nero demonstrierte, wie schon vor ihm Augustus, daß der Regierung Verantwortung für die Qualität der Umwelt zukommt; beide setzten mit einzigartigem, wenn auch begrenztem Erfolg Planer und Konstrukteure ein.

Anders als Rom, dessen Bevölkerung ihren Höhepunkt bei ungefähr 700 000 erreichte,

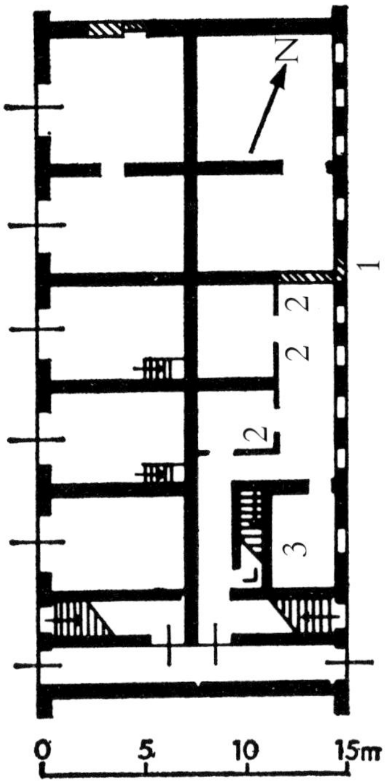

84 (oben). Ostia. «Casa delle Volte dipinte». Grundriß (Meiggs, fig. 13). 1: Ursprünglicher Eingang von der Straße her, geschlossen als die Wohnung verkleinert wurde; 2: Blendmauern, nicht mehr sichtbar; 3: Malereien.

85 (rechts). Ostia. «Casa delle Volte dipinte». Rekonstruktion.

zählte Ostia niemals mehr als 20000 Seelen und hat eine Art des Wohnens entwickelt, die, denkt man an die *Forma Urbis Romae*, für Rom nie typisch war[155]. Ostia war fast ausschließlich Handelsstadt mit wenig Sinn für Kultur und Kunst. Das totale Durcheinander, die Häßlichkeit und den Schmutz des kaiserlichen Rom gab es nicht, dafür
87 aber Durchschnittlichkeit in einer Stadtlandschaft, wo man die Vielfalt den Kompro-
88 missen und statistischen Normen, weder zu konservativen, noch zu fortschrittlichen Äußerlichkeiten opferte. Damit verwirkte die Stadt die Ausstrahlung und die Kultur Roms und der italischen Städte. Eine Sturzflut von Rassen war über Rom hereingebrochen – Juvenal bemerkte dazu bitter, «der Orontes ist in den Tiber geflossen» – aber die Mischung war herzhaft, im Prinzip einfühlsam und produktiv[156]. Die modernzweckmäßige Planung und Gestaltung Ostias widerspiegelt kaiserliche Vorsorge mit dem Ziel, Roms Getreideversorgung und Schiffahrt sicherzustellen, doch die Ähnlichkeit zwischen den Speichern *(horrea)* und den *insulae* in Ostia stimmt eher negativ. In den Lagerhäusern wurden Getreide und andere verderbliche Güter gelagert; zur Glanzzeit des römischen Reichs wurden dort jährlich beinahe 10500 Sack Getreide umgeschlagen. Die Treidelpfade an den Ufern des Tibers verschafften den Treidlern die Möglichkeit, sich einen Dreitagelohn zu verdienen, wenn sie die Kähne nach Rom schleppten[157]. Als kleine Stadt und Marktzentrum fand Ostia erst spät zu einer hochentwickelten Hausarchitektur. Fünf Jahrhunderte hatte sie mit einer auf städtebauliche Verbesserung ausgerichteten, wie uns heute scheint, stereotypen Architektur verbracht, die leistungsfähig, systematisch, gleichmacherisch und im Grunde herzlos war. Gertrude Steins Dictum über suburbane Städte hatte damals genauso Gültigkeit wie heute: «Außer dem Nichts gibt es dort nichts».

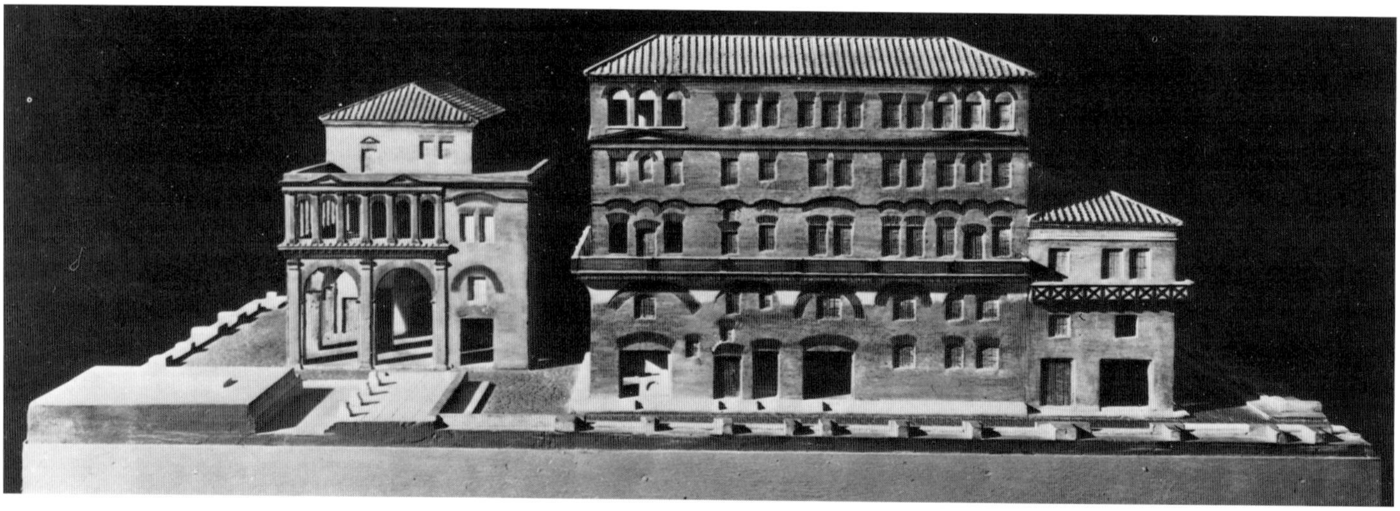

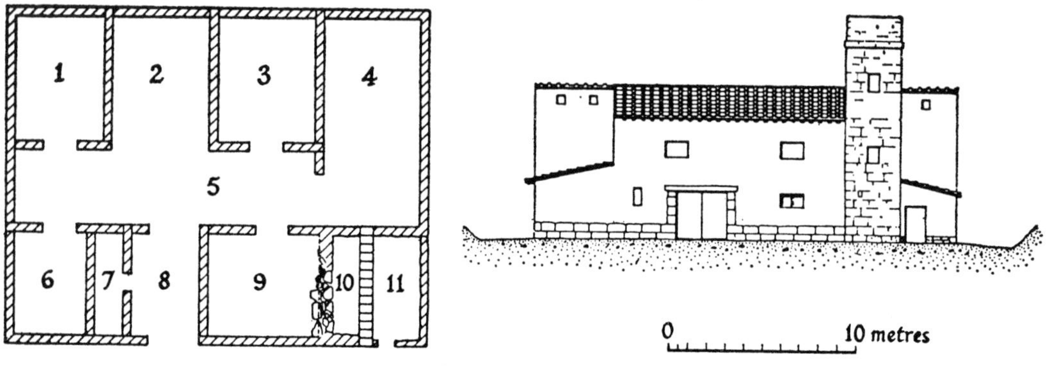

86. Ostia. Insulae. Rekonstruktions-Modell.
87. San Giovenale. Villa Sambuco. Grundriß und Rekonstruktionszeichnung. (K.D. White, fig. 4). 1–4: Lagerräume; 5: Korridor; 6: Stall; 7: Treppenhaus; 8: Eingang; 9: Sklavenunterkünfte; 10: Turm; 11: Geräteschuppen.

Italien: Villae rusticae, suburbanae und maritimae

«Römische Villen vereinigten in sich Naturverbundenheit und altitalische landwirtschaftliche Traditionen mit dem verspielten Luxus und der Eleganz hellenistischer Palastarchitektur und Lustgärten (paradeisoi)».

Axel Boëthius

«Oft geht jener hinaus aus den Pforten der räumigen Wohnung
wenn entleidet ihm ist, zu Hause zu bleiben; doch gleich darauf
kehrt er zurück, denn er fühlet, es sei nicht besser da draußen;
jagt in gestrecktem Galopp mit den Rößlein fort auf das Landgut,
gleich als gält's, sein Haus aus den Flammen noch retten zu helfen;
doch gleich gähnet er wieder, wenn kaum er die Schwelle berührt hat,
oder versinket in Schlaf und sucht sein selbst zu vergessen,
oder er eilet zurück nach der Stadt, sich dort zu vergnügen.»

(Lucretius, De Rerum Natura III)

Nach römischer Definition gibt es, je nach der Lage des Bauwerkes mehrere Villentypen: *Villae rusticae, suburbanae, pseudo-urbanae* oder *maritimae*. Den ersten Typ, das Bau- 92
ernhaus auf dem Land, gab es in vielen Formen, die von den frühesten, runden, strohgedeckten «capanne» der Hirten bis zu den befestigten Landsitzen der letzten Jahre des Kaiserreiches reichen. Von Cato (234–149 v. Chr.), Varro (116–17 v. Chr.) und Vitruv wird die landwirtschaftliche Funktion und die Struktur der *villa rustica* sehr genau beschrieben[158]. Die rustikale Einfachheit und die schlaue Sparsamkeit der alten Römer war den Rednern als bildhaftes Ausdrucksmittel beliebt und diente den Dichtern für ihre liebevollen Betrachtungen[159]. Überbevölkerung und sinnlose Lustbarkeiten in der Hauptstadt, die kulturelle Treibhausatmosphäre und die hohen Ansprüche des kaiserlichen Hofes mußten bäuerliche Lebensart, körperliche Ertüchtigung, ungestörten Schlaf und behagliche Abgeschiedenheit inmitten einer reizvollen Umgebung unendlich wünschenswert erscheinen lassen. Wenige fanden die idyllischen Wunder, die Muße und einfache Ruhe eines abgelegenen Landsitzes; aber viele versuchten unter großen finanziellen Aufwendungen, die positiven Werte und Annehmlichkeiten des städtischen Lebens auf ihre Landgüter und Landhäuser zu übertragen[160].

Die Anleitung, die Cato der Ältere zum Bau eines Bauernhauses gibt, ist die Antwort auf den steigenden Wohlstand und die Ansprüche des 2. Jh. v. Chr. Damals suchte die große Ländereien *(praedia)* besitzende Aristokratie ihre Gewinne durch die Ansiedlung neuer Mieter und Pächter zu steigern:

«Wenn man einen Auftrag für ein neues Bauernhaus vergibt, muß der Baumeister wie angeordnet alle Mauern aus Kalkzement machen, die Pfeiler aus behauenem Stein, alle Balken, die nötig sein werden, Türschwellen, Türpfosten, Tragbalken, Stützen, Kuhställe für Winter und Sommer (in der faliskischen Art), einen Stall für Pferde, Räume für die Sklaven, drei Lagerräume für Fleischprodukte, einen runden Tisch, zwei Bronzebehälter, zehn Schweineställe, eine Feuerstelle, eine große Tür und eine kleinere, über die der Herr befinden mag, Fenster, zehn Fensterläden mit Gitterwerk, zwei Fuß hoch für die größeren Fenster, sechs Lichtöffnungen, drei Bänke, fünf Stühle, zwei Webstühle zum Weben der Toga, zwei kleinere Handmühlen zum Weizenmahlen, einen Waschtrog, den Außenschmuck und zwei Olivenpressen... Bei einem Bauernhaus aus Stein und Kalk sollen die Fundamente einen Fuß aus der Erde herausragen, und der Rest der Wände soll aus luftgetrockneten Ziegeln sein; man setzte die nötigen Stürze und Verzierungen»[161].

Die Fundamente bestehen aus «Beton» oder Mauerwerk, die Wände aus «Beton» oder luftgetrockneten Lehmziegeln, was bedeutet, daß das *opus caementicium* zur gleichen Zeit in die Bauernhausarchitektur eingedrungen war, in der es die Stadthäuser und *insulae* (Mietskasernen) veränderte.

In der Umgebung Roms und der großen Städte von Latium und Etrurien müssen seit frühesten Zeiten Bauernhäuser in großer Zahl vorhanden gewesen sein; die Erschließung des Mezzogiorno veranlaßte gewiß viele Senatoren, auch im produktiven Süden in Landbesitz zu investieren und Landsitze zu bauen. P. Cornelius Scipio Africanus Maior, der Bezwinger Hannibals, erwarb einen Landsitz an der Küste bei Liternum; C. Laelius, sein Philosophenfreund, unterhielt eine Villa in Puteoli; M. Aemilius Lepidus bewirtschaftete 179 v. Chr. einen Bauernhof in Terracina; L. Aemilius Paullus hatte um 160 v. Chr. Grundbesitz in Velia südlich von Paestum; M. Porcius Cato besaß Bauernhöfe in Casinum und Venafrum, M. Terentius Varro in Casinum, Reate und Cumae (am Lucrinersee). Dies sind nur einige ausgewählte Landbesitzer von Rang in den letzten Jahrhunderten der Republik[162]. Bevölkerungszuwachs und die verschiedensten Zwänge, die auf der städtischen Bevölkerung lasteten, waren für viele Anlaß, Geld in weniger teurem Landbesitz anzulegen, der, sachgemäß und aufgeklärte Führung vorausgesetzt, einen guten Gewinn versprach. Der Bedarf der Armee besonders während der Punischen Kriege und die militärischen Unternehmungen im hellenistischen Osten waren beispiellos. Darauf müssen die italischen Bauern mit vermehrter Produktion an Weizen, Gerste, Pferden, Maultieren, Wolle und Leder reagiert haben. Der Anstieg der Bevölkerung in der Nachkriegszeit sowie der Zustrom von Beute und Tributen aus dem Ausland erhöhten die Nachfrage nach Olivenöl, Wein und Nahrungsmitteln, so daß in ganz Italien in den letzten Jahrhunderten der Republik mit tausenden von Bauernhöfen und Zuchtbetrieben gerechnet werden muß. Die Grundlage der privilegierten Klasse in Rom, insbesondere der Senatoren, war Einkommen aus Grundstücksinvestitionen: Senatoren mußten praktisch Grundherren sein. Ritter, die zwar in der Hauptsache mit der Geschäftswelt und mit dem Handel zu tun hatten, waren Landinvestitionen auch nicht abgeneigt. Selbst das rudimentärste Verzeichnis von lokalen Honorationen, Männern mit Besitz in ihrer Heimat, würde Leute wie Roscius von Ameria (Umbrien) einschließen, der 13 Bauernhöfe im Wert von sechs Millionen Sesterzen besaß; sowie Cluentius und Oppianicus, zwei Herren aus Larinum (Samnium), die reiche Landgüter und Viehzuchtbetriebe führten; und weiter Cicero und Marius, beide aus Arpinum (Latium), die zumindest einen Teil ihrer sozialen Stellung ihren ergiebigen landwirtschaftlichen Besitzungen verdankten[163]. Kapitalistische Landwirtschaft, den hellenistischen Königen und zweifellos schon vor diesen den Etruskern abgeschaut, war dem ehrgeizigen Politiker dienlich.

Die Kategorien für landwirtschaftlichen Besitz waren, wie heute, umfänglich und verschiedenartig. Varro, der seine Prosaabhandlung für Spekulanten des 2. Jh. v. Chr. und für Besitzer von angestammten Landsitzen abfaßte, empfiehlt den Erwerb von Wiesen und Weideland zum Unterhalt von Pferden, Rindvieh, Schafen, Ziegen, Eseln und Maultieren. Aber für Weideland eignete sich ebensogut das hügelige Gelände der zentralen Apenninen. Varros Villa im sabinischen Reate war Hauptsitz eines Zuchtgestütes[164]. Andere investierten in Wild- und Fischgehegen oder in Vogelhäusern, in denen Geflügel und eßbare Vögel gezüchtet wurden; manche nahmen Imkereien, Töpfereien und ähnliche «industrielle» Betriebe in ihre Güter auf[165]. Virgils gleichermaßen nostalgischer wie nachdenklicher Bericht über die Tätigkeit der Landbesitzer in der Po-Ebene bei Mantua und in der Campania Felix nahe Neapel läßt unerwähnt, daß neben freier Arbeit auch Sklavenarbeit nötig war, ein Umstand, den weder Cato noch Varro auslassen[166].

Bis vor kurzem waren wir auf literarische Berichte und oft zufällige Beschreibungen angewiesen, um uns ein Bild von der *villa rustica* in republikanischer Zeit zu machen. So enthält beispielsweise Senecas Bericht über Scipios Villa in Liternum interessante Hinweise bezüglich der Lebensweise auf einem Landsitz an der campanischen Küste und auf seine Architektur:

«[Die Villa] ist aus behauenen Steinen gebaut; eine Mauer umschließt einen Hain; es gibt Türmchen mit Stützpfeilern zu beiden Seiten zum Schutz des Hauses; es gibt ein Reservoir, versteckt hinter Gebäuden und Gebüsch, das groß genug ist, den Wasserbedarf eines ganzen Bataillons zu befriedigen, und ein enges Badehaus, völlig ohne Beleuchtung, von der altmodischen Art... Es gibt darin keine Fenster, nur in das Mauerwerk geschnittene Schlitze, um Licht einzulassen doch ohne den Bau zu schwächen... Welche Antwort wird man hierauf hören? ‹Ich beneide Scipio gewiß nicht; ein Mann, der solche Badegewohnheiten hatte, lebte wirklich im Exil.› Nun, dazu muß man wissen, daß er nicht jeden Tag badete. Schriftsteller, welche die Verhaltensweise unserer Vorfahren festgehalten haben, teilen uns mit, daß diese ihre Arme und Beine täglich wuschen, weil sie sie bei der Arbeit beschmutzten, aber gänzlich wuschen sich unsere Vorfahren nur einmal in der Woche»[167].

Enttäuscht über die undankbaren Römer, zog es der alte General vor, gänzlich zurückgezogen zu leben. Er widmete sich ausschließlich seinem Landsitz, auf dem er gemeinsam mit seinen Sklaven die Felder bearbeitete. Der befestigte Charakter des Anwesens deutet darauf hin, daß es um 200 v. Chr. gebaut wurde, bevor Liternum als römische Kolonie (194 v. Chr.) seine Rolle bei der Verteidigung der Küste übernahm, d. h. für Ordnung in der Gegend sorgte und die Siedler vor Piraten schützte[168].

Ausgrabungen haben keine Spur von Scipios rustikalem Haus im sumpfigen Liternum ergeben, aber andernorts wurden bedeutende republikanische Bauernhäuser ausgegraben. Die Villa Sambuco bei Giovenale (Etrurien) nordwestlich von Veii hat aus Tuff- 87, 88
quadern bestehende Fundamente, Fachwerkwände aus Holzbalken und luftgetrockneten Lehmziegeln und ein Ziegeldach[169]. Die Böden bestehen aus gestampftem Lehm, in den Tuffsteinbrocken eingestreut sind. Ihr Grundriß aus dem späten 2. Jh. v. Chr. entspricht zumindest teilweise der Anleitung Catos. Es gibt vier große Lagerräume an der Nordseite, an der Südwestseite einen Stall und östlich des Südeinganges einen großen Raum zur Unterbringung der Sklaven oder des Verwalters der Villa. Das Gelände sowie die Bereitstellung von Lagerräumen lassen vermuten, daß das Hauptprodukt Oliven und Trauben waren, möglicherweise auch Getreide. Das Anwesen war eindeutig keine Residenz, sondern ein einfacher Bau, der entworfen worden war, um einen guten Ertrag für absatzfähige Erzeugnisse einzubringen. Der beschränkte Wohnraum, das Fehlen von Atrium, Peristyl oder Innenhof sowie der Mangel an üblichen häuslichen Annehmlichkeiten deuten darauf hin, daß es sich um einen Nutzbau von einer Art handelt, wie er ohne Zweifel in Italien gebräuchlich war.

Zwei weitere *villae rusticae* sind in Francolise bei Capua (Campanien) entdeckt worden[170]. Die sogenannte Posto-Villa stand in einer Gegend mit Olivenhainen und angrenzenden Tuffsteinbrüchen. Auf einer Plattform aus *opus quadratum* und mit aus denselben bläulichgrauen Tuffsteinen errichteten Umfassungsmauer wurde in der ersten Phase (um 120–80 v. Chr.) über einem einfachen Grundriß ein Bau mit zentral gelegenem Hof, mit Portiken oder Vordächern an drei Seiten sowie Wohnräumen im Norden errichtet. Der Hofbrunnen wurde aus Zisternen gespiesen, die in den anstehenden Tuff gehauen waren. Zwei Räume mit Tuffsteinfundamenten befinden sich an der Südostecke wahrscheinlich sind es Unterkünfte für hier ansässige Arbeitskräfte. Zweifellos waren in den Portiken Erntegut, Fahrzeuge und landwirtschaftliches Gerät untergebracht, vielleicht sogar Ställe, die oft in den häuslichen Bereich einbezogen waren. Zu Phase II (voraugusteisch) gehören ein neuer, nördlicher Wohnflügel mit ungefähr neun Zimmern, die Erweiterung des Wasservorrates durch Ausgraben von drei großen, gewölbten Zisternen im Norden des Wohnbereichs und neben dem Eingang ein zweistöckiger Turm. Phase III (vorflavisch), in der an der Nordwestecke des Hauptflügels eine drei Räume umfassende Badeanlage mit *praefurnium* und hinreichendem Abfluß erstellt wurde, hatte bedeutende Umbauten zur Folge. Um den Hofraum zu erweitern, wurde die Plattform vergrößert und an der Nordostecke wurden zwei neue Wannen zur Ölabscheidung sowie eine Ölpresse installiert. In ihrer frühesten Bauphase folgt diese Villa relativ genau den Anleitungen Catos. Auch die
89, 90 zweite *villa rustica* in Francolise, die Villa San Rocco, hatte drei Bauphasen, deren erste (75–50 v. Chr.) ein terrassenförmiges Bauernhaus des Atriumtypus war, das über einen

88. Relief mit der Darstellung einer Stadt und Landhäusern. Gefunden im Lago Fucino in der Nähe von Alba Fucens. Museo Torlonia, Avezzano.

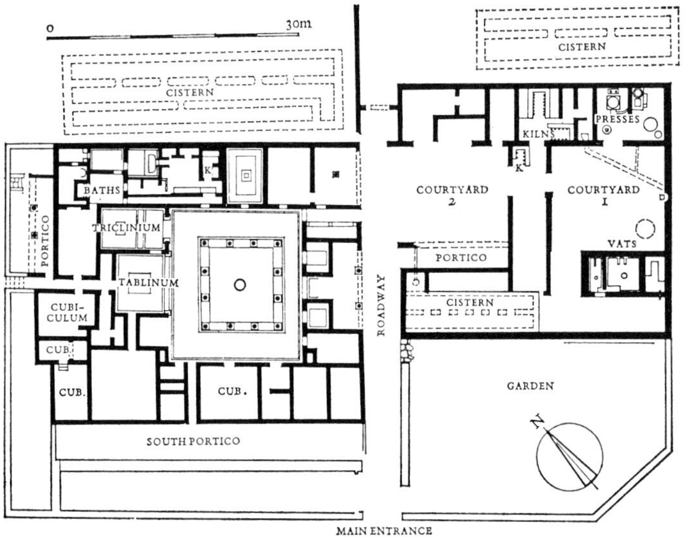

89. Francolise. Villa San Rocco. Grundriß, II. Phase (Boëthius & Ward-Perkins, fig. 124).
90. Francolise. Villa San Rocco, III. Phase.

Arbeitsbereich auf der südlich gelegenen, unteren Terrasse verfügte. Phase II (50–25 v. Chr.) ist durch Vergrößerung und Umgestaltung des ursprünglichen Baues gekennzeichnet, der nun ein zentrales Peristyl und nach Norden hin eine neue Terrasse erhielt, die sich auf einer höheren Ebene als die Villa-Plattform entlang dem ganzen neuen Bauwerk erstreckte und ein System paralleler Zisternen umfaßte. Die Ausgräber haben nicht weniger als 29 Räume freigelegt, die um das Peristyl angeordnet sind, aber auch Merkmale der extravertierten «Panorama»-Villen am Golf von Neapel aufweisen. Die zwölf Backsteinsäulen des Peristyls hatten stuckierte Kannelierungen. In Phase III (um 50 n. Chr.) wurde an der Westseite des Nordflügels des Hauses neben den Zisternen eine Badeanlage eingebaut. Drei an den Eingang grenzende Räume (Phase II) wurden in Wannen zur Trennung von Olivenöl umgebaut. Die Villa blieb bis zur Mitte des 2. Jh. n. Chr. bewohnt, doch wurde ihre Instandhaltung zunehmend vernachläßigt.

Neuere Grabungen in Cosa nahe Ansedonia (Etrurien) haben mehrere umfängliche Villenterrassen ergeben[171]. Die Häuser scheinen zu *insulae* zusammengefaßt zu sein und lassen sich eher mit den Häusern in Marzabotto und Vetulonia vergleichen als mit denen in Pompeji. Maritime Villen tauchen während des 1. und 2. Jh. n. Chr. entlang der Küsten der Isola del Giglio, von Giannutri, des Monte Argentario und des Festlandes auf. Zwei Villen verdienen besondere Erwähnung. Die Villa Ballantino in der Valle d'Oro hat einen «Beton»-Unterbau mit polygonaler Verkleidung und an der westlichen Seite zwei hervortretende runde Türme. In diese sind in den oberen Stockwerken zwei aufeinanderfolgende Reihen Taubenschläge mit rundbogigem Abschluß eingelassen. Eine zweite *villa rustica,* genannt «Le Sette Fenestre», ruht auf drei weiten Terrassen aus grobem Schutt und ist nach Nordwesten gerichtet. Die untere hat wuchtige Strebepfeiler, die mit Türmchen, in denen Taubenschläge untergebracht sind, alternieren; die mittlere Terrasse liegt auf tonnengewölbten Korridoren auf, die jenen der «Mysterien-Villa» und der «Villa des Diomedes» in Pompeji vergleichbar sind; die oberste Terrasse trägt das Herrenhaus. Beide Villen stammen vermutlich aus dem 2. Jh. v. Chr. und sind recht repräsentativ für die Herrenhausarchitektur der Frühzeit.

Beide erinnern auch an Catos Anleitung und an Scipios turmbewehrten Ruhesitz in Liternum.

Die größte Ansammlung von *villae rusticae* findet sich in den fruchtbaren Landstrichen Campaniens, besonders in der Gegend um den Vesuv. Über vierzig Villen sind, allerdings etwas oberflächlich dokumentiert, lokalisiert worden, darunter auch einige wenige Beispiele aus dem 2. Jh. v. Chr. Die Mehrzahl gehört jedoch dem 1. Jh. n. Chr. an[172]. Es scheint ein ziemlich gleichbleibender Grundriß vorzuliegen: in der Mitte ein gewöhnlich rechteckiger Hof, um den die Räume angeordnet sind. Überdachte Portiken, vermutlich eine verfeinerte Form früherer Verschläge, verlaufen oft an einer oder mehreren Seiten dieses «Cortile». Bei einigen der späteren Beispiele ist der Hof durch ein Peristyl ersetzt.

91, 92 Eine der besterhaltenen campanischen *villae rusticae* wurde 1893–94 nahe Boscoreale drei Kilometer nördlich von Pompeji freigelegt[173]. Villa Nr. 13 war in erster Linie als industrieller Betrieb gedacht und gehört dem Ende der Republik an. Den Haupthof umgaben an drei Seiten Kolonnaden, die an der Frontseite des Hauses ein oberes Stockwerk trugen, das dem Villaaufseher oder Verwalter *(vilicus)* als Wohnung diente. Die Küche war der Wärme der Wintersonne wegen an der Nordecke des Hofes untergebracht. Sie öffnete sich ominöserweise zu einem großen Stall hin und, von mehr Hygiene zeugend, zu einer Badeanlage mit *apodyterium, tepidarium* und *caldarium* und angeschlossenem Heizungsraum[174]. An die Westseite des Hofes stellte der Architekt einen Werkzeugraum, *cubicula* und ein Eßzimmer mit einem Vorzimmer. An der Nordostseite des Hofes waren die Vorrichtungen zur Weinherstellung wie Keltern, Fässer und so weiter untergebracht[175]. Die größte Fläche beanspruchten in der Villa die Gärfässer. Zusätzliche *cubicula* waren im Bereich des Gärhofes untergebracht, und neben diesen gab es Räume für die Herstellung von Olivenöl mit Olivenzerstampfern aus Vesuvlava und einem Absetzbecken. Eine Dreschtenne am äußersten östlichen Fassadenteil vervollständigte die industriellen Einrichtungen. Die Zisterne im Raum mit der Weinkelter barg das Skelett eines Mannes. Es lag neben ungefähr tausend Goldmünzen, kostbarem Schmuck und dem sogenannten Silberschatz von Boscoreale, der heute im Louvre ausgestellt ist.

Eine weitere vor einigen Jahren ausgegrabene *villa rustica,* die Villa M. Forco auf dem Ager Capenas (Campanien), hat Eckkonstruktionen aus augusteischer Zeit, bestehend aus Retikulatmauerwerk und Tuffblöcken. Der einstöckige Bau mit Erdböden scheint ein einfaches Bauernhaus zu sein, das ein Wirtschafts-Hof umgibt. Westlich davon, in 27,50 m Entfernung, fanden die Ausgräber ein Grab des etruskischen Typus, welches mit dem Gehöft verbunden war. Afrikanische Mosaiken aus viel späterer Zeit helfen die Lebensart und die Ausstattungsgegenstände des Kleinbauern illustrieren, der diese unauffälligen Behausungen auf dem Land bewohnte.

Gelegentlich kann eine *villa rustica* dem städtischen Atriumhaus mit Außenporticus (vgl. das «Haus des Sallust» in Pompeji) oder Peristyl ähneln. Tatsächlich lassen die campanischen Bauernhäuser, die heute meist wieder zugeschüttet sind, vermuten, daß, wie Patroni anführte, sowohl Landhaus als auch Stadthaus Parallelentwicklungen aus einer einzigen Quelle, dem primitiven Bauernhaus, darstellen. In der Provinz Salerno haben amerikanische Ausgräber in Buccino auf der Flur Vittimose eine weitere *villa rustica* entdeckt, einen aus Quadersteinen errichteten Betrieb aus dem 3. Jh. v. Chr., dem im 1. Jh. bei einem Umbau ein Peristylhof angefügt worden ist[176].

Die *villa suburbana* war eine weitere Reaktion auf den Bevölkerungsdruck und auf den

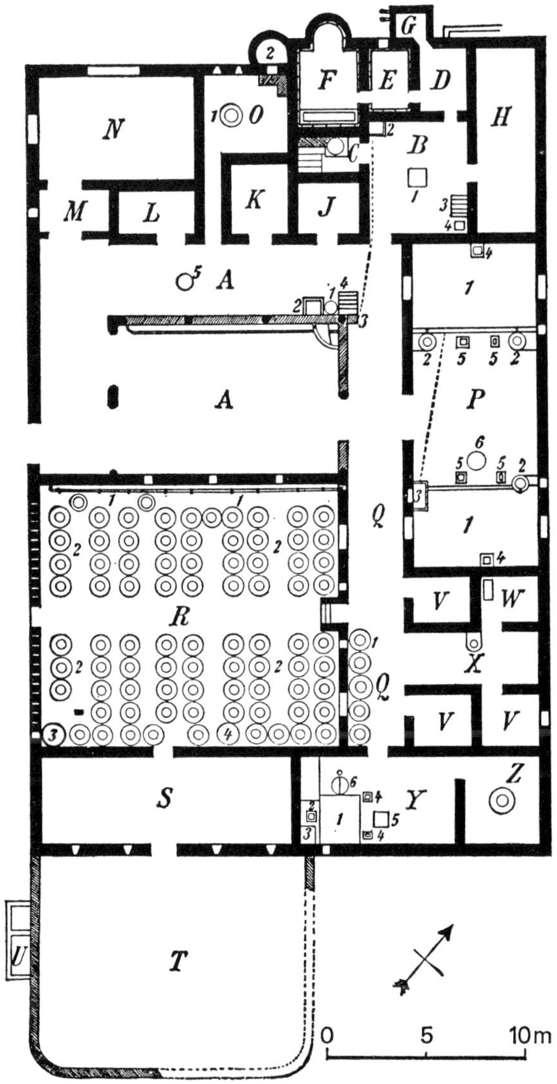

91 (rechts). Villa rustica bei Boscoreale (K. D. White S. 423).
A: Hof. B: Küche. C: Heizraum des Bades mit Kessel. D–G: Baderäume und Abort. H: Stall. J: Gerätekammer. K, L: Schlafkammern. M, N: Speisesaal mit Vorraum. O: Bäckerei. P: Weinkelter. Q: Korridor. R: Unbedeckter Raum für Weinfässer. S: Scheune. T: Tenne. U: Bassin zur Aufnahme von Regenwasser. V: Schlafkammern. W: Kammer mit Grube zur Befestigung des Preßbaumständers. X: Raum mit Handmühle. Y: Ölkelter. Z: Raum mit Olivenquetschmaschine.

92 (unten). Villa rustica bei Boscoreale (Nr. 13). Rekonstruktions-Modell.

93, 94 Wunsch nach wirtschaftlicher Sicherheit. Am bekanntesten ist die pompejanische «Villa der Mysterien»[177]. Vor dem Herculaneum-Tor an einem Hang mit wunderbarer Sicht auf das Meer gelegen, ruht die Villa auf einem hohen Unterbau mit Bogenöffnungen und unterirdischen Gewölben. Ihr Ausgräber Maiuri unterschied sechs, über den Zeitraum von ungefähr 200 v. Chr. bis in die flavische Zeit sich erstreckende Bauphasen. Der ursprüngliche Bau nach dem Atrium-Schema, aus lokalen Kalksteinquadern errichtet, ist mit der westlichen Hälfte des Hauses identifiziert worden. Er war an drei Seiten von einer Porticus umgeben. Der seitlich sich öffnende Unterbau diente zur Lagerung von landwirtschaftlichen Produkten, die von zugehörigen Bauernhöfen herbeigebracht wurden. Er war an heißen wie kalten Tagen ein angenehmer Ort zum Spazieren. Der Hof, und gewiß auch die Nebenhöfe, lagen innerhalb einer den ganzen Besitz umgebenden Mauer. Der Zugang an der Ostseite führte zu einem Atrium und zu einem *tablinum;* hinter diesen gab eine Porticus den Blick auf die Küste und das Meer frei. Um 100 v. Chr. wurden ein Peristyl, ein kleines Atrium und eine Toilette angefügt, wobei hellgrauer Tuffstein verbaut wurde. Aus dem 1. Jahrhundert v. Chr. stammen die im zweiten pompejanischen Stil ausgeführten Malereien mit Architekturmotiven und figürlichen Darstellungen, zu denen auch der bekannte dionysische Zyklus gehört, nach welchem die Villa benannt ist. In iulisch-claudischer Zeit verdrängten mehr zweckgebundene Funktionen die Formalität und Eleganz der Villa. An der Nordostseite wurden bäuerliche Unterkünfte angebaut und über dem Vestibül ein zweites Stockwerk für die Unterbringung des an Ort und Stelle wohnenden Bewirtschafters hinzugefügt. Die an drei Seiten verlaufende Porticus wurde teilweise durch eine zwischen den Säulen errichtete, befensterte Wand geschlossen und Sonnenräume *(solaria),* die sich im Winter als Ruheplatz eigneten, wurden auf der Südseite neben dem Raum mit den Mysterien-Malereien angebaut. Vitruvs Bemerkungen in bezug auf Landsitze betreffen einen vorherrschenden Typus: «In der Stadt liegen Atria gewöhnlich nahe dem vorderen Eingang, während in Landsitzen die Peristyle zuerst kommen und dann die Atria, umgeben von gepflasterten Kolonnaden, die sich zu Palästren und Wegen öffnen»[178]. Obgleich hier vielleicht die Kaiserin Livia residiert haben könnte, gibt es gesicherte epigraphische Belege bezüglich des letzten Besitzers der Villa; es war Lucius

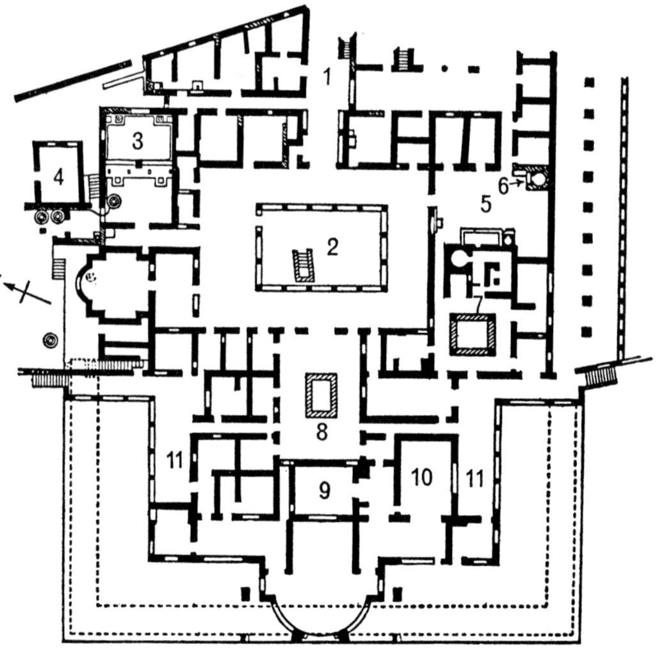

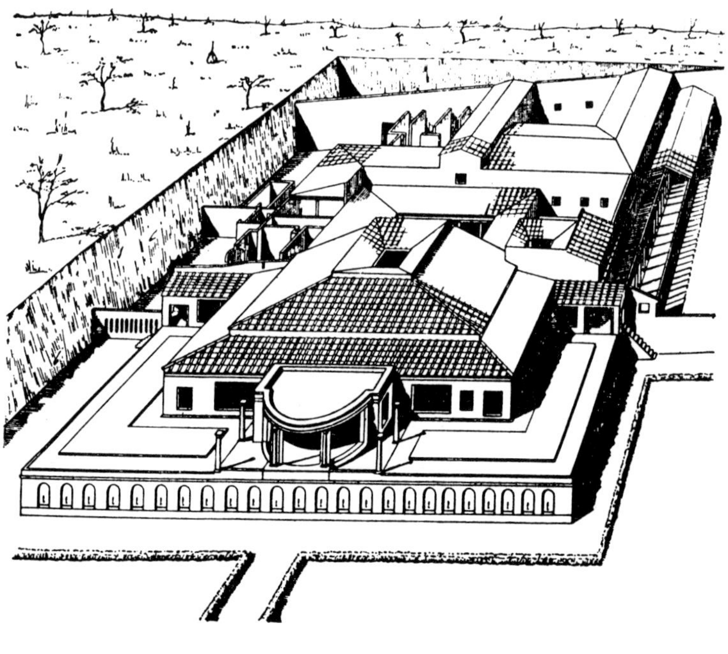

93 (links). Pompeji. «Mysterien-Villa». Grundriß (K.D. White, fig. 11). 1: fauces; 2: Peristyl; 3: Weinpresse; 4: Weinkeller; 5: Hof des Ökonomietraktes; 6: Ofen; 7: Baderäume; 8: Atrium; 9: tablinum; 10: Raum mit den dionysischen Mysterien; 11: Porticus.

94 (rechts). Pompeji. «Mysterien-Villa». Rekonstruktion nach dem Endausbau (Maiuri, La Villa dei Misteri, S. 56).

Istacidius Zosimus, ein Freigelassener mit samnitisch-griechischem *nomen* und *cognomen*. Die Zahl der Bewohner, für die die Villa geplant war, war zu allen Zeiten beträchtlich. Maiuri hat geschätzt, daß es im Erdgeschoß zur augusteischen Zeit 22 Räume gab und kurz vor dem Ausbruch des Vesuv insgesamt 90 Räume[179]. Der Wohnsitz bestand während 275 Jahren, was lebhaftes Zeugnis für die Dauerhaftigkeit der Materialien und die hervorragende Planung des Bauwerkes ablegt.

Ein weiteres Beispiel für eine *villa suburbana*, die pompejanische «Villa des Diomedes», hat mit der «Villa der Mysterien» verschiedene Charakteristika gemeinsam, ist aber insgesamt gefälliger[180]. Der Grundriß umfaßt ein Säulenatrium, das übliche Repertoire an Räumen und Zimmerfluchten, eine Badeanlage und auf einer niedriger gelegenen Ebene, einen herrlichen Garten. Ein Raum mit Apsis, den man vom Atrium aus erreichen konnte, war mit drei Fenstern ausgestattet und diente als Ruhe- und Sonnenzimmer. Entlang der gesamten Länge der Porticus verlief eine offene Terrasse, von der aus Stufen in den niedriger gelegenen Garten führten. Eine *quadriporticus* mit Pilastern und Fenstern, welche in späterer Zeit zugemauert wurden, war dem offenen Land zugewandt; an beiden Enden befanden sich auf den Golf ausgerichtete und als Belvedere und *diaetae* (Ruhezimmer) gedachte Türmchen und Räume. Die unterirdische *cryptoporticus* unter dem Peristylgarten wurde durch Lichtschlitze in den Wänden erhellt.

Die suburbane «Villa der Papyri» vor Herculaneum, mitunter auch «Villa der Pisonen» 95
genannt, folgte mit ihrem Peristylhof vor den Atria und Portiken weitgehend dem Typus der «Villa der Mysterien»[181]. Die «Villa der Papyri», die nach den 1752 dort geborgenen, verkohlten Papyri benannt ist, war zwar ursprünglich ein Bauernhaus mit Atrium, erhielt aber später ein ausgedehntes Peristyl mit Gärten und *piscinae* sowie ein Belvedere, das am Ende einer langen, das Meer überblickenden Promenade lag. Das Ganze war elegant mit Bronze- und Marmorstatuen ausgestattet, eine harmonische Ergänzung zu der besinnlichen Muße und dem epikureischen Lebensstil, welchen der Fund der verkohlten Bibliothek des Philodemus von Gadara heraufbeschwört. Die Villa wurde überzeugend L. Calpurnius Piso zugewiesen, dem Schwiegervater Cäsars, einem Förderer der Künste während der letzten Jahre der Republik.

Das Sabiner Landgut des Horaz, einst Eigentum des reichen und freigebigen Maecenas, 96, 97
liegt ungefähr 15 km nordöstlich von Tivoli nahe der heutigen Stadt Licenza[182]. Das Gut war Horaz 33 v. Chr. nach der im Jahre 35 v. Chr. erfolgten Veröffentlichung des ersten Buches der *Satiren* von seinem Gönner geschenkt worden und schützte den Dichter vor finanziellen Sorgen und dem Verdruß in der Stadt; es erinnerte ihn an das Haus in Venusia, in dem er seine Jugend verbracht hatte, war nur anderthalb Tagesreisen (42 km) von Rom entfernt und ermöglichte ihm, sich ebenso mühelos wie häufig dorthin zurückzuziehen. Inmitten der Weideflächen, Olivenhaine, Gärten und der grasenden Herden fand Horaz die Inspiration für sein zweites Buch der *Satiren*, für die *Epoden* und für die drei ersten Bücher der *Oden;* einen nicht geringen Gewinn aus der Spende seines Förderers Maecenas. Die Villa ist auf zwei Ebenen erbaut. Die obere Ebene, das eigentliche Haus, enthält zwölf Räume, sechs im Osten und sechs im Westen, ein zentrales Atrium und ein Peristyl, die miteinander verbunden sind sowie einen langen Mittelgang. Schwarzweiße Mosaikfußböden heben einige der Räume hervor. Der über drei Treppenstufen direkt vom Haus zugängliche Garten bedeckte eine Fläche von 2425 m². Er hatte in seiner Mitte ein zentrales Waschbecken und war von einer *quadriporticus* umgeben. Vielleicht hatte die Villa noch ein oberes Wohnstockwerk mit zusätzlichen Fenstern, von denen sich der Fluß Digentia, die Bergstädte

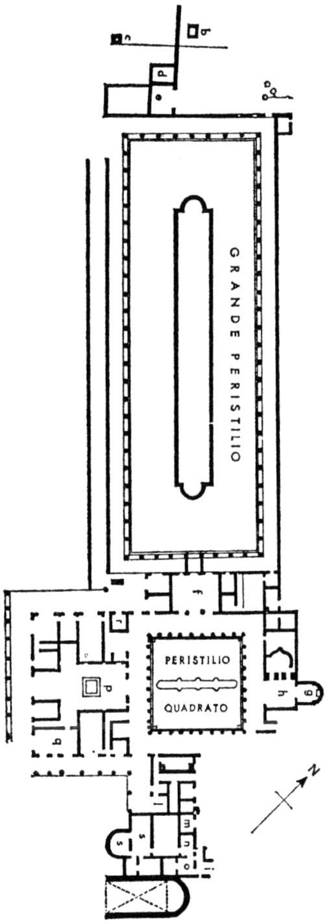

95. Herculaneum. Suburbane «Villa der Papyri». Grundriß. a: Brunnen; b: Zimmer; c: Brunnen; d: Raum mit Marmor-Fußboden; e: Wohnzimmer; f: tablinum; g: Apsidialer Raum; h: Salon; i: Bad; l: Bibliothek; m, n, o: an das Bad anstoßende Räume; p: Atrium; q: Räume mit Fenstern; r: Kornspeicher; s: Apsidialer Raum und Salon.

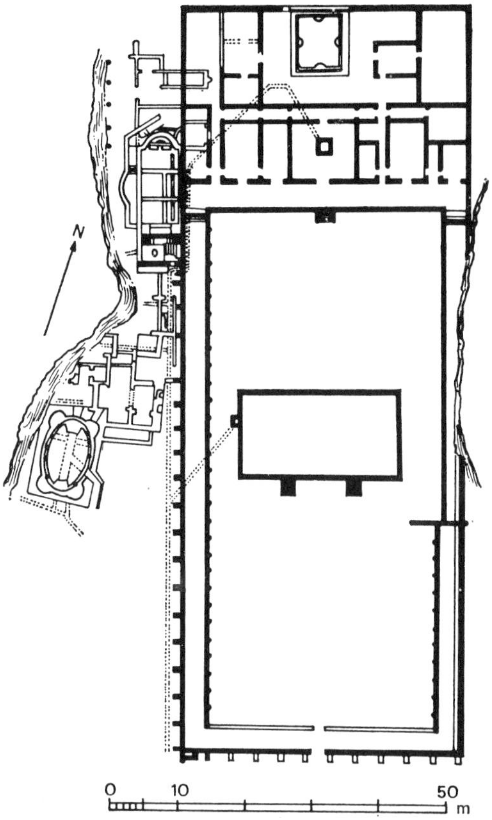

96 (links). Licenza. Das Sabiner Landgut des Horaz. Gesamtansicht von Westen.
97 (rechts). Licenza. Das Sabiner Landgut des Horaz. Grundriß (G. Lugli, Horace's Sabine Farm).

Licenza und Civitella sowie die Gartenanlage überschauen ließen. Ein Bad, das die übliche Raumfolge von *caldarium, tepidarium* und *frigidarium* enthält, ist an die Westseite des Landhauses angebaut und war vermutlich Bestandteil von Maecenas' ursprünglichem Besitz. Fünf Familien freier Bauern *(coloni)* waren Pächter auf dem Gut von Horaz und acht Sklaven dienten seinen persönlichen Bedürfnissen. Auch wenn der Dichter die Größe seines Landsitzes hinunterspielte *(modus non ita magnus, villula, agellus, angulus ille)*, deuten die vorhandenen Reste auf eine andere Wirklichkeit hin.
Wissenschaftler haben oft über die Anlage von Trimalchios Wohnsitz im *Satyricon* des Petronius spekuliert[183]. Er wird als ein erweitertes, älteres Haus beschrieben und enthält vier Eßzimmer, zwanzig Schlafzimmer, zwei Marmorportiken und drei Bibliotheken im Erdgeschoß; oben gibt es zwei große Schlafräume und einen Flügel für Gäste, insgesamt über fünfzig Zimmer[184]. Durch die Eingangstür betritt man ein Peristyl oder eine Porticus, während das Atrium, das *tablinum* und die *alae* im Zentrum des Hauses liegen. Die Marmorporticus bezieht sich wohl auf das hellenistische Peristyl hinter dem Haus mit Sommer-*triclinium*, Ziergarten und Brunnen. Das Eingangsperistyl ist Trimalchios' Anbau an das altväterische Herrenhaus. Diese äußere Aufmachung teilt es mit der «Villa der Mysterien» und der «Villa in Boscoreale», deren Eingangsperistyle beide augusteisch sind. Der Haustypus scheint einer *villa suburbana* zu ähneln und mag typisch sein für die Häuser vergleichbar reicher, doch hoffentlich weniger vulgärer Freigelassener auf den Anhöhen über Puteoli, wo man am wahrscheinlichsten die *Graeca urbs* des Petronius lokalisieren darf.
Im letzten Jahrhundert der Republik wurden im Villenbau neue Grundrisse und Vorrichtungen eingeführt, die dem Geschmack und den Ansprüchen der reichen römischen

Elite sowie der allgegenwärtigen, parvenühaften Freigelassenen mit ihren scheinbar unerschöpflichen Geldmitteln entsprachen. Die meisten Millionäre der Zeit bevorzugten Campanien, insbesondere Misenum, Baiae, Puteoli, die Gegend des Lucriner Sees, Cumae und Neapel selbst[185]. Die reichen Mineralquellen, die Schwefelbäder und die dampfenden «*fumarole*», welche die Kuranlagen und die Vergnügungszentren von Baiae, Puteoli, Neapel und Ischia belieferten, übten in der Antike wie heute die gleiche Anziehungskraft aus. Leichter Zugang zum *pozzolana*-Zement, die Erfahrung mit neuen Bauformen, auch die Nähe zum Meer und zu den Märkten von Puteoli, das, bis zu seiner Ablösung durch Ostia, Roms wichtigster Handelshafen war, verleiteten Architekten und Landspekulanten zu überhitzter Bautätigkeit und Landerschließung. Strabos zeitgenössischer Kommentar ist überaus aufschlußreich:

«Denn dort (Baiae) ist eine neue Stadt entstanden, nicht kleiner als Dicearchia (Puteoli), indem ein Prachtpalast an den anderen angebaut wurde. Zu Neapolis aber halten diejenigen die hellenische Lebensweise aufrecht, die aus Rom (des Genusses) der Ruhe wegen dorthin ziehen und sich durch Unterricht Geld erwerben oder des Alters und der Kränklichkeit wegen in Erholung zu leben wünschen. Auch manche Römer, welche an diesem Leben Gefallen finden und die Menge der sich derselben Lebensweise wegen dort aufhaltenden Fremden, lieben diesen Ort und leben gern daselbst»[187].

Ataraxia, die epikureischen Gleichmut, Gelöstheit und aufgeklärtes Interesse an der eigenen Person versprach, war am Golf von Neapel ebenso anzutreffen wie das Leben in totaler Hingabe an gesuchte Ordnungslosigkeit und zügellose Genußsucht; zu keiner Zeit der Geschichte gab es an diesen Küstenstrichen einen verbindlichen Lebensstil. Geschäfts- und Finanzleute, Klienten und Parasiten drängten sich im dichten Straßengewimmel von Neapel und Puteoli oder grüßten einander von ihren Vergnügungsbooten im Golf aus. Man nutzte die *peregrinatio,* den jahreszeitlich bedingten Aufenthalt in den campanischen Kurorten, entweder als Gelegenheit für ein aufwendiges Leben und verschwenderische Ausgaben oder zum *otium cum dignitate,* zu stillem Ausruhen und gezierter, kultureller Betätigung. Und unter all den Vergnügungswütigen, den launenhaften Einsiedlern und den Profitmachern gab es noch die armseligen Massen der Exilierten, Heimatlosen, Sklaven und Ausgestoßenen, der gemeinen Verbrecher und Mörder. Pontiae (Ponza) und Pandateria (Ventotene), selbst Surrentum und Capri beherbergten mitunter vom Kaiser Exilierte und Gefangene, eine Tradition, die sich auf Ventotene und Procida bis in jüngste Zeit fortgesetzt hat. Im Verlauf der langen Entwicklungsgeschichte der campanischen Küsten widerspiegelt die italienische Maxime, *Vedere Napoli e poi muorir* (Neapel sehen und dann sterben), die immer von diesem Küstengebiet ausgegangene Faszination.

Als nach den Eroberungskriegen hellenistischer Luxus in Italien Einzug hielt, waren Landsitze an der Küste plötzlich sehr gefragt. Das Zeitalter des hochentwickelten Stadthauses und des Landsitzes, der mit Landwirtschaft nichts mehr gemein hatte, setzte im 2. Jh. v. Chr. ein. Besonders am campanischen Küstenstrich und an der Meeresküste von Latium drängte sich nun eine Schar von meerseitigen Luxusvillen *(villae maritimae)* an sonnendurchtränkten Plätzen mit Panoramasicht[188]. Cicero überliefert, daß reiche Römer sich um den Erwerb von landwirtschaftlichen Besitzungen auf dem *ager Campanus* bemühten, um mit diesen ihre maritimen Villen in Cumae (einschließlich des Lucriner-Sees) und in Puteoli zu finanzieren[189]. Plinius d. J. gibt eingehende, beinahe verblüffende Beschreibungen seiner großartigen laurentinischen und toskanischen Villen, deren eine am Meer lag, während die andere ein auf einer Anhöhe gelegenes Landhaus war[190]. Die Villa war der Inbegriff von Luxus geworden und ein Lieblingsthema für Moralisten und Dichter, die ihrer Verachtung für die *piscinarii* Ausdruck gaben, welche sich lächerlich große Fischteiche hielten und eine unsinnige Leidenschaft für die Grätentiere entwickelten, oder über Landbesitzer, die ihre Zufriedenheit mit dem Land dadurch demonstrierten, daß sie die Grenzen ihrer Villen auf Betonmolen ins Meer hinaus erweiterten[191].

Zwei verschiedene Bautypen ergeben sich aus dem Katalog der *villae maritimae*: ein
82, 83 peristyler und ein Typ mit Porticus[192]. Die peristylen Villen, direkte Nachkommen von hellenistischen Palästen, haben häufigen Niederschlag in campanischen Wandmalereien gefunden. Zwei berühmte Villen sind nach diesem Schema angelegt, die bereits besprochene «Villa der Mysterien» und die «Villa des Publius Fannius Synistor» in Bos-
93, 94 coreale (nahe Pompeji). Die «Villa der Mysterien», ursprünglich ein Atriumhaus, erhielt nach 150 v. Chr. ein Peristyl, welches das Zentrum des ganzen Hauses wurde. So war es auch in Boscoreale, wo Besucher in einen großen, zentral gelegenen Peristylhof eintraten, um den sich Wohnräume, private Räumlichkeiten, *diaetae* und *cubicula* scharten[193]. Gegen Ende der Republik beklagt Varro die Tendenz, daß dem Wohnbereich der Villen mehr Gewicht als dem landwirtschaftlichen Sektor eingeräumt werde und stellt den luxuriösen, modernen Villen die Einfachheit der alten Landsitze gegenüber, deren Hauptzweck in einer leistungsfähigen Landwirtschaft bestand. Villen waren Sommerresidenzen für die Reichen geworden, welche die tägliche Führung Verwaltern überließen. Im 2. Jh. v. Chr. war es Wohlstand gewesen, der zur Stadtflucht geführt hatte, später der augusteische Frieden, der Italien endlich vom Bandenunwesen und Bürgerkrieg befreite und die Grundbesitzer veranlaßte, die Errungenschaften der Stadthäuser aufs Land zu übertragen. Mit ihnen zog das Peristyl des Stadthauses auf das Land und an die Meeresküste.

Nach Swoboda entwickelten sich die Porticus-Villen aus einer langen, schmalen Aufreihung von Räumen, die sich zu einer Straße oder einem Hof hin öffneten, eine noch heute im Nahen Osten anzutreffende Urform[194]. Durch die Anfügung einer parallel zu den aufgereihten Räumen verlaufenden Kolonnade oder *porticus*, mit zu dieser Galerie sich öffnenden Türen, war einerseits die Grundform der römischen Porticus-Villa, andererseits die der hellenistischen Stoa, die Einkaufszentrum war, gegeben. Die *porticus*-Struktur eignete sich besonders gut für Küstengebiete, wo sie die Unterbrin-

98. Stabiae. Villa maritima. Wandmalerei. Antiquarium, Castellamare di Stabia.

99. Stabiae. Villa maritima. Wandmalerei.

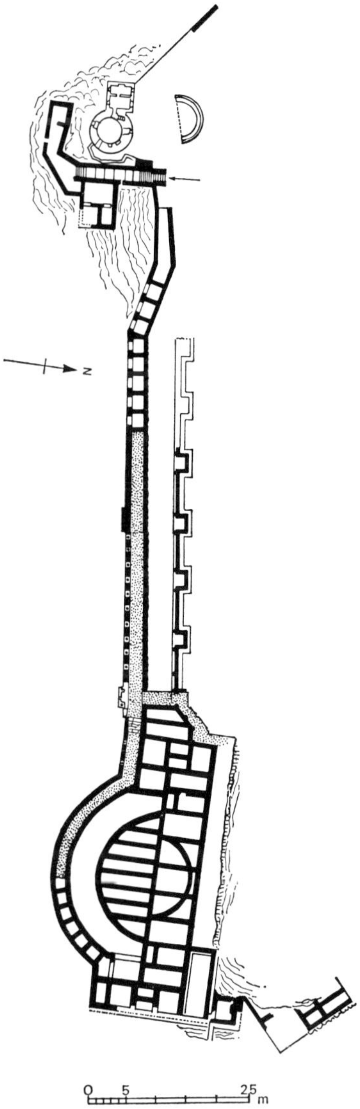

100. Capri. Damecuta. Porticus-Villa des Augustus. Grundriß (Maiuri, Capri, fig. 29).

gung auf mehreren Ebenen erlaubte oder sich direkt zur Küste öffnete. Die Villa von
Damecuta auf Capri ist ein gutes Beispiel für den *porticus*-Typ bei einer Villa am 100
Meer[195]. Sie liegt auf einem Plateau unterhalb des Monte Solario an der Nordwestecke 101
der Insel. Ein prachtvolles, ost-westlich parallel zur Küste verlaufendes Belvedere oder Loggia *(ambulatio)*, das 150 m über dem Meeresspiegel liegt und mit einladenden Alkoven ausgestattet ist, bildet den Hauptbestandteil der Villa. Der Wohnbereich an der Westseite besteht aus einem halbrunden, zum Meer hin vorspringenden Mittelbau, dem eine porticusartige Loggia vorgelagert ist; am gegenüberliegenden Ende befand sich ein Belvedere – heute erhebt sich darüber ein mittelalterlicher Turm – und eine isolierte Zimmerflucht kleiner, aber elegant eingerichteter Räume, die in die Felswand eingelassen und nur über eine schmale Rampe und Stufen erreichbar waren. Der schwierige Zugang und die Ähnlichkeit der Loggia mit jeder der Villa Jovis lassen vermuten, daß der Wohnsitz möglicherweise für Tiberius gebaut wurde. Bauten zur Versorgung der Villa, Bäder und zusätzliche Unterkünfte müssen sich an anderer Stelle auf dem umfänglichen Besitztum befunden haben, das ohne Zweifel herrliche, von gezähmten und jagdbaren Vögeln bevölkerte Gärten hatte. Die Villa war nur vom Meer aus bei der «Punta della Gradola» (=«Anlegesteg») zugänglich und so gingen die Besucher durch die kleine Villa Gradola über dem Gewölbe der Blauen Grotte zu dem Felsvorsprung, auf dem die «Villa di Damecuta» steht.

In neuester Zeit haben Ausgrabungen in Castellammare di Stabiae (dem antiken Stabiae) eindrucksvolle Reste von Villen freigelegt, die aufs genaueste den *porticus*-Villen, 98, 99
welche man von campanischen Wandmalereien kennt und der «Villa di Damecuta» ähneln[196]. Baulich gehören die Villen der julisch-claudischen und der flavischen Zeit an, d.h. ungefähr den Jahren zwischen 50 und 79 n. Chr. Die Fünfzigzimmervilla San Marco an den Hängen des Monte Varano umfaßt drei Einheiten: eine Porticus mit spiralförmigen Säulen, einen Peristyl-Garten mit einer großen *natatio* und ein tetrastyles Atrium. Die obere Terrasse des Anwesens weist eine dreiseitige Porticus *(porticus triplex)* auf und bietet eine Panoramasicht über den Golf von Neapel[197]. Eine mittlere *porticus* mit 17 Backsteinsäulen, verputzten Basen und spiraligen Kannelierungen hat die Form einer Loggia, die ursprünglich über 90 m lang war; ferner gibt es zwei seitlich vorspringende Portiken. Die Wände und Decken der *porticus* stellen eine wahre Gemäldegalerie dar, in mancherlei Hinsicht eine *Stoa Poikilê* mit einzigartigen Malereien. Die Decke hat Fragmente von drei großformatigen Feldern geliefert, die in reich verziertes «Renaissane»-Rahmenwerk eingelassen war: eine Darstellung der Jahreszeiten, eine

Apotheose der Minerva und einen Merkur. An den Wänden des langen Flügels fand man Fragmente von Malereien mit Darstellungen von Apoll und Daphne, Apoll mit seinem Dreifuß auf einem goldenen Kandelaber stehend, ein Porträt des Dionysos, das Porträt eines Mädchens, einen Frauenkopf (an den Kopf des gegeißelten Mädchens auf dem Fries der «Villa der Mysterien» erinnernd), Pampinea, einen Putto mit Panflöte, eine tragische Frauenmaske («Angst»). Der noch vorhandene kurze Flügel weist ein Deckengemälde auf mit der von Phaeton gelenkten Quadriga des Helios und außerdem Wandmalereien, unter anderem das reizvolle Bild der Melpomene.

Stufen und Rampen führen hinab zum westlichen *ambulacrum* des unteren Peristylhofes, einer *quadriporticus*, mit Decken- und Wandmalereien in den von den Portiken umgebenen Seiten, wie auch in den angrenzenden Wohnzimmern *(oeci)*, den *cubicula diurna* und den *exedrae*, von denen man durch große Fenster auf den Golf blickt. Ein großes, wohl eher zum Schwimmen als für exotische Zierfische gedachtes Becken, 27,50 m lang und 6 m breit, liegt inmitten des Gartens auf dessen Hauptachse. Beim vorderen Beckenrand stand ein wunderschöner *kratèr* aus Alabaster. Der Garten war mit schattenspendenden Bäumen und blühenden Büschen bepflanzt, was sich aus deren verkohlten Wurzeln ergibt. Er schloß mit einem großen Nymphaeum ab, welches große, bemalte Relieffiguren aus Stuck und Architektur-Phantasien schmückten. Dahinter befindet sich eine *cryptoporticus*, dessen Fenster sich zur Außenwand öffnen. Zu den teilweise von den Bourbonen entfernten Dekorationen gehörten die Wandmalereien eines Amorino mit einer Zimbel (der sog. «Berenson-Putto»), zwei Prinzen der claudischen Dynastie während eines heiligen Rituals, ein großformatiges Figurenbild von Apollo mit seiner Lyra, Iphigenie, Perseus mit dem Medusenhaupt (eine herrliche Vorwegnahme von Cellinis bronzenem Meisterwerk in der Loggia der Florentiner Piazza della Signorina) und Deckenmalereien, die den Raub der Europa und eine fliegende Nike-Fortuna darstellen. Eine Darstellung von Ödipus und der Sphinx (ein einzigartiges Bild), eine delikate Nillandschaft, eine überwältigende Medusa (von der Decke des Verbindungsganges zwischen den beiden Peristylen) wurden zusammen mit vielen kleineren, weniger bedeutenden Malereien ebenfalls gefunden.

101. Capri. Damecuta. Porticus-Villa des Augustus. Porticus mit Blick auf den mittelalterlichen Turm am westlichen Ende.

Der Rest der bedeutenden Villa San Marco besteht aus den üblichen Ergänzungsbauten
und Anlagen: einem Bad mit tetrastylen *frigidarium* und Schwimmbecken, einem ein- 102
drucksvollen *caldarium*, Küchen, einem schönen tetrastylen Atrium und einem Portal 103
mit einem reich bemalten *lararium*, einem Raum mit Wandverkleidung aus Marmor 104
und einem Mosaikboden und dazu noch aus einem weiteren Peristyl.

An den Hängen des Monte Varano wurde bei Fondo di Marina eine weitere große Villa gefunden. Ursprünglich von den Bourbonen entdeckt und ausführlich von Ruggiero als die «Villa della Venditrice di Amori» beschrieben, ist sie wegen eines noch *in situ* befindlichen Wandbildes in «Villa der Ariadne» umbenannt worden. D'Orsis neuer Grundriß der Villa, eine Erweiterung von Ruggieros Version aus dem 18. Jh., enthält eine Terrasse mit Kolonnade zum Golf hin orientiert. An dieser Terrasse liegen *oeci, cubicula* und *exedrae*, von denen einige mit großen Fenstern versehen sind. An das zentral gelegene *triclinium* grenzen beidseitig Alkoven, hinter denen sich eine Küche und Badeanlagen befinden. Die Rückwand des Eßzimmers zierte ein Bild mit der Hochzeit von Dionysos und Ariadne (1.35 m × 1.45 m), eine fragmentarisch erhaltene Darstellung des Lycurgus und der Ambrosia, eine von Ganymed und Diana sowie zwei Rundbilder oder Tondi mit den Porträts eines Mädchens und eines Knaben. Ein geräumiger *andron* mit Fenstern, der von zwei kleinen Gärten eingerahmt ist, ein zweiter, befensterter Raum sowie noch ein weiteres Peristyl sind bei kürzlich durchgeführten Grabungen zutage getreten. Alle sind so angelegt, daß sich ein Rundblick über den Golf ergibt. Vom *andron* führt ein teilweise offener, teils als Tunnel geführter Gang steil zur Küste hinab. Auf einer anderen Ebene ist eine Terrasse aufgetaucht, die aus einem niedrigen Podium mit Zinnen über Bogenstützen besteht. Überaus zahlreich sind die allein in dieser Villa gefundenen Malereien, die alle von hoher künstlerischer Qualität sind. Zu den heute im Nationalmuseum zu Neapel aufbewahrten Funden aus der Zeit der Bourbonen gehören die «Venditrice di Amori» (das namengebende Bild), vier hübsche Felder mit Darstellungen von Flora, Diana, Leda und Medea, die einst der Hauptschmuck der Wände eines Schlafzimmers waren und zwei auf Seewesen reitende Nereiden von einer dem Rokoko ähnlichen Sockeldekoration. Zu den neueren Funden gehört die Darstellung eines jugendlichen Helden in scharlachrotem Gewand, vermutlich Theseus, die Teil einer großformatigen Malerei (1.35 m × 0,7 m) war, der Kopf eines Epheben, ein knieender Cupido und ein Centaur mit Deianeira und Hyllus, der Frau des Herkules und dessen kleinem Sohn. Reste von *porticus*-Villen wurden ferner unweit des Posillipo in Torre del Greco bei Neapel, in Minori an der Straße nach Amalfi, in Surrentum, in Oplontis (Torre Annunziata) und an anderen Orten lokalisiert[198].

Die unlängst freigelegte Villa in Torre Annunziata (mit dem antiken Oplontis iden- 106
tifiziert) ist ursprünglich ein Bau vom Atrium-Peristyl-Typus aus dem 1. Jahrhundert v. Chr. Der Ostflügel und eine Porticus auf der Nordseite sind Anbauten aus der julisch-claudischen Zeit. Sie verwandelten den einfachen Bau in eine Villa marittima, d. h. in eine Bauform, die an der Küste Campaniens typisch war. Die Wandmalereien und die Gartenanlagen dieser Villa gehören zu den schönsten, die bisher freigelegt wurden.

Die Gärten sind großzügig angelegt und fügen sich bestens in den Gesamtplan der Villa ein. Die älteren Teile waren eher mit Bäumen als mit Zierpflanzen gepflanzt. Im Ostflügel der Villa fanden sich zwei Hofgärten, denen auf der Südseite ein kleiner, erhöhter Garten und auf der Nordseite ein kleiner Hof mit einem großen Fenster in seiner Nord-

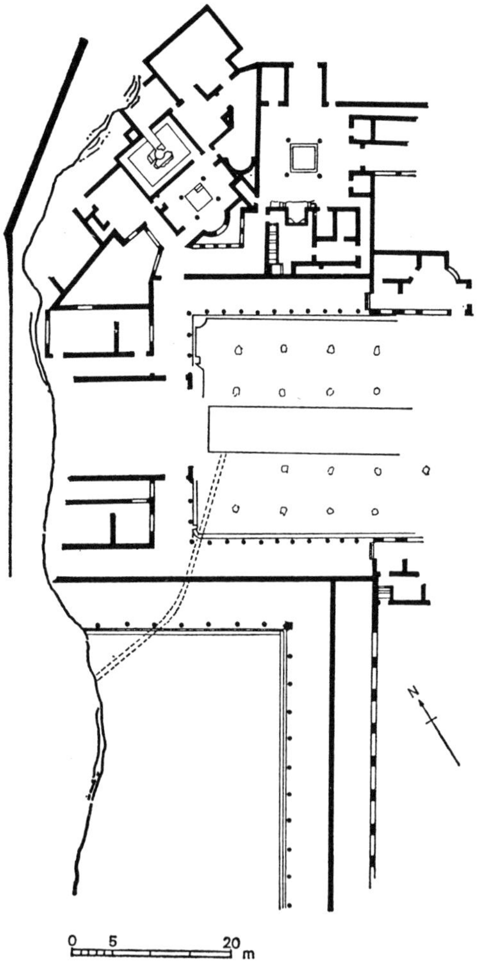

102. Stabiae. Villa San Marco. Grundriß (D'Orsi, Gli scavi archeologici di Stabiae, pl. 22).

103 (oben). Stabiae. Villa San Marco. Frigidarium.

104 (links). Stabiae. Villa San Marco. Peristyl-Garten mit Wasserbecken.

mauer entsprechen. Malereien mit Gartendarstellungen finden sich überall in den Gartenzonen und erscheinen auch, als eine große Überraschung, in einer großen Perspektive, wenn man durch die großen Fenster blickt, die die Sequenz der Raumzonen miteinander verbinden. Auf der Ostseite der Villa befand sich ein eleganter Garten um ein Bassin. Von der Villa aus hatte man nicht nur den Blick zur See und in die Berge, sondern auch den in die eigenen Gartenanlagen.

Die italienischen Behörden haben beschlossen, sich die bedeutenden Forschungen von Wilhelmina F. Jashemski zu Nutzen zu machen und die zahlreichen Gärten der Villa so anzupflanzen, wie sie ursprünglich in der Antike angelegt gewesen waren. Pollen, karbonisierte Zweige, Samen, Reste von Wurzeln und Bodenspuren versehen uns mit überraschenden Einblicken in die Annehmlichkeiten des Lebens im Schatten des Vesuv.

Sorrent und «Land der Sirenen» sind ein Synonym. Aufschlußreich ist Strabos Beschreibung des Küstenstreifens zwischen Misenum und Athenaeum, dem Kap von Sorrent: «Die ganze Bucht verschönern teils die erwähnten Städte und teils Wohnsitze

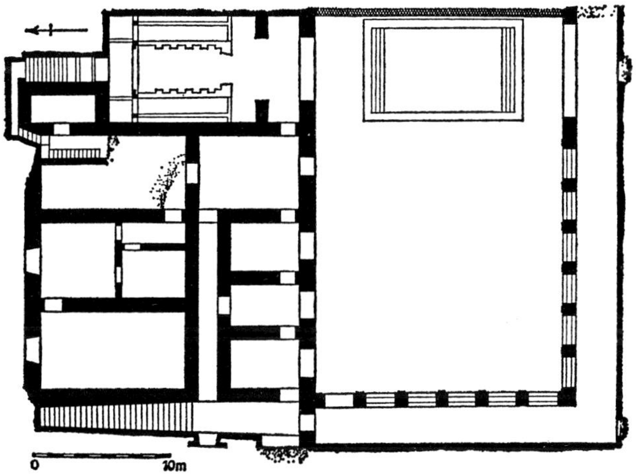

105 (rechts). Minori, Straße nach Amalfi. Villa, Grundriß.
106. (unten). Villa von Oplontis. Axonometrischer Plan.

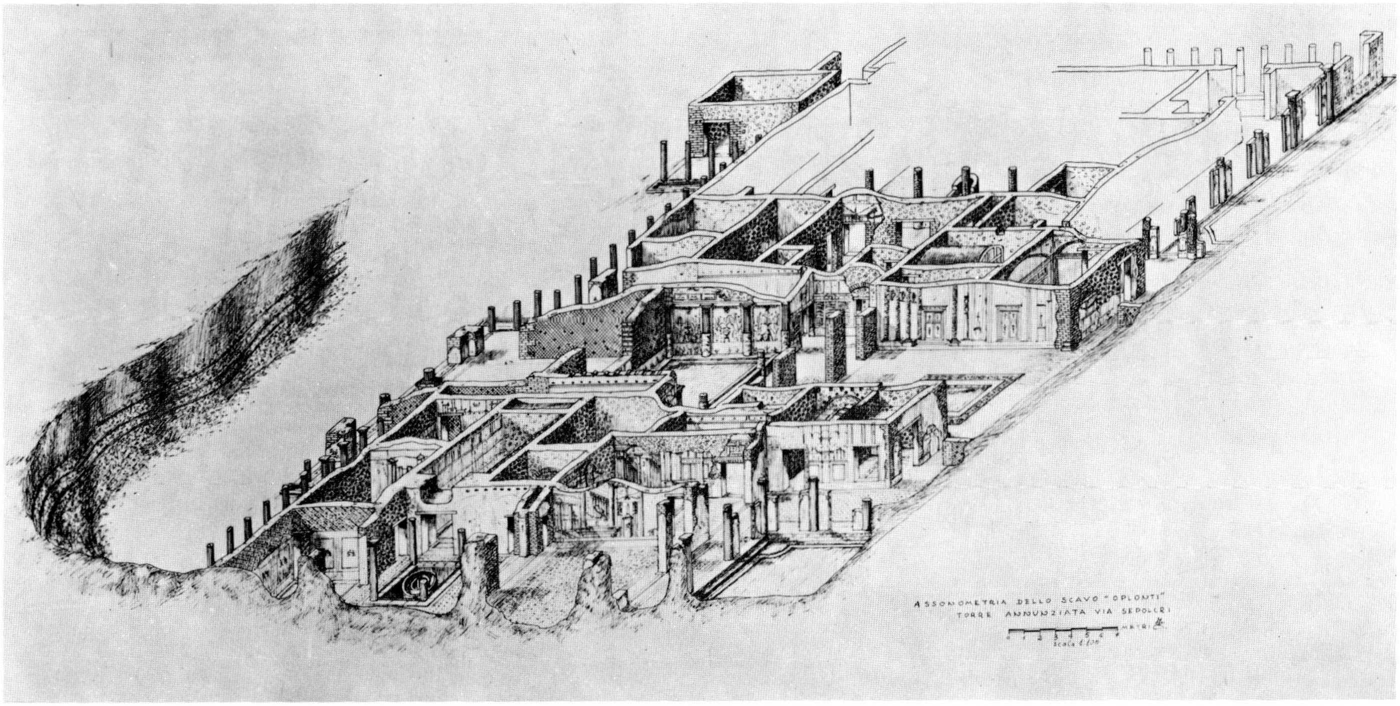

und Gärten, die sich in solch ununterbrochener Abfolge fortsetzen, daß sie den Anschein einer einzigen Stadt erwecken»[199]. Sicherlich unterhielt Augustus eine Villa auf dem Vorgebirge. Agrippa Postumus, der ungeschlachte Sohn von Agrippa und Julia, mußte dorthin im Jahre 7 n. Chr. in die Verbannung gehen, nachdem er zum Verlassen der Villa in Boscotrecase gezwungen worden war[200]. Am meisten beeindruckt war der Dichter Statius von dem Besitz des Pollius Felix, seines Patrons[201]. Eine Porticus verband die am Meer gelegenen Räumlichkeiten, eine doppelte Badeanlage und einen Herkulesschrein, mit dem Wohnbereich auf der Anhöhe. Mit dem Ziel angelegt, die verschiedenen Aussichtslagen zu nutzen, hatten die Räume große Fenster mit Blick nach Aenaria (Ischia), Procida, Misenum, Nesis (Nisida) und zum Heiligtum der Euploia oberhalb von Neapel; ein Raum, der mit importierten, polychromen Marmorsorten ausgestattet war, diente als Arbeitszimmer und erlaubte dem reichen Epikuraeer, sich von den Geräuschen des Meeres und des Villenpersonals zurückzuziehen. Diese elegante Villa an der Südwestseite des Vorgebirges hat in einem bejammernswerten Zustand überlebt, doch stehen die Reste mit der Lobrede des Dichters in Einklang. Das vorgeblendete Backsteinmauerwerk *(opus reticulatum)* der Ruinen läßt vermuten, daß die *porticus*-Villa des Pollius in augusteischer Zeit gebaut worden ist[202].

Mehrstufige Villen vom *porticus*-Typus gehörten auch zum Bestand der Architektur von Neapel. Die *porticus*-Häuser am südlichen Abhang von Pompeji, in mehreren Stockwerken am Hang abfallend, können vermutlich eine Vorstellung von der Villa geben, die Philostrat erwähnt. Bei dieser handelt es sich um ein bemerkenswertes nea-

107. Baiae. «Das Severische Palatium». Badekomplex und Wohnungen. Grundriß (Maiuri, The Phlegraean Fields, fig. 41).

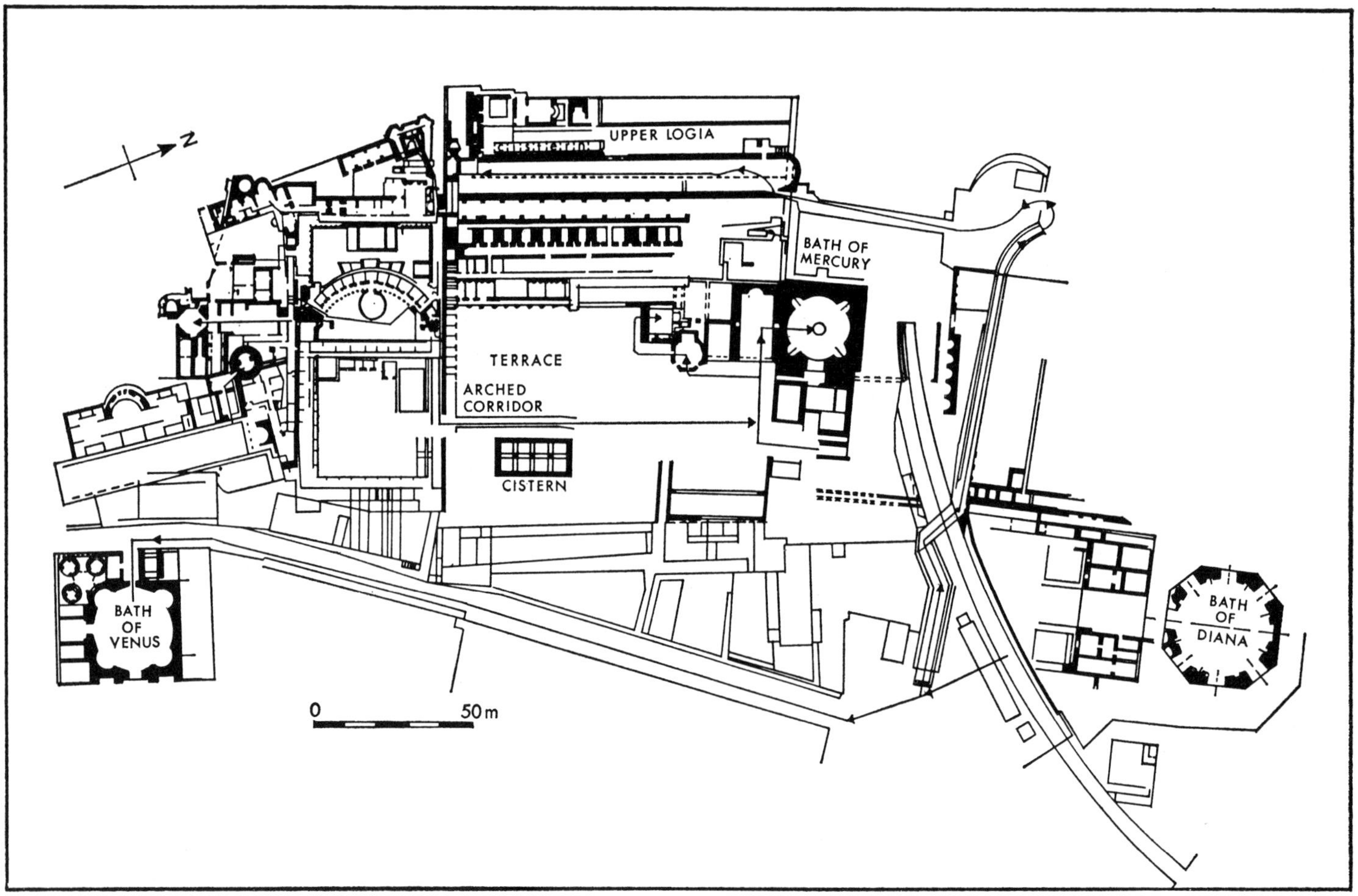

108. Pompeji. «Casa della Fontana Piccola». Villa maritima und Hafen. Wandmalerei im Peristyl.

politanisches Herrenhaus mit einer Porticus über vier oder fünf Terrassen, die in Westlage zur Bucht und dem frischen Meereswind ausgesetzt, angelegt sind[203].
Über den mehrstufigen Bau in Baiae, einem umfangreichen Baukomplex an den Hängen der Sella di Baia, besteht bei den Archäologen auch weiterhin Unklarheit[204]. In vielerlei Hinsicht erinnert er an die Terrassenform des ungewöhnlichen Tempels der Fortuna Primigenia in Praeneste (ca. 100 v. Chr.?) oder an die Bergstädte Etruriens und Campaniens[205]. Treppen unterteilen den großen Bau in Sektoren, die in dieser an eine Stadt gemahnenden Anlage zu scheinbar separaten Wohnungen führen. Die ältesten, bis jetzt identifizierten Teile sind hellenistischen Datums, die jüngsten werden der Regierungszeit des Alexander Severus (225–235 n. Chr.) zugeordnet. Das Vorhandensein separater Wohnungen, die in einigen Sektoren eigene Heizanlagen hatten, läßt vermuten, daß der Komplex das Werk lokalen Unternehmertums (vielleicht des Sergius Orata) ist oder einen Kompromiß darstellt, an dem mehrere Vermieter und Bewohner beteiligt waren. Oft mit einer *porticus* oder einem bescheidenen Peristyl in der Art von Terrassenwohnungen versehen, haben die einzelnen «Villen» allmählich das Aussehen einer zusammenhängenden Einheit angenommen. Wenn De Franciscis Recht hat, wurde später der gesamte Komplex das kaiserliche *palatium* der severischen Dynastie in Baiae[206].
Die *porticus*-Villen in Stabiae, Surrentum, Damecuta und andernorts zeugen nur noch vereinzelt von der übergroßen Fülle an Villen, die einst die campanische Küste säumten. 108
Wandmalereien mit Darstellungen von Villen am Meer, die in Pompeji und Stabiae gefunden wurden, sind offensichtlich nicht Erfindungen von Künstlern, sondern sind Kunstwerke, die reale Fakten nachbilden und zeitgenössische, selbst lokale Bezugspunkte haben. Von ihren Peristylgärten, Skulpturen, Booten und Anlegeplätzen, den langen, geräumigen Portiken, die mitunter stufenweise an einem Hügel angeordnet

109. Rom, Prima Porta. Villa der Livia. Gartenbild im unterirdischen Gewölbe.

sind, den Nebenbauten und dergleichen weiß man jetzt, daß sie Bestandteile des zeitgenössischen Villentypus waren. Die von den Wandmalereien her bekannten und in der Val di Catena an der Adria[208] weitgehend de facto belegten gekurvten Formen sind raffinierte Beispiele für die Verwendung von «Beton», insbesondere des schnell trocknenden hydraulischen Mörtels von Puteoli, der Architekten in die Lage versetzte, entlang zerklüfteten oder ausgebuchteten Küstenstreifen neuartige Formen zu bauen.

Charakteristisch für jede Villa vom *porticus*-Typus war eine Vorliebe für Weiträumigkeit, Licht, Luft und Ausblicke. Für all diese bot die *porticus* in einmalig erfolgreicher Weise die Grundlage. Ciceros Anspielung auf das Aussichtsfenster in der suburbanen Villa des Marcus Marius in Pompeji ist typisch für den Lichteinfall und die großen Fenster in diesen Sommerhäusern[208].

Obgleich sich Augustus leidenschaftlich zu Capri als Erholungs- und Vergnügungsort
109 bekannte, suchte er auch anderweitig nach Plätzen, wo er sich zurückziehen konnte. Die ursprüngliche Residenz in Prima Porta (dem antiken Rubra oder Saxa Rubra), 13 km von Rom entfernt, wurde wahrscheinlich zwischen 30 und 25 v. Chr. erbaut. Sie nahm ein weites Plateau mit Ausblick über den Tiber ein und wurde vom kaiserlichen Paar wegen eines dort bezeugten, vorteilhaften Omens, wie auch wegen ihrer gesunden Lage bevorzugt. Die Villa hieß *ad Gallinas.* Ihre berühmtesten Funde sind die 1863 gefundene Panzerstatue des Augustus sowie das hervorragende Gartenbild, das 1951–52 im Museo Nazionale in Rom installiert wurde. An die unterirdischen Zimmerfluchten der Domus Augusti auf dem Palatin und die Casa dei Grifi erinnernd, besitzt auch die Villa von Prima Porta ein stuckiertes, unterirdisches Gewölbe von 120 m Länge, das sich zu einem aus sechs Feldern bestehenden Gartenbild mit Blumen, Büschen, Vögeln und Früchten weitete. Es handelt sich dabei um eines der reizvollsten Gemälde, die uns aus der Antike überkommen sind.

Tiberius, der melancholische Nachfolger des Augustus baute sich auf Capri als Ruhesitz
110 einen großen Palast, die sogenannte Villa Jovis[211]. Obgleich schon Augustus seine Liebe
111 zu der Insel mit dem Bau zahlreicher Villen kundtat, brachte es Tiberius dort auf zwölf kaiserliche Residenzen, deren glanzvoller Höhepunkt die Villa Jovis ist. Augustus mag das Gelände für diesen Horst ausgesucht und mit dem Bau begonnen haben, aber der

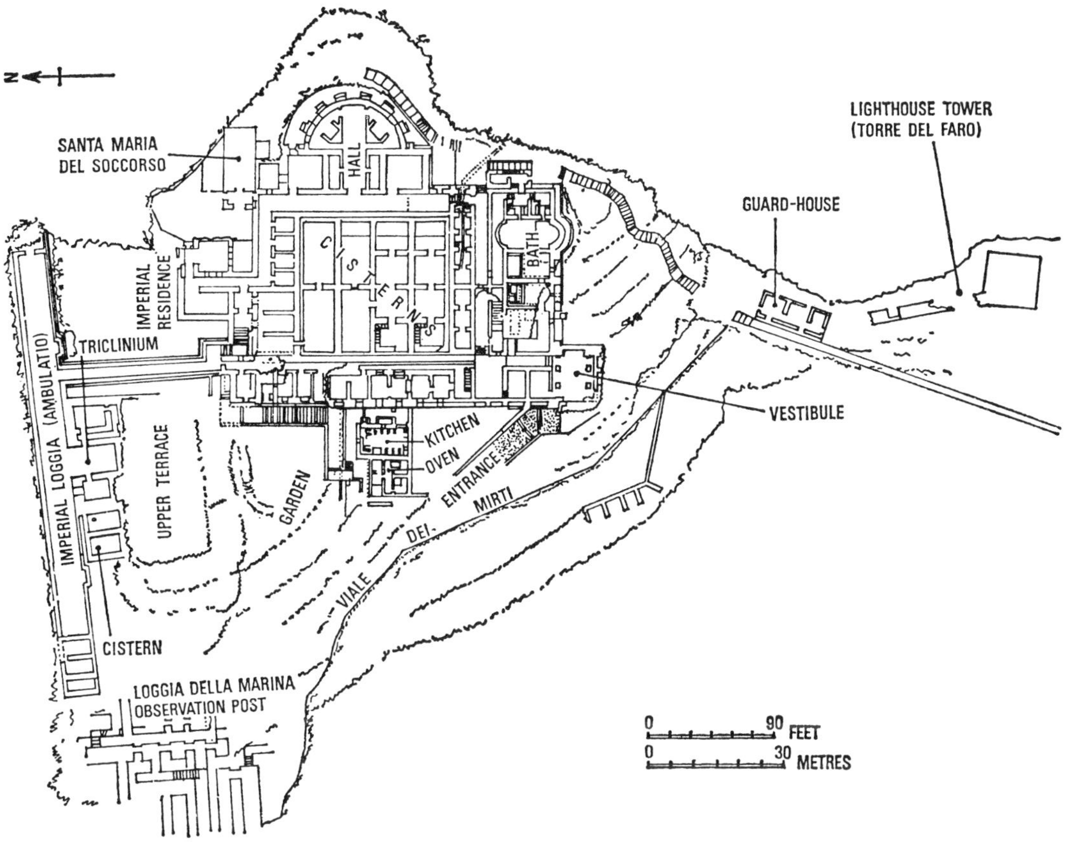

110, 111. Capri. Villa Jovis (Villa des Tiberius). Rechts: Grundriß. Unten: Ansicht von Südwest.

endgültige Plan für dieses großartige Bauwerk ist mit fast absoluter Sicherheit eine Idee des Tiberius und seiner Hofarchitekten. Die Villa Jovis erhebt sich über dem nordwestlichen Vorgebirge der Insel. Sie ist abgelegen, gut zu verteidigen und großartig auf der Kote von 334 m über dem Meeresspiegel angelegt. Als Residenz für alle Jahreszeiten gedacht, bietet der mehrstufige Komplex eine herrliche Panoramasicht über den Golf bis zum Vesuv und zur Akropolis von Cumae, nach Sorrent und zu den Inseln der Sirenen. Der Kern der Villa, der die Hälfte ihrer Grundfläche ausmacht, besteht aus vier großen, gewölbten, in jeweils drei oder vier Kompartimente unterteilten Zisternen. Quellen fehlen auf dem Gelände völlig, was ja heute für Capri generell zutrifft. Die Bäder befanden sich an der Südseite der zentralen Zisterne. Sie waren der Sonne zugewandt, deren Licht durch großflächige Fenster in den Badebetrieb strömen konnte. Küchen, Bäckereien und Lagerräume waren unter dem Westflügel des Palastes untergebracht, d.h. in genügender Entfernung, um den kaiserlichen Wohnräumen eindringende Küchengerüche zu ersparen und in bequemer Nähe zu den Wasservorräten. Die mit einem *opus spicatum* (Fischgrätenmuster) gepflasterte Eingangshalle der Villa öffnete sich zur Westseite und führte durch ein Säulenvestibül, das vier Cipollino-Säulen aufwies, zum Bereich der Wachräume und der Badeanlagen an der Südseite. Die Nord- und die Ostseite der Villa waren für die privaten Wohnräume des Kaisers und seines Gefolges bestimmt, zu dem Prätorianerwachen, Freigelassene als Sekretäre, Palastbeamte, Gelehrte und Astrologen gehörten. Die Ostseite nahm ein halbrunder Audienzraum *(aula)* ein, dessen Mittelteil als lange Halle geformt war, die man durch einen *cryptoporticus* an der Westseite betrat. Die jeweils mit einem schmalen, rechteckigen Vorraum versehenen Räume beidseitig des langen Ganges waren wahrscheinlich Bibliotheken, vielleicht die eine für griechische, die andere für lateinische Bücher. Die beiden nach Nordosten und Südwesten gerichteten, rechteckigen Alkoven mögen mit ihren großen Fenstern zum Meer hin als Leseräume gedient haben. Die am höchsten gelegene Nordseite war der Bereich der kaiserlichen Wohnungen und der Räume für die Prätorianergarde. Eine ausgedehnte Freiluftpromenade *(ambulatio)* mit Wanddekoration, zweifellos war sie dem Gegenstück in der Villa von Damecuta unterhalb von Anacapri nachgebildet, verfügte über eine annähernd 90 m lange Sonnenterrasse *(solarium)*; zwei rechteckige exedrae sollten den Blick nach Norden hin über die Weite der Bucht bis nach Ischia schweifen lassen. Die Räume der kaiserlichen Zimmerflucht befanden sich an der Nordwestseite der Villa. Mit polychromem Marmor ausgelegt, waren sie von dem zum Haupteingang und zu den Bädern führenden Korridor aus zu erreichen, wie auch von der Hintertreppe, die aus dem Küchenbereich emporführte; durch eine überwölbte Rampe waren sie ferner mit der auf einer niedrigeren Ebene gelegenen, terrassierten *ambulatio* verbunden. Eine obere Belvedere-Terrasse, die heute die Kirche Sta. Maria del Soccorso trägt, war der privaten Benutzung durch den Kaiser vorbehalten.

Der Kaiser speiste in einem weiten, gewölbten Raum, der sich zu der Terrassen-Loggia öffnete; ihr polychromer Marmorboden dient heute der lokalen Kathedrale als Bodenbelag; zwei zusätzliche Räume öffnen sich zu dem *triclinium*, deren einer eine *diaeta* für die Mittagsruhe war, während der zweite, umfangreichere Raum vielleicht ein Winter-*triclinium* oder ein kaiserlicher Wohnraum war. Daneben lagen kleine Zisternen zur Bereitstellung von zusätzlichem Wasser für das Eßzimmer sowie für die *nymphaea* im Park und für das ohne Zweifel darüber installierte Vogelhaus. Reste einer Sternwarte *(specularium)*, in welcher der Kaiser seinen astrologischen Neigungen nachgehen konnte, stehen für sich allein auf der Westseite der Villa. Die Villa hat keine wahrnehmbare Mittelachse, und der private Wohnbereich des Tiberius ist bewußt von dem aus Hof und Zisterne bestehenden, zentralen Kern isoliert.

In der Spätzeit der Republik und in der Kaiserzeit waren Grotten und *nymphaea* in großer Mode. Die berühmte Blaue Grotte auf Capri war gewiß ein Grottennymphaeum für eine Villa der näheren Umgebung[212]. Neueste Funde weisen darauf hin, daß eine Anzahl Skulpturen mit wahrscheinlich mariner Thematik auf Wasserhöhe an den Grottenwänden befestigt waren. Ein schräg abfallender Anlegeplatz aus «Beton» mit einem Kanal, der mit Backsteinen eingerahmt war, und Spuren von Abarbeitungen in der Höhlenwand sind zusätzliche Beweise dafür, daß die kaiserlichen Besucher den Zauber der Grotte von einer inneren Plattform aus genossen. Die Blaue Grotte war einfach eine großartigere, natürliche Version der *nymphaea*, welche die Villen und Privatgärten reicher Leute in der Stadt wie auf dem Land zierten. Tiberius liebte in besonderem Maße diese romantischen, verzauberten Orte, von denen einer beinahe Schauplatz einer Tragödie geworden wäre. Tacitus erzählt, daß, während der Kaiser mit seinem Gefolge in einer Höhle bei Formiae speiste, die Tafelrunde vom Einsturz der Grottendecke überrascht wurde[213] und das Leben des Tiberius nur durch das schnelle Eingreifen von Sejanus gerettet wurde, der mit seinem eigenen Körper den des Kaisers schützte. Die Grotte in Sperlonga (dem antiken *spelunca*) hat ihre nächste 112
Parallele in einer anderen Grotte auf Capri, der sogenannten Grotta dell'Arsenale zwi- 113
schen der Marina Piccola und der Punta di Tragara. Es gibt dort eine vergleichbare,

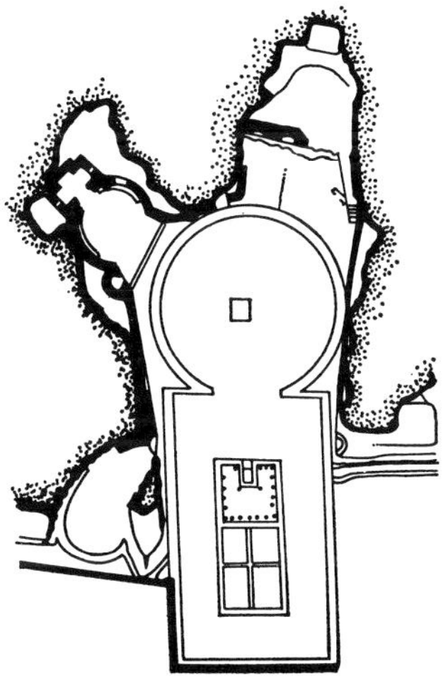

112, 113. Sperlonga. Villa des Tiberius. Oben: Grotte mit Wasserbecken. Grundriß (F. Rakob, RM 71, 1964). Unten: Grotte mit Becken und Skulptur.

niedrige Mauer um das felsige Innere mit einem Durchmesser von 37 m und große, in die Rückwand der Höhle eingehauene Nischen. Diese Plattform war mit polychromem Marmor belegt. Die Decke war mit *lacunaria*, sogenannten Kassetten aus Stuck und Mosaik verkleidet. Die Sperlonga-Grotte war so umgebaut worden, daß sie gleichzeitig als Nymphaeum und als Speisesaal dienen konnte. Ihr Schmuck bestand aus Marmorgruppen, die epische Szenen illustrieren. Dargestellt waren der Angriff der Scylla auf die Gefährten des Odysseus, der ruhende und der angegriffene Polyphem (diese beiden sind die größten Stücke), der Schiffbruch des Odysseus, der Raub des Ganymed, der Raub des trojanischen Palladiums und Menelaos mit dem toten Patroklos (eine Vorwegnahme des Werkes in der florentinischen Loggia). Eine spätrepublikanische Villa unmittelbar neben der Höhle ergänzte die kaiserliche Anlage[214].

Caligula und Nero waren beide für ihre Bauwerke berühmt-berüchtigt, weil diese ebenso zahlreich wie virtuos-überspannt waren. Sueton und Plinius der Ältere lassen beide durchblicken, daß Rom praktisch von den Wohnsitzen dieser Mitglieder des julisch-claudischen Kaiserhauses umzingelt war. Sie hatten ihre Villen und Gärten entweder ererbt oder durch Mord erworben.[215]. Ein treffender Beleg für ihre phantastische Extravaganz ist aus den Tiefen des Nemi-Sees, ca. 12 km südöstlich von Rom, aufgetaucht, als man dort die gesunkenen «Hausboote» Caligulas entdeckte. Größer als einige der frühen atlantischen Ozeandampfer, waren es eigentliche schwimmende Villen, die mit jedem nur vorstellbaren Luxus ausgestattet waren[216].

Neros Bauerei war nicht weniger spektakulär: der luxuriöse Umbau seines Geburtshauses in Antium, einer Porticusvilla von grandiosen Ausmaßen; ein Projekt, das die Thermalbäder von Baiae mit Puteoli, mit dem Lucriner-See und dem Averner-See durch eine große Kolonnade verbinden sollte; ein Kanal, um den Averner-See mit Ostia zu verbinden, gehörten dazu. Ein aufklappbares Vergnügungsboot, mit dem er

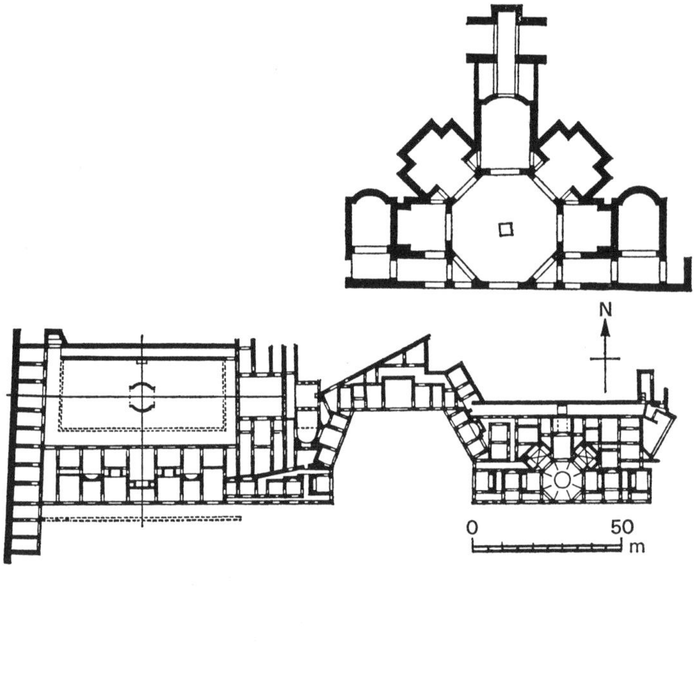

114 (oben). Rom. Domus Aurea (Neros Goldenes Haus). Grundriß (H. Kähler, fig. 20).
115 (links). Domus Aurea. Der achteckige Kuppelsaal im Ostflügel.

seine lästige Mutter, die Kaiserinwitwe Agrippina, umbringen wollte und ähnliches mehr passen ins Bild[217]. Die Kaiservilla in Sublaqueum (Subiaco) war ein umgebautes älteres Besitztum in Gestalt einer allerdings landeinwärts gelegenen *villa maritima*. Zur Schaffung eines künstlichen Sees hatte man einen Fluß gestaut[218]. Das große Feuer von 64 n. Chr. zerstörte zwar Neros Domus Transitoria, versetzte ihn aber in die Lage, sich hierfür einen Ersatz zu bauen, der ähnlich wie in Subiaco wiederum in Widerspruch zu den natürlichen Gegebenheiten stand. Die daraus resultierende Domus Aurea war eine *villa suburbana* mit einem weiten künstlichen See und Hektaren von Parkland[219]. *Rus in urbe* war die kaiserliche Erwiderung auf die für Menschen destruktive und über-
quellende Stadtlandschaft, welche der Gott Vulkan auszulöschen versucht hatte. 114
Neros Stadtvilla im Herzen von Rom bedeutete einen entschiedenen Bruch mit tradi- 115
tionellen Grundrißformen und Baumethoden. Ziegelverkleideter «Beton» war das Hauptbaumaterial und zwingende Einfachheit von Grundrissen und Bauformen wurde aufgegeben zugunsten von komplexen Anlagen, polygonalen Formen, Kuppelräumen und Raumwirkungen, wie sie bis jetzt noch nie in einem größeren Rahmen verwirklicht worden waren. Neros Sehnsucht «nach künstlich geschaffener Einsamkeit inmitten von Wäldern mit Weitblicken und offenem Weideland»[220] wurde in aufsehenerregender Weise von seinen Ingenieur-Architekten Severus und Celer befriedigt und noch dazu innerhalb einer unglaublich kurzen Zeitspanne. Über das Aussehen von Neros Goldenem Haus hat Sueton einen eindrücklichen Bericht hinterlassen:
«Ferner befand sich darin ein Teich, der wie ein Meer mit Gebäuden umgeben war, die Städte vorstellten, dazu verschiedene Ländereien mit Feldern, Rebbergen, Weiden und Wäldern mit einer Menge Vieh und Wildtieren aller Art... Die Speisezimmer hatten Decken aus beweglichen, durchlöcherten Elfenbeinplatten, so daß man von oben herab über die Gäste Blumen streuen oder Parfüme sprengen konnte. Der Hauptspeisesaal war rund, und seine Decke drehte sich Tag und Nacht, wie das Weltall. In die Bäder floss Meerwasser und Wasser aus den Albulaquellen (von Aquae Albulae bei Tivoli)»[221].
Die künstliche Abgeschiedenheit, der außergewöhnliche *hortus*, stellten eine Erweiterung und Steigerung von Praktiken dar, die schon lange in die Villen- und Privathaus-
architektur Eingang gefunden hatten. Im «Haus des M. Lucretius Fronto» in Pompeji 127
aufgefundenen Malereien widerspiegeln zweifellos die Seen, Portiken, Pavillons, 128
rustikalen Heiligtümer usw., welche Gartenarchitekten *(topiarii)* schon in früherer Zeit 129
schätzten[222]. Varros Beschreibung seiner Villa in Casinum berichtet von einem Parkgelände mit einem Kanal, den Brücken überqueren, das übersät ist mit Hainen, Fischteichen *(piscinae)* und Kolonnaden, die Hanfnetze bedecken, um die Vögel am Entfliehen zu hindern. Ferner gab es ein überkuppeltes Vogelhaus und einen Wald voll großer Bäume. Im Innern der von einem inneren Ring hölzerner Säulen gestützten Vogelhauskuppel drehten sich mit Hilfe eines raffinierten Mechanismus die Sterne des Morgen- und Abendhimmels um die untere Hälfte der Himmelssphäre und eine von außen durch eine Wetterfahne gesteuerte Kompaßnadel zeigte zu jeder Tages- und Nachtzeit
die Richtung eines der acht Winde an[223]! Mit seinen Brücken, Türmen, Bäumen, den 116
ausgedehnten Feldern, Pavillons und Statuen bietet auch der Stuckdekor aus der Villa Farnesina, der heute im Museo Nazionale delle Terme in Rom ausgestellt ist, eine reichhaltige Übersicht über die Zierden von Gärten und Parkanlagen[224]. Neros Fehler war nicht so sehr seine Genialität, vielmehr seine exzentrische Selbstbezogenheit: «Die öffentliche Meinung der Zeitgenossen empfand die architektonische Überheblichkeit

116. Rom. Villa Farnesina. Stuck-Relief.

des Goldenen Hauses weniger anstößig als die Verdrängung eines überfüllten Stadtviertels, das einem im Herzen von Rom angelegten Landsitz weichen mußte»[225]. Beste, auf uns gekommene Ebenbilder dieser Villa mit ihren spektakulären Gärten sind die berühmten Villen in Frascati, insbesondere die Villa Aldobrandini und die Villa Borghese in Rom.

Der Wohnflügel von Neros rustikalem Palazzo ähnelte den terrassierten Villen Campaniens oder der Albaner-Berge, wies aber beachtenswerte Neuerungen auf: die bewußte Unterbrechung des einen Rechteckgrundrisses im Hauptblock durch Einschluß eines länglichen, halb hexagonalen Hofes, der mitten vor die Fassade der Sala della Volta Dorata eingerückt ist, wie auch der in die Mitte des Westflügels eingesetzte, oktogonale Raum mit zentraler Kuppel und ausstrahlenden, gewölbten Gemächern. Von dem Wohnteil des Goldenen Hauses unten an den Hängen des «Colle Oppio», östlich vom Kolosseum aus, überblickte man einen künstlichen See (wo später Vespasian die Arena seines Amphitheaters baute); Aquädukte brachten das Wasser für zahllose Flüsse und Kaskaden herbei, die, wie in der neuzeitlichen Villa d'Este oder in Caserta, über die terrassierten Hänge hinabfielen. Das Vestibül stand an der Stelle, an der später Hadrian den Tempel der Venus und Roma errichtete, und das ganze überragte die vergoldete Bronzestatue des Kaisers, ein mehr als 36 m hoher Koloß[226].

Neros revolutionäre Palastarchitektur löste Ärger und Mißfallen aus, die den Untergang und den Selbstmord des Kaisers beschleunigten. Seine Bemerkung anläßlich der Vollendung der Domus Aurea: «Jetzt kann ich endlich wie ein Mensch leben»[227], zeigte seine charakteristische Großmäuligkeit und seine krankhafte Selbstsucht. Aber das Produkt seiner Träume und Wünsche, obwohl von den Nachfolgern abgelehnt, zerstört und verschüttet, wurde trotzdem später zur Inspiration für Raphael, Giulio Romano und Giovanni da Udine (ihre Grafitti sind in den unterirdischen Gängen erhalten) und lieferte die Muster für die herrlichen Interieurs der Villa d'Este, der Villa di Papa Giulio (heute Roms Etruskisches Museum), der Villa Madama und der Villa in Caprarola.

Domitians «Albanum» (erg. *praedium* = Gut), früher im Besitz von Pompeius Magnus, lag an der Via Appia beim Albanersee[228]. Domitians berühmter Architekt Rabirius, der für ihn schon auf dem Palatin gebaut hatte, entwarf den dreistufigen Bau, welcher ebenso beeindruckend wie klug durchdacht war. Die oberste Terrasse enthielt Zisternen; die mittlere Terrasse, eine dreiteilige Anlage, umfaßte eine *quadriporticus* mit einem Brunnen vor einem kleinen Theater, dessen Sitze bis zur Höhe der obersten Terrasse anstiegen, einen langen, schmalen Garten mit einem *nymphaeum* im Mittelteil und dem südöstlich gelegenen Wohnbereich. Eine *cryptoporticus* (sie bot Unterkünfte für die Prätorianergarde) verband die unterste Terrasse mit dem Palastsektor, mit den Ställen und einem versenkten Garten, der dem «Stadion» auf dem Palatin nachgebildet war. Das «Albanum», ob seiner Eleganz und erlesenen Küche in des Kaisers Tagen Gegenstand von Neid und Lob, bedeckte mit seinen Terrassen und Promenaden, Anlegeplätzen am Wasser und einer Vielzahl von Nymphäen und Gartenhäuschen eine große Parkfläche, eine wahrhaftige Domus Aurea, die von Castel Gandolfo, der heutigen Sommerresidenz der Päpste, nach Albano und über den See hinaus bis zur Via Appia reichte. Domitians andere *villa maritima* befand sich am Lago di Sabaudia nahe dem Kap Circeo[229] und war eine umgebaute ältere, republikanische Villa, bei der es sich möglicherweise um jene handelt, in die Augustus den lästig gewordenen Lepidus, der mit ihm gemeinsam Pontifex Maximus und Triumvir gewesen war, bis zu dessen Tod 13 v. Chr. verbannt hatte[230].

Hadrians Villa in Tibur, über 30 km von Rom entfernt, ist der Höhepunkt der Land- 64, 70
schaftsvillen aus der römischen Kaiserzeit[231]. Die einzelnen Teile entstammen der Tra- 71
dition des Varroschen Villentypus, dem Formenkonglomerat von Neros Domus Aurea 117
und Domitians Albanum, die hier jedoch mit noch großartigeren und abwechslungs- 118
reicheren Elementen verschmolzen sind. Eine bloße Aufzählung der Bestandteile ist ein 119
Beleg für die unwahrscheinliche Verausgabung von Zeit und architektonischen Mitteln für ein Objekt, welches aller Wahrscheinlichkeit nach Hadrian selbst nur selten besuchen und genießen konnte. Die uralte Axialität und Symmetrie der römischen Architekturplanung gingen endgültig in der barocken Ansammlung von Gebäuden und Architekturformen verloren. Verstreut über ein 450 mal 915 m großes Gelände, das alles in den Schatten stellte, was Severus und Celer oder sogar Rabirius ausgedacht hatten, war Hadrians ländlicher, vielleicht von ihm selbst entworfener Besitz, eine wahllose Aufreihung von großen und kleinen Palästen, einem Gästehaus, einer Basilika, Pavillons, Speisezimmern, Bädern, einer Bibliothek, Portiken (einschließlich der berühmten *Poikilè*), von Becken, Dienerunterkünften, einem Stadion, *cryptoporticūs*, einer Palästra, einem gewölbten Serapis-Tempels und einem Komplex mit einem langgestreckten Becken und *triclinia*, das an Alexandrias Canopus und damit unterschwellig an seinen verlorenen Geliebten Antinous erinnern sollte. In der Stadt übliche und auch auf das Land übertragene Formen des Wohnens hatten sich gänzlich verloren. Diese Villa der hohen Kaiserzeit war ein «mehr oder weniger lockerer Zusammenschluß von gefälligen separaten Raumgebilden, alle dafür geschaffen, durch ihre spezifische Verwendungsart, das Leben eines einzigen Menschen zu bereichern»[232]. Sphären und Zylinder waren die Grundformen; Wände unterlagen schwingenden Wellenbewe-

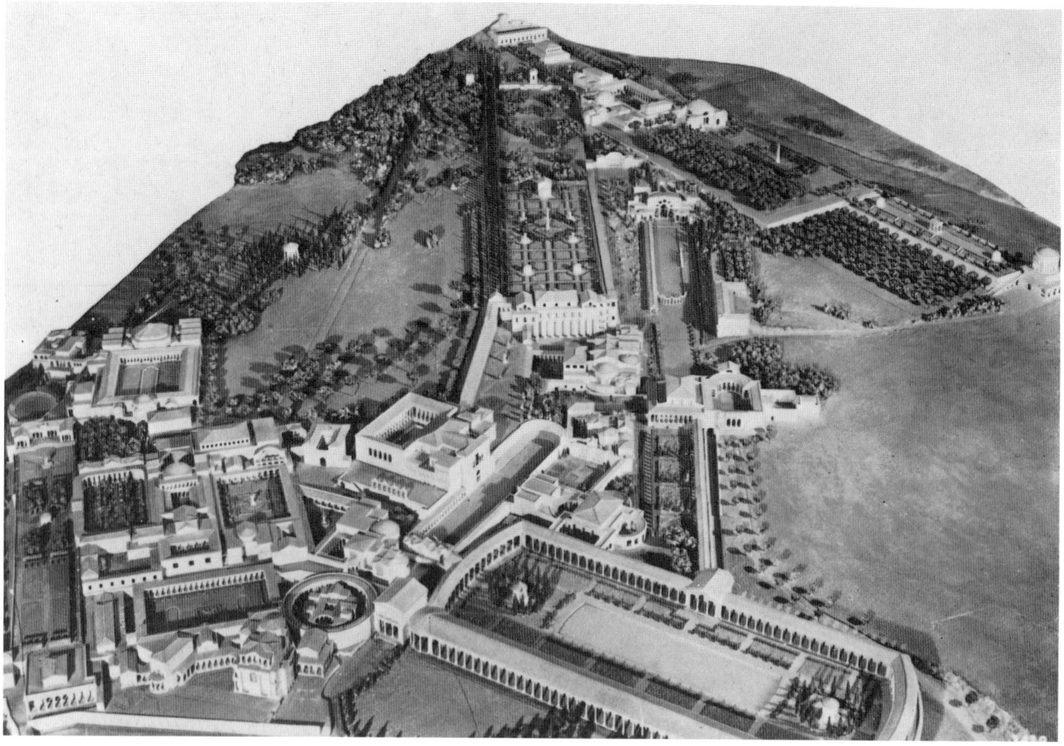

117. Tibur (Tivoli). Hadrians Villa. Rekonstruktions-Modell.

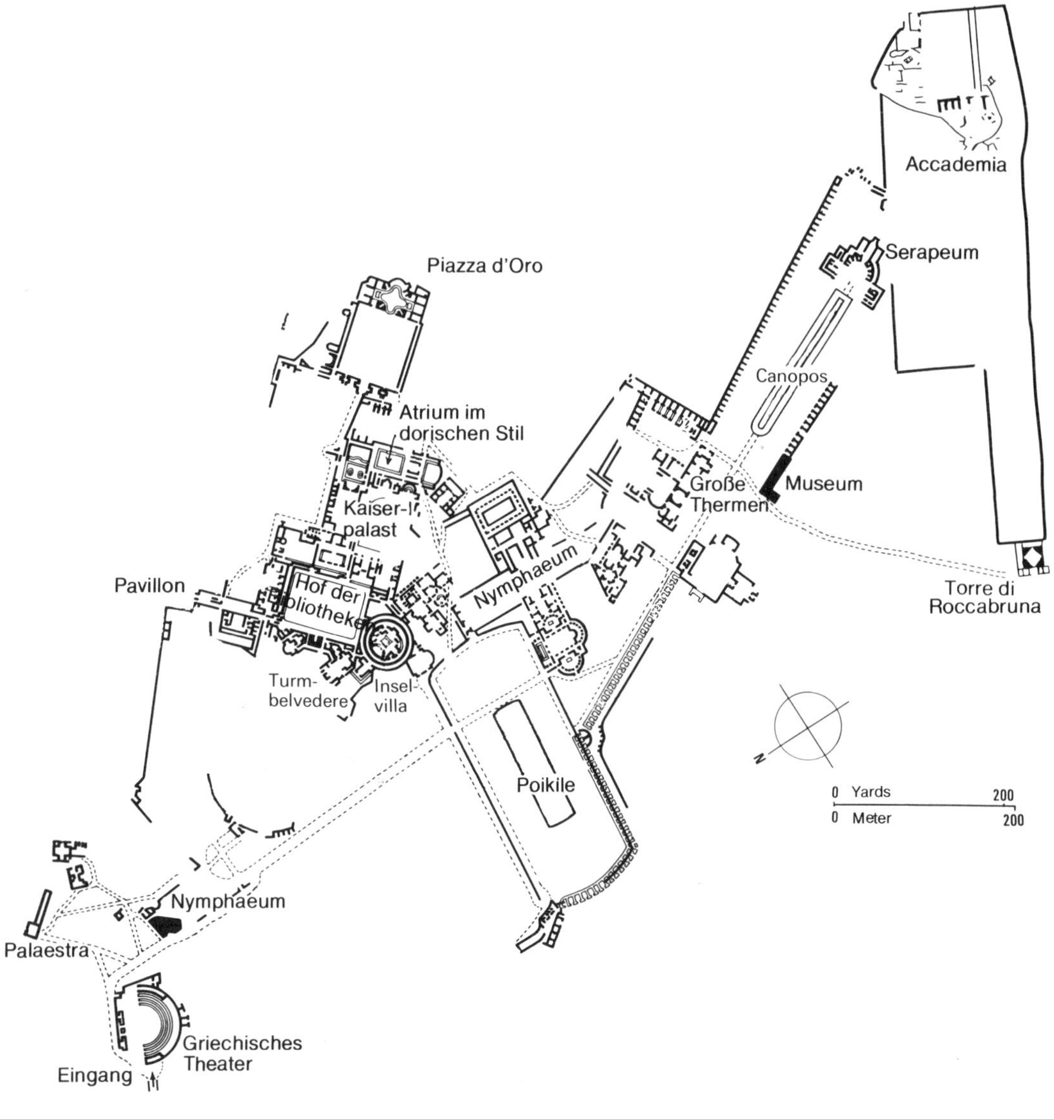

118. Tibur (Tivoli). Hadrians Villa. Übersichtsplan.

119 (rechts). Tibur (Tivoli). Hadrians Villa. Der Canopus (Ausschnitt).

gungen, welche den Gebäuden neues, rythmisiertes Leben eingaben; und doch sind *utile* und *dulce,* das Nützliche und das Ornamentale, ungewöhnlich erfolgreich miteinander verknüpft.

120 Die sog. «Grotte di Catullo», vielleicht Catulls Villa mit einschließend, falls sich die *gens Valeria* aus Verona einen derartig atemberaubenden Standort am Garda-See leisten konnte, sind eine umfängliche Peristylvilla aus dem 2. Jh. n. Chr.[233]. Die symmetrische Anlage, die noch auf der breiten Gußmörtel-Plattform zu erkennen ist, war 180 m lang und 105 m breit; zwei rechteckige Baublöcke treten an den beiden Schmalseiten hervor, von denen die nördliche eine Terrasse mit Ausblick über den Garda-See (den antiken Lacus Benacus) trug. Die Villa selbst scheint den üblichen Wohnbereich zu umfassen, der auf einen großen Garten-Hof ausgerichtet war; der nördliche Baublock enthielt wahrscheinlich einen zentralen Eßbereich mit einer Pergola und beidseitig angrenzenden *diaetae.* Angesichts der julisch-claudischen und flavischen Neuerungen ist das Schema außerordentlich altmodisch und mag dem Geschmack eines hohen Militärs oder Senatsangehörigen jener Zeit, möglicherweise auch auch dem eines Kaisers in seinen alten Tagen entsprochen haben.

Auch die «Villa von Sette Bassi» (140–160 n. Chr.), wenig außerhalb Roms an der Via Latina gelegen, folgt einem lange zuvor entwickelten Schema; ein Eingangsperistyl führt in einen Wohnbereich und in ein großes Garten-Peristyl mit einem zusätzlichen, auf terrassierten Substruktionen ruhenden Flügel[234].

121 Die letzte Villa, die wir hier zu besprechen haben, wurde bei Piazza Armerina in Mit-
122 telsizilien ausgegraben. Obgleich sich die Wissenschaftler darüber noch nicht einig sind, wurde die Villa doch vermutlich für Kaiser Maximian entworfen, der gemeinsam mit Diokletian von 286 n. Chr. bis zu seiner Abdankung 305 n. Chr. Augustus war und sich dann zurückzog[235]. Der riesige Wohnsitz, ein überdimensioniertes Jagdschloß im

120. Sirmione (Gardasee). Grundriß der Villa bei den sog. «Grotte di Catullo».

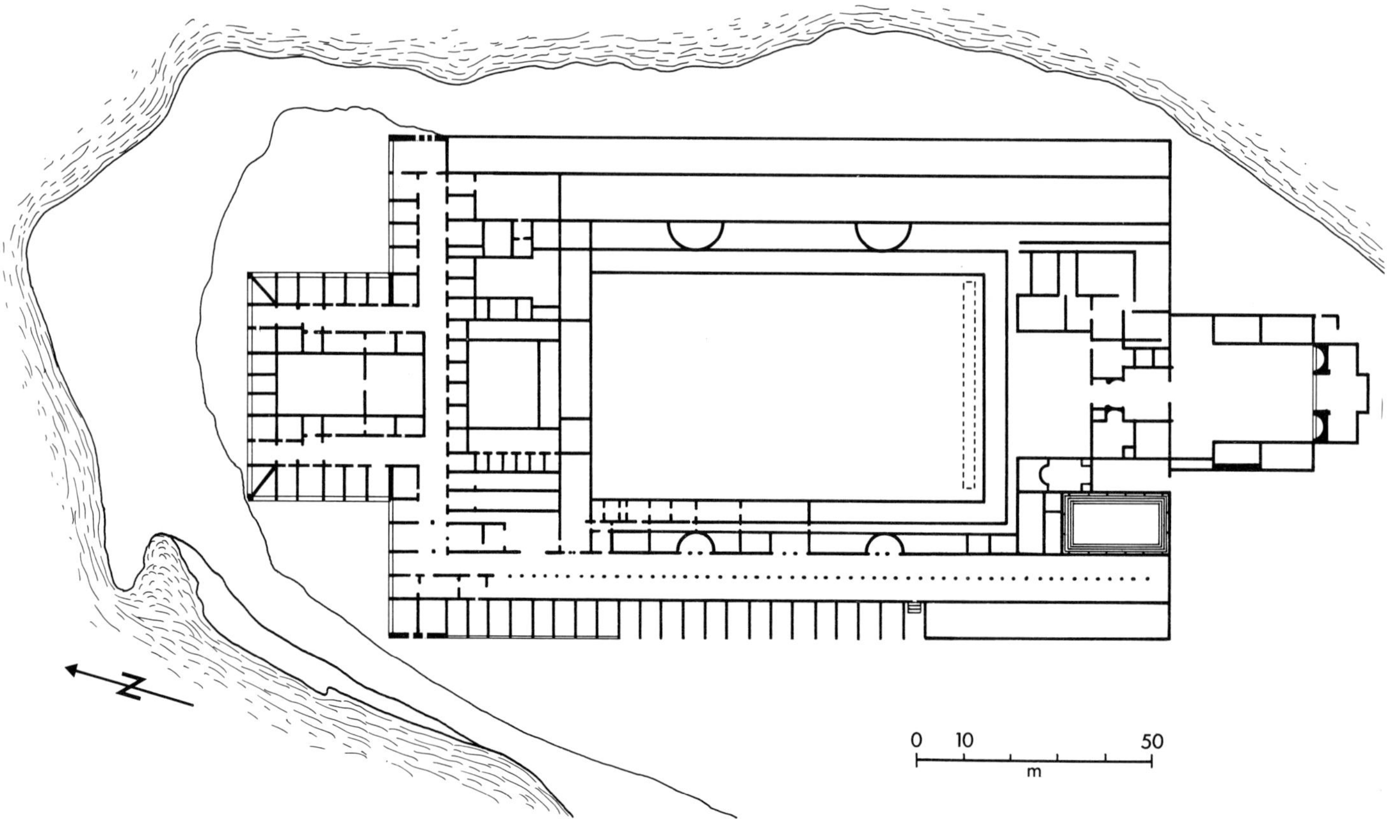

121. Piazza Armerina (Sizilien). Kaiserliche Villa. Mosaik. Jagd auf wilde Tiere (Ausschnitt).

dicht bewaldeten und wasserreichen Innern Siziliens, verzichtet einmal mehr auf die uralte strenge Symmetrie und Axialität. An deren Stelle tritt das gefällige Durcheinander der antiken italischen *villae rusticae.* Die Bestandteile sind leicht zu identifizieren, stehen aber kaum zueinander in Beziehung. Der dreigeteilte Eingang geht von einem hufeisenförmigen Eingangshof aus. Nach einer scharfen Rechtswendung betrat der Besucher den Hauptteil der Palast-Villa, bestehend aus einem Vestibül, einem Peristyl-Garten und zu diesem hin geöffneten Räumen, einem Quergang und einer großen, apsidialen Audienzhalle, die an die Villa Jovis des Tiberius erinnert. Ein Privatflügel enthielt einen halbrunden Cortile, zwei Zimmerfluchten mit Schlafzimmern und einen kleineren Speisesaal; der Zeremonialflügel im Süden verfügte über einen dreifach ausgebuchteten Speisesaal *(triconchus)* und eine ovale, als Vorhof dienende Porticus. Ein Bäderkomplex war mit der Nordwestecke des Hauptperistyls verknüpft. Die Fußböden sind gänzlich mit polychromen Mosaiken bedeckt, die größtenteils exotische Tiere darstellen – Strauß, Elefant, Löwen usw., eine förmliche Kavalkade all der Tiere, die für die Amphitheater Italiens, besonders die stadtrömischen, bestimmt waren. Thematisch und stilistisch sind die Mosaiken nordafrikanischen Vorbildern und Handwerkern verpflichtet, was auch auf den Grundriß der Villa zutrifft. Die nordafrikanischen Patrizierhäuser in Tunesien und Algerien, meist Peristylvillen mit lokalen Eigenarten, begannen mit Erfolg auf die Reichsarchitektur einzuwirken. Die Villa in Piazza Armerina hat Teil an dem hadrianischen, unorganischen Konzept mit seinen ruhelo-

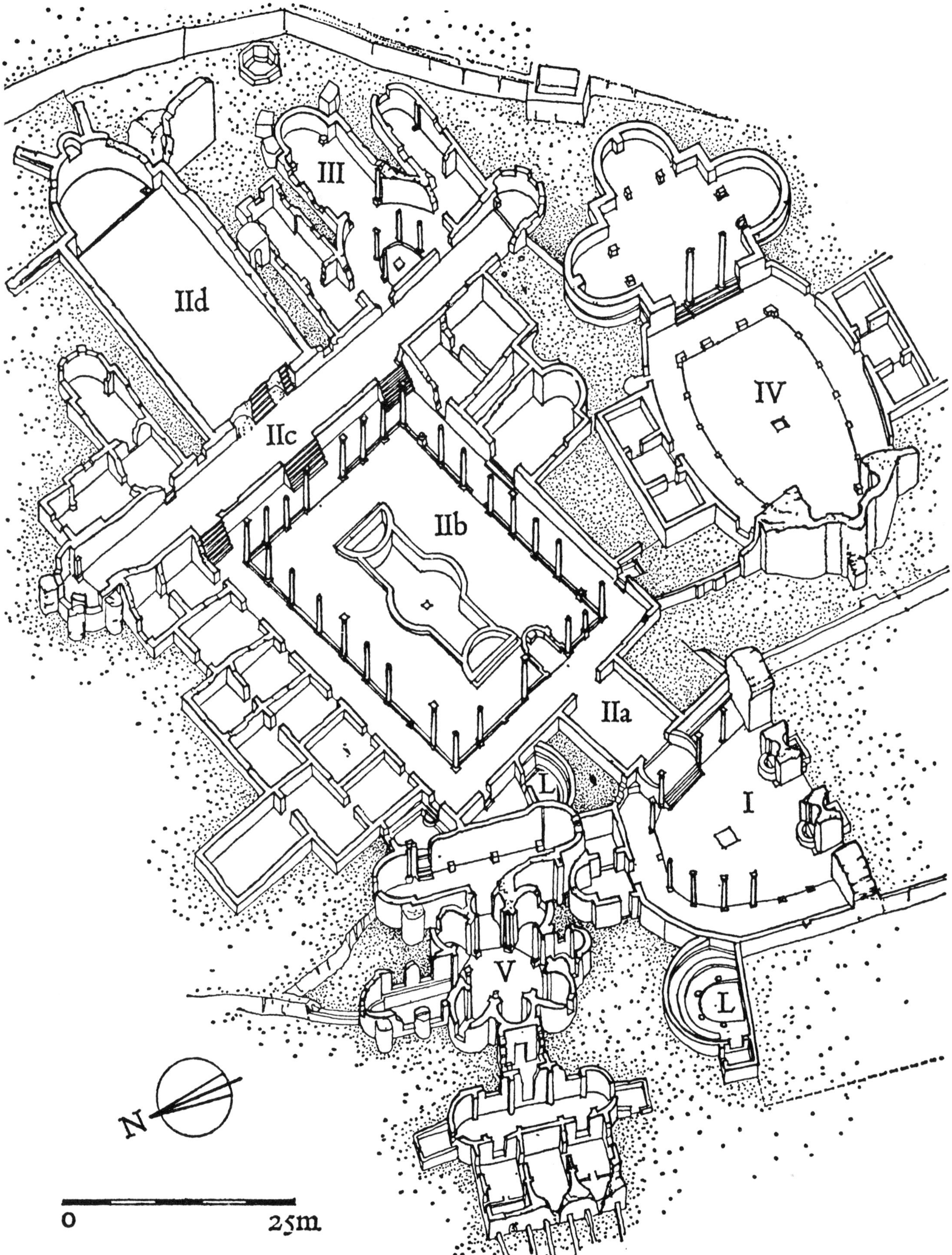
III
IId
IIc
IIb
IV
IIa
L
I
V
L
N
0
25m

sen, überzüchteten Formen und Erweiterungen, steht aber auch in Einklang mit dem pompösen Aufwand und dem betonten Zeremoniell, das für die Paläste auf dem Palatin und für die Häuser der pompejanischen und etruskischen Noblesse so bezeichnend ist. Es herrscht jedoch auch ein neues Empfinden für Einkehr, für Abwendung von der Landschaft und von der Natur. An ihre Stelle tritt der Innenraum und die Hinwendung zur «Gegenwart des allmächtigen Herrschers», des *Dominus et Deus,* eines vergänglichen Menschen mit göttlichem Schicksal. MacKendrick urteilt treffend über Maximians sizilischen Ruhesitz, der derselben Zeit angehört wie der so andersartige, einem *castrum* ähnliche Palast Diokletians in Split (Jugoslawien): «Geschmacklosigkeit und Großartigkeit, auffällige Verschwendung und kühne architektonische Planung erklären, was man unter Verfall verstehen muß, aber auch weshalb das Reich eine so lange Zeit bis zum Untergang brauchte»[236].

122. Piazza Armerina (Sizilien). Kaiserliche Villa. Axonometrischer Plan (Boëthius & Ward-Perkins, fig. 202). I: Eingangs-Vorhof; IIa: Vestibül; IIb: Peristyl-Garten, Zimmer; IIc: Korridor; IId: Apsidiale Audienzhalle; III: Privat-Flügel, Schlafzimmer, triclinium; IV: triclinium mit triconchus und ovalem Vorplatz; V: Badekomplex.

Römische Innenausstattungen und Dekorationen

«Stürzte das Prachthaus ein des Asturicus, trauern die Frauen,
Kleiden die Großen sich schwarz, verschiebt die Termine der Prätor;
Dann seufzt über der Stadt Geschick, dann haßt man das Feuer.
Noch brennt's, und schon eilt man herbei: Der, Marmor zu schenken,
Kosten zu schaffen, es wird der glänzende, nackte Figuren,
Etwas Vortreffliches der von Euphranor und Polyklitus,
Die vorzeitlichen Schmuck asiatischer Götter ihm bringen,
Der gibt Bücher und Schränk' und das Brustbild einer Minerva,
Der voll Silbers ein Maß». Juvenal, *Satire* III, 212–220

In den größeren Städten Etruriens und Großgriechenlands waren zwar die Einrichtungsgegenstände zweifellos dem Stand der Mode entsprechende Importe oder zumindest sorgfältige Kopien von Möbeln und Innenausstattungen nach klassischem Vorbild, doch muß das vorhellenistische römische Haus einfach, sogar spärlich mit den notwendigsten Dingen eingerichtet gewesen sein, die, bescheiden und zurückhaltend gestaltet, dem Haus ein Mindestmaß an Annehmlichkeit gaben. Der unvermittelte Eintritt Roms in den Lauf der hellenistischen Geschichte war indessen von einem Umschwung in Geschmack und Formgebung begleitet. Auch wenn die Atriumeinrichtung wahrscheinlich einfach und herkömmlich blieb, wurde das Material besser. Der ursprüngliche Eß- oder Küchentisch *(cartibulum)*, entlang dem *impluvium* zwischen Auffangbecken und *tablinum* aufgestellt, erhielt nun durch die Verwendung von Marmor ein eleganteres Äußeres[237], und der Stuhl oder Thron *(solium)* des Patronus wurde mit gedrechselten oder eckigen Beinen, mit massiven oder durchbrochenen unteren Seiten recht verschiedenartig gestaltet. Mitunter hatte der Thron Armlehnen und eine geschlossene Rücklehne, aber die Form, die für den offiziellen Empfang zumeist bevorzugt wurde, hatte einen oben gerundeten oder geraden Rücken und geschlossene, vorne in Protome von Tieren oder Fabelwesen auslaufende Seiten[238]. Die Einrichtung des *tablinum* war abwechslungsreicher und gefälliger. Technisch ein Abkömmling des etruskischen Throntypus, muß der Korbstuhl aus Rutengeflecht später in der Kaiserzeit einer der bequemsten Stühle gewesen sein. Der mit einer Rücklehne versehene Stuhl *(klismos)*, der für bequemeres Sitzen gedacht war, wurde im Hausinnern ebenso gerne wie im Freien benutzt, denn er diente oft reichen Männern und Frauen innerhalb der Stadt als Beförderungsmittel, als eine Art von Sänfte. Hocker, faltbare Hocker, Bänke und Fußschemel gehörten zur üblichen Ausstattung im *tablinum* und in den anderen Wohnräumen der meisten römischen Häuser. Halbrunde Bänke waren oft in die Gärten von privaten Villen eingebaut[239]. Schränke für Geschirr und Kleidung gab es nicht, aber Schlafzimmertruhen *(arcae vestiariae)*, Truhen für Hausrat, Geldschränke *(arcae)* und ähnliche Möbel waren gebräuchlich. Truhen zur Aufbewahrung von Wertgegenständen waren oft mit Eisenbeschlägen am Boden befestigt und zum Schutz des Inhalts waren die Holztruhen mit ornamentalen Scharnieren aus Bronze oder Eisen und mit Bronzeschlössern versehen[240]. Wandregale und Wandhaken waren wahrscheinlich weit verbreitet. Eine hervorragend erhaltene, verkohlte Version eines Schrankes *(armarium)* ist 1935 in Herculaneum gefunden worden.

Von zwei korinthischen Säulen eingerahmt und mannshoch, war er gleichzeitig *lararium,* Geschirrschrank und Safe. Petronius erwähnt unter dem reichen Ameublement des Trimalchio einen genau vergleichbaren Schrank, in dem die silbernen Laren, ein goldener Toilettenkasten *(pyxis)*, der Trimalchios ersten Bart enthielt, und eine Venusstatuette aus Marmor untergebracht waren[241].

Die Griechen gebrauchten die Tische für praktische Zwecke, in erster Linie, um auf die bequemste Weise das Essen darzureichen. Die Römer andererseits benutzten Tische und Beistelltischchen, um das Schönste, was sie besaßen, zur Schau zu stellen. Die Tischformen waren griechischen Vorbildern verpflichtet. Wie dies aber so oft geschah, bereicherten und verfeinerten die römischen Handwerker die von ihnen übernommenen Stilformen. Zur Typenauswahl gehörten runde oder rechteckige Tische mit drei oder vier Beinen, aber auch Tische mit runder oder rechteckiger Platte, die nur eine einzige Stütze hatten. Am beliebtesten war jedoch der runde Tisch mit drei Beinen in Gestalt von Tierfüßen, denen oben manchmal Köpfe von Panthern, Löwen oder Schwänen aufgesetzt waren[242].

Die gebräuchlichste Form des Ruhebettes oder Diwans zum Essen, Ruhen und Schlafen hatte gedrechselte Beine, die häufig aus erlesen gemaserten Hölzern gearbeitet waren. Ein reichverziertes Kopfende und gelegentlich selbst ein Fußende gehörten dazu. Die Bemerkung von Plinius d. Ä., daß Speiseliegen *(triclinia)* mit Gnaeus Manlius nach der Unterwerfung des hellenistischen Asiens im Jahre 187 v. Chr. nach Italien gekommen seien, liefert einen wertvollen Anhaltspunkt für die Einfachheit des römischen Mobiliars, die vorher geherrscht hatte[243]. Mehrere sehr elegante Ruhebetten mit Bronzebeschlägen wurden in Pompeji und Boscoreale gefunden. Sie alle haben wunderschön geschnitzte, eingelegte oder plattierte Kopfenden. Einige haben Bein- oder Elfenbeinintarsien statt solcher aus Bronze. Bei anderen ist Silber in die Bronzeapplikationen eingelassen und in den Holzrahmen eines Exemplars in New York ist gefärbtes 132
Glas in den Farben Rot, Weiß und Gelb eingesetzt. Stattlichere Liegen waren aus Gold, Silber und Schildpatt gearbeitet[244]. Der Bettrahmen war mit einer geflochtenen Bespannung aus Leder oder Seilen, manchmal auch mit einer Metallverspannung versehen. Petronius gibt eine vergnügliche Beschreibung des unglückseligen Giton, der sich wie Odysseus an die Bespannung anklammerte, welche die darüberliegende Matratze trägt[245]. Auf den Ruhebetten lagen stets Matratzen, Kissen und Decken, gelegentlich stand daneben auch ein Dreitritt oder ein Fußschemel, da sie sonst unerreichbar hoch gewesen wären. In vielerlei Hinsicht war das Ruhebett, das zum Ausruhen und Genießen einlud, mit seinem eleganten Stoffbezug (oft leuchtend eingefärbt und mit Goldfäden bestickt), mit seinen Volants, die am Bettrahmen hingen und mit seinem kunstvoll gearbeiteten Kopfende das reizvollste Möbelstück im Hause.

Stühle waren bei Festessen nicht gebräuchlich und eine starre, unumstößliche Formali
tät diktierte die Anordnung der drei Liegen, mit denen das *triclinium*-Eßzimmer einge- 123
richtet war. Da es Brauch war, drei rechtwinklig zueinander stehende Ruhebetten zu haben und die ideale Gästeliste neun Speisende umfaßte, war die «obere» Liege mit einem reich verzierten Kopfende ausgestattet, die «untere» Liege mit einem Fußende, während die «mittlere» Liege keines von beiden hatte, um zu verhindern, daß die geschnitzten Stützen die Gesellschaft behinderten. Die verschiedensten Motive wurden für die Dekoration der Kopf- und Fußenden benutzt: Köpfe von Maultieren, Eseln und Pferden, von Satyrn und Mänaden, gelegentlich auch Schwäne, Hunde, Enten und Gänse[246]. Der Marmorsarkophag von Simpelveld im Rijksmuseum in Leiden zeigt eine

124 Form von Ruhebett, die in der Kaiserzeit zum Ausruhen und Schlafen bevorzugt
125 wurde – eine geräumige Couch mit gedrechselten Beinen, einfachem Kopf- und Fußende, sowie einem gegen die Wand zu stellenden erhöhten Rücken. Ein verkohltes Exemplar eines solchen Bettes, neben dem ein Beistelltischchen stand, wurde in Herculaneum im «Haus mit den verkohlten Möbeln» gefunden[247]. Im Gegensatz zu den Griechen benutzten die Römer auch Büffets *(abaci)*, um ihre liebsten Kunstgegenstände zur Schau zu stellen. Dies ist ein weiterer Möbeltyp, welchen Gnaeus Manlius nach seinem Triumph im Jahre 187 v. Chr. nach Rom importierte[248]. Ein solches ist im Sarkophag von Simpelveld im Relief dargestellt, wo es einen tischartigen unteren Teil und einem mit Regalen versehenen Aufsatz hat, der mit Vasen und Kästen überladen ist.

In römischen Häusern und Etagenwohnungen waren Fußbodenbeläge wahrscheinlich nur ein für die Reicheren erschwinglicher Luxus. Diese konnten sich Tierfelle (Hirsch, Wolf, Bär, Leopard oder Löwe) oder aus Kleinasien importierte Teppiche leisten. Gemusterte Teppiche wurden aus dem hellenistischen Osten und aus dem ptolemäischen Ägypten zur gleichen Zeit importiert, als in den aristokratischen Häusern Mosaiken in Mode kamen. Die Muster der Mosaiken in der hellenistisch-griechischen und der römischen Welt widerspiegeln häufig geometrische Formen und Fransen von

123. Pompeji. «Haus des Moralisten». Triclinium.

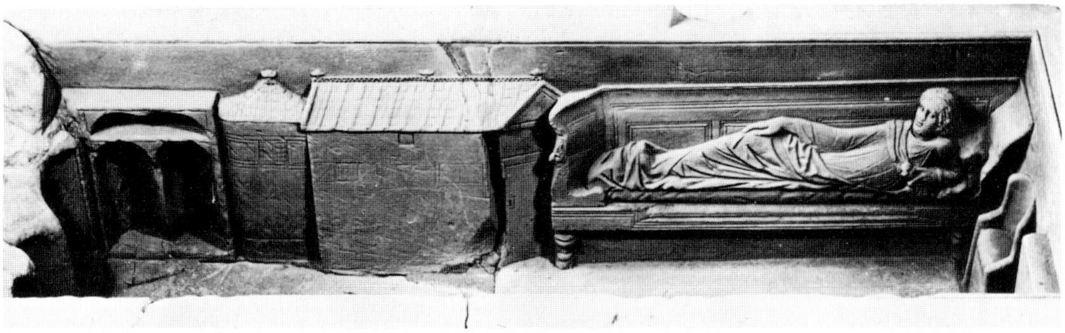

124, 125. Simpelveld. Marmorsarkophag (jetzt im Rijksmuseum Leiden). Reliefdarstellungen an den Innenseiten.

Teppichen. Ebenso sind auch die beliebten Nillandschaften vielleicht dem Repertoire der Teppichweber entliehen worden.

In den Landstädtchen und Städten Italiens werden heute noch Häuser und Etagenwohnungen während der größten Hitze des Tages regelmäßig verdunkelt. Es herrscht eine Abneigung gegen Sonnenlicht im Hausinnern, und jedes nur denkbare Mittel – Jalousien, Fensterläden, Markisen und Vorhänge – wird gegen die Sonnenstrahlen eingesetzt. Literarische Belege, Wandmalereien und vorhandene Überreste bieten einen sicheren Hinweis auf römische Fenster und deren Ausstattung[249]. Fensterscheiben wurden an den meisten kaiserzeitlichen Fundplätzen und an manchen früheren gefunden; sie sind selten größer als 22 auf 30 cm. Die älteren Häuser in Pompeji und Herculaneum und die Badehäuser der *villae rusticae* begnügten sich mit Schlitzen im Mauerwerk. Als obere Stockwerke aufkamen, konnte der Architekt unbedenklich größere Fenster einführen, deren Licht er oft geschickt zur Beleuchtung bestimmter Abschnitte eines Raumes oder von Wandmalereien einsetzte. Generell sind Erdgeschoßfenster in Pompeji und Herculaneum mit Eisengittern in Rostform versehen. Manchmal bestehen sie aus Terracotta, Stein oder Marmorblöcken, in die Öffnungen gebohrt sind. Glas wurde sicherlich hinter der Sicherheit bietenden Gartenmauer benutzt (z. B. im «Haus mit dem Mosaikatrium» in Herculaneum). Im «Haus des Pansa» in Pompeji sind 25 Fensterscheiben aus *petra specularis,* einem als Fenstereinsatz benutzten, lichtdurchlässigen Stein gefunden worden. Die Scheiben waren in Nuten der Holzrahmen eingeschoben. Die Verwendung von Glas nahm in julisch-claudischer Zeit zu. In Baiae und entlang den heilkräftigen Küsten an der Bucht von Neapel diente es dem Komfort der Badenden. Seneca bemerkt etwas undankbar und wahrscheinlich hypokritisch über die neronischen *thermae,* indem er sie mit dem dunklen Bad Scipios vergleicht: «Heute nennen wir Bäder Läuselöcher, wenn sie nicht so geplant sind, daß sie die Sonne durch große Fenster den ganzen Tag über einlassen, wenn die Männer nicht gleichzeitig baden und sich Sonnenbräune erwerben können, und wenn sie nicht von ihren Schwimmbekken einen Ausblick auf die Landschaft und das Meer haben»[250].

Genau solche Einrichtungen boten die Bäder von Baiae in jener Zeit der *jeunesse dorée* und den rheumatischen Bewohnern dieses antiken Badeortes. Glas wurde offensichtlich für kleine Fenster verwendet, um Wärme und Dampf nicht aus einer thermalen Anlage entweichen zu lassen; ferner muß es eine wichtige Rolle in den eleganten Panoramavillen von Stabiae, Herculaneum und an der Küste von Amalfi gespielt haben.

126 Die Beleuchtungskörper blieben während der ganzen Antike annähernd unverändert. Tonlampen mit einer oder mehreren Schnauzen bildeten die Grundbeleuchtung. Manchmal hielt eine Halterung mit spitz zulaufender und durch einen rohrförmigen Ständer geführten Stütze die Lampe empor oder die Leuchte war an einer Schnur oder Kette aufgehängt. Bronzelampen und Kandelaber waren ein eleganteres Ausstattungsstück, das es in vornehmen Häusern gab.

Mit Holzkohle beheizte Kohlebecken oder Dreifüße wurden normalerweise zum Heizen benutzt, aber die wärmsten Räume waren sicherlich die *culinae* (Küchen) und die Bäder, die – wie eine kleine Version der öffentlichen Bäder – an kalten Tagen dem Besitzer und seiner Familie Zuflucht boten. Praktisch jede ansehnliche campanische *domus* enthielt ein privates Bad[251].

Obschon in fast allen Häusern von Pompeji, Herculaneum und Stabiae Wandmalereien überlebt haben, muß man sich auch in jedem Haus der Mittelklasse und Oberschicht Tapisserien, Wandbehänge, Vorhänge und Markisen vorstellen. Vorhänge *(vela)* als Schutz vor Sonne, Wind und Regen gehörten zur üblichen Ausstattung eines Hauses vom Atriumtypus. In hellenistischer Zeit wurden die Wände einiger Räume, oft waren es Eßzimmer, frei von Dekorationen belassen, so daß man dort Vorhänge anbringen konnte, die von einem Gesims der Wand entlang herabfielen. Abgesehen von der lebhaften Farbigkeit, welche sie den Räumen verliehen, sorgten sie auch für Abgeschiedenheit und schützten gegen Durchzug und plötzliche, durch die großen Öffnungen eindringenden Windstöße. Zwischen Atrium und *tablinum* sowie am Eingang zu den *alae* und *exedrae* waren sie absolut notwendig. Das offene Atrium verlangte auch einen gewissen Schutz vor übermäßiger Hitze, vor dem sengenden Wind des Schirokko im August und vor periodischen Wolkenbrüchen. Unter der *compluvium*-Öffnung wurden darum Markisen aufgespannt und mittels einer Schnur fixiert, die an einem oft an einer Ecksäule eingelassenen Ring oder an einem Wandarm und anderen Verankerungsmitteln befestigt war. Mitunter waren die *compluvium*-Markisen

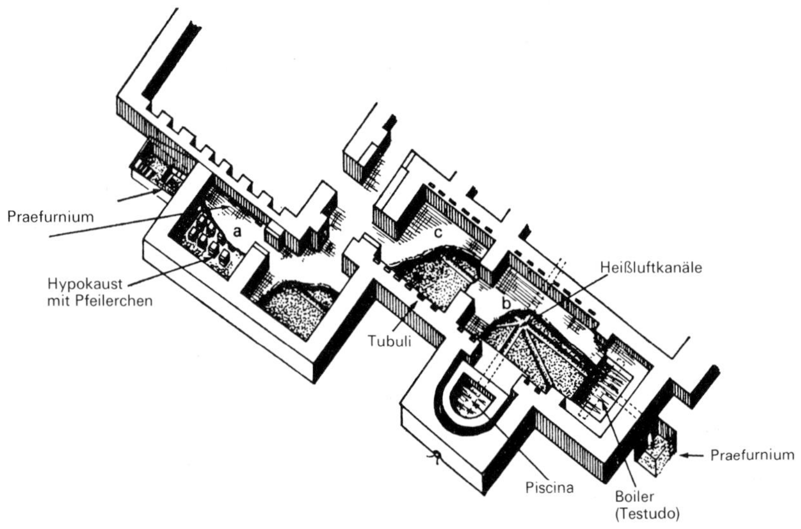

126. Schematische Darstellung eines Hypokaustensystems.

scharlachrot, so daß der Hausbesitzer das Innere seines Atriums statt in grelles Sonnenlicht in rosige Beleuchtung tauchen konnte. Auch die Peristyle waren mit Markisen ausgestattet. Sie waren dort zwischen den Säulen angebracht, um die Malereien gegen die Sonne und ungünstige Witterung abzuschirmen und für die «conversazione» und die Siesta eine kühlere und farbigere Atmosphäre zu schaffen. Fenster konnten mit Fensterläden oder außen angebrachten Jalousien verschlossen werden.

Fußbodenbeläge aus gestampfter Erde, Ton oder Stein kamen sicherlich bei den Griechen auf, und von den Etruskern und Römern wurden ähnliche Verfahren seit frühesten Zeiten angewandt. Eßzimmer hatten traditionell die unsaubersten Fußböden im Haus. Von dem Schmutz in einem nicht ausgekehrten Eßzimmer hat uns der pergamenische Künstler Sosus ein eindrückliches und vielsagendes Bild auf einem Mosaikboden hinterlassen[252]. Das Fortdauern dieser wilden Eßgewohnheiten bestätigt Petronius in seiner Beschreibung vom Festgelage Trimalchios. Da nicht für Teller gesorgt war, wurden alle Speisereste auf den Boden geworfen, wo sie lagen, bis Sklaven den Abfall wegfegten[253]. Es ist wohl anzunehmen, daß es sich bei den verschiedenen *triclinia,* die ein Haus häufig aufwies, um eine unumgängliche Notwendigkeit handelte und daß die vier Eßzimmer, die Trimalchio hatte, in den reicheren Bürgerhäusern die Regel waren. Plinius d. Ä. teilt uns mit, daß mit Mosaiken ausgelegte Fußböden schon vor dem Kimbernkrieg (113-101 v. Chr.) weit verbreitet und überaus beliebt gewesen seien, was auch ein Vers von Lucilius (um 180-102 v. Chr.) belegt: «mit Steinsetzers Kunstfertigkeit und musivischem Bildeinsatz»[254]. *Emblema* bezeichnete rein technisch ein in Stein übertragenes Bild, ein Bild aus feinen *tesserae* (wie das oben erwähnte des Sosus), welches ein *triclinium* oder eine *exedra* zierte. Gelegentlich waren Fußböden mit *opus spicatum* belegt oder, wie Plinius d. Ä. sich ausdrückt, mit einem «Weizenährenmuster», weil die Backsteinchen wie Körner in einer Weizenähre spitzwinklig zueinander angeordnet waren[255]. Ein anderer bis in die Kaiserzeit häufig benutzter Bodenbelag, «griechischer Stil» genannt, wird von Plinius d. Ä. detailliert beschrieben: «Nachdem man den Boden festgestampft hat, wird er mit einem Kalk- oder Muschel-Estrich überzogen, dann mit dichtgetretenen Kohlen bedeckt, welche mit grobem Sand, Kalk und Asche gemischt sind. Diese Masse wird einen halben Fuß hoch aufgeschichtet, mit Richtscheit und Setzwaage geebnet und hat das Aussehn von Erde. Wird das ganze alsdann noch mit einem Schleifsteine geglättet, so kann es für einen Boden aus schwarzen Steinen gehalten werden»[256].

Vitruv macht vergleichbare Angaben über den Fußboden im griechischen Stil und spendet den Griechen Lob für die Leichtigkeit der Drainage, die auf der Zusammensetzung ihres Belages beruhte: «So fällt und trocknet zugleich bei ihren Gastmählern, was aus den Trinkbechern verschüttet und beim Kosten aus dem Munde verspritzt wird, und die Diener dort erkälten sich bei einem derartigen Fußboden nicht, obwohl sie barfuß gehen»[257].

Terracotta *(opus signinum)* und kohlefarbiger Bodenbelag aus Lavazement erfreuten sich lange in Häusern der Mittel- und Unterklasse großer Beliebtheit. Gelegentlich waren sie mit eingesetzten Marmorsplittern in regelmäßigen, mitunter überaus dekorativen Mustern verziert. Ein nahezu vollständiges Spektrum von Fußbodenbelägen, von gestampfter Erde und Mörtelböden bis zu höchst komplizierten Mosaik- und Marmorexemplaren bietet Herculaneum.

Das «Haus der Zweihundertjahrfeier» (v. 15-16) in Herculaneum hat einen Atriumboden aus einfachen weißen, in einen schwarzen Mosaikgrund eingelassenen Steinchen. Die in einem porphyrroten Ton gehaltene Bemalung der Wände bildet einen eindrücklichen Kontrast und eine Ergänzung zum Boden. Das *triclinium* im «Haus der Hirsche» (iv, 21) hat einen aus unterschiedlich gefärbten und geformten Marmorplatten bestehenden Intarsienboden; eines der inneren Schlafzimmer mit einer roten Wand hat einen Marmorfußbden in *opus sectile;* einen anderen Empfangsraum *(oecus)* ziert eine rotgrundige Dekoration an Wänden und Gewölbe, während polychromer Marmor den Boden bedeckt. Im «Haus mit dem Mosaikatrium» (iv, 1-2) gibt es ein frappierendes schwarzweißes Schachbrettmosaik im Atrium, dem ein komplizierteres, teppichartiges Mosaik in den *fauces,* das aus Quadraten mit eingelegten dekorativen Elementen zusammengesetzt ist, vorangeht. Das prachtvolle *triclinium,* von dem aus das *solarium* und die Bucht überblickt werden konnten, ist mit Marmor ausgelegt.

Die Verwendung von Mosaik und Marmor in Privathäusern wurzelt im letzten Jahrhundert der Republik. Plinius d.Ä.[258] gibt zu verstehen, daß Sulla, Lucullus, Mamurra und ihresgleichen die Wegbereiter für die Verwendung von Marmor bei Türschwellen, in Kolonnaden und Wanddekorationen waren. Die archäologischen Befunde deuten aber eher auf ein Einsetzen im 2. Jh. v. Chr. hin, als eine vom Kreis um Scipio und anderen getragene Welle des Philhellenismus, auch bessere Kenntnis hellenistischer Inneneinrichtungen, sowohl von Palästen wie auch von Bürgerhäusern, Italien beeinflußte. Das pompejanische «Haus des Faun» (IV, xii, 2) gibt, auch wenn es ein außergewöhnliches Haus ist, doch eine Vorstellung von hellenistischem Luxus und von der Eleganz im Italien des 2. Jh. v. Chr. Der Eingang, das *impluvium* und das *tablinum* sind alle mit Marmorböden in *opus sectile*-Technik ausgestattet. Sie sind in vorrömische Zeit zu datieren. Über die Oberfläche des Zementbodens im ersten Peristyl sind kleine Stücke von rotem, schwarzem und braunem vulkanischen Glas sowie Kalkstücke verstreut; derselbe Belag wurde in den beiden *alae* verwandt. Ein *emblema,* Katze und Vogel darstellend, war in der Mitte der rechten *ala,* eines mit Tauben in der linken, eingelassen. Die *exedra* zur rechten des zweiten Peristyls hat einen groben weißen Bodenbelag; das Atrium ist mit Lavazement ausgelegt. Das Alexandermosaik, das 1831 auf dem Boden der mit Pfeilern und Fenstern ausgestatteten und dem ersten Peristylgarten zugewandten *exedra* entdeckt wurde, ist jetzt im Museum zu Neapel, leider in vertikaler Position, ausgestellt[259]. Hinsichtlich der Frage, ob das Mosaik aus einem hellenistischen Zentrum oder einer Mosaikfabrik importiert wurde oder ob es von einem einheimischen Künstler an Ort und Stelle angefertigt wurde, sind die Meinungen geteilt. Ein Zierstreifen mit Masken, Blumen und Früchten verschönerte die Türschwelle. Eine Nillandschaft war zwischen den Säulen der *exedra* eingelassen, deren Hauptzierde das Alexandermosaik war. Wahrscheinlich überliefert es ein Wandgemälde des Philoxenus von Eretria, des Malers der Schlacht bei Issus zwischen Alexander und Darius (333 v. Chr.). Ein Löwenmosaik des vermutlich gleichen Mosaizisten schmückte den *oecus;* ein Fischmosaik zierte das Winter-*triclinium* links vom *tablinum.* Der sogenannte Tigerreiter, so genannt, obschon das Tier Löwen-, Tiger- und Pantherzüge in sich vereinigt, schmückte den Boden im *triclinium* zur rechten des *tablinum.* Ein thematisch ähnliches Bild, ein auf einem Panther reitender Dionysos wurde in hellenistischem Kontext auf Delos gefunden[260]. Das pompejanische Beispiel rahmen Bänder, Blumen und Masken ein. Eine wunderbare Harmonie durchzieht die Dekoration des ganzen Hauses, ein bewußt angestrebter Kontrast zwischen den vielgestaltigen, in besonderen Räumen wie prächtige Orientteppiche ausgelegten Mosaiken und der eleganten Einfachheit der in Stuckrelief ausgeführten Wanddekorationen. Die Mosaikdekoration im «Haus des

127. Pompeji. «Haus des Lucretius Fronto». Wandmalerei: Villenlandschaft.

128. Pompeji. «Haus des Lucretius Fronto». Wandmalerei: Villa mit abgewinkelten Seitenflügeln.

129. Pompeji. «Haus des Lucretius Fronto». Wandmalerei: Villendarstellung.

130. Pompeji. «Haus des Sacerdos Amandus». Malerei an der Westwand des Triclinium: Befreiung durch Perseus.

131. Pompeji (Umgebung). Villa des Agrippa Postumus in Boscotrecase. Sakrallandschaft aus dem roten Oecus (Museo Nazionale, Neapel).

Faun» hebt sich deutlich ab von der im übrigen Campanien nur begrenzten Verwendung von Boden- und Wandmosaiken.

Ein ungewöhnliches und außerordentlich schönes Beispiel für ein großdimensioniertes Wandmosaik gibt es in Herculaneum im *triclinium* des «Hauses des Neptun- und Amphitrite-Mosaik» (v, 6-7)[261]. Das Haus selbst ist ein einfacher Bau, zugleich Weinladen *(taberna)* und Wohnung. Die Grundstückgröße schloß einen Garten oder eine Porticus aus; nur für einen kleinen Innenhof war Raum vorhanden. In einer seiner Mauern ist eine große Brunnenanlage *(nymphaeum)* eingebaut. Das *nymphaeum*, das sich aus einer großen und gewölbten Mittelnische und zwei kleineren, flankierenden Rechtecknischen zusammensetzt, ist ganz mit überwiegend blauen Mosaiken verkleidet, die Hirschjagdszenen darstellen und von Girlanden und Blumenmotiven gerahmt sind. Die Innenseiten der Nischen sind mit Muscheln ausgeschmückt, Theatermasken und ein Silenkopf krönen das Ganze. Die Stirnwand des auf der Hauptachse gelegenen *triclinium* zeigt die Mosaikgruppe, nach welcher das Haus benannt wurde. Das Mosaik ist mit Muscheln eingefaßt und überragt die davor stehenden, stuckierten Eßliegen. Das *nymphaeum* speist den Brunnen in der Mitte des *triclinium*. 28, 44

Wandmalerei im pompejanischen Stil wurde in zweierlei Technik ausgeführt: Tempera bedeutet die Applikation von Farbe auf trockenen Kalkverputz; Fresko läßt anklingen, daß die Farben auf nassem Verputz angebracht werden. In einem letzten Arbeitsgang wurde der Stuckverblendung zermahlener Marmor beigegeben. Wiederholtes Polieren verlieh den bemalten Wänden Glanz und Widerschein, die zur Beleuchtung und Belebung, besonders von engen Räumen, beitrugen[262]. Die benutzten Farbstoffe waren reine Erdfarben (Ocker), Mineralien (Kupferkarbonate) und Tier- und Pflanzenfarben[263]. Seifiger Kalkstein und ein Bindemittel wurden den Pigmenten hinzugefügt, von denen sich einige in Pompeji gefunden haben. Abschließend wurde die fertige Bildfläche eingewachst, um Leuchtkraft und Haltbarkeit zu erhöhen. Auf der Palette der Künstler gab es vor allem natürlich das «pompejanische» Rot sowie blaue, grüne und gelbe Farbtöne und schimmerndes Schwarz, das besonders luxuriösen Räumen vorbehalten war, da sie als die prächtigste aller Farben galt. Holz- und Marmorfelder, die in größere Wandflächen eingelassen waren, wurden mit einer enkaustischen, der heutigen Ölmalerei nahekommenden Methode behandelt. Die mit heißem Wachs vermischten Farben trug man mit einem Spachtel und einem feinen Pinsel auf. Plinius d. Ä. bemerkt, die erste marmorverkleidete Backsteinwand habe es im 4. Jh. v. Chr. im Palast des Mausolos von Halikarnaß gegeben, wo eine weiße Marmorverkleidung verwendet wurde[264]. Cornelius Nepos ist die Quelle, welcher wir unsere Kenntnis vom ersten derartigen Fall in Rom verdanken, den er Marmurra von Formiae, *Praefectus fabrorum* Cäsars in Gallien und Catulls Intimfeind, zuschreibt. Marmurra überzog ganze Wände seines Hauses auf dem Caelius mit Marmor und baute auch als erster in seinem Haus Säulen aus Marmor von Carystus und Luna ein[265]. Um 74 v. Chr. führte Lucius Lucullus in römischen Häusern Verkleidung aus schwarzem Marmor ein. Nach diesem ersten Liebhaber «lukullischer Marmor» genannt, erhielt sich die ihm anhaftende Vorstellung einer extrem luxuriösen Oberflächengestaltung bis in die Spätzeit in der Verwendung schwarzer Gründe für Wandmalereien[266]. Das schwarz dekorierte *tablinum* mit seinen ägyptisierenden Figuren und exotischen Motiven in der pompejanischen «Villa der Mysterien» ist hierfür ein hervorragendes Beispiel. Massive, polierte Marmorblöcke, selbst in Blockform zugeschnittene Marmorplattenverkleidung überstiegen die Mittel der meisten «provinziellen» Aristokraten.

Aber die Kunst der Imitation mit Hilfe von Malerei Mauerwerk nachzuahmen, hatte man schon in der hellenistischen Welt geübt (z.B. in Delos im späten 3. und frühen 2. Jh. v. Chr.). Italische Dekorateure zögerten nicht, dasselbe Verzierungssystem zu übernehmen. Es entspricht dem 1. pompejanischen Stil (150-80 v. Chr.). Die Wand wurde zunächst in drei horizontale Zonen unterteilt: eine Sockel- oder Fußbodenzone, ein Mittelteil mit Stuckgesimsen und -profilen und eine friesartige obere Zone[267]. Höchst wahrscheinlich wurde die Wand in horizontalen Abschnitten stuckiert, was erlaubte, jeden Abschnitt zu vollenden, während die Wand noch feucht war. Im Mittelteil wurden Bauelemente durch bemalten Stuck und Gesimse simuliert, die zunächst Kalkstein vortäuschen sollten und später dann die schwarzen, roten, gelben, grünen und violetten Marmorblöcke simulierten, welche in den kostspieligen hellenistischen Palästen und in den aristokratischen Häusern in Mazedonien, Alexandria und Kleinasien verwendet wurden. Das erste Beispiel für eine solche simulierte Marmorverkleidung in Italien ist das sogenannte «François-Grab» in Vulci (um 300 v. Chr.)[268]. Diese frühe Wanddekoration tritt in campanischen Städten in Bauten der samnitischen Zeit auf, so im «Haus des Faun» und im «Haus des Sallust» in Pompeji und in Herculaneum im «Samnitenhaus». In der Folgezeit befriedigten die Dekorateure den Wunsch der Hausbesitzer nach größerer räumlicher Wirkung ihrer Zimmer mit panoramaartigen Ansichten. Diese trugen zur Negierung der strukturellen Funktion der Wand bei und sprengten dadurch die räumliche Begrenzung der oft beengten Schlafzimmer und Wohnräume.

Der 2. pompejanische Stil (80 v. Chr. – julisch-claudische Zeit) entfaltete sich parallel zur steigenden Verwendung von Säulen in den Atria und Peristylen der spätrepublikanischen Häuser. Bildtypen bildeten sich heraus, die Gebrauch machten von gemalten, oft mit Girlanden umwundenen Säulen und von Pfeilern und Pilastern, auf denen reichgestaltete Gebälke ruhen.

«Später gingen sie dann dazu über, auch Gebäude und Ausladungen von Säulen und Giebeln nachzuahmen, in offenen Räumen aber wie z.B. Exedren wegen der Größe der Wände, Theaterszenen, wie sie in Tragödien, Komödien oder Satyrspielen vorkommen, abzumalen, in Wandelgängen aber wegen ihrer Wandlängen die Wände mit verschiedenartigen Landschaftbildern auszuschmücken, wobei sie die Gemälde nach den ganz bestimmten Eigenarten der Örtlichkeiten schufen. Es werden nämlich Häfen, Vorgebirge, Gestade, Flüsse, Quellen, Meerengen, Heiligtümer, Wälder, Gebirge, Viehherden, Hirten abgemalt und anderes, was in ähnlicher Weise wie dies von der Natur geschaffen ist. Ebenso gibt es einige Wände, die an Stellen, wo sonst Statuen stehen, große Gemälde haben: Götterbilder oder die wohlgeordnete Darstellung von Mythen, aber auch Kämpfe um Troja oder die Irrfahrten des Odysseus von Land zu Land»[269].

Die stimmungsvolle Scheinwelt der Tempel, heiligen Bezirke, Portiken, Haine und Grotten, geheiligte Landschaft und idyllischen Zufluchtsort andeutend, ist so nostalgisch und wirklichkeitsfern wie die gleichzeitig entstandenen Vergilschen *bucolica* oder wie die pastorale Landschaft und die Ruhesitze, in die sich die römischen Elegiker Tibull, Properz und Ovid zurückzogen. Diese Panoramalandschaften, eine italische Erfindung, drangen in nahezu alle Bereiche des Hauses vor. Eine der schönsten und bemerkenswertesten, die auf uns gekommen ist, ist ein berühmtes Fresko aus einem Haus auf dem Esquilin in Rom, nämlich die 1848 entdeckten Odyssee-Landschaften[270]. Hinter einer Reihe scharlachrot bemalter Pilaster, welche zur Illusion von Tiefe

beitragen, tritt ein ununterbrochenes Landschaftspanorama hervor. In dieser aus acht Bildern bestehenden Abfolge ist die Landschaft bei weitem wichtiger als die Figuren der in ihr dargestellten Menschen. Der gemalte, 12 m lange Fries saß ursprünglich 30 cm oberhalb des Fußbodenniveaus. In dem langen, scheinbar gewölbten Raum bot er wie Fenster einen Ausblick auf eine legendäre Zauberwelt voller Abenteuer mit dem 139
Laestrygonen, mit Circe, mit der Unterwelt und mit den Sirenen. Die Palette des Künstlers enthielt nur relativ wenige Farben, aber diese nutzte er in vollendeter Kunstfertigkeit, um räumliche und gestalterische Wirkungen hervorzubringen.

Das Haus der Livia auf dem Palatin in Rom war gemäß den Wünschen des Kaisers dekoriert worden, dem bescheidene Zurückhaltung in Wohnbelangen ein Hauptanliegen war[271]. Der sogenannte «Raum der Girlanden» hatte eine Dekoration in der Art des oben zitierten, die Wand dreifach unterteilenden Typus. In der mittleren Zone trennten rote Rahmen reinweiße Felder, die durch Gebinde von Blumen, Äpfel, Pflaumen bekrönt werden. Über diesen verläuft eine in gedämpften Grautönen gehaltene Kolonnade. Aus Livias Villa in Primaporta stammt ein erstaunliches Gartenbild. Es bildete einen perfekten Kulissenprospekt für das mit einer gewölbten Decke versehene Sommer-*triclinium,* das wie ein königlicher Pavillon gestaltet war, aus dem man auf einen herrlich angelegten, mit Fichten, Tannen, Zypressen, Obstbäumen und Sträuchern bestandenen und von wilden und zahmen Vögeln bevölkerten Paradiesgarten schauen konnte.

Der Name der pompejanischen «Villa der Mysterien» ist von der prächtigen großfigurigen (megalographischen) Ausmalung des Festsaales abgeleitet. Er war für dionysische Feste bestimmt, war also eine Art rituelles *triclinium*[272]. Tatsächlich war der Raum Bestandteil einer Raumfolge, die ein angrenzendes Schlafgemach mit zwei Bettnischen oder Alkoven umfaßte, welche ebenfalls mit dionysischen Darstellungen ausgeschmückt waren. Der 1909 entdeckte große Bildzyklus enthält nahezu lebensgroße, vor einen leuchtend pompejanisch-roten Hintergrund gestellte Figuren. Alle menschlichen 137
und mythologischen Figuren befassen sich mit einem dionysischen Ritual zur Vorbe- 138
reitung einer Hochzeit oder einer Initiation. Der Aufbau der Komposition ist kompliziert, aber im Grund triadisch: die Rückwand, die man von einer breiten Tür in der Eingangswand erblickt, hat Dionysos und Ariadne zum Thema und wird von Figuren gerahmt, die mit der Ausführung ritueller Handlungen beschäftigt sind, während die beiden seitlichen Partien auf der linken und rechten Wand gleichsam die Seitenflügel des «Triptychons» bilden: ein Lyra spielender Silen, mit einer aufgeschreckten Frau und als Ergänzung hierzu, die Darstellung einer rituellen Geißelung sowie eine tanzende Bacchantin. Dem zentralen und den Höhepunkt darstellenden Bild geht eine Abfolge von Einführung und Abschluß bildenden Kompositionen voraus, welche auf den Seitenwänden und der Eingangswand die junge, zu initiierende Frau einbeziehen. Dieses einzigartige religiöse Gemälde, ein Fries aus republikanischer Zeit, der die spätere, augusteische Ara Pacis vorausahnen läßt, ist in der Komposition besser gelungen als in der Ausführung. Wahrscheinlich liegt die Ursache für die unterschiedliche technische und künstlerische Ausführung in der Tatsache begründet, daß mehrere Künstler an einem Bild arbeiteten. Für Margarete Bieber sind die Malereien «Zeugen einer lebendigen Kunst und eines lebendigen Glaubens, entworfen für den Raum, in dem sie gefunden wurden, auch wenn sie viele, älterer griechischer Kunst entlehnte Einzelfiguren und Motive aufweisen»[273].

Vitruvs beißender Kommentar zu den merkwürdigen Einfällen und den surrealistischen Tendenzen der Dekorateure in den Jahren vor 24 v. Chr. (Erscheinungsjahr seiner zehn Bücher *De Architectura?)* treffen in besonderem Maße auf die im späten 2. Stil ausgeführten Malereien zu, wie z. B. jene in der «Villa der Livia» und in der «Farnesina»: «All dies, das als Nachbildung von wirklichen Dingen entlehnt wurde, wird jetzt infolge eines entarteten Geschmacks abgelehnt; denn auf den Verputz malt man lieber Ungeheuerlichkeiten als naturgetreue Nachbildungen von ganz bestimmten Dingen. An Stelle von Säulen setzt man kannelierte Rohrstengel, an Stelle von Dachgiebeln appagineculi mit gekräuselten Blättern und Voluten, ferner Lampenständer, die die Gebilde kleiner Tempel tragen, über deren Giebel sich zarte Blumen aus Wurzeln mit Voluten erheben, auf denen sinnlos kleine Figuren sitzen, ferner Pflanzenstengel mit Halbfiguren, von denen die einen Menschen-, andere Tierköpfe haben»[274].

132 Das *cubiculum* der ungefähr eineinhalb Kilometer von Pompeji entfernten «Villa des
133 Publius Fannius Synistor» in Boscoreale ist 1900 entdeckt und im Metropolitan-Museum in New York sorgfältig wieder aufgebaut worden [275]. Der Raum, der etwas größer als ein gewöhnliches römisches Schlafzimmer (4.00 m auf 1.75 m) ist, bricht durch die Darstellungen von illusionistischer Architektur, Säulenhallen, eleganten Portalen, Straßen, Häusern und Landschaften im eigentlichen Sinn des Wortes seine

132. Boscoreale. Villa. Cubiculum.

133. Boscoreale. Villa.
Details der Wandmalereien.

eigene Umgrenzung auf. Das terrassierte Gelände der Villa ruft eine Bemerkung von Vitruv ins Gedächtnis: «Es gibt aber drei Arten von Dekorationen: die eine nennt man die tragische, die zweite komische, die dritte die satyrische. Ihr Schmuck ist aber untereinander von unähnlicher und ungleicher Art, weil die tragischen Dekorationen mit Säulen, Giebeln, Bildsäulen und den übrigen Gegenständen, die zu einem Königspalast gehören, gebildet wird. Die komische Dekoration bietet den Anblick von Privathäusern, Erkern und durch Fenster gegliederten Vorsprüngen in Nachahmung nach der Art der gewöhnlichen Häuser. Die satyrische Dekoration wird mit Bäumen, Grotten, Bergen und anderen Gegenständen ausgeschmückt, wie man sie in der Landschaft antrifft, nach Art eines gemalten Landschaftsbildes»[276].

Die Malerei des Boscoreale-*cubiculum* scheint mit den «Bühnenbildern», die der augusteische Architekt beschreibt, in ungewöhnlichem Maße übereinzustimmen. Es wurde sogar vorgeschlagen, daß der Besitzer der Villa dieses Ruhezimmer für Lesungen aus seinen bevorzugten Dramatikern benutzt haben könnte. Aber Hanfmanns Feststellung, mit der er sich den Ergebnissen von Phyllis Lehmanns brillanter Arbeit über die Malerei annähert, scheint eher mit dem von Vitruv aristokratischen Hausbesitzern vorgeschriebenen *decorum* in Einklang zu stehen: «aus seinen Träumen erwacht, grüßten den Besitzer des Boscoreale-Schlafzimmers der Anblick des Panoramas königlicher Pracht, von Villen, Tempeln, Palästen, Besitzungen, von denen er nur träumen, sie aber sich selbst nicht bauen konnte»[277].

Der 3. pompejanische Stil (um 15 v. Chr. – 50 n. Chr.), der sich mit dem 2. Stil überschneidet, vermeidet leere Flächen und zeichnet sich durch die Verwendung kleiner ägyptisierender Figuren und Bildelemente aus. Die architektonischen Bestandteile

erfüllen eine untergeordnete, weniger maßgebliche Funktion, doch wenn sie verwendet werden, treten sie als überreiches Ornament auf, das aus Säulen, Bändern und Friesen besteht, die mit winzigen minuziösen Details ausgeschmückt und exquisit gemalt sind; außerdem zerfallen die Bildzyklen in einzelne Bildfelder. In der Farbgebung tritt ein Wandel von scharlachroten, gelb-goldenen und schwarzen Farbtönen zu Braun, Altgold und Lavendeltönen ein. An die Stelle der lebhaften, sich nach außen öffnenden Bewegung der Wände des 2. Stils treten flache Wandpartien mit einfarbigen Untergründen (gelb, rot, grün oder schwarz), die schlanke vertikale und horizontale, wie Maßwerkrahmungen wirkende Gliederungen in größere Felder unterteilen. Kleine, in einer Kontrastfarbe gehaltene Bildfelder lockern das Schema auf. Das «Haus des L.
130 Caecilius Jucundus», das des «Sacerdos Amandus», das «Haus der vergoldeten Amoretten» und die sogenannte «Villa Ciceros» sind in Pompeji beispielhaft für diesen Stil. Der 4. Stil (50–79 n. Chr., neronisch und flavisch) ist eine Weiterführung des 2. Stils, betont jedoch die Dreidimensionalität stärker. In höchstem Maße ornamentale Architekturphantasien mit Nachdruck auf Linearperspektive lösen die Flächigkeit des 3. Stils ab. Die früher vorherrschenden roten und schwarzen Hintergründe weichen nun gelben, goldenen und weißen Gründen. Häufig sind die Säulen nur offen gewundene Spiralen, d. h. prekäre Stützen für die Dächer, die Obergeschosse und die mit vor- und zurückspringenden Gliederungen versehenen Balkone. Kleine Bildfelder sitzen oftmals unter den größeren Feldern. Zumeist sind es illusionistische Landschaften, Seestücke, hybride Ungeheuer und andere Ausgeburten der Phantasie. Es werden auch gerne auf untergeordneten Feldern oder Friesen Eroten den großformatigen mythologischen Feldern als Ergänzung gegenübergestellt. Wahrscheinlich waren die Betonung der Architektur, die tiefen Korridore und die schier endlosen Ausblicke im Repertoire der Maler des 4. Stils der römischen Bühnenmalerei verpflichtet. Das ganze Dekorationssystem ist darauf angelegt, den Betrachter zu beeindrucken, das Vorhandensein der Wand zu negieren und das Gefühl eines unbegrenzten Raumes zu schaffen. Mit Ausnahme der großen Bildfelder bewegen sich die Figuren, epikureischen Atomarverbindungen gleich, ohne Regelmäßigkeit frei durch den Raum. Die Bestimmung von Standorten wird vermieden, so daß in den weiten Raumgebilden ein ständiges Treiben, freie Gelöstheit und Bewegtheit entstehen. Die Wand ist nicht mehr eine einzelne Fläche, vielmehr eine Ansammlung von Flächen mit Bildthemen: heroischen Sujets, Genreszenen, Karikaturen, Stilleben und Phantasiestücken.

Vitruvs Anweisung für die dem Aristokraten geziemende Behausung enthält Bildergalerien *(pinacothecae)*, die im Idealfall nach Norden ausgerichtet und, um einer guten indirekten Beleuchtung willen, sich zu einem Peristyl öffnen sollten[278]. Cicero spricht auch von der geeigneten Beleuchtung bei der Aufstellung guter Bilder, wobei er Tafelbilder im Sinne hatte, die man ja am bestgeeigneten Ort aufstellen konnte[279]. Römische Schriftsteller bezeugen wiederholt die gegen Ende der Republik und in der Kaiserzeit um sich greifende Sucht, Bilder und Kunstobjekte zu sammeln. Werke alter griechischer Meister, hellenistische Originale in Form von hölzernen Tafeln *(pinakes)* oder Fresken wurden gelegentlich aus ihrer angestammten Umgebung entfernt und auf die Wände aristokratischer römischer Häuser und öffentlicher Gebäude übertragen[280]. Die wirkungsvolle Anbringung von großen Bildfeldern, die sich in campanischen und römischen Häusern manifestiert, legt beredtes Zeugnis ab für den ursprünglichen Charakter der Bildergalerien oder der Säulenhallen, in denen Bilder ausgestellt waren. Man erinnert sich, daß Römer, selbst Freigelassene und Levantiner wie Trimalchio, stolz

134. Pompeji. «Haus der Vettier». Wandmalerei im Gelben Zimmer: Herkules mit Schlangen.

waren auf die griechischen Meisterwerke, die sie besaßen. Sie stellten gerne ihr erworbenes Wissen zur Schau, denn vermeintlich war ja der gelehrte Mann dem Himmel näher. Trimalchios Bilder an den Wänden des Atriums verknüpften Szenen aus der Odyssee und der Ilias mit den Gladiatorenspielen des Laenas, was nicht nur auf einen bedauerlichen geschmacklichen Fehltritt, sondern auch auf den fragwürdigen Bildungsgrad ihres Besitzers schließen läßt. Wie andere, kulturell ehrgeizige Bürger Campaniens zögerte Petronius nicht, Reproduktionen von klassischen Werken als Hauptfelder in seine Wanddekorationen einzulassen, d. h. den Raum als Bildergalerie herzurichten[281]. Im «Haus der Vettier» in Pompeji gab es zwei berühmte Bildergalerien. Ein Raum enthält außer den drei Hauptfeldern zusätzlich in der unteren Zone jeder Wand zwei kleinere Bildfelder und vier in der oberen, verfügt also über insgesamt 22 Bilder. Es ist erwiesen, daß zumindest die Anordnung der zentralen Felder nicht dem Zufall überlassen blieb. In der Tat haben neuerdings Forscher zahlreiche Fälle aufgespürt, in denen Bilder in Zimmern, Portiken und ähnlichen Orten so gruppiert sind, daß sich eine Auswahl nach verwandten Themen oder ein übergeordnetes Bildprogramm ergibt.

Diese Programmalerei, wie man sie schon genannt hat, konnte religiöse Vorstellungen

oder erzählerische Zusammenhänge widerspiegeln und verlieh somit dem Raumschmuck eine inhaltliche Einheit[282]. Derartige Programme werden wohl kaum das Werk von Malergesellen gewesen sein. Ihre Geschlossenheit beruht auf Mustern, welche die Handbücher der Maler vorschrieben und auf Skizzen nach ähnlichen, anderenorts vorhandenen Malereien. Bei den Bildern mit mythologischem Inhalt werden beispielsweise im Leben des Achilles (oder des Herkules) Gliederung und Geschlossenheit nicht durch eine Aufzählung aufeinander folgender Ereignisse erzielt, die Einheit liegt vielmehr in der dramatischen Gegenüberstellung von Geschehnissen, die sich zu verschiedenen Zeiten in der Laufbahn des Helden zugetragen haben. Diese offensichtlich beabsichtigte Zusammenstellung von Bildern in einem einzigen Raum ist in der Ausstattung griechischer Innenräume nicht vorgebildet. So tritt sie in der römischen Malerei auch erst in Erscheinung, als durch die Ausformung des 3. und 4. Stils Bildeinsätze leicht und harmonisch in die architektonischen Rahmungen eingelassen werden konnten. Die bevorzugten erzählenden oder Programmzyklen sind jene, die sich auf den trojanischen Krieg beziehen, das Leben des Achilles (oder des Aeneas), ferner thebanische Mythen, der kretische Zyklus (unter Einschluß von Dionysos und Ariadne, Theseus, des Minotaurus, Daedalus und Pasiphaë), ein bacchischer Zyklus und tragische sowie idyllische Liebesthemen, die Aphrodite (mit Ares oder Adonis) oder Narziß zum Inhalt haben. Häufig wurden in pompejanischen Räumen, wie ja auch in der zeitgenössischen Dichtung von Vergil, Horaz und deren elegischen Nachfolgern, Beispiele für gutes und schlechtes Verhalten einander gegenübergestellt. Die beiden Bildergalerien im «Haus der Vettii» sind Musterbeispiele für das programmatische oder zyklische Vorgehen. In einem Raum zur Rechten des Peristyls gibt es große Felder, die Daedalus und Ikarus in Gegenwart der Pasiphaë zusammen mit der künstlichen Kuh, die Bestrafung des Ixion und Dionysos' Entdeckung von Ariadne auf Naxos darstellen. Das rechte und das linke Bildfeld stellen einwandfrei Fälle profaner Liebe dar: Pasiphaës widernatürliche Leidenschaft für den Stier und Ixions lüsterner Anschlag auf Juno, für den er zu dem feurigen Rad verurteilt wurde. Die Wand zur Rechten bildet den Abschluß und läßt Ariadnes Liebe und Apotheose als Braut des Dionysos erahnen. Es werden also zwei unrechtmäßige Leidenschaften der göttlichen Wonne und glückseligen Liebe Ariadnes gegenübergestellt. Der andere Raum ist den thebanischen Legenden
134 gewidmet. Dargestellt sind des kleinen Herkules' Triumph über die Schlangen der rachsüchtigen Hera zur Linken, das tragische Schicksal, welches Pentheus von den Maenaden erleidet, in der Mitte; und schließlich auf der rechten Wand Dirces schreckliche Bestrafung, die gemäß dem grausamen, von Amphion und Zethus erdachten Plan, von einem Stier zu Tode getreten wurde. Zwei Darstellungen einer Bestrafung finden sich neben Herkules' Errettung aus Gefahr. Es besteht nicht nur ein thematischer oder programmäßiger Zusammenhang zwischen den Bildern innerhalb eines Raumes, es gibt auch ein Anklingen und Aufwägen zwischen den beiden Räumen, zwischen Darstellungen, die an Verbrechen und Strafe erinnern und Szenen von heroischer oder göttlicher Erlösung. Beide Räume sind nach Südosten gerichtet und vor direktem Licht geschützt.

Das große *triclinium* im «Haus der Vettier» öffnet sich auf den Peristylgarten. Große Pfeiler unterteilen die pompejanisch roten Wände, an denen ursprünglich große, auf Holz oder Verputz gemalte Bildfelder saßen. Bürger, die nach der Eruption von 79 n. Chr. zur Rettung von Kunstwerken und Wertgegenständen zurückkehrten, entfernten sie alle. Die Bildfelder wurden entlang den Rändern von Eisenklammern fest-

Farbbilder:
135. Pompeji. «Haus des Loreius Tiburtinus». Sacellum. Malereien im IV. Stil aus der Zeit Neros.
136. (Seite 146). Pompeji. «Haus der Vettier». Sog. Ixion-Zimmer.
137 (Seite 147 oben). Pompeji. «Villa der Mysterien». Großer Fries der Nordwand II.
138 (Seite 147 unten). Pompeji. «Villa der Mysterien». Großer Fries der Nordwand III.

Farbbild:
139. Aus dem Odyssee-Zyklus in einem Haus in Rom (um 40 v. Chr.): Odysseus und Kirke im Hof des Palastes der Kirke (Vatikanische Museen, Rom).

gehalten. Der untere Teil der Wand ist weitgehend intakt. Der Fries oberhalb der Sokkelzone enthält Szenen mit kleinfigurigen Eroten, die den verschiedensten handwerklichen, daneben aber auch anderen, weniger anstrengenden Beschäftigungen nachgehen. Sie winden und verkaufen Girlanden, handeln mit Schmuck, betreiben ein Reinigungs- und Färbereiunternehmen *(fullonica)* sowie einen Weinladen. An anderer Stelle üben sie Zielschießen, Wagenrennen, feiern das Fest der Vesta und veranstalten eine bacchische Prozession. Es ist durchaus wahrscheinlich, daß diese reichen Pompejaner keine Bedenken hatten, für ihre Freunde und Gäste die Tätigkeiten zu illustrieren, die ihnen Reichtum und Einfluß in Pompeji eingebracht hatten[283]. Des Petronius bürgerliche Phantasiegestalt Trimalchio berichtete bereitwillig von seinem Leben und von seinem Erfolgsrezept bei der Unterhaltung, im Gespräch, auf Wandmalereien und schließlich sogar auf der Friesdekoration seines Grabes[284]. Doch endet hier der Vergleich, denn die Malereien und Dekorationssysteme von Trimalchios Haus in Puteoli sind weit entfernt von dem im 4. Stil ausgeführten Dekor im «Haus der Vettier» zu Pompeji. Sie entsprächen eher dem 2. Stil mit seinen Friesen aus erzählenden, mit Inschriften versehenen Bildern (vgl. die sogenannten Odyssee-Landschaften) und seiner großfigurigen Malerei (z.B. in der «Villa der Mysterien»). Unterhalb der Szenen 137
aus dem Handel und Feste darstellenden Felder erscheinen andere mit Gruppen von 138
Psychen, die verwoben sind mit feinen, kompliziert aufgebauten Darstellungen von Apollo und Phyton, von Agamemnon und dem Hirsch der Artemis, von Orest und Pylades vor Thoas und Iphigenie in Tauris. Andere pompejanisch rote Felder im selben Raum haben Liebespaare aus Mythos und Legende zum Thema: Perseus mit Andromeda, Dionysos und Ariadne, Apollo und Daphne sowie Poseidon und Amymone.
Solcherart kontrapunktische Gruppenbeziehungen zwischen Wandmalereien sind bemerkenswert und zweifellos ungewöhnlich für römische Innenräume. Man wird annehmen müssen, daß in den meisten Fällen die Themenwahl der Laune des Auftraggebers entsprang, der nach neuartiger Zierde für seine Paradezimmer suchte. Ein Verhalten, das wohl weitgehend der Wunsch nach ostentativer Schaustellung bestimmte. Man wollte sowohl im privaten wie im öffentlichen Teil des Hauses greifbare Beweise für die eigene Kultiviertheit und den eigenen Reichtum. Einzelne Themen unterlagen Stilwandlungen und neuen Moden, die mit größter Wahrscheinlichkeit von der kulturellen Orientierung der Hauptstadt abhingen. So ging sicherlich von den Veränderungen in der Malerei in der Domus Aurea Neros erheblicher Einfluß auf die neuen Dekorationsweisen aus, die wir als 3. pompejanischen Stil bezeichnen.
In der Kaiserzeit muß es im durchschnittlichen Bürgerhaus eine überbordende und abwechslungsreiche Farbigkeit gegeben haben; zum Teil waren es üppige, prächtig barocke Ausblicke und impressionistische Landschaften, zum anderen Teil wieder augusteisch zurückhaltende, feinere Wirkungen. Mit der Gier des Raritätensammlers entfernten die frühen Ausgräber von Pompeji und Herculaneum die Bilder mit dem Meißel von ihrem angestammten Ort, damit sie aristokratische Sammlungen und Museen bereichern sollten. Heutzutage haben sich die Ausgräber entschlossen, die Wände unversehrt zu lassen und (meistens) die für ihre Erhaltung notwendigen Vorkehrungen zu treffen. Abgesehen von den einzigartigen Funden in Stabiae[285] fällt ein Großteil der erst neuerdings entdeckten Malereien nicht in die Kategorie der Meisterwerke, zeichnet sich aber gewöhnlich durch eine geradlinige, respektable Behandlung des Bildraumes und durch zurückhaltende Kompositionen aus, während sich in der Themenwahl ein besonderes Feingefühl bemerkbar macht. Obgleich häufig die Art der

Zusammenstellung erkennen läßt, daß eine abstrakte Vorstellung oder ein Programm herausgehoben werden soll, entsteht keine Monumentalität oder sakrale Atmosphäre, weil diese Bilder verwandte Bildthemen entweder isolieren oder massenweise anhäufen. Ihr lebhafter und expliziter Charakter wird wohl den Betrachtern wiederholte Kommentare und Überlegungen entlockt haben. Selten erbaulich oder erhebend, außer in Ensembles wie der «Villa der Mysterien» oder der «Villa in Boscotrecase», bedeuten die campanischen (und römischen) Wandmalereien doch einen Höhepunkt der italischen Malerei und Innendekoration.

Die hier betrachteten Einrichtungsgegenstände waren gewöhnlich den aristokratischen oder reichen Bürgerhäusern vorbehalten. In den meisten italischen Städten wären für den durchschnittlichen plebejischen Angehörigen des Proletariats oder für einen sich durchschlagenden Poeten drei oder vier der beschriebenen Gegenstände eine luxuriöse Einrichtung gewesen. Der Römer zog es vor, im Freien gesellig mit seinen Mitbürgern zusammenzuleben, und hielt sich an den Brennpunkten städtischen Lebens, in Parks und auf den Hauptstraßen des Gemeinwesens auf. In den großen Zentren können die Lebensbedingungen für den Plebejer nicht sehr erfreulich gewesen sein. In hoch aufgetürmte *insulae* waren wenige Annehmlichkeiten eingebaut. Die Größe der Wohnungen, wie auch generell ihr Aussehen, hindern uns daran, uns heutigen Wohnungseinrichtungen oder Dekorationen Vergleichbares vorzustellen. Die Wohlhabenden lebten angenehm, denn den meisten unter ihnen machten Beleuchtung, Heizung sowie rudimentäre Vorrichtungen zum Kochen das Leben erträglich, doch in Ermangelung dieser Dinge waren viele einer grimmigen Existenz in bedrückenden «case popolari» und elenden «pensioni» ausgeliefert.

Östliche Provinzen und Nordafrika

Seit Urzeiten hatten die Hausformen und Stadtanlagen des östlichen Mittelmeeres und der Ägäis einen beherrschenden Einfluß auf andere nahe wie fernere Gegenden der Mittelmeerwelt ausgeübt. Wie schon für die mykenischen Paläste wahrscheinlich die *megara* asiatischer Herrscher bis zu einem gewissen Grad maßgebend gewesen waren, so waren auch die frühesten Tempelformen und Säulenordnungen orientalischen Ursprungs und orientalisch geprägt. Etruskische Stadtanlagen in Marzabotto und Orvieto, sogar die für etruskische religiöse und kultische Bräuche so grundlegende *Etrusca disciplina,* verdanken den durchorganisierten Lebensformen, die sich in Kleinasien herausgebildet hatten, und die von historisch greifbaren Personen wie Hippodamus von Milet sowie von manchen anderen, die namenlos bleiben, daß sie in den Westen gebracht worden sind. Axialität und Symmetrie, die hervorstechendsten Merkmale von Städten, Heiligtümern, aber auch von Häusern der Etrusker und Römer, sind verschiedenster Herkunft; entweder einheimisch italisch, aus der Villanovakultur hervorgegangen, oder ohne Zweifel östlich-mediterran. Die Formen hellenistischer Wohnarchitektur der Peristylhäuser und Paläste, die sichtbare Verkörperung östlicher Lebensweise sind, wurden von erfolgreichen Feldherren und emporstrebenden Geschäftsleuten auf Italien übertragen. Sie fanden in den Stadthäusern von Pompeji und Herculaneum sowie in den öffentlichen Bauten des republikanischen Rom ihren Niederschlag. Diese Einflüsse aus Ägypten, aus Antiochia und Seleucia, aus Pergamon, Kos, Rhodos und Ephesos treten wiederholt in den Monumenten des 1. Jh. v. Chr. in Erscheinung, so auch in späterer Zeit an den prachtvollen Foren von Vespasian und Trajan. Nicht zufällig lassen die Namen von römischen Architekten so oft deren orientalische Herkunft erkennen[286].
Anfänglich war Roms Ausdehnung nach Osten eine Folge der punischen Kriege. Sein Verhältnis zu den Bündnisgemeinschaften und zu den mazedonischen Herrschern war zunächst von humanen Absichten und dem echten Wunsch nach friedlichen Beziehungen getragen und frei von imperialistischen Absichten. Doch die Rolle der Römer als Befreier der Griechen von der mazedonischen Vorherrschaft führte schließlich dazu, daß Rom im Jahre 146 v. Chr. in Mazedonien eine Provinz einrichtete. Dieselbe Behandlung wie Mazedonien wurde dem Reiche Antiochos III. von Syrien zuteil, und mit dem Auseinanderbrechen der königlichen Familien, die Alexanders Eroberungen und seine Reichsordnung geerbt hatten, wurde Rom bald Herrin eines weitgespannten Imperiums: Asia, das pergamenische Königreich der Attaliden erbte es im Jahre 133 v. Chr., und um 100 v. Chr. erwarb es Cilicien. Nach den Kriegen mit Mithridates, dem selbsternannten und überaus erfolgreichen Vorkämpfer der Asiaten gegen den römischen Herrschaftsanspruch, kamen Bithynien-Pontus und Syrien hinzu, die Pompeius alle 63 v. Chr. erwarb und sachkundig als Provinzen einrichtete. 58 v. Chr. wurde Zypern zu Cilicien hinzugefügt. Die Grenzen zwischen defensiver und aggressiver

Reichspolitik verwischten sich. Aus Roms Eingriffen in die internationale Politik entstand schließlich ein östlicher Reichsteil, der reich an Rohstoffen und in Industrie und Handel erfahren und bewährt war. Er war auch Zentrum und Entstehungsort populärer religiöser Kulte. Vom Zeitpunkt der Eroberung an, ja selbst schon früher, strömten fortwährend Menschen aus dem östlichen Mittelmeerraum in den Westen, Zuwanderer, die als Seeleute, Händler, Geschäftsleute und (weniger freiwillig) als Soldaten kamen, um ihr Glück in kühleren, aber sichereren und verheißungsvolleren Landstrichen zu suchen.

Farbbilder:
140. Ptolemais (Libyen). «Palazzo delle Colonne».
141. Cyrene (Libyen). «Haus des Jason Magnus». Jahreszeiten-Mosaik. Ausschnitt.

Das römische Griechenland, unter Einschluß von Mazedonien und Achaea (27 v. Chr.), sowie das Territorium auf der peloponnesischen Halbinsel, spielten im Reich nur eine bescheidene Rolle gemessen an den reicheren Provinzen im Osten[287]. Obschon Athen weiterhin für Erziehung und Tourismus viel zu bieten hatte und griechische Marmor-, Honig- und Weinexporte überall im westlichen Reich sehr begehrt waren, hat man doch allgemein den Eindruck, daß Griechenland abgekapselt und hinlänglich mit Kultur gesegnet in stillere Gewässer geraten war. Der Bestand an Wohnhäusern aus der Griechen- und Römerzeit ist auffallend mager. Abgesehen von Korinth[288], einem wichtigen Verwaltungszentrum, Vergnügungsort und Emporium, sowie von Philippi im Norden und einigen Gegenden im westlichen Griechenland und auf der Peloponnes ist die Zahl der ausgegrabenen und hinreichend publizierten römischen Häuser und Villen erstaunlich klein, wenn man Griechenlands Nähe zu Italien und zu den östlichen Provinzen sowie die relativ günstigen Bedingungen für die Landwirtschaft bedenkt. Eine sorgfältige Aufnahme aller an der Oberfläche sichtbaren Reste tut ebenso dringend not wie eine sorgfältige Zusammenstellung und Untersuchung aller früheren Funde.

An der ägäischen Küste Kleinasiens, so z. B. in Priene[289], einer aufgrund ihrer hellenistischen Stadthäuser außergewöhnlichen Stadt, und in Milet[290] pflegten reiche Bürger ein älteres Haus umzubauen oder das Hausinnere einfach durch die Vereinigung von zwei Häusern zu modernisieren. Der für Häuser in Priene charakteristische *Megaron-Grundriß* konnte dank einer solchen Zusammenlegung leicht in eine peristyle Anlage umgewandelt werden. Es ergaben sich ferner Vorteile für die Beleuchtung und die Luftzirkulation. Zusätzlich war es im Einklang mit östlichen Traditionen möglich, die Wohnräume für die Männer von dem den Frauen und Kindern vorbehaltenen Flügel abzusondern.

Das etwas mehr als 30 km nordwestlich von Antalya an der Südküste der heutigen Türkei gelegene Termessos erfreute sich während der römischen Zeit als «Freund und Verbündeter des römischen Staates» besonderer Gunst und war berechtigt, «eigene Gesetze aufzustellen». In Termessos hat das sogenannte «Founders House» eine beachtliche, durch dorische Pfeiler hervorgehobene Eingangstüre an seiner Westfassade, die den Zugang zu einem Empfangsbereich in einem Atrium mit Impluvium bildete, das jenen ähnelt, die man von delischen und campanischen Hausgrundrissen her kennt. Östlich von Antalya haben Ausgräber beachtliche Beweise für in das 2. und 3. Jh. n. Chr. fallende römische Bautätigkeit in Side[291] gefunden. Zwei Peristylhäuser, die beide in der späten hellenistischen Epoche entstanden sind, wurden in römischer Zeit weiter benutzt; das eine in Verbindung mit an der Straße gelegenen Geschäften. Beide Häuser wurden während des 4. Jh. n. Chr. aufgegeben, aber während des 5. u. 6. Jh. n. Chr. wieder in Gebrauch genommen, als Side als Bischofssitz der Mittelpunkt einer Diözese wurde.

Farbbilder:
142. Ephesos. Blick auf die Hanghäuser während der Freilegung.
143. Vaison-la-Romaine. «Haus der silbernen Büste». Peristyl.

Die ohne Zweifel interessantesten römischen Häuser Kleinasiens wurden in Ephesos gefunden. Diese alte, planmäßig angelegte Stadt, die «Metropolis» von Asien, blühte im 1. und 2. Jh. n. Chr. unter den Römern gewaltig auf. Ephesos konnte seinen früheren wirtschaftlichen Wohlstand wiedergewinnen und beherrschte das Bankwesen des gesamten westlichen Anatoliens. Obwohl die ersten bahnbrechenden Ausgrabungen jene des englischen Architekten J. T. Wood im Jahre 1869 waren und anschließend die Grabungen von D. G. Hogarth für das Britische Museum folgten, ist die Wiederentdeckung des berühmten Grabungsortes nach 1895 der Hartnäckigkeit und Erfahrenheit des Österreichischen Archäologischen Instituts zu verdanken, besonders dem Einsatz
von Franz Miltner, Fritz Eichler und Hermann Vetters[292]. In der letzten Zeit wurden 142
an den Hängen des Berges Koressos (heute Bülbüldağ) gegenüber dem Hadrianstempel zwei beachtliche *insulae* ausgegraben[293]. Die Blöcke trennt ein über 2,70 m breiter Stufenweg, der auf Straßenhöhe beginnt und am terrassierten Abhang emporsteigt. Unter
den Stufen haben die Bauingenieure von Ephesos einen gewölbten Abwasserkanal von 144
fast 1,80 m Höhe angelegt, der die Wohnblöcke entwässerte. Dieselben Stufen bedeck- 145
ten die Tonleitungen, welche das Wasser durch Nebenleitungen in die Wohnungen auf allen Etagen brachten. Beide *insulae* wurden im 1. Jh. n. Chr. gebaut, aber dann bis zum 7. Jh. n. Chr. hin vielfach umgebaut. Der östliche, drei Stockwerken entsprechende Block hat einen trapezförmigen Grundriß. Er ist 44 m breit und 75 m tief mit einer 55 m langen Straßenseite. Das der Kureten-Straße zugewandte Erdgeschoß der *insula* verfügt über 12 rechteckige, gewölbte Geschäftslokale. Eines von ihnen enthielt ein *thermopolium*. Die vorgelegte Kolonnade ist mit einem Mosaikpflaster aus dem 5. Jh. n. Chr. belegt. Ein langer Korridor, der von dem Stufenweg oder Nebengäßchen abgeht, gibt Zugang zu den kreuzgewölbten Lokalen über den Geschäftsräumen.

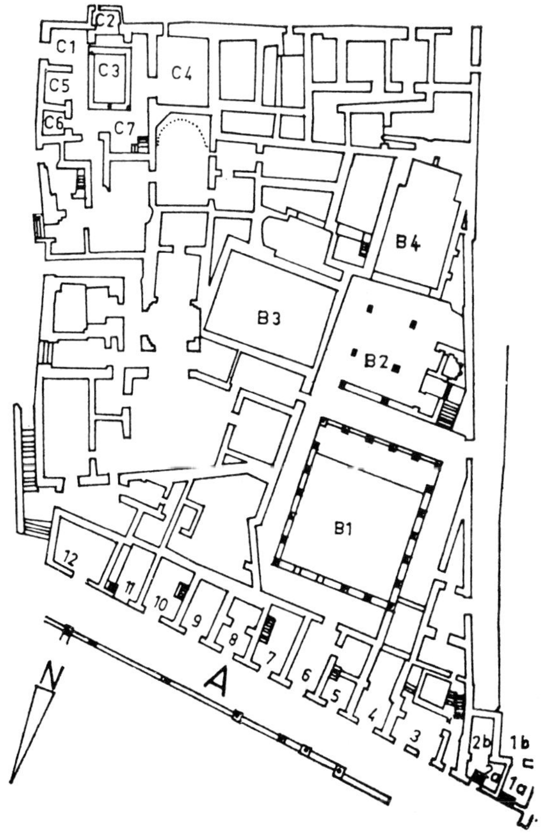

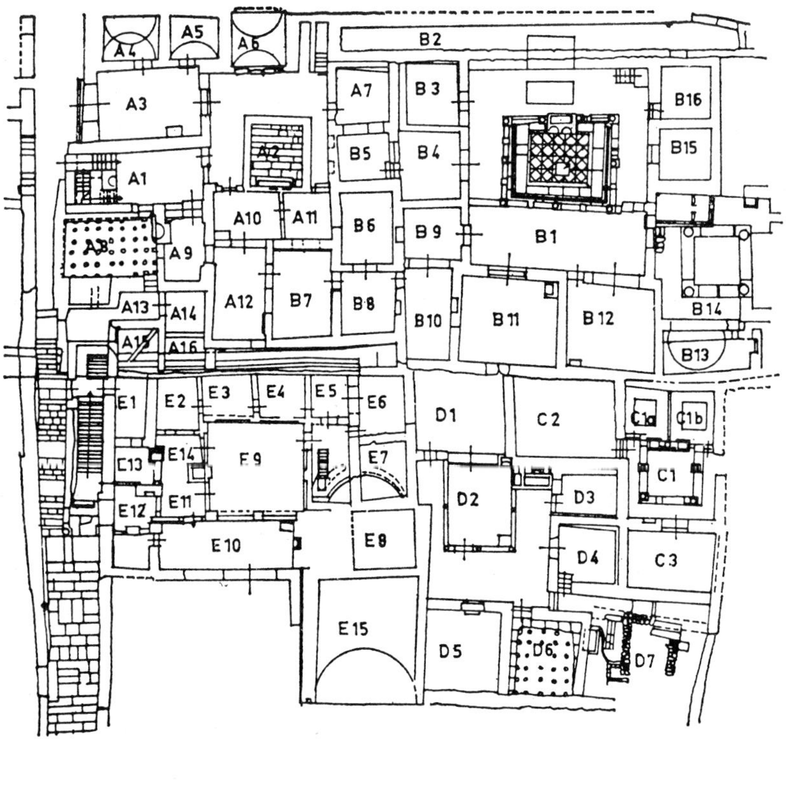

144 (unten links). Ephesos. Die Hanghäuser am Bülbüldağ, östliche insula. Grundriß (Akurgal, fig. 169).
145 (unten rechts). Ephesos. Die Hanghäuser am Bülbüldağ, westliche insula. Grundriß (Akurgal, fig. 170).

Rechteckige Fenster in der Decke des Korridors erlaubten Beleuchtung und Belüftung dieser inneren Räume. Sie waren offensichtlich die *cenacula* oder *pergulae* der Arbeiterklasse, bescheidene Dachkammern, von denen früher angenommen wurde, daß sie eine Besonderheit römischer *tabernae* und Etagenhäuser seien, die sich aber nun als typisch großstädtische Form der Unterkunft in Kleinasien erwiesen haben und mit Sicherheit im 1. Jh. n. Chr. existierten, zweifellos wohl auch schon früher[294]. Man wird zu der Annahme berechtigt sein, daß der *taberna-pergula*-Typus, der in hellenistischer Zeit Bestandteil römischer Architektur wurde, auf die Basare und Hochhäuser in den Städten an der Küste der östlichen Ägäis zurückgeht. Die auf einer Verschmelzung von Erwerbsbereich und Wohnbereich fußende und in Europa tief verwurzelte Gewohnheit, in mehrstöckigen Häusern zu wohnen, ist mit Sicherheit aus dem Osten überkommen.

Der größte und eindrücklichste der verschiedenen Hausteile der *insula* ist ein zweistöckiges Herrenhaus (B 1–14) auf der zweiten Terrasse, die sich über den Tonnen- und Kreuzgewölben der eineinhalb Stockwerke tieferen *tabernae* erhebt. Im 1. Jh. n. Chr. wurde das Haus nach einem Erdbeben wieder instand gestellt. Zur Zeit von Diokletian (um 300 n. Chr.) wurde es noch weitgehender erneuert. Damals erhielt das ganze Innere eine vielfarbige Marmorverkleidung, und im südlichen Teil des Peristyls wurde ein Brunnen installiert. Das Eingangsvestibül führte in ein Peristyl (B 1) mit 24 Säulen aus blauem, ionischem Marmor (22,25 m × 19 m). Neben dem Peristylkorridor und über eine Treppe zu erreichen, befindet sich ein großer Raum (B 2) mit einer von vier Säulen getragenen Decke, zweifellos der *oecus des* Patrizierhauses. Neben dem *oecus* liegt das Eßzimmer (B 3), das *cenatorium equestre* (der «Ritterspeisesaal»), das in severischer Zeit eine Brunneninstallation erhielt. Der Dekor und die Ausstattung sowohl des Peristyls wie des Eßzimmers lassen vermuten, daß der Hausbesitzer in der severischen Zeit ein wohlhabender, einflußreicher Bürger von Ephesos war. Ein Porträt des Kaisers Commodus (180–192 n. Chr.) und die Porträtherme aus Carraramarmor einer Dame aus dem severischen Herrscherhaus (193–235 n. Chr.), klassizistische Doppelhermen und Kopien der sentimentalen Kindergruppen des Boëthius mit einem zahmen Vogel oder Hasen stehen gleichermaßen im Blickfeld. Das ursprünglich vom *oecus* und von den südlichen Räumen aus zugängliche Eßzimmer wurde geschlossen, als die Wände um 300 n. Chr. einen neuen Schmuck in einem Stil erhielten, der an den 2. pompejanischen Stil erinnert, jedoch eine verstärkte barocke Profilierung aufweist. Die nächsten Parallelen für diesen Dekorationsstil finden sich im Kaiserpalast in Thessaloniki und in der Basilika des Junius Bassus in Rom. Zur selben Zeit wurde das Peristyl mit einem Marmorboden in *opus sectile* und neuen Kapitellen, die jenen in den konstantinischen Bädern in Trier ähnlich sind, modernisiert. Der Raum südlich des *oecus*, ursprünglich ein tonnengewölbter Saal, der später mit einem Gratgewölbe ausgestattet wurde, ist als private Basilika identifiziert worden, die ausschließlich den Bedürfnissen des Besitzers zur Verfügung stand. Auf der zweiten und dritten Etagen-Ebene waren im Rest der *insula* an deren östlicher Seite kleinere, mittelständische Wohneinheiten (C 1-7) untergebracht, die von der östlichen Seite der kleinen Gasse her zugänglich waren.

Der zweite Block in Ephesos, der der größere als der oben beschriebene erste ist, hat den gleichen Terrassenaufbau und dasselbe Wassersystem wie sein Nachbar. Fünf Einheiten, die alle aus dem 1. Jh. n. Chr. stammen, aber wiederholt umgebaut wurden, sind in dem großen Komplex zusammengedrängt. Die südöstliche Ecke des Blockes

wird von einer Peristyleinheit (A 1–16) mit 12 im Erdgeschoß und in einem zweiten Stockwerk verteilten Räumen eingenommen. Während des 2. Jh. n. Chr. wurden in der Wohnung Veränderungen vorgenommen, durch die das Innere sowohl vergrößert wie auch modernisiert wurde. Das Eingangsvestibül (*prothyron,* A 1) liegt auf der dritten Terrassenstufe am Fuß einer von dem Nebengäßchen abgehenden Treppe. Das Vestibül ging direkt in das Peristyl über, ein angenehmer Freiraum, den Wände mit Fresko-Malerei, ein ornamentaler Mosaikboden und ein Brunnen aufs reichste schmückten. Eine pastorale Landschaft ersetzte im 2. Jahrhundert das ursprünglich nur ornamentale Wandbild. Die Räume neben dem Peristyl waren ebenfalls mit Fresken, die Blumenarrangements und Eroten (A 10, 11) darstellten, sowie mit Mosaikböden und Wandmalereien (A 3) ausgeschmückt. Der sehr hohe Salon (A 3) östlich vom Peristyl war eine wahre Kunstgalerie. Seine Wandmalereien, deren Themen den Werken des Euripides und des Menander entnommen sind, stellen den Kampf von Herkules und Achelous um Deianeira dar (um 175–200 n. Chr.). Drei tonnengewölbte Räume (A 4-6) mit Fresken aus dem 4. Jh. n. Chr. liegen über der Ebene dieser Peristyl-Pinakothek. Einer davon war wahrscheinlich ein Sommer-*triclinium* mit Blick über das Peristyl. Ein Badezimmer mit Hypokausteneinrichtung (A 8) und eine angrenzende Küche (A 13) vervollständigten die Räumlichkeiten dieser Luxuswohnung. Eine weitere zweistöckige Peristyleinheit liegt an der Südwestecke der *insula.* Das Peristyl mit seiner korinthischen Kolonnade war der Zugang zu mindestens sieben Räumen (B 3, 4, 9, 10, 11, 12, 15, 16) und versorgte diese mit Licht und Belüftung. Die meisten dieser Räume sind mit Bodenmosaiken geschmückt (B 3–8), andere (B 9, 10) mit Wandfresken, die die neun Musen darstellen. Die Räume B 12–16 haben Wandmalereien aus dem späten 4. oder frühen 5. Jh. n. Chr., die nach dem Erdbeben von 358 oder 368 n. Chr. in Auftrag gegeben wurden. Die geräumige Küche (B 14) weist ein zentrales, von vier Säulen umstandenes Becken auf. Die Nordwestecke des Blockes enthält ein weiteres Peristylhaus (C 1-3) mit Freskobildern von Apoll, den neun Musen und Sappho, welche aus der Zeit Diokletians stammen (C 2), sowie ein Bodenmosaik in spätem Stil (C 3). Im Peristyl (C 1) gibt es ein figürliches Bodenmosaik aus dem 3. Jh. n. Chr., welches ein älteres, geometrisches Muster überlagert. Eine andere Peristyleinheit (D 1–7) weist im Peristyl (D 1) Freskoporträts der Philosophen Cheilon und Sokrates auf, die um 100–150 n. Chr. anzusetzen sind. Ein Badezimmer mit Hypokausten befindet sich in der Erdgeschoßebene nördlich des Peristylhofes und dessen Brunnenanlagen. Eine fünfte Einheit (E 1–15), nochmals eine zweistöckige Anlage, liegt an der Nordwestecke der *insula* mit Eingang an dem Stufengäßchen. Die Wohnung war anfangs eine peristyle *domus,* aber in einer Phase mit mehreren Umbauten wurde der Freiraum überdacht (E 9), um als große Halle benutzt zu werden. Ein apsidial geformter Erdgeschoßraum (E 15) mit einem Tonnengewölbe diente nach dem 2. Jh. n. Chr. ohne Zweifel als private Basilika. Die Fresken an den Peristylwänden (E 9), die dem 1. Jh. n. Chr. angehören, zeigten vor einem roten Hintergrund in gerahmte Felder eingelassene Philosophenbilder. Ein ursprünglich *in situ* entdecktes vorzügliches Bildnis von Sokrates ist heute im Museum von Ephesos/Selçuk ausgestellt.
Strabo, der in augusteischer Zeit lebte, berichtet, daß zu seiner Zeit die Einwohnerschaft von Babylon auf den Bevölkerungsdruck mit dem Bau von mehrstöckigen Häusern in Gewölbetechnik reagierte, und daß man auch in Tyrus und Aradus mehrstöckige Wohnhäuser antreffe[296]. Ephesos bietet mit diesen mehrere Einheiten von Peristylanlagen enthaltenden Wohnblöcken und deren Straßengeschäften noch eine weitere, ent-

scheidendere Vorstufe für die römischen *insulae*. Roms Beitrag zur Entwicklung der *insula* ist gewiß bedeutend – Gartenhöfe, gemeinsame Treppenhäuser und besser durchdachte Geschäftslokale – aber der Typus war östlich, und seine Übertragung nach Italien stand ganz im Zeichen der von Osten nach Westen verlaufenden Wanderung von Menschen und Ideen.

Nach dem Tod von Herodes dem Gr. im Jahr 4 v. Chr. und der Verbannung seines Nachfolgers Archelaus in das gallische Vienne im Jahre 6 n. Chr. machte Augustus Judäa zu einer Provinz des römischen Reiches. Streitereien und Gegensätze zwischen den Bevölkerungsschichten zerrissen das Land. Reiche Grundbesitzer sahen Rom als Garant ihrer sozialen Stellung und ihrer Geldanlagen; die Sadduzäer und Pharisäer bildeten eine theokratische Gesellschaft, die mit dem Kaiserkult in Konflikt geraten mußte; die Zeloten, nationale Extremisten, sowie die Abneigung zwischen Juden und Christen ließen der römischen Verwaltung keine Hoffnung auf einen dauerhaften Frieden. Pontius Pilatus, verstrickt in Ereignisse, die kein Mensch hatte voraussehen oder verhindern können, war vermutlich aufgeklärter als viele, aus denen sich die erbitterte, enttäuschte und korrupte Schar der Verantwortlichen in Judäa zusammensetzte. Auf beiden Seiten wurden Konzessionen gemacht, aber 66 n. Chr. brach der schwelende Streit aus. Als die Extremisten und Fanatiker die Oberhand gewannen, verflog die Hoffnung auf Frieden und Versöhnung. Vespasian belagerte 68 n. Chr. Jerusalem, doch der Tod Neros und die Wirren der folgenden Periode unterbrachen den römischen Feldzug. Titus, Vespasians Sohn und späterer Erbe, eroberte die Stadt und zerstörte den Tempel im Mai des Jahre 70 n. Chr. Die endgültige Niederwerfung Judäas war 73 n. Chr. mit dem Fall von Masada erreicht. Der Titusbogen auf dem Forum Romanum, den Titus' Bruder Domitian im Jahre 82 n. Chr. errichten ließ, bietet einen in Stein gehauenen Bildbericht von Titus' Triumphzug durch Rom im Frühsommer 71 n. Chr., nachdem Jerusalem eingenommen und der Tempel geplündert worden war.

Die in Masada von Yigael Yadin ausgegrabene Palast-Villa des Herodes hat aus verschiedenen Gründen beträchtliches Interesse und Aufsehen erregt, vor allem jedoch wegen ihrer historischen Bedeutung und aufgrund ihres architektonischen Wertes[297].
146 Die Ruinen, die sich über drei Terrassen verteilen, entsprechen genau dem Augenzeugenbericht von Josephus, dem jüdischen Historiker der Eroberung[298]. Die oberste Terrasse trägt den sogenannten nördlichen Palast, eine Neunzimmerresidenz, die unerwartet bescheiden gestaltet und ausgestattet ist. Sie enthält einen öffentlichen Badebau, eine halbrunde, mit Kolonnaden versehene Terrasse, Lagerräume und Zisternen. Das Gelände bedeutete für die Bauingenieure ein großes Hindernis, trotzdem brachten sie es fertig, einen Wohnsitz zu errichten, der nicht nur den Erfordernissen des Geländes und der Schönheit des Ortes angemessen war, sondern auch Sicherheit bot. Die oberste Terrasse ist auch die einzige Stelle auf Masada, wo sich ein Mindestmaß an Schatten oder Schutz vor der sengenden Sonne und dem heftigen Südwind findet. Die mittlere Terrasse, 18 bis 21 m tiefer gelegen, trägt einen runden Pavillon mit einer dahinter befindlichen gedeckten Porticus. Auf der 12 bis 15 m tiefer liegenden untersten Terrasse war ein fensterloses Belvedere ein köstlicher, abgeschiedener Ort der Erholung. Der Platz bot einen herrlichen Blick über das Tal. Die Ingenieure des Herodes begegneten der Herausforderung durch den engbegrenzten Raum auf dieser untersten Terrasse mit dem Bau einer künstlichen Plattform knapp über dem Abgrund, die als ein von Menschenhand gelegtes Fundament auf bis zu 24,50 m hohen Stützmauern ruhte. Die *diaeta* oder das Belvedere erinnert teilweise an Formen, die in campanischen maritimen Villen

gebräuchlich waren, so besonders in der augusteischen Villa in Damecuta und in der großen *aula* der Villa Jovis des Tiberius auf Capri.

Ein großer Palast erhebt sich am westlichen Rand des Masada-Felsens, nahe jener Rampe, deren Bau schließlich den Römern am Ende der langwierigen Belagerung gelang. Dieser zweite Palast verfügt über Wohnbereiche im Südosten, Wirtschaftsbereiche im Norden, Lagerräume, Empfangsbereiche und einen Thronraum. Mit Motiven aus Olivenzweigen, Granatäpfeln, Feigen- und Weinblättern u. a. m. erinnern die Mosaikböden an geometrische Mosaiken auf Delos. Ward-Perkins schreibt, «daß dies eine späthellenistische Architektur mit stark italischen Anklängen war – genau das, was man von einem Auftraggeber von Herodes' Geschmack und Erziehung erwartet hätte»[299]. Niemand kann diesen Ehrfurcht gebietenden Ort besuchen, ohne von Sympathie für den mutigen Widerstand und den selbstmörderischen Mut der jüdischen Extremisten und von Hochachtung für die methodischen Belagerungstaktiken der Römer und von Bewunderung für die virtuose technische Leistung der Palasterbauer

146. Masada (Israel). Blick auf den Palast des Herodes mit den drei Terrassen.

erfüllt zu sein. Die herodianische Villa im Wadi Quelt außerhalb von Jericho[300] kann sich mit dem Palast des Cogidubnus in Fishbourne (Sussex) an Größe und Reichtum der Dekoration messen, aber kein Palast im römischen Reich ist dem Palast des Herodes in Masada ebenbürtig.

Häuser von einfacheren Dimensionen sind überall in Syrien gefunden worden[301]. Die Dorfhäuser von Taqle z.B. stellen eine Grundform – das Einzimmerhaus – dar, die manchmal durch Wände oder Säulen, doch häufiger mit Vorhängen oder beweglichen Stellwänden unterteilt wurde und häufig an einer Seite, meist nach Süden, offen war. Sehr wahrscheinlich lebten Menschen und Tiere unter einem Dach. Wenn sie dreifach unterteilt sind, gleichen diese einfachen *Liwan*-Formen auffallend der tripartiten Gliederung von etruskischen Gräbern und Häusern, die ja Vorfahren der *atrium-tablinum-alae*-Anordnung in den römischen Häusern sind. Andere Hausformen wurden in Banaqfur (1. Jh. n. Chr.) und in Benabil (2. Jh. n. Chr.) ausgegraben, wo doppelte Portiken zweistöckigen Häusern als Fassade dienten, denen mitunter auch ein Hof mit Lagergebäuden und Werkstätten vorgelagert war. In Kleinasien gehörte vielerorts oft ein ein- oder zweistöckiger Turm zum Landgut, um dem Gutsherren einen Überblick über seinen Besitz und die Kontrolle seiner Landarbeiter zu ermöglichen. Dieser Turm bot auch zusätzlichen Lager- und Wohnraum. Während des 3. u. 4. Jh. n. Chr. wurde versucht, auf Anhöhen stehenden Landhäusern durch Umfassungsmauern größtmöglichen Schutz zu geben.

Ausgrabungen in Antiochia, in Seleucia-Pieria, dem Hafen von Antiochia, und überall in Nordwestsyrien lassen im späten 2. und dem 3. Jh. n. Chr. eine Vorliebe für einstöckige Peristylhäuser erkennen[302]. Das *triclinium,* der zentrale Mittelpunkt der axialen Anlage, liegt oft am Ende eines Kolonnadenhofes in einer Weise, die der Anordnung des reizenden «Hauses von Cupido und Psyche» in Ostia nicht unähnlich ist, die, mit allerdings unendlich bescheideneren Dimensionen, einer arabischen Alhambra ähnelt. Die Mosaikböden von Antiochia bestätigen auch aufs schönste das Urteil des Ammianus Marcellinus über Antiochia, «*orientis apicem pulchrum*» = schöne Krone des Orients[303]. Häuser jeder Art und jeden Ranges von den bescheidenen Behausungen bis zu den stattlichen Wohnsitzen, waren mit Hilfe geschickt im ganzen Hausinnern verteilter Mosaiken farbenfroh und reizvoll gestaltet[304]. Das «Haus des Bootes der Psyche» in Daphne ist eine eher durchschnittliche suburbane Villa aus dem 2. oder 3. Jh. n. Chr. Die Eingangskolonnade flankierten fünf Nischen, die mit Mosaiken ausgelegte Wasserbecken enthielten; das *triclinium* und drei zusätzliche Räume hatten Mosaikböden. Nahezu jedes Haus in Antiochia und in den Vororten zierten geometrische, florale oder figürliche Bodenbeläge, von denen einige Kopien nach alten Meistern sind, andere wiederum Episoden aus der klassischen Literatur und der Mythologie zum Thema haben, und mehrere andere eindeutig Allegorien darstellen. Anders als Teppiche oder Läufer die man bei zeremoniellen Anlässen oder zur Linderung der winterlichen Kälte benutzt haben wird, stellten sie einen permanenten Bodenbelag dar, der im Sommer kühl war und mit Hilfe von Wasser leicht zu reinigen und zum Glänzen zu bringen war. Er konnte an den verschiedenartigsten Orten, auch in *piscinae,* Zierbecken und Brunnen verwendet werden. Überall in Südsyrien, so in Petra, Gerasa (Jerash), Bostra und Antiochia bauten Baumeister in Häuser mit rechteckigem Grundriß Räume mit quergestellten Bögen ein, um dem Inneren mehr Höhe und Kühle zu geben. In der Art der heutigen Architektur im Raum der Aegäis hatten Häuser mit zwei Stockwerken eine Außentreppe aus Stein.

Septimius Severus, ein Afrikaner aus Leptis Magna und einst Gouverneur von Pannonien, wurde 193 n. Chr. zum Kaiser ausgerufen[305]. Seine Kriege zur Festigung seiner Macht kamen das Reich teuer zu stehen; Antiochia wurde eingenommen und geplündert, verlor seine Vorrangstellung in Syrien an Laodicea, und das alte Byzantium wurde zerstört. Septimius Severus hatte Trajans Eroberungen im Osten, wo dieser das Reich um die Provinzen Dacien, Armenien und Mesopotamien erweitert hatte, im Sinn. Er ließ aber außer acht, daß Trajan die Befriedung der Parther nur für eine Generation gelungen war. Septimius Severus konnte jedoch Ctesiphon (116 n. Chr. einst Trajans Beute) zurückerobern und machte Mesopotamien nochmals zu einer römischen Provinz mit einer zwei Legionen starken Garnison. Nach dem Tod des Septimius Severus in York (Eburacum) begann sein Sohn Caracalla (211-217) einen neuen Partherkrieg, wurde aber bei Carrhae vom Präfekten der Prätorianergarde Macrinus ermordet. Dieser wurde der erste Kaiser aus dem Ritterstande (217-218). Elagabalus (218-222), der absonderliche Nachfolger von Macrinus – ein dreizehnjähriger Priester des Baal als Kaiser war wohl etwas ungewöhnlich – wurde bald durch seinen Vetter Alexander Severus (222-235) ersetzt. Die severische Dynastie, seit beinahe 40 Jahren an der Macht, versuchte Septimius' Eroberungen im Osten zu halten, Eroberungen, die auf dem dreitorigen Bogen am Westende des Forum Romanum reich dokumentiert wurden.

Im Mittleren Osten hatten Häuser in der Grenzzone des Tigris- und Euphrattales vor der Ankunft der römischen Armeen, besonders jener der severischen Kaiser, keine Besonderheiten aufzuweisen. Das einfache, flachgedeckte Lehmhaus, das in der heißesten Jahreszeit einen kühlen Schlafplatz bot, bestand aus mehreren Räumen, die sich um einen bei Nacht als Gehege für Zugtiere und Kamele dienenden zentralen Hof

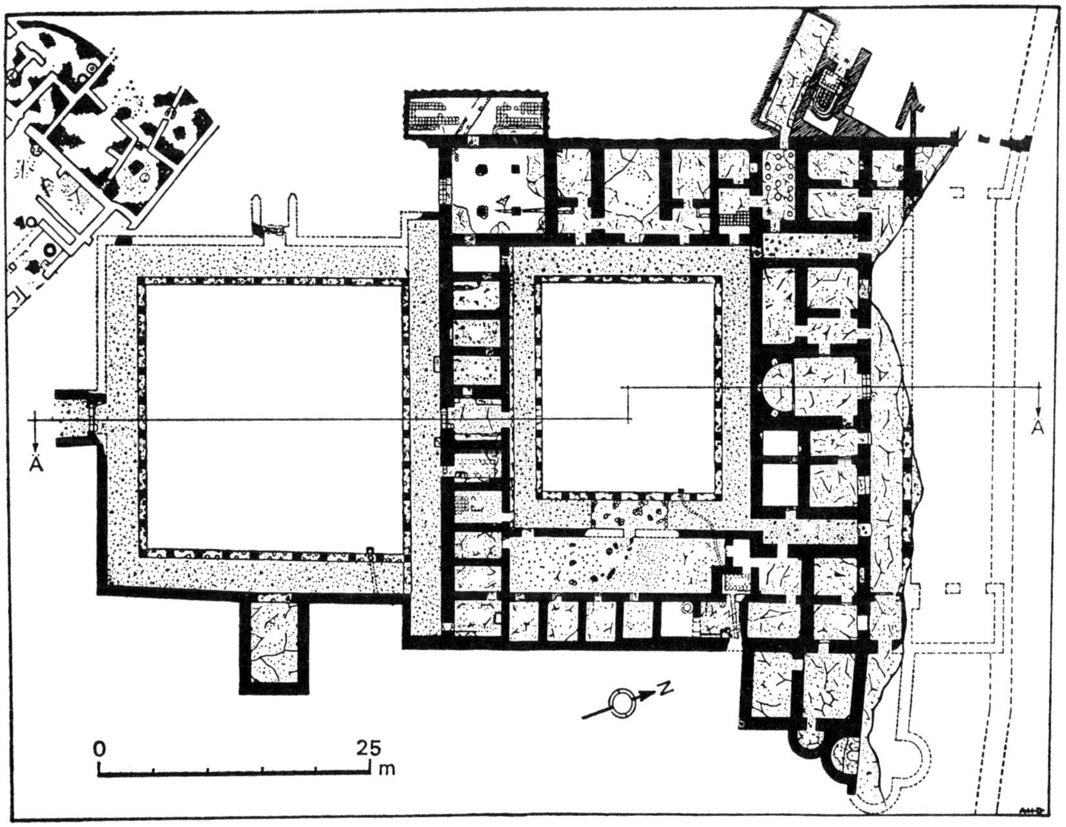

147. Dura Europos (Syrien) Palast des Dux Ripae. Grundriß (A.H. Detweiler, M.I. Rostovtzeff, fig. 7).

scharten. Pendants hierzu lassen sich noch heute außerhalb jeder iranischen oder syrischen Wüstenortschaft finden[306].

In Dura-Europos am Euphrat haben die Grabungen der Yale-Universität wesentlich
147 glanzvollere Architektur ans Licht gebracht, nämlich die Ruinen eines Palastes aus dem 3. Jh. n. Chr., der unter Elagabalus oder Alexander Severus, wahrscheinlich aber unter dem Erstgenannten gebaut wurde[307]. Ähnlich wie der Gouverneur in Aquincum an der Donau erfreute sich hier der kaiserliche *Dux Ripae* in fremdartiger Umgebung europäischer Annehmlichkeiten. Die hoch über dem Fluß liegende Korridorvilla mit zwei stark reduzierten Eckrisaliten, einem Eßzimmer mit Apsis und einem Badekomplex erlaubte dem Befehlshaber prachtvoll isoliert in hochentwickeltem Wohnkomfort zu leben. An einem großen Peristylhof hinter dem Wohnbereich waren das Palastpersonal, die Empfangsräume und die Kavallerie untergebracht. Ein zweites äußeres Peristyl, das man durch ein eindrucksvolles Portal betrat, bildete den würdigen Rahmen für zeremonielle Ereignisse und diplomatische Empfänge. Die praktischen, traditionellen Flachdächer gaben der Silhouette des Baues ein nüchternes Aussehen. Die von einem Schilfrohrskelett gehaltenen Decken waren vermutlich gekurvt, um eine Wölbung vorzutäuschen. Dieser Palast des Dux Ripae unterschied sich nur geringfügig von der Architektur der *Praetoria* an anderen, weit entfernten Flüssen, an Rhein, Mosel, Donau und ohne Zweifel auch an der Themse.

Die römischen Bauten Nordafrikas gehören zu den prächtigsten in der ganzen römischen Welt: das *Kaisareion* von Cyrene, der Markt und die Foren von Leptis Magna, die überwältigenden Theater von Sabratha und Leptis, die Foren von Timgad und Cuicul (Djemila), die suburbanen Thermen (sogen. «Hunting Baths») und die Basilika in Leptis, die Monumente in Thuburbo Maius und in Thugga, die Amphitheater in Thysdrus (El Djem) und in Karthago sind unbestreitbar großartig. Hinzu kommen noch Tausende von römisch-afrikanischen Häusern, die sich außer in Umfang und Reichtum der Ausstattung weitgehend gleichen. Wie auf dem griechischen Festland und in Spanien ist aber nur ein kleiner Teil des Vorhandenen ausgegraben und ein noch geringerer Teil der Gesamtmasse ist publiziert[308].

Mehr als ein literarischer Gemeinplatz war Virgils Schilderung vom Karthago der Dido, in der dieses sich wie eine Kolonialhauptstadt zwischen Lehmziegelhäusern ausnimmt (Aeneis I, 421-9). Diese Darstellung war symptomatisch für das cäsarische Afrika und für das zukünftige Aussehen des römischen Nordafrika[309]. Catos Kriegsruf *delenda est Carthago* war Mitursache für die endgültige Einnahme der punischen Hauptstadt durch Rom und für die auf ihrem Gebiet erfolgte erste Gründung einer Kolonie in Afrika im Jahre 146 v. Chr. Annexion und Erwerb verliefen darauf schubweise. Die Cyrenaica (74 v. Chr.), Ägypten (30 v. Chr.) sowie die Mauretania Tingitana und Mauretania Caesariensis (44 v. Chr.) bildeten die Sequenz. Die Kaiser hielten Ägypten fest in der Hand, weil es für Rom die ergiebigste Kornkammer war. Unter Trajan und den severischen Kaisern profitierte Afrika enorm, und seine Leistungen waren gleichermaßen hervorragend. Die Provinz Afrika stellte nicht nur Anwärter für den Kaiserpurpur, sie schenkte Rom auch Schriftsteller wie Apuleius und den Hl. Augustin. Monumentale städtische Bauwerke und Gedenkbögen prägten den Charakter der Militärkolonien und Handelskapitalen. Zwischen der Marmor- und Ziegelpracht der römischen Städte und der eleganten Landhäuser hielten sich lange die Lehmziegelbauten der Einheimischen in den «Kashbahs» und «Habitat»-Zonen der Großstadtzentren. Auch auf dem Land existierte dieser Haustyp weiter. Ungeachtet der Materialien lernten die Baumeister, geschickt Tonnengewölbe und Kuppeln aus Schilf und Lehm zu fertigen, die ein praktischer und kostensparender Schutz vor den drückenden Winden und der Hitze an der Küste und im Landesinnern waren.

Im Verein mit der Zeit haben der Verfall des Baumaterials und die ununterbrochene Besiedlung alles Bedeutende ausgelöscht, was aus der Zeit der Phönizier vielleicht bis in die Römerzeit überlebt hatte. Am meisten wird man das, was die Häuser des ptolemäischen Ägyptens anbetrifft, bedauern. Diese tauchen gelegentlich auf den Wandbildern und Mosaiken mit Nilszenen auf. Nirgendwo sind sie so eindrucksvoll wie auf 148
dem prallvollen Bildteppich des Barberini-Nilmosaiks in Palestrina (Italien) dargestellt. Das Mosaik wurde im großen Heiligtum der Fortuna Primigenia in Praeneste angebracht, als Sulla und sein Stellvertreter Varro Lucullus um 80-75 v. Chr. diesen Ort weitgehend umgestalteten. Die Vogelschau-Ansicht des Nils bei Hochwasser bietet eine Ansammlung von Szenen aus dem Menschen- und Tierleben, gleichsam in einer Art Panoramabild[310]. Mehrere Bautypen werden gezeigt. Da sind ein Kolonnadenbau mit einer großen Markise, eine verkürzte Porticus mit einer Gruppe von Soldaten, die zu einem Festgelage versammelt sind, ein Turmhaus, ein Hirtenstall, heilige Weihestätten, ein mit Mauern eingefaßter Bereich, auf dem zwei weitere ägyptische Türme stehen, sowie andere, weniger deutbare Formen. Turmhäuser *(pyrgoi)* treten ziemlich oft auf Wandbildern und Mosaiken mit Nilszenen in Erscheinung. Sie rechtfertigen die Vermutung, daß es sich hierbei um eine gebräuchliche Hausform handelt. Durchgehend wurden Lehmziegel als Baumaterial verwendet. Auf Dachhöhe gibt es

148. Praeneste. Das Barberini-Mosaik. Nilszene im römischen Ägypten.

bescheidenen Dekor und nur äußerst geringe Verwendung von Holz und Stein. Im sizilianischen Motya haben Ausgrabungen ergeben, daß phönizisch-karthagische Architekten einen vergleichbaren Hochhaustyp kannten, dessen aufgehende Teile aus Holz bestanden und auf Steinfundamenten ruhten[311]. Bis zu sieben Stockwerke hohe, aus Lehmziegeln erbaute Hochhäuser sind selbst heute noch Bestandteile der Architektur im südlichen Arabien und in Tunesien. Papyri und literarische Texte vermitteln zusätzliche, allerdings oft äußerst spärliche Anhaltspunkte für andere Formen der Behausung, für Baumethoden und Baumaterialien, Dekorationen und Annehmlichkeiten. Die sichtbaren Überreste sind indessen dürftig und in einer Metropole wie Alexandria wohl für immer verloren. Vom griechisch-römischen Philadelphia und von Arsinoë haben nur kümmerliche Reste überdauert, was teilweise die Schuld der unsachgemäßen Bergung und Erhaltung früherer Funde ist[312]. Das fieberhafte Aufspüren von Papyri hat in Tebtunis beispielsweise Archäologen oft von einer gründlichen Untersuchung und Veröffentlichung der am Grabungsort aufgefundenen Häuser abgehalten. Oberägypten, insbesondere Tell Edfu (Apollonopolis Magna) hatte Häuser mit tief zurücktretendem Eingang zum Schutz vor Sand und vor der drückenden Hitze. Es waren zweistöckige Häuser mit Außentreppen, die Licht und Luft nur durch Öffnungen in der Decke einließen. Ländliche Häuser hatten entweder die Form eines Pyramidenstumpfs, dessen Dach mit einer niederen Steinbrüstung gesichert war, oder aber die bereits erwähnte Turmform.

Entlang der ägyptischen Küste und in den geschäftigen Hafenstädten des ptolemäischen und des römischen Ägyptens müssen wir mit Anhäufungen von Hafenbauten rechnen, mit einem Gewirr von Lagerhäusern, Geschäften und Tavernen, von Zweigstellen, Hotels und billigen Unterkünften entsprechend den Bedürfnissen und Wünschen der Hafenbeamten, Schiffahrtsagenten, Geschäftsleute, Seeleute und Stauer, die hier ihren Unterhalt verdienten. In Ptolemais (Cyrenaica), dem römische Stadthäuser und Villenarchitektur eine glanzvolle Note gaben, bestanden weiterhin die gewohnten Lehmziegelbauten in Form von ein- und zweistöckigen Häusern, möglicherweise sogar als Wohnblöcke jener Art, die wir in Tyrus und Aradus angetroffen haben.

149 In den Binnenlandstädten wie in Volubilis, einem römischen *municipium* in Mauretanien, fanden sich einige sehr reizvolle Stadthäuser[313]. Das «Haus des Venusmosaiks»
150 am *Decumanus inferior,* dem aristokratischen Wohnviertel beim Aquädukt, hat an seiner Nordseite einen zum quadratischen Vestibül führenden doppelten und einen einfachen Satz Türen. Drei Stufen tiefer liegt das Kolonnadenatrium mit einer Zier-*piscina* oder einem *euripus,* welcher stark an das «Haus mit dem korinthischen Atrium» in Herculaneum erinnert. Der Hauptraum des Hauses befindet sich auf der Hauptachse des Hauses hinter dem Kolonnadenatrium und öffnet sich auf dieses mit drei Durchlässen. Der Mosaikboden stellt Venus mit den drei Grazien und Eros dar; eine Inschrift an der Nordostecke gibt den Namen des Hausbesitzers an: VINCENTIUS ENICESAS (Vincentius du hast gesiegt). Schlafzimmer und andere nicht bestimmbare Räume öffneten sich auf den Atriumhof. Die Südwestecke des stattlichen Hauses nimmt ein zweiter Hof *(atriolum)* mit einem reich gestalteten Nymphäum und einigen großen Räumen ein; die Nordwestecke im rückwärtigen Teil des Hauses enthält die Badeanlage. Noch mindestens zwei weitere Häuser, nämlich das Haus westlich vom Gouverneurspalast und das «Haus der zwei alten Pressen» weisen dieselben Bestandteile auf: Kolonnadenatrium, sich mit drei Durchgängen öffnendes *tablinum* oder *oecus* und einen zweiten Atriumhof. Das Haus westlich des Gouverneurspalastes und das «Haus

149. Volubilis. Luftaufnahme des Nordost-Quartiers mit dem Gouverneurspalast.

der wilden Tiere» haben eine Nordporticus, die die ganze Hausbreite einnimmt. Inschriftliche Befunde deuten darauf hin, daß der mit Kolonnaden ausgestattete Wohnsitz des Gouverneurs am *Decumanus Maximus* von M. Ulpius Victor, dem Prokurator der Stadt unter Gordian III. (238-244 n. Chr.), neu erbaut wurde. Seine Ausmaße (70 x 70 m), die Straßenporticus, das korinthische Atrium, das geräumige *tablinum* und die beiden zusätzlichen Atria, die Verwendung von polychromen *opus sectile*-Bodenplatten, die Badeanlage sowie eine Vielzahl kleinerer Räume zeigen an, daß er eine doppelte Funktion hatte, als private Residenz und als Regierungsamtsitz. Volubilis vermittelt einen guten Querschnitt durch die Hausformen des 2. u. 3. Jh. n. Chr., der vom Gouverneurspalast und Wohnsitzen der Reichen bis zu den bescheideneren Arbeiterhäusern reicht. Letztere sind Einzimmerbauten aus Lehmziegeln mit kombinierter Küche, Eßzimmer und Wohnraum an der Vorderseite und dahinter angeordnetem Schlafzimmer, das Vorhänge unterteilten. Es ist diese einfache Wohnweise, an der noch heute in ganz Nordafrika und im Nahen Osten festgehalten wird.

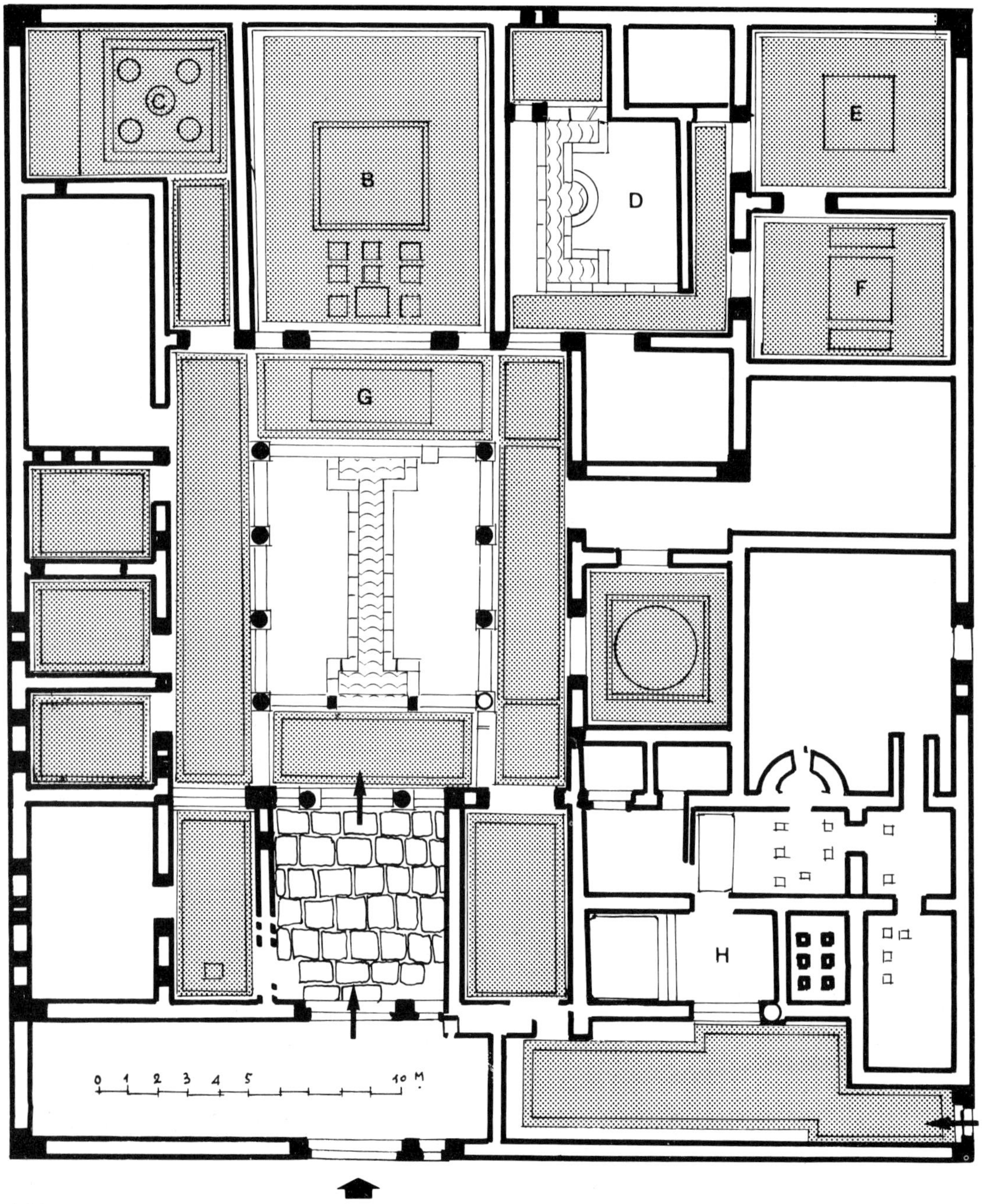

150. Volubilis. «Haus des Venusmosaiks». Grundriß.

In der Auseinandersetzung um den Ursprung des Hauses vom Volubilis-Typ, insbesondere der stattlichen Häuser im Nordostsektor, haben sich zwei Meinungen herausgebildet. Die von G. Charles-Picard und R. Etienne vertretene hält die Häuser in Nordafrika grundsätzlich für griechisch und nicht für römisch, d.h. für direkt von hellenistischen Häusern beeinflußt, die sich für die klimatischen Bedingungen Nordafrikas eigneten. Die andere, von Thouvenot und Graham verfochtene Meinung, betrachtet die vollentwickelten Atriumhäuser von Ostia (das «Haus der Säulen», das «Haus nahe dem Rundtempel») als vergleichbare Beispiele und wahrscheinliche Vorbilder für die nordafrikanischen Häuser[314]. Obwohl die Patrizier- und Mittelklassehäuser in Nordafrika oft jegliche streng axiale Anlage meiden, bevorzugen sie doch fast ausnahmslos den *fauces*-Kolonnadenatrium-*tablinum* Haustyp. Das Säulenatrium war im 1. Jh. n. Chr. eine Neuheit, eine moderne Entwicklung, welche überseeische Kolonisten wohl bereitwillig in der neuen Umgebung aufgriffen. Mit Sicherheit fand man im julisch-claudischen und im flavischen Pompeji und in Herculaneum an dieser Grundrißform Gefallen, und im 2. Jh. n. Chr. war das peristyle Atrium bereits in das Standardrepertoire von Ostia aufgenommen. Es befriedigte ohne Zweifel, weil es eine freiere Luftzirkulation und die Anbringung von Bodenmosaiken und Wandbildern in einem Freiraum ermöglichte, einen reizvollen Durchblick vom Eingang in das Innere gestattete, auch die überaus wünschenswerte Plazierung des wichtigsten Raumes im Haus gegenüber von Atriumhof und -becken zuließ. Grahams Urteil ist überzeugend: «Das nordafrikanische Haus verdankte seinen Ursprung nicht der Übernahme und Anpassung eines griechischen Haustyps durch die Phönizier, sondern eher den Kolonisten aus Italien, die das Atriumhaus in seiner dort während des 1. und 2. Jh. n. Chr. gängigen Form einführten»[315].

In Ptolemais (Cyrenaica) haben italienische, amerikanische und englische Ausgräber 151
zwei bemerkenswerte Häuser aus dem 1. Jh. n. Chr. freigelegt: eine Villa und ein palast-

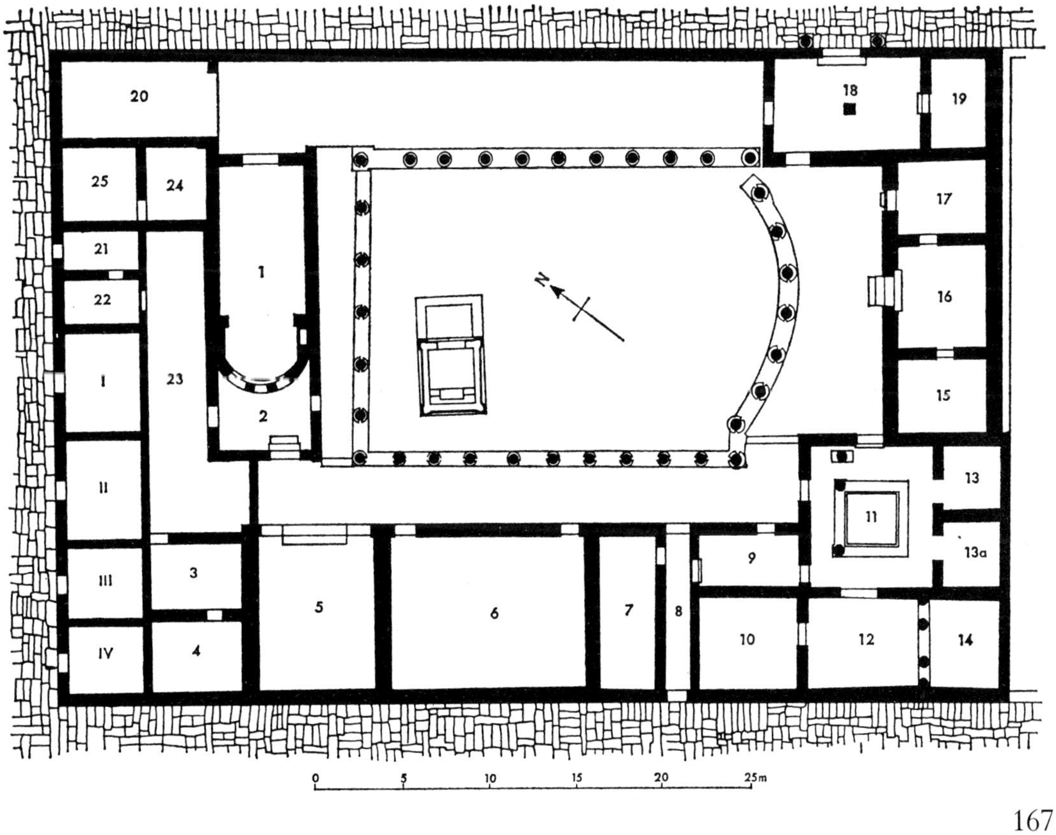

151. Ptolemais (Libyen). Villa. Grundriß (Kraehling, fig. 43).

artiges Stadthaus. Häuser in Ptolemais mußten sich im allgemeinen einem Schachbrettmuster anpassen, das ungefähr 50 m breite Grundstücke bedingte, die wesentlich größer waren als die mit der sonst üblichen Breite von ungefähr 42 m. Die genannte Villa teilt sich mit zwei weiteren Häusern in ein solches Geviert[316]. Das Baumaterial, Sockel aus behauenem Stein und stuckverkleidete Lehmziegelwände, ist für ganz Nordafrika und den Nahen Osten kennzeichnend. Portiken, Türrahmen und Fensterrahmen im 2. Geschoß sind aus Stein gearbeitet. Das Flachdach bestand, was wiederum dem Standardverfahren entsprach, aus Balken, Rutenwerk und Lehmbelag. Die Böden waren entweder mit Mosaiken oder Marmor in *opus sectile*-Technik bedeckt. Das Haus ist von einem offenen Peristylhof beherrscht, den man an der Nordostecke durch ein eindrucksvolles, zwei Stufen unter dem Straßenniveau gelegenes Vestibül betrat. Nebeneingänge führten durch einen langen Gang (8) zur Küche (7) an der Westseite und von der Nordostecke zu einem Wirtschaftsbereich. Der Wohnbereich und die Eßzimmer (5, 6) lagen an der West- und Südseite des Peristylhofes; Geschäftslokale (I-IV) befanden sich an der Nordseite zur Straße hin. An der Südwestecke des Hauses gab es für den Besitzer der Villa eine in sich abgeschlossene Raumfolge (9–14) mit Zugang zu dem Wohnbereich der Frauen im 1. Stock. Die Männerwohnung verfügte über einen kleinen Peristylhof mit einem *impluvium,* über einen *oecus* (12), ein separates Eßzimmer (14) und ein Schlafzimmer (10). Der Grundriß dieser Wohnung des Hausherren mit einem zentral gelegenen *tablinum (oecus)* und zwei *alae* (10, 14) ist dem Atriumhaustyp verpflichtet. Die südliche Kolonnade war gekurvt, was für drei Räume (15–17) an der Südseite des Hauses einen dekorativen Vordergrund ergab. Die nicht kannelierten, jonischen Säulen waren verputzt und bemalt und trugen ein Gebälk mit Architrav mit einem dorischen Fries und ein einfaches Gesims, das mit Wasserspeiern in Form von Löwenköpfen besetzt war. Der Hausbesitzer war vermutlich ein reicher Afrikaner, der sich entschlossen hatte, sein Landhaus in einer städtischen Umgebung zu bauen, also eine von Natur aus weiträumige Anlage in den von den Straßen der Stadt vorgegebenen Raum zu zwängen. Die Ostseite entspricht nicht der Westseite, wo die Räume dem Peristylgarten zugewandt sind. Die gekurvte Porticus erinnert an Formen, wie sie sich ähnlich im Zusammenhang mit maritimen Villen auf pompejanischen Wandmalereien finden.

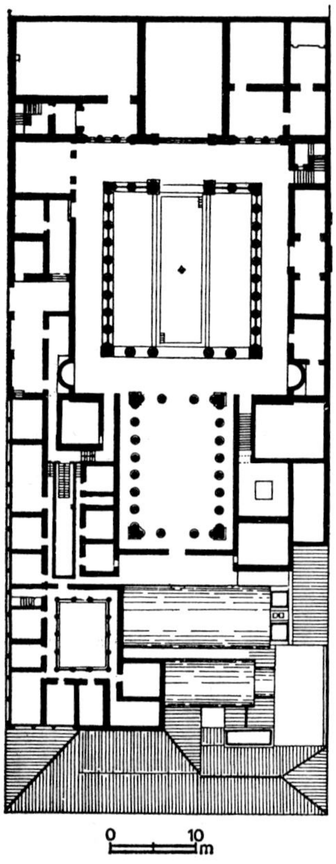

152. Ptolemais (Libyen). «Palazzo delle colonne». Grundriß (Pesce, «Palazzo delle Colonne» in Tolemaide di Cirenaica, pl. XI).

140 Der «Palazzo delle Colonne» in Ptolemais[317] ist eine städtische *domus,* die sich wie auch
152 die eben besprochene Villa den Erfordernissen eines dicht bevölkerten Gemeinwesens
153 anpassen mußte, in dem Grundstücke nur begrenzt vorhanden und teuer waren. Raumbeschränkungen und die natürliche leichte Hanglage des Grundstückes zwangen den Architekten, die Räume auf zwei Stockwerke zu verteilen. Wie die Villa gehört der Palazzo der julisch-claudischen oder der flavischen Zeit an und wurde geschickt sowohl für öffentliche wie auch private Nutzung geplant. Der zweistöckige Hauptperistylhof hat zwei größere Räume, die sich auf ihn öffnen. An der Südseite befindet sich ein weiterer Atriumhof mit angrenzenden Räumen, die ohne Zweifel den Bedürfnissen der Familie dienten; an der Nordseite gibt es eine rechteckige Säulenhalle mit herzförmigen Ecksäulen, welche vom Besitzer zu geschäftlichen Zwecken oder bei offiziellen Anlässen benutzt wurde. Der Säulen-*oecus* tritt auch andernorts auf, so z. B. in der Villa des Herodes in Jericho und in der großen Empfangshalle von Domitians Palast auf dem Palatin. Die Archäologen sind überzeugt, daß hier, wie in den anderen größeren Häusern von Ptolemais, die Frauen getrennt untergebracht waren, und der *oecus* der Benutzung durch die Männer vorbehalten war, ähnlich dem *diwan* im heutigen

orientalischen Haus. Der Palazzo hat gewiß mit der vorher besprochenen Villa vieles gemeinsam: Geschäfte und Badeanlagen an der Nordseite; zweistöckige Bauweise mit dem Vorteil geringeren Straßenlärms und besserer Durchlüftung; Peristylhöfe und moderne Badeanlagen. Die Ausstattung und der Umfang des Palastes, der mehr als 100 Räume enthält, übertreffen jedoch bei weitem die einfacheren, eher rudimentären Dekorationen und Annehmlichkeiten der Villa.

Das «Haus des Jason Magnus» in Cyrene[318] erstreckt sich über zwei *insulae* der Stadtanlage. Im Gegensatz zu der römischen Villa in Ptolemais und zum Palazzo entstand dieser flavische Wohnsitz in Cyrene durch die Zusammenlegung von zwei älteren Häu-

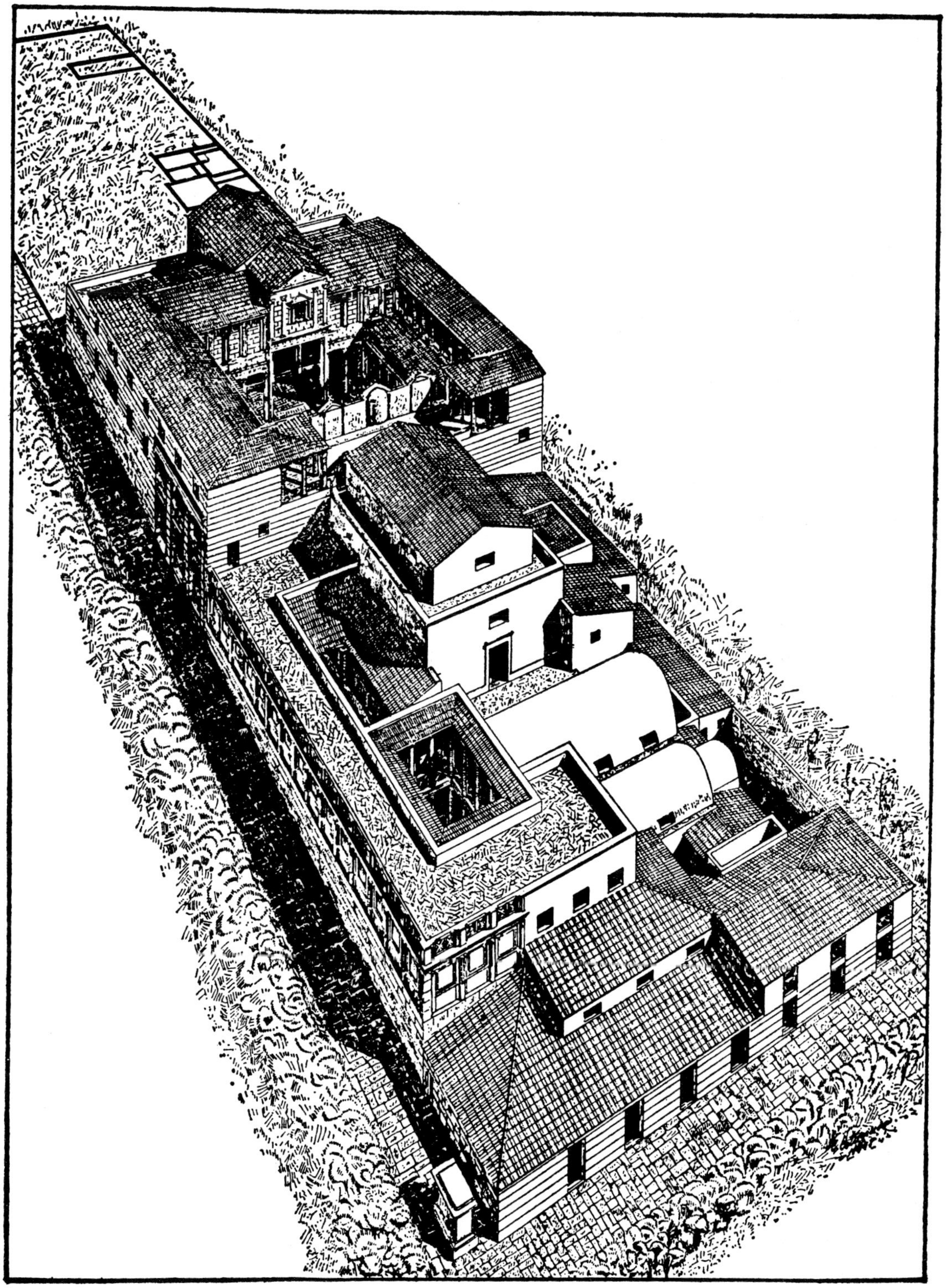

153. Ptolemais (Libyen). «Palazzo della Colonne». Axonometrischer Plan (Pesce, a. a. O., pl. IX).

154. Cyrene. «Haus des Jason Magnus». Statuen der Musen und fragmentarische Säulenkapitelle.

sern, dem Haus eines begüterten Mannes auf der Westseite und einer jenseits einer Nebenstrasse gelegenen, weniger aufwendigen Behausung im Osten. Im 2. Jh. n. Chr. war das komposite Haus vollendet. Der Westflügel des Hauses ist um ein zentrales Viereck mit allseitig umlaufender rhodischer Porticus angelegt. Drei Kolonnaden tragen ein oberes Stockwerk; bedingt durch die hohen Decken des Hauptraumes, überragte die südliche Kolonnade die anderen drei. Die Dekoration ist überall sehr geschmackvoll: ein Mosaikgang im Peristylhof und polychrome *opus sectile*-Marmorplatten mit einer Mosaikeinfassung im Speisesaal; eine riesige Herkulesstatue in der Eingangshalle und Statuen der neun Musen in der Porticus. Zwei der Mosaikböden stellen Amphitrite auf einem Seepferdchen dar, die Zwickel des einen die vier Jahreszeiten; ein anderes Mosaik im nördlichen Flügel zeigt in einem geometrischen Labyrinth Theseus, der den Minotauros tötet, während am Eingang Ariadne das Ende des Fadens hält (ihr ermunternder Zuruf – EPAGATHE (gut Glück) – ist über ihr in das Mosaik ein-
141 gelassen). Weiter westlich gibt es einen freistehenden Tempel oder Hermesschrein. Vor
154 dem Altar ist im Mosaikboden eine Weihung eines gewissen Januarius an Hermes vermerkt. Dieser Januarius war zur Regierungszeit des Commodus (180–192 n. Chr.) ein Sklave von Ti. Jason Magnus. Aus diesem Grunde haben die Ausgräber dem benachbarten Haus den Namen des Jason Magnus gegeben.
155 Thamugadi (Timgad)[319] war eine um 100 n. Chr. von der Legio III Augusta gegründete römische Kolonie. Auf einem ungefähr 150 km vom Mittelmeer entfernten

1050 M.ü.M. hohen Plateau gelegen, überblickte man von hier eine wichtige Militärstrasse. Die Koloniestadt, die zur Überwachung widerspenstiger Bergbewohner und zur Förderung der Romanisierung des Gebietes bestimmt war, enthielt *insulae* von ca. 20 m Seitenlänge für Wohnhäuser, deren jede mindestens zwei Häuser aufnehmen konnte. Meist standen die einstöckigen Häuser an 4,50 m breiten, mit weißen Kalksteinplatten gepflasterten Straßen. Die Verwendung von Kalkstein und von mit Mörtel gebundenem Steinwerk waren, abweichend von der üblichen Bauweise (Steinfundamenten und darüber Lehmziegeln) in der ganzen, von einer Mauer umgebenen Stadt sowie in deren Vorstädten die Regel. Mehrere der Häuser verdienen Beachtung. Das «Haus des M. Plotius Faustus Sertius» liegt an der Südwestecke der Stadt nahe der Mauer. Es enthält zwei Höfe (beide mit Becken ausgestattet), eine komplexe Raumfolge und zwei Badeanlagen. Empfangsräume, Amtsräume und ein privater Wohnbereich deuten darauf hin, daß das von allen Seiten zugängliche Haus sowohl als Wohnsitz wie auch als Amtsgebäude diente. Das «Haus mit der Piscina» (20 × 50 m) nahe dem Trajansbogen nimmt zwei *insulae* in Anspruch. Der südliche und besser erhaltene Teil hat eine Reihe von Räumen, die einem Peristylhof mit blauem Granitbecken und rosa Marmorsäulen zugewandt sind; die Badeanlage war im östlichen Flügel untergebracht; der *oecus* südlich vom Peristyl hat ein ungewöhnlich schönes, florales Mosaik,

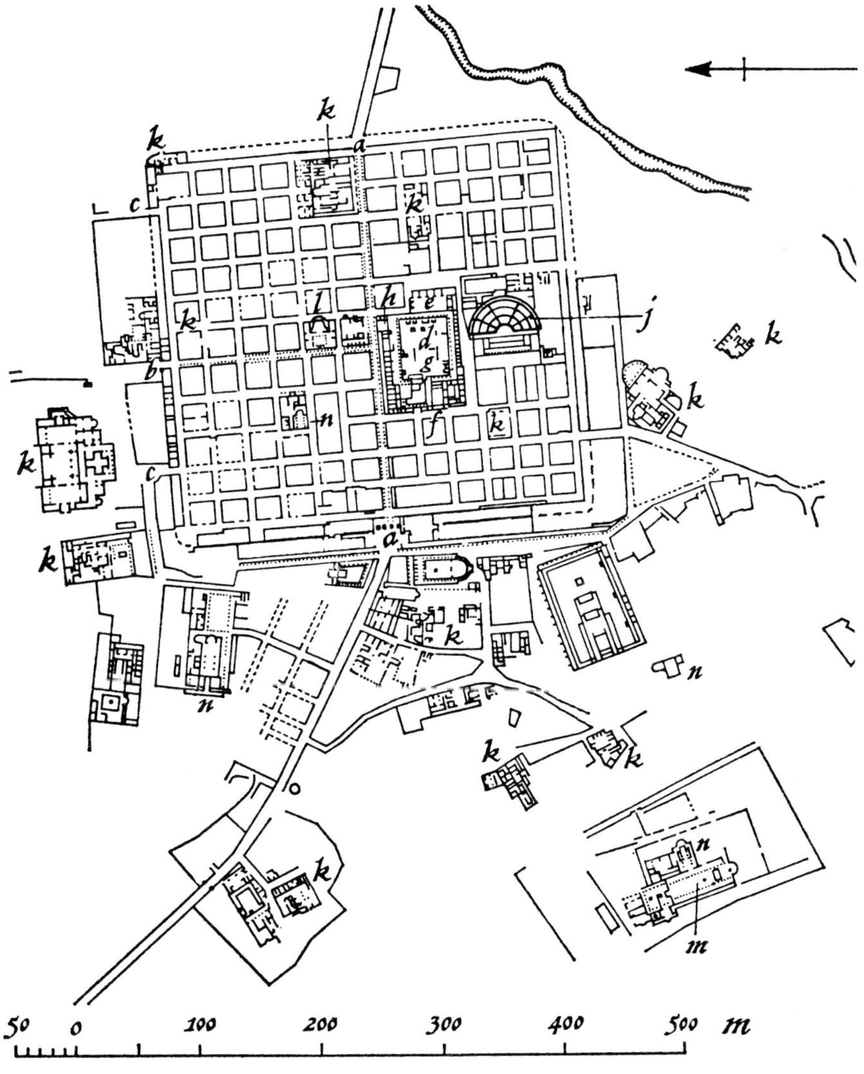

155. Timgad (Thamugadi). Plan der trajanischen Kolonie (Grant, fig. 6).
a: Haupttore; b: Nordtor; c: zwei Nebenausgänge; d: Forum; e: Basilica; f: Curia; g: Tempel; h: öffentliche Latrinen; j: Theater; k: Badegebäude; l: Bibliothek; m: donatistische Kirche; n: christliche Kirchen aus dem 4. Jh. n. Chr.

ein Meisterwerk aus rosafarbenen Akanthusmustern, das wahrscheinlich zeitgenössische Teppiche oder Stickereien in Stein wiedergibt.

Andernorts in Nordafrika sind römische Häuser selten so groß oder charakteristisch wie die zuvor genannten, doch sind es zwei weitere wert, erwähnt zu werden: das «Haus der Musen» in Althiburos (Tunesien)[320], ein geräumiger Wohnsitz des 2. Jh. n. Chr., und in Tipasa[321] das «Haus an der Brandung», eine auf Terrassen errichtete Villa mit Blick auf das Meer, in deren Gefüge Geschäfte und eine strassenartige Porticus eingegliedert waren. Ausgrabungen in Utica (Karthago)[322], Uthina (Tunesien)[323], Thysdrus (El Djem)[324], Cuicul (Djemila), Leptis Magna[325] und Sabratha (beide in

156. Bulla Regia (Tunesien). Unterirdisches Peristyl.

157. Karthago. Villa des Gutsbesitzers Julius. Mosaik.

Libyen) bieten zusätzliche Beispiele für Stadthäuser, aber weisen wenige Abweichungen von den bereits beschriebenen Typen auf. Die meisten der afrikanischen Stadthäuser bevorzugten schattige, hinter Strassenkolonnaden angeordnete Wohnräume im Erdgeschoß, an deren Fassaden mitunter *tabernae* sassen; einige hatten zwecks besserer Kühlung unterirdische Peristyle und Räume[326]. Über die Straßenkolonnade ragten oft ein zweites Stockwerk und ein Balkon vor. Einige, doch gewiß nicht alle Häuser, verfügten über elegante Eß- und Empfangszimmer mit reizvollen Mosaikteppichen.
Den nordafrikanischen Mosaiken, die der Stolz der Museen in Tunis (Bardo), Timgad, Djemila, Cherchel, Constantine, Lambaesis und Philippeville sind, mangelt es zwar an künstlerischer Feinheit, ihnen haftet jedoch etwas Kraftvolles an. Außerdem bilden sie eine der reichsten Quellen, in denen Zeitgenossen eine Übersicht über ihre Lebensweise und die Sitten in den afrikanischen Provinzen ausbreiten. Verschiedene dieser Mosaiken zeigen reicher Leute Häuser inmitten schöner Parkgelände oder ausgedehnter Felder. Das in Karthago gefundene, dem 4. Jh. n. Chr. angehörende Mosaik des Großgrundbesitzers Julius (4,30 × 5,50 m)[327] ist ein dreistufiges, polychromes Bild; in der 157
obersten Reihe sitzt die erlauchte Herrin neben einem Geflügelhof im Park, während hinter ihr ein Hirte, von einem Hund unterstützt, Schafe und Ziegen hütet, und eine

Frau ein Kind zur Herrin bringt; im Hintergrund erhebt sich eine runde Schilfhütte. Links oben sind Winterarbeiten den Tätigkeiten im Sommer von rechts oben gegenüber gestellt: ein Mann, der zwei lebende Enten trägt, und eine Frau mit einem Korb voller schwarzer Oliven bringen beide ihre Gaben zur Herrin. Die mittlere Reihe beherrscht die in einem Park gelegene Villa des Julius. An den Ecken steigen zwei Türme empor, und in der Mitte der massiven unteren Villenwand befindet sich ein rund abschließender, zu einem Hof führender Eingang. Im ersten Stock dominiert eine Säulenloggia. Hinter der Fassade der Villa und vielleicht innerhalb des Hofes liegt die Badeanlage mit ihren kuppelförmigen Dächern sowie ein weiterer nicht näher identifizierbarer Bau. Zu beiden Seiten der Villa wird eine Jagdszene mit dem berittenen Herrn gezeigt, der seinem Treiber und dem Hüter der Jagdhunde folgt. In der untersten Reihe ist die Herrin in einer frühlingshaften Umgebung, vor einem Stuhl stehend abgebildet; ihr Hündchen, eine junge Dienerin mit Halskette und Toilettenkästchen, sowie zwei *coloni,* der eine mit einem Blumenkorb und der andere mit drei Fischen, ergänzen die reizende Vignette. Das Herbstbild in der unteren rechten Hälfte zeigt ein Bildnis des würdevoll in seinem Obstgarten sitzenden Herren, auf den ein *colonus* mit zwei Kranichen und mit einer *Ju(lio) dom(ino)* beschrifteten Rolle zutritt, während ein anderer, vom Rebgarten im Hintergrund kommend, einen Korb Trauben und einen lebenden Hasen trägt.

Drei halbrunde, im Bardo Museum ausgestellte Mosaikbilder vermitteln zusätzlichen Einblick in das Leben im 4. Jh. n. Chr. Jedes der Mosaiken (5,20 m im Durchmesser und 3,30 m hoch) hat ein anders geartetes Thema. Das eine zeigt das Herrenhaus in seinem Park, den im Vordergrund Enten und Gänse bevölkern; das nächste einen länglichen Bau, ein am Tor angebundenes Pferd, dahinter einen Olivenhain und einen Rebgarten, während im Vordergrund eine Hirtin spinnt; das dritte im Vordergrund einen Rebgarten, Bäume und ein Wasserbecken, in der Mitte zwei Pavillons und ein Gehöft. Treffend hat Richmond zur spinnenden Hirtin vom zweiten der drei zusammengehörenden Panneaus bemerkt: «Solche Frauen sind keine romantischen Figuren aus Dresdener oder Meißner Porzellan; sie verbrachten ihre von der Feldarbeit freie Zeit mit dem Sammeln und Verspinnen der von den Herden an Büschen und sonstigen Objekten verlorene Wolle, und es wurde erwartet, daß sie abends mit der festgesetzten Wollmenge zurückkehrten»[328].

Das sogenannte Tabarka- (Thabraca-) Mosaik im Bardo-Museum stammt aus einer etwa 120 km westlich von Tunis gelegenen Villa. Obgleich die Perspektive recht verwirrend und die vereinfachende Darstellung bekannter Bestandteile oft zweideutig ist, sind doch in großen Zügen Form und Bedeutung klar. Der entlang der einen Seite mit einer Porticus ausgestattete Innenhof weist Bögen auf, die auf Säulen sitzen, sowie schwere Ecktürme. Zwischen den Türmen sind fünf Fenster eingelassen, welche ohne Zweifel kleine opake Glasscheiben in der von Diokletians Palästen in Antiochia und Split bekannten Art haben.

158 Das Mosaik von Tabarka illustriert trefflich die grandiosen Wohnsitze der Groß-
187 grundbesitzer und der kaiserlichen Beamten, die in der späten Kaiserzeit so bezeichnend
für Afrika und das Reich im allgemeinen sind, und die relativ gut auf die klimatischen Bedingungen und die Gefahren der Zeit abgestimmt waren. In Nordafrika waren die traditionellen Portiken gewiß hervorragend dazu geeignet, die Strahlen der Wintersonne einzulassen und an glühendheißen Sommertagen Schatten zu spenden. Weit über dem Bodenniveau boten die Wohnräume im ersten Stock, auch die Loggien und

mitunter selbst die Türme reizvollen und gut ventilierten Raum zum Wohnen und Schlafen.

Die nordafrikanischen Mosaiken liefern auch unschätzbare Auskünfte über die Führung und die vielfachen Betätigungen auf einem Landgut. In der späteren Kaiserzeit wurden diese afrikanischen Güter, bei denen karthagische und hellenistische unternehmerische Erfahrung nachlebte, beachtlich intensiv bewirtschaftet. Landwirtschaft, Weinbau, Obstbau, Pferdezucht, Schaf- und Ziegenzucht sowie die Jagd trugen alle zum Prosperieren der Villa bei; ihre Erhaltung oblag den *coloni,* deren Beiträge in Form von Nahrungsmitteln und Arbeit unerläßlich waren. Die von Mauern eingefaßten Güter auf den Mosaiken mit ihren breiten Toren und den eher beiläufig wirkenden Wachttürmen illustrieren wohl kaum die befestigten Villen, von denen bekannt ist, daß sie für die letzte Phase der römischen Herrschaft bezeichnend waren[329]. Sehr wahrscheinlich geben die Mosaiken Villen aus dem 3. und 4. Jh. n. Chr. vom sogenannten Hoftypus wieder, die Archäologen nicht allein in Nordafrika, sondern weitherum in Europa freigelegt haben. Die späten Villen in Libyen und Algerien hatten gewöhnlich Höfe, die mit Werk- und Lagerräumen, Ställen, Gießereien und Öfen ausgestattet, einem umkämpften Gut über längere Zeit das Durchhalten ermöglichten. In ruhigen Zeiten lebten die Knechte und Landarbeiter in Holzhütten außerhalb der Umfassungsmauern der Villa. Türme, insbesondere runde, zu Seiten des Haupteinganges der befestigten Villa waren direkt von der Architektur der *castra* übernommen. Der schwer gesicherte Zugang, zu dem oft eine Abfolge von mehreren Toren gehörte, sowie die Höfe widerspiegeln wahrscheinlich während der Spätzeit im Festungsbau eingetretene Wandlungen, als Militärunterkünfte, Ställe und Werkstätten, die früher im Zentrum der Gesamtanlage gestanden hatten, verlegt und entlang der Außenmauern angesiedelt wurden, damit sie bei einer Belagerung leichter zugänglich waren. Im Zentrum entstanden so freie Flächen zur Unterbringung allfälliger vom Land kommender Flüchtlinge. Klöster waren gleichfalls dem Typus der *castella* verpflichtet. Goodchild schreibt 159
über die Cyrenaica, wo eine größere Anzahl solcher befestigter Villen und militärischer *castella* gefunden wurde, daß «ab dem 5. Jh. n. Chr. die gesamte Provinz ein einziger

158. Tabarka (Thabraca). Mosaik aus einer Sommer-Villa. Zeichnung von Jan Wisher nach Nash-Williams.

Limes geworden sei... In dichter bewohnten Gegenden sei es fast unmöglich, zwischen Festung und befestigtem Gehöft zu unterscheiden»[330].

In gewißer Hinsicht hat die *villa rustica* eine im Kreis ablaufende Geschichte gehabt, die von der mit Türmchen besetzten Villa des Scipio Africanus im sumpfigen Liternum, die als Wohnhaus schon zu Senecas Zeit antiquiert war, bis hin zu den turmbewehrten Gütern in Nordafrika und im übrigen Reich verlief. Gewiß war der Turm im Rahmen der Villa kein fremdes Element[331]. Mosaiken, Wandmalereien und die Literatur bezeugen alle seine jahrhundertelange Anwesenheit auf Landgütern und auf Besitzungen am Meer. Doch war er in seiner früheren Form wahrscheinlich Status-
160 symbol und praktische Einrichtung zugleich, die dem Besitzer oder Verwalter von erhöhtem Ort einen Überblick über seinen Besitz erlaubte. Aber seit severischer Zeit in Nordafrika und um die Mitte des 4. Jh. n. Chr. im Osten war der hohe Turm ein Faktor der Widerstandstaktik bei Belagerungen geworden, eine Ergänzung zu den Palisaden, Erdwerken, Wallgräben und anderen Verteidigungseinrichtungen auf den von Mauern eingefaßten Gütern. Mit größter Wahrscheinlichkeit begann der Übergang von der befestigten Villa zu dem befestigten mittelalterlichen Wohnsitz während der letzten Wirren im römischen Reich. Und doch erfreuten sich Menschen, als sich die Wolken schon zusammenzogen, weiterhin der Segnungen eines zivilisierten Lebens, erlebten jahrelanges Glück, manchmal sogar ein wenig klösterlichen Frieden und produktive Musse. Heizungssysteme, reichliche Wasserversorgung, schattige Arkaden, Gartenhöfe mit weiten Becken und Brunnen, Speise- und Empfangssäle, die im Glanze der Mosaiken und Wandbildern erstrahlten, waren die äußerlichen und komfortablen Symbole der Zivilisation inmitten einer auseinanderbrechenden Welt.

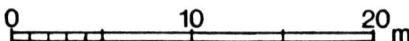

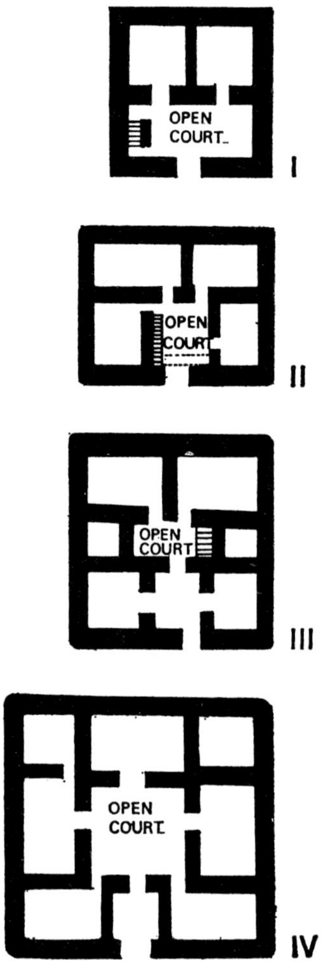

159. Nordafrika. Befestigte Farmhäuser, (Goodchild, JRS (1950), fig. 6).

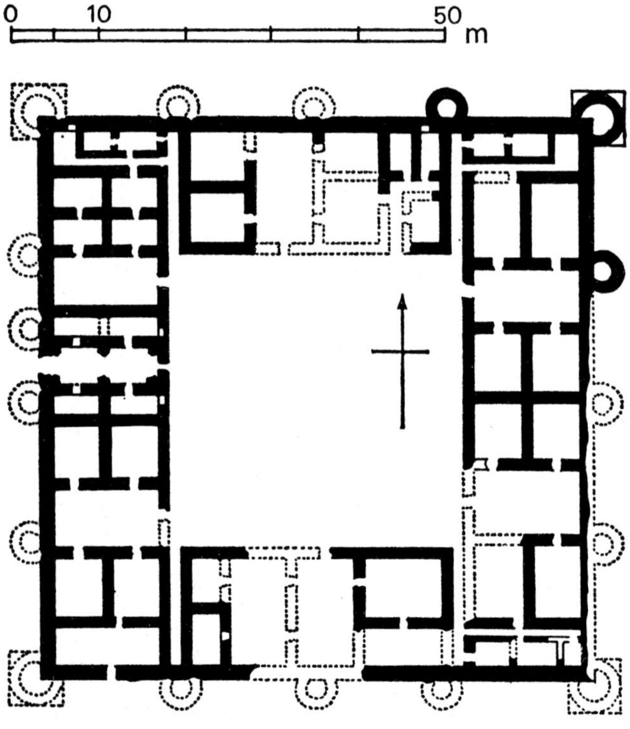

160. El-Kastal (Jordanien). Römische Auxiliarfestung. Grundriß (R. Macmullen, III. F).

Die europäischen Provinzen

«Du Römer erinnere dich daran, daß du die Völker beherrschen sollst! Folgende Kunstgriffe sollst du anwenden: Des Friedens Gesittung auferlegen, die Unterworfenen schonen und die Stolzen niederkämpfen.» Vergil, *Aeneis* VI, 851–3

Roms Imperium, gigantisches Produkt aus widerstrebender Annexion und rücksichtsloser Aggression, reichte schließlich vom Solway-Firth bis zur Sahara, von Rhein und Donau bis zum Euphrat. Vergils poetischer Erguß, der die Römer als «Herren der Welt, eine in die Toga gewandete Nation» preist, der «weder Raum- noch Zeitgrenzen... Herrschaft ohne Ende»[332] sicher waren, wurde von den meisten Römern als vollendete Tatsache hingenommen. Wenn sich auch der Imperialismus anfänglich keineswegs spontan oder aggressiv entfaltete, denn dem wenig eroberungsfreudigen Senat waren Generäle verdächtig, die mit Waffengewalt die Macht ergreifen, die *Patres* absetzen und das *patrimonium* an sich reißen konnten, war doch der einmal begonnene Vorgang nicht mehr aufzuhalten. Roms Interventionspolitik und militärische Verteidigungsaktionen zur Erhaltung des Friedens konnten kaum den tiefsitzenden Eroberungsdrang verdecken. Einige der republikanischen und der imperialen Statthalter zeigten sich grausam und habgierig; aber andere Beamte wie Cicero und Plinius d. J. betrachteten ihr Amt als Verpflichtung zur Wahrung und Förderung von Sicherheit und Wohlergehen ihrer Untertanen. Es war die Regel, daß man örtlicher Politik und Interessen Selbstbestimmung gewährte. Einst Opfer von Zwistigkeiten und fast ständigem Krieg, erlebten die Städte Frieden; auf Roms Straßen bewegten sich Handel, Menschen und Gedankengut sicher vorwärts; die Meere waren von Piraten befreit; das römische Gesetz brachte Ordnung und Menschlichkeit verheißende Sicherheit.

Einige Kaiser, insbesondere Augustus, Trajan und Hadrian, gaben für die Romanisierung der unterworfenen Nationen geschickt und in reichlichem Maße Geld aus. Gesetze und Stadtverfassungen regten in den Provinzen verschiedentlich zu neuen Bauten an. Vespasian erlaubte jedermann, leere Grundstücke zu übernehmen, wenn er sie bebaute und der Eigentümer dies versäumt hatte; Hadrian verordnete, daß in keiner Stadt ein Haus zwecks anderweitiger Verwendung des Baumaterials abgerissen werden durfte – eine erhaltende Maßnahme *par excellence*.

Buchstäblich Tausende von römischen Gebäuden, profane und sakrale, Regierungs- und Privatbauten, sind heute auf drei Kontinenten erfaßt, in Europa, Asien und Afrika. Dank der Luftbildphotographie und dem Einsatz archäologischer Institute nimmt ihre Zahl jährlich zu. Immer wieder staunen wir über Urbanisierungserfolge in den abgelegensten Gegenden mit ihren vernünftig und menschlich geplanten Ein- und Mehrfamilienhäusern. Ungeachtet kolonialer Planungstypen und Normvorschriften entstanden hervorragende Grundrisse und neuartige Wohnstätten, die die Leistungen der industriellen Revolution vorwegnehmen, ja sogar manchmal übertreffen. Das römische Reich zeugt von einem goldenen Zeitalter der Architektur, die zwar von den Griechen überkommene Formen, die Kolonnaden und den Bauschmuck, übernahm, diese aber ungezählte Male aufs neue und sinnvollste verwendete. Den von Griechenland und dem hellenistischen Asien ererbten Formenschatz konnte man nicht umgehen, doch wurde seine Anpassungsfähigkeit nirgends so geschickt demonstriert wie in Roms metropolitanen Zentren und auf dem Land. Die Architekten waren in den Provinzen zumindest anfänglich griechisch sprechende Freigelassene aus dem Osten. Überall im Reich stellten Innendekorateure, Mosaizisten, Marmorsteinmetze und Marmorbildhauer ihr Können in den Dienst römischer Auftraggeber. Künstler, Architekten und Bildhauer waren bis zum Untergang des Reiches beinahe unausweichlich Griechen, während Facharbeiter, Bauunternehmer und Steinmetze entweder Italiker waren oder aus den Provinzen stammten[333]. Anscheinend hatte, so wenigstens in den Augen vieler Provinzbewohner, das Friedensreich begonnen. MacKendrick urteilt mit einigem Recht: «Sie befreiten von der Angst, und solche Menschen sind gewiß keine Faschisten. Ihre größte Leistung war, daß unter ihnen West-Europa wie nie zuvor oder seither geeint war»[334]. Für das östliche Reich, den eigentlichen Erben des imperialen Gedankens und des christlichen Auftrages, wirkte sich die römische Herrschaft, außer für Judäa und Teile von Mesopotamien, ebenso günstig, ja sogar großzügiger und umsichtiger aus, als die Regierung seiner früheren Herren, die der Mazedonier eingeschlossen. Weitherum zeigten sich bedeutende Männer und Gelehrte vom Frieden, den Rom garantierte, von der dem lokalen Sektor belassenen Freiheit und Amtsgewalt sowie von den in fast allen Bereichen fortbestehenden wirtschaftlichen Interessen beeindruckt. Der Eroberer, der Kolonist und der Zivilisator prägten das Bild Roms außerhalb Italiens. Die Kolonien waren Antriebskräfte, die Provinzen neue und verstärkte Grundlagen, die, wie auch die sicheren und erweiterten Handels- und Karawanenstraßen den Anspruch auf Tribut, militärische Dienste und die Unterwerfung unter das Gesetz aufwogen. Rom blieb durch Jahrhunderte Caput Mundi (Haupt der Welt), und viele strebten danach, in seiner Sphäre zu leben.

Die Ausdehnung und Konsolidierung des Imperiums verlief im Westen schrittweise. Nach Sizilien, Sardinien und Korsika wurde Spanien Roms erste Provinz auf dem Kontinent (197 v. Chr.). Obwohl die Befriedung Rom und die Spanier teuer zu stehen kam, konnte Agrippa endlich im Jahre 19 v. Chr. einen dauerhaften Frieden aushandeln. Das Gebiet war in drei Provinzen gegliedert: Die Baetica, die Tarraconensis und die Lusitania (Portugal). Obgleich Spanien und Portugal aus ihren Bergwerken (Silber, Kupfer, Zinn, Blei und Gold) und aus Obst- und Weingärten bedeutende Beiträge leisteten, auch viele Italiker und Bewohner der Provinzen spanische Textilien bevorzugten, gibt es nur spärliche Reste von Häusern und Villen, die zudem ungenügend publiziert sind. In der beliebtesten spanischen Provinz, der Baetica, wurde bisher nur ein Bruchteil der dort sicher reichlich vorhandenen Häuser und Villen aufgedeckt.

Anders verhält es sich mit dem römischen Gallien. Das südliche Gallien, Roms mustergültige *provincia*, wurde 121 v. Chr. als Gallia Transalpina gegründet. Die griechisch-koloniale Vorgeschichte der Städte Marseille, Nizza, Monaco, Antibes, Glanum usw. sowie ihre langwährende Allianz mit Rom machten Gallien für italische Einwanderer zu einem erstrebenswerten und gewinnversprechenden Ziel. Der übrige Teil Galliens bis hin zum Ärmelkanal und zum Rhein fiel zwischen 58 und 51 v. Chr. an Cäsar. Augustus setzte sich persönlich für eine Neugliederung von Cäsars Eroberungen in drei Provinzen ein, in die Aquitania, die Lugdunensis und die Belgica im Nordosten. Alle drei wurden wichtige Zulieferer für die Wirtschaft des römischen Reiches. Gallische Textilien, Glas, Töpferwaren (besonders die südgallische Terrasigillata), Eisen und Bronze gehörten zum Hausrat vieler Häuser der Kaiserzeit; gallische Weine waren damals wie heute hoch geschätzt.

MacKendrick bemerkt, daß «Rom danach strebte, das eigene System in Gallien nachzubilden, und Hunderte von den Archäologen entdeckte Villen belegen, daß die Gallier den römischen Wünschen nachkamen»[335]. Besonders seit 1964 haben archäologische Prospektion und die Luftbildphotographie jährlich die Anzahl und das Repertoire an erfassten bäuerlichen Behausungen vermehrt. Im Einzugsgebiet der Somme sind im vergangenen Jahrzehnt nahezu 700 Fundorte mit ihren antiken Substruktionen festgestellt worden; allein die fruchtbaren Ebenen der Picardie haben die Grundriße von über 270 Villen freigegeben[336]. Dank der Forschung aus der Luft werden die Ruinen ebenso schnell wie vollständig entdeckt: Wohngebäude, Scheunen, landwirtschaftliche Nebengebäude und manchmal selbst abgelegene landwirtschaftliche Bauten, Teiche, Steinbrüche und Gießereien lassen ihre schattenhaften Umrisse innerhalb der sie umgebenden Mauern oder Gräben erkennen. Auch die Philologie hat zur Auffindung einer eindrücklichen Anzahl von gallo-römischen Gütern beigetragen, indem sie Ortsnamen, die im Süden auf -ac oder -at und im Norden auf -e und -y enden, auf das lateinische Suffix -acum oder -acus bezog, das aus Steuergründen dem Namen des Grundeigentümers angefügt wurde. Besitzungen mit der Benennung Pauli-acus erscheinen heute als Pauilhac in der Aquitaine, als Pauliat in der Auvergne und Pouille oder Pouilly im Norden[337].

Konventionellere Methoden der Archäologien haben ebenfalls zu Erkenntnissen über Haustypen und Lebensweise in den Städten der Provence beigetragen, am meisten in Glanum (St-Rémy, Dép. Bouches-du-Rhône) und in Vasio (Vaison-la-Romaine, Dép. Bouches-du-Rhône). Glanum liegt 85 km nördlich von Marseille und 25 km 161
nordöstlich von Arles (Arelate)[338]. Von Griechen aus Marseille im 6. oder 5. Jh. v. Chr.

161 (links). Saint-Rémy (Glanum). Plan der zentralen Teile.
162 (rechts). Saint-Rémy (Glanum). Das sogenannte Anten-Haus.

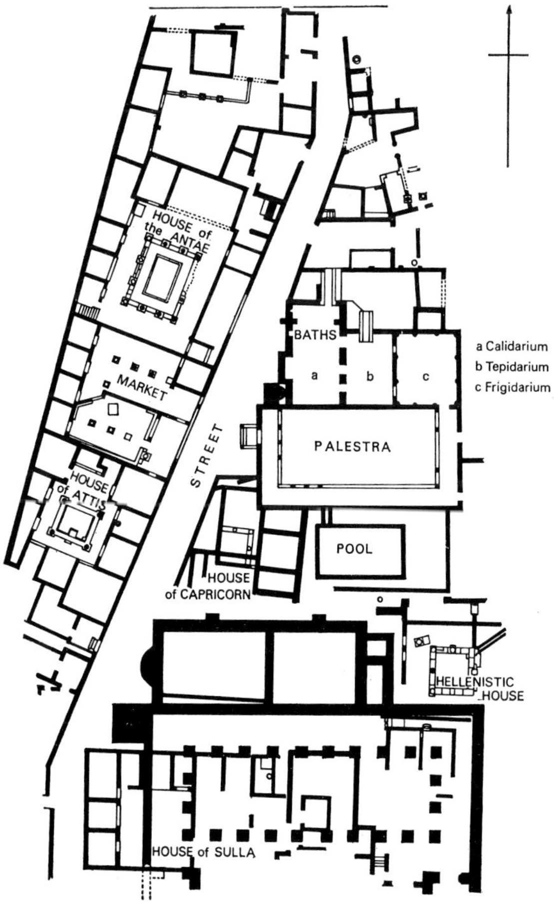

gegründet, war Glanum ein wohlhabender hellenistischer Handelsplatz während des 3. Jh. v. Chr. Hellenistisch geprägte Hausformen überlebten bis in römische Zeiten. Heute laufen das imponierende Mausoleum der Julii, der monumentale Bogen und die Reste verschiedener eindrucksvoller Privathäuser einander den Rang ab.
Das «Haus des Sulla», an dessen Stelle um 20 v. Chr. die Basilika des Agrippa errichtet wurde, liegt an der Südostseite der Hauptstrasse von Glanum. Seine sechs kleinen Räume haben Wanddekorationen im 2. pompejanischen Stil und *opus signinum*-Fußböden, deren weiße Marmorwürfel ein Rautenmuster bilden. Der Name des Besitzers erscheint in einem geometrisch gestalteten Türschwellenmosaik, was in einer von Truppen des Marius während des Kimbernkrieges (101 v. Chr.) besetzten Ortschaft ironisch anmutet; ein Wandgraffito bezieht sich auf das Konsulat des Gaius Sosius im Jahr 32 v. Chr. Auf der gegenüberliegenden Seite verdienen drei weitere Gebäude Beachtung. Das «Haus des Attis» (Maison d'Atys), ein hellenistisch-delisches Haus, ist nach dem Priester und Liebhaber der Cybele benannt. Er ist auf einem dekorativen Relief dargestellt, das in dem *impluvium*-Hof neben dem Vestibül gefunden wurde. Vier kräftige Säulen mit jonischen Basen umstehen das *impluvium*, das nach hellenistischem und campanischem Brauch der Zisterne Wasser zuführte. Nach Vollendung des Gebäudes wurde ein Altar in den *impluvium*-Hof eingebaut, während zwei Räume schwarze und polychrome Fußbodenmosaike erhielten. Ein anderes Relief im gleichen Haus zeigt die Fortuna oder Tyche von Glanum neben Merkur. Unmittelbar an das «Haus des Attis» angrenzend, steht ein Heiligtum, in dem die Dendrophoren (Baumträger) von Glanum, ein religiöses, dem Dienst der Magna Mater (Cybele) geweihtes *collegium*, untergebracht waren. Das «Haus des Attis» war daher höchstwahrscheinlich der Wohnsitz der Cybelepriesterin. Noch eindrucksvoller als das «Haus des Sulla» oder
162 das «Haus des Attis» ist das «Haus mit den Anten» direkt neben dem Forum. Ein Vestibül führt in einen rechteckigen Atriumhof mit einem *impluvium* (8,20 × 6,10 m) und zu einem Peristyl, in dem 12 kannelierte Kalksteinsäulen mit jonischen Kapitellen stehen. Große, vom Hof zugängliche Empfangsräume, bemalte Wände, Kieselmosaikböden, eine *exedra* mit *antae*, die korinthische Kapitelle krönen und ein Stallanbau erinnern an vergleichbare Opulenz in delischen Häusern, beispielsweise im «Haus des Delphins», im «Haus des Dionysos» und in der sogenannten «Maison de la Colline».

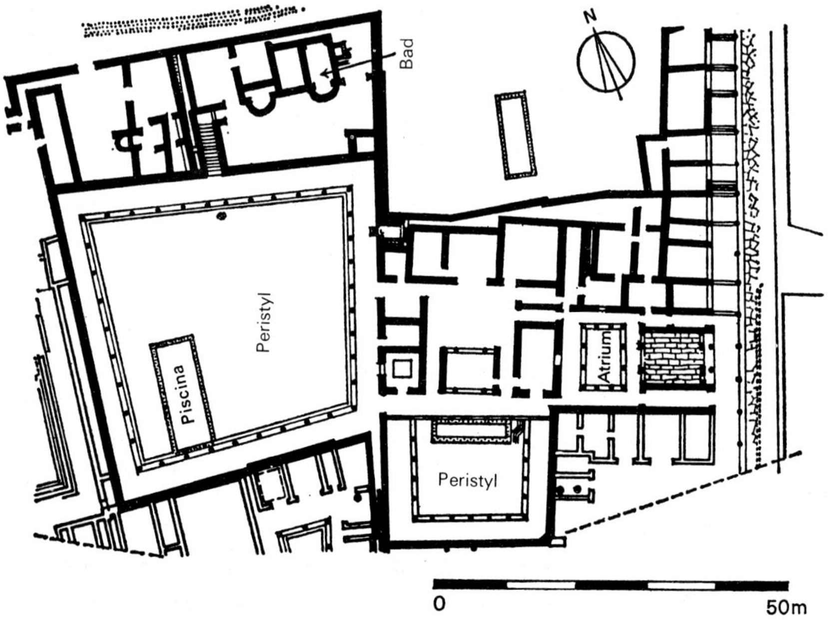

163. Vaison-la-Romaine (Vasio). «Haus der silbernen Büste». Grundriß (Boëthius & Ward-Perkins, fig. 136).

Aber ein Einfluß von den Atrium-Peristyl-Komplexen in Pompeji her ist ebenfalls nicht von der Hand zu weisen. Abflußrohre leiteten an der Nordostecke des *impluvium* überschüssiges Wasser und den Abfluß der Hauslatrine in einen Straßenabwässerkanal; eine Treppe führte zu einem oberen Stockwerk mit Blick auf den Peristylhof. Die Stadt litt zweimal unter germanischen Angriffen, einmal unter den Kimbern am Ende des 2. Jh. v. Chr. und später nochmals um 270 n. Chr.

Vasio (Vaison-la-Romaine) am Fluß Ouvèze liegt 25 km nordöstlich von Arausio (Orange)[339]. Um 20 v. Chr. von Augustus gegründet, sollte Vasio das am anderen Flußufer gelegene gallische *oppidum* ablösen. Die schachbrettartige nach kolonialem Muster angelegte neue Kapitale der Vocontii wurde mit Geschäften an Kolonnadenstraßen, einem Brunnenhaus, Bädern, Theater, einer öffentlichen Porticus und einem Park großzügig ausgebaut. Lange, schmale Häuser, wie es sie auch in den *Vici* (z.B. im Vicus Belgica an der Straße zwischen Tongern und Köln), in Verulanium, Silchester und andernorts in England gibt[340], lassen vermuten, daß viele Bürger von Vasio mit Hilfe von streifenförmigen Häusern und Einzimmer-*tabernae* zu einem begehrten und teuren Stück Straßenfassade kamen, ein von Ostia und Rom her bekanntes Vorgehen, das in dichtbebauten Zentren des Reiches generell üblich war. Wenn auch die Händler und die untere Bürgerschicht in Streifenhäusern, vielleicht sogar in *pensione*-artigen Behausungen Unterkommen fand, gaben doch die Wohlhabenderen Grundrissen den Vorzug, die jenen in Pompeji und Herculaneum ähnelten. Mit Sicherheit stammte Sextus Afranius Burrus, ein Gönner der Stadt und Lehrer Neros, aus Vasio, und möglicherweise auch Roms größter Historiker, Tacitus. Beide berühmten Söhne der Stadt hätten in jedem der bis jetzt ausgegrabenen Wohnsitze standesgemäß wohnen können. Der Vater von Tacitus, der dem Ritterstand angehörte, war wahrscheinlich Prokurator der Gallia Belgica und Offizier der Rheinarmee (46–48 n. Chr.). Nach seinem Ausscheiden aus dem Dienst verfügte er über die Mittel zum Erwerb eines bequemen Wohnsitzes.

Das «Haus der silbernen Büste» in Vasio hat an seiner Ostfassade eine hübsche Porticus 143
mit Geschäften und ist einer abgetreppten Straße zugewandt. Dahinter liegt ein reiz- 163
voller Empfangsbereich, der zu einem korinthischen Atrium mit zwölf Säulen überleitet. Vom Atrium aus bietet sich ein gefälliger Blick durch das *tablinum* in einen kleinen Peristylgarten mit *piscina* und einem Brunnen. Hinter dem *tablinum* befindet sich im Nordwesten ein zweiter Peristylgarten, eine größere trapezförmige Anlage mit angrenzenden Baderäumen. Die Schlafzimmer liegen nördlich vom Atrium im ersten Stock. Den Haupteingang verbindet ein Wirtschaftsgang mit der rückwärtigen Halle und einem rechterhand gelegenen Küchengarten. Die silberne Büste, die dem Haus zu seinem Namen verhalf, wurde 1924 unter dem Schutt des Daches gefunden und erinnert an die Katastrophe, der das Haus während der Überfälle im 3. Jh. n. Chr. zum Opfer fiel.

Das «Haus des Delphins», westlich vom «Haus der silbernen Büste» gelegen, wurde im Verlauf der Grabungen von 1949–54 entdeckt. Es scheint ein weiteres Haus reicher Leute zu sein, das sich aus ähnlichen Bestandteilen zusammensetzt: zwei Peristyle mit Kolonnaden, eines davon mit *piscina* und *exedra*, ein Mosaikboden, eine Badeanlage mit Hypokausten, Latrinen und ein *impluvium-compluvium* Atriumkomplex. Im Pyumin-Viertel dieses provinziellen Pompeji schließlich hat Sautel das «Haus der Messii» ausgegraben, das nach einer in den Ruinen gefundenen Weihinschrift an eine Messia Alpina so genannt wurde. Wiederum hat ein Architekt in der frühen Kaiserzeit ein weiteres

Peristylhaus mit *piscina,* Mosaikböden, bemalten Wänden und Latrine entworfen; eine Badeanlage wurde später angefügt. Kurz, die Stadthäuser von Glanum und Vasio waren unter römischer Verwaltung ebenso stark campanischen und italischen wie delischen Prototypen, wenn nicht letzteren sogar vor allem verpflichtet. Die Provence und Campanien waren gleicherweise von hellenistischem Einfluß durchdrungen und die Architekten, die möglicherweise aus dem östlichen Mittelmeerraum kamen, müssen bewußt Anregungen aus beiden Regionen aufgegriffen haben. Das Atriumhaus allerdings ist fraglos italisch.

Ein hervorragendes, in Stufen angelegtes Stadthaus entdeckte Benoit in Aquae Sextiae (Aix-en-Provence). Das Herrenhaus umfaßt ein großes inneres Peristyl und ein beim Eingang befindliches Säulenatrium. Den auf Delos und in der Cyrenaica gebräuchlichen, aber gewöhnlich als rhodisch bezeichnete Grundriß kennzeichnen zwei Peristylbereiche, wovon einer auf einer höheren Ebene liegt. Parallelen in Aquae Sextiae sowie in Vasio und Glanum lassen vermuten, daß sich reichere Städter von griechischen Architekten Häuser entwerfen ließen, welche Typen folgten, die in Italien und andernorts beliebt waren.

Alesia (Alise-Sainte-Reine, Dép. Côte d'Or)[341], die Kapitale der Mandubii, erlebte, wie Julius Cäsar im Jahre 52 v. Chr. den von Vercingetorix organisierten Widerstand gegen Rom brach. Grabungen haben Reste von Privathäusern ergeben, die unter einem Dach keltische und römische Elemente vereinen: tiefe Vorratskeller (keltisch) und solides Steinmauerwerk mit schmalen Fensterschlitzen (römisch), beides bot Schutz vor einem rauhen Klima.

Landhäuser, *villae rusticae,* sind in den fruchtbaren landwirtschaftlichen Gebieten der gallischen Provinzen in reichem Maß vorhanden. Wie bereits erwähnt, hat die Luftbildforschung in der Picardie und im Artois viel zur Klärung der Typologie ländlicher Behausungen im reichen Getreideland des Somme-Beckens beigetragen. Die Photographien ergeben eine überraschende Übereinstimmung zwischen den Villengrundrissen, seien es nun große oder kleine. Das Hauptgebäude, normalerweise vom länglichen Reihentypus, ist meist nach Osten auf einen rechteckigen Hof ausgerichtet, den eine niedrige Mauer von einem zweiten, weitläufigeren Hof trennt. Nebengebäude sind oft in zwei Reihen an den Seiten des äußeren Hofes aufgereiht. Der ganze Gutshof wird in den meisten Fällen von einer Mauer oder einer Kombination von Wall und Graben in weitgespanntem Rechteck eingefaßt. Von Symmetrie und Axialität abweichende Anlagen sind auffallend selten, doch finden sich Fälle, bei denen die Gesamtanlage leicht trapezförmig gespreizt ist.

Die Villa von Anthée bei Namur in Belgien[342], ein Bau vom Reihenhaustypus mit Porticus, erinnert stark an die erst neuerdings in der Picardie und im Artois entdeckten Villen. Sie beherrscht den inneren Kern eines größeren Landgutes, das 12 ha umfaßt. Der innere Hof ist von der Haupthofumfassung durch ein Tor getrennt, welches dem Bautypus, der im bekannten Trierer Wandbild anklingt, nicht unähnlich ist. Die Pächterhäuser innerhalb der größeren Umfassung enthielten Unterkünfte und Werkstätten (Schmiede, Töpferöfen usw.) zum Unterhalt des Gutes. Die Gebäude wurden im Verlauf der Barbareneinfälle von 275–276 n. Chr. zerstört und nie wieder aufgebaut.

Kleinere Villen begnügen sich gewöhnlich mit einem einzigen Hof und haben nur ein Hauptgebäude; das Herrenhaus von größeren Besitzungen nimmt den schönsten Platz ein, während die landwirtschaftlichen und die Verwaltungsbauten entlang den Seiten des äußeren Hofes angeordnet sind. Die Unterkunft des Verwalters grenzt manchmal an das Haupthaus, andere Male beherrscht sie die seitlichen Bauten am äußeren Hof. Das Verwalterhaus, obgleich zwar kleiner, gleicht oft dem Haus des Gutsbesitzers. Manchmal allerdings ist der Grundriß wesentlich einfacher. Der Länge nach in drei Schiffe unterteilte Häuser oder Scheunen waren im römischen England gebräuchlich. Sie mochten dem *vilicus* (oder *maior*) und seiner Familie als Unterkunft dienen; sie beherbergten aber auch Knechte, Zugtiere, ja sogar wertvolle Arbeitsgeräte, die auf dem Gut gebraucht wurden.

Im nördlichen Frankreich und in der Picardie läßt die Luftbildphotographie auf eine bemerkenswerte Regelmäßigkeit in der Anlage gallorömischer Landgüter schließen. «Es gibt fast immer einen kleinen quadratischen Bau (Toranlage?), der die niedrige Trennwand zwischen den beiden Höfen ungefähr in der Mitte durchbricht. Ebenso häufig findet man zwei oder drei kleine, außerhalb der Mauern oder des Umfassungsgrabens zusammenstehende Gebäude und noch weiter entfernt, einige Hundert Meter vom Hauptgebäude abgerückt, eine kleine kreidige Bodenerhebung»[343]. Derartig gleichförmige Anordnungen und Bauten deuten wahrscheinlich darauf hin, daß bei der Erschließung einzelner Regionen der römischen Provinz ein allgemeingültiger Plan Anwendung fand.

Gleichgültig ob sie nun Bauten der ersten Phase der Konsolidierung oder der späten Kaiserzeit sind, müssen die Landgüter der Picardie, die von Hunderten von Sklaven bevölkert waren, einen arbeitsintensiven landwirtschaftlich-industriellen Bewirtschaftungsplan verfolgt haben, dessen Schwergewicht auf Weizen und Schafzucht im Frühjahr und Sommer lag und auf der Herstellung, von Wolle, möglicherweise sogar auf der Eisenverarbeitung, während der langen Winter. Agache ist überzeugt, daß die geräumigen Keller, die auf den größeren Gütern gefunden wurden, Keller, in die das Mauerwerk Licht und Luft einließ, Lokale zur Verarbeitung von Wolle, also Webekeller waren.

Durchschnittlich große Villen im nördlichen Frankreich können zwischen 120 und 250 m lang sein; stattlichere, luxuriösere Herrenhäuser zwischen 250 und 350 m. Das Leben in nördlichen Breiten brachte unausweichlich die Isolation mit sich. Selbst ganz bescheidene Gehöfte mit einfachem Haus und einer Kombination von Scheune und Kuhstall erscheinen selten in irgendeiner Gegend in zwei oder drei Gehöfte überschreitenden Agglomerationen, ähnlich wie dies bei den Farmhäusern im amerikanischen

164 (links). Chiragan (Hte. Garonne). Villa. Grundriß (P. MacKendrick, Roman France, fig. 5–7).
165 (rechts). Montmaurin (Hte. Garonne). Villa. Modell.

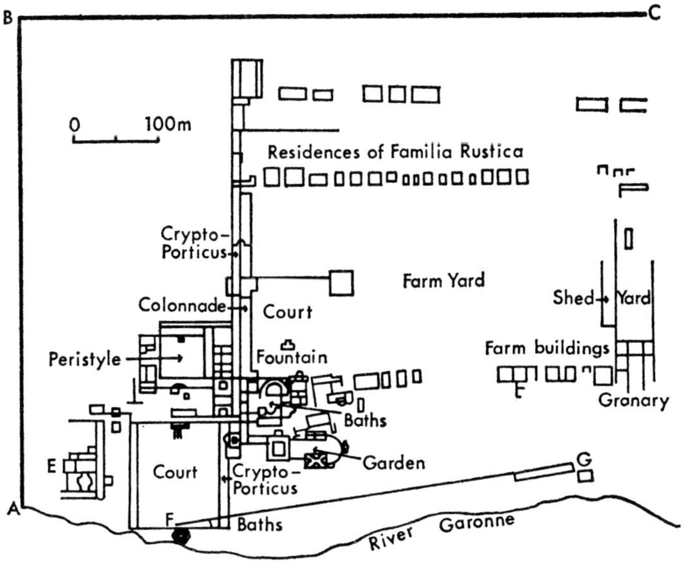

oder kanadischen mittleren Westen oder in den europäischen Gebieten mit Streubauweise der Fall ist. Zwei gallo-römische Villen, die in den vergangenen Jahren in Chiragan und Montmaurin ausgegraben wurden, geben vorzüglichen Einblick in die Lebensweise provinzieller Millionäre, die nahe den Pyrenäen wohnten. Eine der beiden, jene von Chiragan (Dép. Haute-Garonne)[344] an der Grenze der Gallia Narbonensis und nahe Martres-Tolosanes, liegt an der Landstraße zwischen Toulouse (Tolosa) und Dax. Die ursprüngliche Villa, ein peristyles Herrenhaus aus augusteischer Zeit, wurde in trajanischer Zeit vergrößert. Es wurde ein Gartenhof angebaut, den *cryptoporticūs* umgeben, die zu einem kleinen sechseckigen Sommerhaus mit Blick über die Garonne führten. Eine weitere *cryptoporticus* östlich des Peristyls war der Zugang zu den Häusern der Arbeiter, welche in einiger Entfernung vom Hauptgebäude säuberlich in Reihen angeordnet waren. Die ursprüngliche augusteische Badeanlage mußte einem eleganteren Nachfolgebau weichen. Die dritte Phase in der Geschichte der Villa, von ungefähr 150–200 n. Chr., war die glanzvollste und bedeutendste. Der Architekt benutzte Pyrenäen-Marmor aus den Steinbrüchen von St-Béat, um einen Brunnenhof zu bauen. Ferner wurden zwei winzige «Witwenhäuser», die nahe den Bädern und dem trajanischen Hof stehen und ein ganz neuer Bezirk südöstlich der Bäder gebaut. Der neue Flügel umfaßte ein *triclinium* mit Apsis, vergleichbar dem Eßzimmer der römischen Villa in Lullingstone (Kent), ein Atrium, einen zusätzlichen umbauten Gartenraum mit einer *exedra* und ein zweites Sommerhaus. Eine Galerie ausgewählter Kaiserporträts (von Augustus bis Septimius Severus), die in einer Ablagerung aus dem 5. Jh. n. Chr. auf dem Gelände gefunden wurde, zeigt wahrscheinlich an, daß ein Besitzer im 2. und/oder 3. Jh. n. Chr. entweder ein kaiserlicher Beamter oder ein einzigartiger Patriot mit außergewöhnlichen Geldmitteln war. Im 4. Jh. n. Chr., der letzten Phase der Villa von Chiragan, lag das Schwergewicht auf der Landwirtschaft. Vier Gebäudegruppen gehen von der trajanischen *cryptoporticus* ab: eine Reihe von Ställen, die 30 Paare Jochochsen aufnehmen konnten; 20 Wohnhäuser für die bäuerliche *familia rustica*, in denen an die 100 Familien mit ihrem Arbeitsgerät Unterkunft finden konnten; 12 Werkstätten, in welchen hauptsächlich gewoben wurde. Eine vierte Gebäudegruppe war im rechten Winkel zu den anderen Gebäuden und parallel zu der *cryptoporticus* angeordnet. Sie enthielt Scheunen und Schuppen, die auf einen dreiseitigen Wirtschaftshof ausgerichtet waren. Aus sorgfältigen Messungen und Berechnungen geht hervor, dass die Villa selbst, die von einer 16 ha umspannenden Außenmauer umgeben war, eine Fläche von 3 ha bedeckte. Die gesamte Domäne umfaßte wahrscheinlich 970 ha und die Zahl der Arbeiter muß 350 überstiegen haben, eine Anzahl, welche mit den hier beschriebenen Unterkünften durchaus im Einklang steht. Die Villa fiel im Jahre 408 n. Chr. einem Angriff der Vandalen zum Opfer. Das Nachfolgedorf, Martres-Tolosanes, in etwas mehr als einem Kilometer Entfernung, bediente sich der Ruinen von Chiragan als Baumaterial.

164 Die Villa von Chiragan ist die zweitgrößte der in Frankreich ausgegrabenen Villen; nur 30 km weiter westlich liegt die größte, Montmaurin (Dép. Haute-Garonne)[345]. Wie die Villa von Chiragan war die von Montmaurin sicherlich in ihrer Endphase Mittelpunkt einer ausgedehnten Domäne (1500 ha). Die Villa erhob sich einst auf einer entlang der Save verlaufenden breiten Schwemmlandterrasse. Der Name des Bezirks Nébouzan, in dem der Besitz liegt, ist wahrscheinlich von «Nepotianum» abgeleitet, was vermuten läßt, daß der Besitzer der Villa in den letzten Jahren ihrer Existenz vielleicht Nepotianus hieß. Der Name «Nepotianum» erscheint 1342 in einer mittelalterli-

chen Urkunde. Weil die Anlagen von Chiragan und Montmaurin einander überaus ähnlich sind und weil Chiragan nur um wenig älter ist als Montmaurin, ist die Vermutung naheliegend, daß sicherlich in den letzten Jahren und wohl auch zu Beginn der Bauarbeiten beide Besitzer Ratschläge und Pläne von demselben Architekten einholten.

In Montmaurin gehört die älteste Anlage als *villa rustica* der Zeit Neros an (um 50 165
n. Chr.). Das Wohnhaus war symmetrisch um einen großen Mittelhof angeordnet und nach Südwesten einer Reihe von sorgfältig aufgereihten landwirtschaftlichen Bauten zugewandt. Das erste Gut blühte bis zum Ende des 2. Jh. n. Chr., als die Villa und die Umfassungsmauer von einem verhängnisvollen Hochwasser überschwemmt wurden. Das frühe 3. Jh. n. Chr., in Gallien allgemein, doch nicht in Britannien, eine Zeit des Wohlstandes, war für die Villa von Montmaurin wenig ereignisreich. Eine zweite Phase begann für das Besitztum ungefähr um 250 n. Chr. Obschon die Grabung ergeben hat, daß die Nebengebäude außerhalb des Haupthofes und entlang der Seiten des landwirtschaftlichen Hofes nicht wiederaufgebaut wurden, glaubt Fouet an eine Neugestaltung des *fundus*, die eine bessere Bewirtschaftung der ausgedehnten Ländereien zum Ziel hatte. Knechte, so nimmt Fouet an, wurden durch Pächter *(coloni)* ersetzt, die auf relativ weit vom Haupthaus entfernten Gehöften lebten. Obwohl sie dem Herrn Zahlung in Form von Arbeit und Naturalien schuldeten, genossen sie zweifellos ein größeres Maß an Unabhängigkeit als ihre Vorgänger. Das Hauptgut, welches direkt vom Herrenhaus zu übersehen war, hatte an seiner Westseite einen großen Wirtschaftshof und Unterkünfte für Knechte, eine Schmiede, Lagergebäude usw. Zerstörung durch Barbaren im Jahre 276 n. Chr. bereitete der vergrößerten Villa ein plötzliches und drastisches Ende. Aber die glanzvollste Zeit stand ihr noch bevor. Die letzte Villa (Periode III) dehnte sich über 4 ha aus und enthielt fast 200 Räume! Ein langer Fahrweg führte zum großen Eingangshof, einer halbkreisförmigen Porticus (53 m breit und 21 m tief), die einen sechseckigen römischen Tempel und einen Altar enthielt. Dies ist eines von mehreren heidnischen Heiligtümern in der Umgebung der Villa. Jenseits der Eingangsporticus liegen das Peristyl (600 m^2) mit Wartezimmern an der Südseite, zwei Eßzimmern, eines für den Sommer und ein beheiztes für den Winter, sowie andere nicht spezifizierte Räume, die alle in den prächtigsten Farben gehaltene Wände hatten (325 n. Chr.). Dahinter liegt ein weiteres Peristyl, das apsidiale Grünanlagen zu beiden Seiten und an der Rückseite ein Sommerhaus aufwies. Aquarien und Marmorverkleidungen, möglicherweise sogar Wandmalereien, belebten das Ganze mit einem Schimmer königlicher Eleganz. Ein Bäderkomplex, ausgestattet mit Säulen und toskanischen Kapitellen aus Cipollino, war entlang dem ersten Peristylhof untergebracht. An die Bäder grenzten die Ställe, die Schmiede und Schlafunterkünfte für die Knechte und ihre Angehörigen. Die in der Villa gemachten Funde, farbenprächtige Mosaiken mit nichtfigürlichen Motiven, Fragmente von Statuen, lokal gefertigte sowie aus Spanien importierte Keramik, *millefiori*-Glas, Münzen und Lampen sind alle einem reichen Besitzer angemessen. Dieser war ohne Zweifel in großem Stil in der Nahrungsmittelzulieferung tätig und führte ein heiteres und wohlhabendes Leben auf seinem autarken Gut. Im Winter hatte er warm (mit beinah einem Dutzend geheizter Räume in der Anlage) und im Sommer genoß er inmitten offener Höfe, Gärten und Sommerhauses die Kühle. Der Marmor, der so reichlich in den Kolonnaden, für Türen, Wandverkleidungen und Fußböden benutzt wurde, kam aus den Steinbrüchen von St-Béat in den Pyrenäen, ein Luxus, den der Besitz auch mit der Villa von Chiragan teilte. Um 350–

375 n. Chr. richtete ein Feuer erheblichen Schaden in der Villa an und obgleich das schloßartige Anwesen und das gallische Heiligtum instandgesetzt wurden, verfiel das Äußere, da die Unterhaltsarbeiten des Gutes vernachlässigt wurden. Das erste Feuer war ein Omen für das Schicksal, welches schließlich die Villa von Montmaurin ereilte, die wie die von Chiragan direkt auf der Einfallsroute der nach Spanien ziehenden Vandalen lag. Zu Beginn des 5. Jh. n. Chr. blieb von dem großartigen Landsitz nur eine Brandruine zurück.

Lugdunum Convenarum (St-Bertrand-de-Comminges) war in trajanischer Zeit ein prosperierender Ort, den der Durchgangsverkehr zwischen Toulouse und dem Westen sowie der zwischen Spanien und der Gallia Narbonensis passierte[346]. Aber die Zollabgaben waren nur ein Teil des Einkommens, das umfänglicher und üppiger aus Bergwerken, Marmorsteinbrüchen, Landwirtschaft und Hotels floß. Lugdunum Convenarum wurde früh zum Mittelpunkt für die Romanisierung der Gegend. Es war ein bedeutendes augusteisches Gemeinwesen zu jener Zeit, als die Villen von Chiragan und Montmaurin gebaut wurden. Man möchte annehmen, daß die ersten Bauherren der beiden Villen entweder ehrgeizige Italiker mit hinreichend flüssigem Kapital und einem Gespür für landwirtschaftlichen Profit waren oder reiche gallische Aristokraten, die ihre angestammten Güter auf die neue italische Agronomie und ein neues Management umstellten. Was auch immer zutreffen mag, Lugdunum Convenarum spielte bei ihrer Entstehung und Entwicklung zweifellos eine wichtige Rolle, ebenso wie die Villen, nachdem sie zerstört und aufgegeben waren, das ihre zur Entstehung späterer Siedlungen in der Umgebung beitrugen.

Wenden wir uns schließlich einem der Angehörigen der gebildeten gallischen Oberschicht zu, der einen Augenzeugenbericht hinterlassen hat, in dem er den Landsitz eines begüterten Mannes schildert. Sidonius Apollinaris, der berühmte Autor aus Lyon und Bischof der Averner (um 469 n. Chr.), hat eine fesselnde Beschreibung seines Villengutes in Avitacum hinterlassen. Das Gut wird gewöhnlich an den Ufern des Lac d'Aydat (Puy-de-Dôme), ungefähr 18 km südwestlich von Clermont-Ferrand, lokalisiert; es ist aber noch nicht entdeckt worden. Ohne Zweifel bildete das Herrenhaus einen wesentlichen Teil der Mitgift seiner Frau. Aus Sidonius' eher überschwenglicher denn genauer Schilderung ergibt sich ein nordsüdlich ausgerichtetes Herrenhaus mit einer Badeanlage im Südwesten sowie vorzüglich geplanten und mit gebührender Rücksicht auf reizvolle Ausblicke angeordneten Unterkünfte für die Männer und Frauen des Anwesens.

«Beim Verlassen der *piscina* kommt man an der Vorderseite des Dameneßzimmers vorbei; an dieses angefügt, nur mit einer leichten Trennwand dazwischen, ist der häusliche Lagerraum *(cella penaria)*, dem zunächst sich der Webraum *(textrinum)* befindet. Im Osten ist eine Porticus dem See zugewandt; sie wird von runden, kompositen Pfeilern statt von einer prätentiösen Ansammlung monolithischer Säulen gestützt... Von diesem Eßzimmer kommen wir zu einem Wohnraum *(diaeta)* oder kleinem, Eßraum *(cenatiuncula)*, die alle offen zum See hin daliegen und vor denen sich beinahe der ganze See ausbreitet. In diesem Raum gibt es eine halbrunde Speiseliege *(stibadium)* und ein glänzendes Büffet *(abacus)*, und zu dem Fußboden oder der Plattform, auf der sie stehen, gibt es von der Porticus einen leichten Anstieg über Stufen, die weder kurz noch schmal gemacht sind... Wenn sie das Mal beendet haben, wird sie ein Salon *(deversorium)* aufnehmen, der wahrlich ein Sommerzimmer ist, weil er nicht im mindesten sonnengetränkt ist, denn er läßt, weil er nur zum Norden offen ist, Tageslicht, doch nicht Sonnenschein ein; bevor sie ihn erreichen, gibt es ein enges Vorzimmer *(consistorium)*, wo sich der Schläfrigkeit der Kammerdiener *(cubicularii)* eher Raum für ein Nickerchen als für Schlaf bietet»[347].

Der Bericht, in dem Sidonius voller Besitzerstolz von seinem Haus am See erzählt, läßt bestimmte Charakteristiken und dem Komfort dienende Einrichtungen erkennen, die man ebenso auf den großen Gütern in Montmaurin und Chiragan, in Bignor und Lullingstone in England sowie in den römischen Kastellen am Rhein findet.

In der Gallia Belgica unterschieden sich, trotz unwirtlichem Klima und unbezähmbaren Nachbarn jenseits des Rheins, Lebensweise und Haustypen wenig von jenen im übrigen Europa. Luxuriöse Villenbesitzungen von beträchtlichem Umfang gibt es seit dem 1. Jh. n. Chr. Im 2. und 3. Jh. wurden sie zahlreicher, ja sogar noch eleganter. Aber wie eindrucksvoll und stattlich eine Anlage auch immer sein mochte, die Landsitze waren nie ohne Landwirtschaft oder sonstige gewinnbringende Betriebe. Die Arbeitskräfte waren bis zum Ende der Römerzeit Pachtbauern und Sklaven.

Gallische Hütten aus Holz, Flechtwerk und Lehm sowie strohgedeckte Hütten aus Trockenmauerwerk blieben die gebräuchlichsten Haustypen. Das Bauernhaus in 166
Mayen[348], 40 km westlich von Koblenz (Confluentia), entspricht einem auch in Bri-

166. Pillig (bei Mayen). Luftaufnahme der Villa mit Herrenhaus, Wirtschaftshof und Nebengebäuden.

tannien bekannten Bautyp. Anfänglich war es nur eine keltische Hütte. Es wurde dann nach Ankunft der Legionen unter Augustus in einen Steinbau umgewandelt, der einen einzigen Wohnraum, eine Porticus mit Eckrisaliten und einen Keller hatte. Eine im zentralen Raum untergebrachte Feuerstätte beheizte das Haus fast so lange es existierte. Die Vorratsgrube der Frühzeit wurde in einer späteren Zeit durch ein Silo ersetzt.

Wie in Gallien und Britannien war der Übergang zu «römischer» Lebensweise weder spontan noch erfolgte er in großem Umfang. Viele Bauern mit bescheideneren Mitteln blieben während der ganzen römischen Periode bei der Porticusvilla, einer monotonen, doch anpassungsfähigen Hausform. Manche trachteten nach besseren, geräumigeren und interessanteren Grundrissen wie beispielsweise in Pillig bei Mayen und in Bollendorf an der Sauer[349], wo die Porticusvilla einen Keller mit Tonnengewölben und, während des 2. Jh. n. Chr., eine bescheidene Badeanlage mit Hypokausten enthielt. In Weitersbach[350] wurde ein anderer Familiensitz um eine Porticus bereichert, die drei Seiten eines vorgelagerten Hofes umfaßte und eine Badeanlage sowie Räume mit Hypokaustenheizung enthielt.

Ehrfürchtig und beinahe sprachlos vor Bewunderung berichtet Ausonius über Villen an der Mosel, die dem 4. Jh. n. Chr. angehörten: «Auf natürlichem Felsengeklipp' erhaben ist diese / Auf des Ufers erhöhtem Rand die andere gegründet / Jene zieht sich zurück, den Strom im Schoß sich behauptend / Die den Hügel besitzt, der am meisten über den Fluß sich / Neigt, sie hat über Flur und Wald die herrlichste Aussicht / Und der reiche Blick genießt des eignen Besitztums / Diese wieder im Tal, auf bespülter Wiese gebaut hat / Sich den natürlichen Vorteil ersetzt des höheren Berges / Steigt mit erhabenem Dach zum Äther drohend empor und / Prangt mit hochaufragendem Turm, wie das Memphische Pharos / Dieser ist's eigen, in rings verstopftem Tümpel die Fische / Eingeschlossen zu fangen im Raume sonniger Klippen / Die, auf äußerster Höh' gestützt, schaut schwindelnden Blickes / Auf den Fluß hinab, der tief im Tale dahinströmt. Ob der Hallen ich noch gedenk' auf grünenden Wiesen? / Ob, der Dächer wohl noch, die auf zahllosen Säulen gestützt sind? / Ob, auf des Flusses Rand gebaut, der dampfenden Bäder / Wenn aus tief erglühenden Pfuhl die lodernden Flammen / Mulciber durch der Böden Höhlung schöpfend dahin wälzt / Häufend verschlossenen Dampf, den des Feuers Hitze hervorbringt / Wohl gesehn hab ich vom vielen Schweiße des Bades / Matt, die Wanne verschmähn und den kühlenden Teich, wie so Mancher

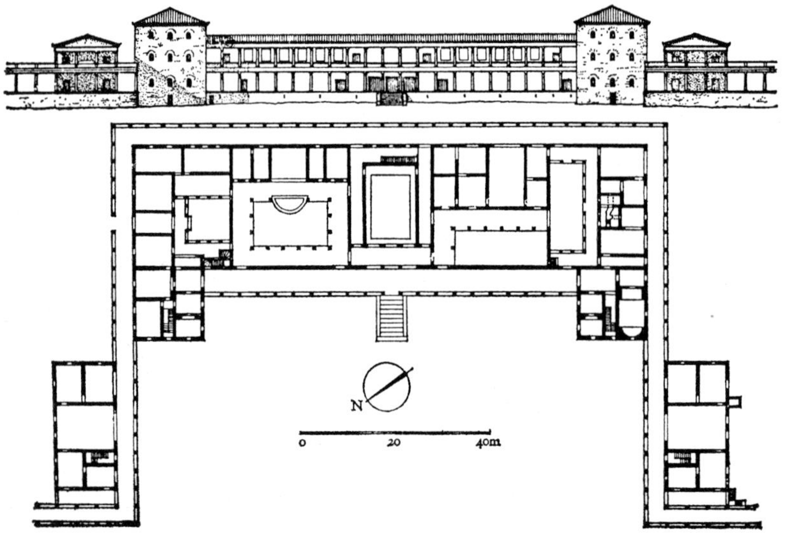

167. Nennig. Villa aus dem 3. Jh. n. Chr. Grundriß und rekonstruierte Ansicht (Boëthius & Ward-Perkins, fig. 139).

/ Fließend Wasser gebraucht, und bald erquickt von dem Strom ward / Und mit plätscherndem Arm die kühlen Fluten zerteilte / Wär ein Fremdling hier von Cumae's Ufern er glaubte / Traun! es habe verkleinert sein Bild das Euboische Baiae / Diesem Orte verliehn. Solch Schmuck und liebliche Zierde / Ziehn uns an, doch erzeugt die Freude nimmer Verschwendung»[351].

Am Hofe Valentinians (364–375 n. Chr.) in Trier (Augusta Treverorum), seit Diokletian bis ins späte 4. Jh. n. Chr. eine der Hauptstädte des Reiches, war Ausonius Erzieher des späteren Kaisers Gratian (367–383 n. Chr.). Er hat mit eigenen Augen Pavillons und Lusthäuser entlang der Mosel gesehen. Sein (um 370) in Gedichtform abgefaßter Bericht über eine Reise zwischen Bingen und Trier spricht ebenso einfühlend von der heiteren Wiesenlandschaft wie von den herrschaftlichen Residenzen dem Fluß entlang. Die Luxusvilla in Nenning[352], 40 km südlich von Trier nahe der luxemburgischen 167
Grenze, ist bezeichnend für die terrassierten Villen am Fluß, die der Dichter rühmt. Das Hauptgebäude, eine Porticusvilla mit einer beeindruckenden, über 45 m langen Fassade, hat Portiken zu beiden Seiten. Eine Raumfolge ist nach Norden, einem Peristylhof mit einem Brunnen zugewandt und dahinter liegen nach Westen die Arbeitsräume des Herrenhauses. Ein Gästehaus war mit den Bädern durch eine von Statuen gesäumte, 250 m lange *cryptoporticus* verbunden. Die an Ausonius' Dampfbad erinnernden Bäder haben ein 65 m² großes Becken sowie sieben Räume, davon fünf apsidial geformte und drei mit Hypokaustenheizung. Durch die Errichtung der Bäder in einiger Entfernung vom Hauptgebäude gewährleistete der Architekt Abgeschiedenheit und Schutz vor Feuer. Das zweistöckige Herrenhaus mit seinen lieblichen Portiken und der Gartenanlage, mit Brunnen und Ausblicken ruft die Traumhäuser auf den pompejanischen Wandmalereien ins Gedächtnis, die entfernte Vorläufer dieser Herrenhäuser in der Provinz sind. Zu den Innendekorationen gehört ein berühmtes Mosaik aus dem späten 2. Jh. n. Chr., welches aus acht oktogonalen Medaillons und einem quadratischen Feld besteht, die alle Gladiatorenszenen enthalten, selbst die Begleitmusik durch Horn und Wasserorgel ist dargestellt[353]. Ein großes Mausoleum südwestlich der Bäder, vergleichbar dem prächtigeren Bau in Lullingstone (Kent), vervollständigt die Anlage des am Flußufer gelegenen Herrenhauses. Es blieb bis in die späte Kaiserzeit durchgehend bewohnt.

Eine der wissenschaftlich am besten ausgegrabenen Villen in Deutschland und zugleich eine der am besten veröffentlichten liegt 5 km südlich der claudischen Kolonie Köln 168
(Colonia Claudia Ara Agrippinensium) in Müngersdorf[354]. Das Haupthaus des 4 ha 169
großen, von einer Mauer umgebenen Gutes hatte von Türmen flankierte Portiken und 29 Räume; die Bäder waren teilweise mit belgischem Marmor ausgekleidet, und es waren Toiletten mit Wasserspülung vorhanden. Zum Dekor im Innern des Baues

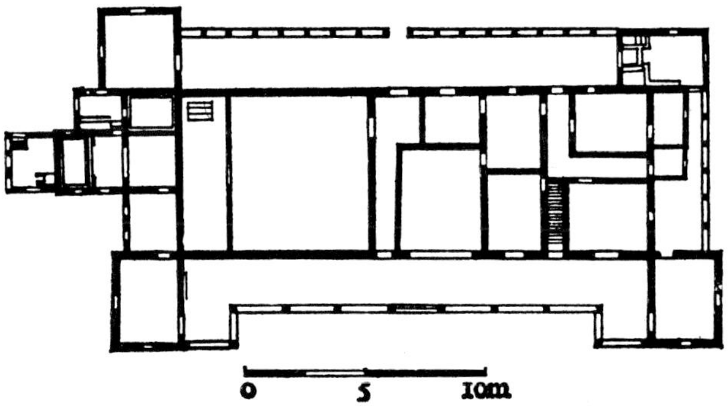

168, 169. Köln-Müngersdorf. Villa aus dem 3. Jh. n. Chr. Grundriß und rekonstruierte Ansicht (Boëthius & Ward-Perkins, fig. 138).

gehörten Mosaikböden sowie Malereien im 4. pompejanischen Stil. Das Haus überdauerte drei bis vier Jahrhunderte, ohne je zerstört zu werden. Im 18 km nordwestlich von Bernkastel gelegenen Wittlich gibt es am Moselufer einen weiteren Landsitz mit einer zweistöckigen Fassade und einer Badeanlage[355].

170 Die Villa von Konz (Contionacum)[356] ist herrlich am Zusammenfluß von Saar und Mosel gelegen. Sie ist ebenfalls eine in größere Dimensionen übertragene Porticusvilla (83 × 38 m) mit Portiken an der Nord- und Südseite und beidseitig des langen Mittelbaues vorspringenden Flügeln. Die Außenseiten der Wände waren mit grünen und gelben Motiven und mit roten Girlanden auf weißem Grund geschmückt; der apsidiale Audienz- oder Thronsaal hatte einen schwarz-weißen *opus sectile*-Fußboden. Dieses geräumige Gutshaus war entweder ein Sommerpalast, ursprünglich für Constantin oder Valentinian errichtet, oder aber die Residenz eines gallischen Millionärs, auf dessen Besitzung eventuell die kaiserliche Familie, wie ja verlangt wurde, Unterkunft finden konnte.

171 Die Villa in Pfalzel (Palatiolum)[357] steht auf einer leichten Anhöhe, von welcher der Blick über die umliegenden Felder und Wiesen schweift. Das drei Stockwerke hohe Gutshaus ist um einen zentralen Hof angeordnet, an den vier Ecken und in der Mitte einer jeden Seite ragen Bauteile vor. Die Eingangsseite (Westen) hatte nur im ersten und zweiten Stock Fenster. In den Innenräumen gab es *opus sectile*-Böden sowie Mosaikdekorationen an den Bögen oberhalb von Türen und Fenstern. Die nach außen gehenden Fenster des ersten Stockwerks waren klein, aber für die Befensterung des zweiten Stockwerks bevorzugte man im Wandstück zwischen den Türmchen eine größere, rundbogige Form. Zur Zeit von Julian (361–363 n. Chr.) oder Valentinian (364–375 n. Chr.) erlebte die Villa die letzte Phase ihrer Geschichte. In diese Zeit fallen umfangreiche Erweiterungen und es entstand westlich vom ursprünglichen Bau ein in Grundriß und Größe vergleichbares Gebäude.

172 Das Herrenhaus in Weilerbüsch bei Fließem[358], 30 km südwestlich von Trier, war zunächst eine Porticusvilla mit Eckrisaliten, die an der Vorder- und Rückseite vorsprangen. Es war ein Zwanzigzimmerhaus mit einer von Mauern umgebenen Badeanlage und mit Nebengebäuden, welche die Hauptzufahrt zur Villa säumten. Später wurde die Villa stark erweitert und erhielt eine weitere Raumfolge entlang der Nord-

170 (links). Konz (Contionacum). Villa. Grundriß (Wightman, S. 166).
171 (rechts). Pfalzel (Palatiolum). Villa. Grundriß (Wightman, S. 168).

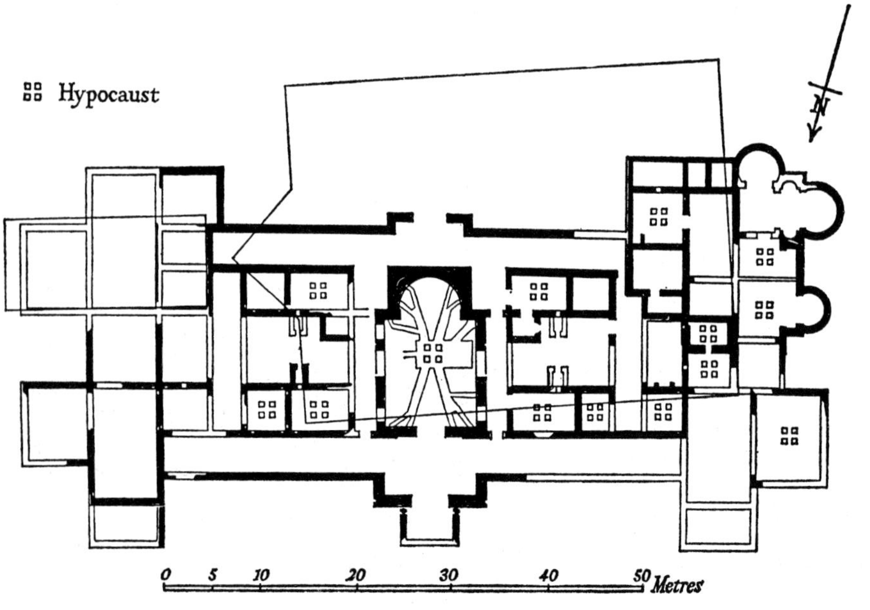

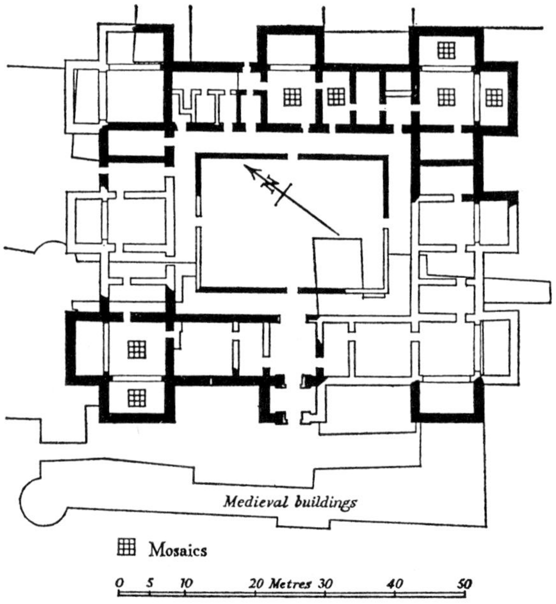

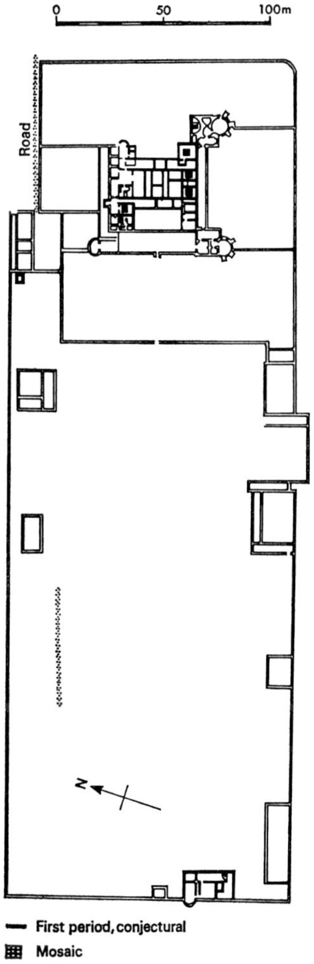

172. Weilerbüsch, in der Nähe von Fliessem. Villa rustica. Grundriß (Wightman, S. 144).

seite und eine zweite Badeanlage. Um den Hof und die Gärten des erneuerten Herrenhauses wurden Umfassungsmauern errichtet. Ferner wurde die Südseite des Hauses neu gestaltet und mit apsidialen Sonnenterrassen am großen Hof ausgestattet. Mosaikböden sowie ein zusätzlicher Pavillon an der Nordwestecke vervollständigen diesen 70 Räume enthaltenden Bau. Höchstwahrscheinlich in kaiserlichem Besitz, diente dieses 14,5 ha große Landgut vielleicht sogar als Gestüt.

Beim Ausheben eines Luftschutzkellers in der Nähe des Kölner Doms wurden Reste 173
eines Peristylhauses gefunden, das wahrscheinlich einem reichen Getreidehändler gehörte, der gerne in Hafennähe wohnte. Das ursprüngliche Haus war nordsüdlich ausgerichtet, hatte an der Südseite ein *triclinium* sowie einen Peristylgarten und einen Brunnen. Man betrat das am Flußufer stehende Haus von Süden und gelangte direkt in den Peristylgarten; im Eßzimmer, einem zweistöckigen Saal mit Lichtgaden, war der Boden mit insgesamt 27 polychromen Mosaikmedaillons bedeckt, die Darstellungen aus dem Dionysosmythos, solche der Jahreszeiten, sowie Vögel und Früchte zeigen[359]. Der Ostflügel mit dem *triclinium* und der Westflügel waren beide dem Garten zugewandt; von einer Veranda überschaute man den Rhein. Um 260 n. Chr. wurde der Ostflügel erneuert und zu einem in seinen Ausmaßen beeindruckenden, 16 m breiten und 5 m langen Getreidespeicher *(horreum)* umgebaut. Wie die Lagerhäuser und Schiffskontore von Ostia und Rom war die Anlage direkt vom Fluß aus zugänglich. Ein Wandbild, das in Trier nahe der Basilika gefunden wurde, mag uns eine Vorstellung vom Landleben in den nördlichen Provinzen geben[360]. Es wurde angenommen, daß das Bild die Fassade einer Villa mit einer Porticus, vorspringenden Flügeln und einem dahinterliegenden Garten darstelle. Vielleicht ist aber eine andere Interpretation gerechtfertigter. Wir meinen, daß es sich nämlich bei der aus drei Säulen bestehenden Porticus und den zweistöckigen Seitenbauten mit den Giebeldächern um den Eingang zum innern Hof eines Landhauses handelt, auf dem Obstbäume und Nutzhölzer gezogen wurden, wenn die impressionistischen Andeutungen im Hintergrund nicht täuschen. Bauern im Kapuzenmantel *(cucullus)* erscheinen auch auf den Reliefs des 22 m hohen Grabmonumentes der Secundinii in Igel bei Trier. Die Familie betrieb Tuchhandel[361]. Die Pachtbauern sind in dem Augenblick dargestellt, in dem sie ihrem Herren und Meister Gaben bringen oder die Pacht in Naturalien zahlen, unter anderem mit Fellen. Ein vierrädriger Wagen verläßt, von Maultieren gezogen, durch einen

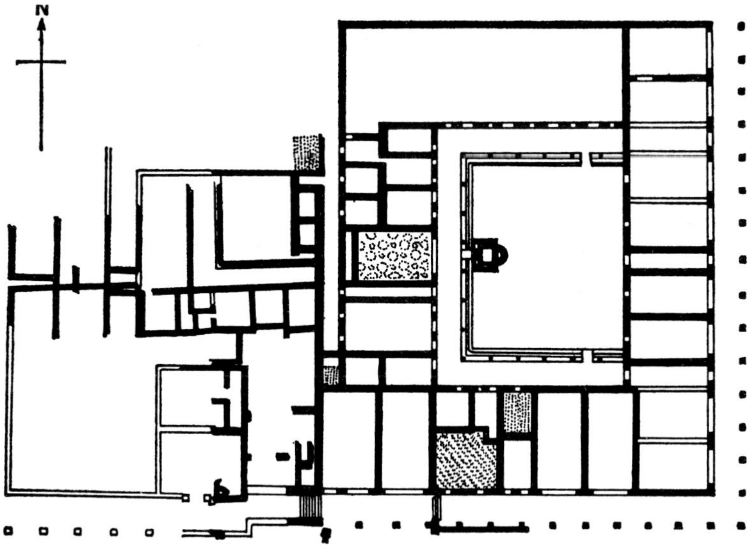

173. Köln. Peristyl-Haus, beim Dom. Grundriß.

Torbogen die *villa rustica*, um mit einer Ladung verschnürter Tuchballen oder mit Wollwaren zum Markt zu fahren.
Die Reliefs im Innern des heute im Rijks-Museum von Leiden aufbewahrten Sarkophags von Simpelveld (um 150 n. Chr.) muten wie «Momentanaufnahmen» an, die im Innern eines Hauses aufgenommen wurden. Ein geflochtener Korbstuhl, eine Kleiderablage, ein mit Korbflaschen beladenes Buffet, ein Tisch mit Löwenbeinen, Regale, die mit Weinkrügen und anderen Dingen angefüllt sind, ein Geschirrschrank mit getäferten Türen und Hausheiligtümer sind dargestellt[362]. Die Grabreliefs aus Neumagen (Noviomagus), die 1878 45 km südlich von Trier gefunden wurden und heute im Rheinischen Landesmuseum in Trier ausgestellt sind, zeigen ebenfalls Szenen aus dem Villenleben. Dargestellt sind u. a. Pachtzahlung, vier Dienerinnen bei der Haarwäsche und beim Frisieren der Herrin, sowie Kinder in der Schule. Die Schüler sitzen, wie auch die Herrin in Korbstühlen mit hohen Rückenlehnen[363].
Hoch über dem Ahrtal wurden in Blankenheim[364], 48 km südwestlich von Bonn, die Reste einer weiteren großen Villa freigelegt. Ursprünglich um 100 n. Chr. errichtet, war die Villa wahrscheinlich Mittelpunkt eines Gutes, auf dem Wein produziert wurde. Sie hatte 20 Räume, eine Badeanlage und eine 30 m lange Porticus. Nachdem um 150 n. Chr. ein Feuer die erste Villa zerstört hatte, wurde ungefähr ein Jahrhundert später eine neue gebaut. Der Grundriß wurde verändert, die vorspringenden Flügel wurden aufgegeben und eine 60 m lange Porticus gebaut. Der Zugang erfolgte nun nicht mehr von Westen, sondern von Süden; die Anzahl der Räume wurde verdoppelt und die Hypokausten wurden auf das ganze Haus ausgedehnt; die Badeanlage, schon Bestandteil des ältesten Baues, wurde durch den Anbau eines Heizungsraums verbessert, ferner spühlte man nun die Toilette mit dem Abflußwasser der Bäder. Während der Regierungszeit des Kaisers Magnentius (350–353 n. Chr.) erlitt die Villa ihr Ende.
Halbwegs zwischen Trier und Otrang befinden sich in Welschbillig[365] Reste einer kaiserzeitlichen Villa, bei der es sich vielleicht um ein Gestüt oder ein Jagdgut handelt. Die Entstehung des Baus geht auf die Jahre um 260 n. Chr. zurück. Das Herrenhaus liegt innerhalb einer riesigen ummauerten Domäne. Die bemerkenswerteste Einrichtung des Gutes ist die *piscina*, die mit 58 m Länge und 18 m Breite groß genug war, daß darauf ein Seegefecht *(naumachia)* veranstaltet werden konnte. Wie das Becken der suburbanen «Villa der Papyri» in Herculaneum war dieses Becken von 112 Statuen umgeben, die Griechen, Römer und Barbaren von Rang darstellten. Inschriften belegen, daß an den Bauarbeiten Truppen beteiligt waren, vielleicht Kavallerie, deren Pferde auf dem Weideland in der Umgebung der Villa aufwuchsen. Der kaiserliche Hof in Trier trug wesentlich zum Ruhm und Wohlstand der Gegend bei. Unter Constantin d. Gr. (306–337 n. Chr.), dessen Eltern Constantius Chlorus (293–305) und die heilige Helena dort residiert hatten, erlebte Trier seine glänzendste Zeit. Mit seinem Forum, der Basilika, den Bädern, dem Zirkus und dem Palast wollte die Kaiserstadt mit Rom wetteifern und laut Ausonius fanden die Kaiser und ihre Höflinge in den großartigen Villen an der Mosel mehr Ruhe als in denen am Tiber:

«Auf dem hängenden Ufer erbaut die prangenden Villen
Hügel mit Reben bekrönt, des Bacchus Grab und Mosella's
Liebliche Flut, die hier in stillem Murmeln dahinfließt»[366].

Auch im Gebiet rechts vom Rhein und links der Donau, das im Schutze des obergermanisch-raetischen Limes lag, gab es zahlreiche Gutshöfe. Ein Beispiel möge für alle

stehen. Im Jahre 1975 konnte bei Bondorf[367] (Kreis Böblingen) ein großer Gutshof
vollständig untersucht werden. Wie die Ausgrabungen ergaben, entstand zunächst ein
Gehöft aus Holzbauten, das um die Mitte des 2. Jh. n. Chr. in Stein ausgebaut wurde.
Die Hofmauer mit einer Länge von etwa 160 m und einer größten Breite von 95 m
wurde an allen vier Ecken durch turmartige Eckbauten verstärkt.

Im Gebiet der Schweiz, das in der römischen Epoche bekanntlich zu den verschiedensten Provinzen des Römischen Reiches gehörte, sind, dank der intensiven Forschung
durch die archäologischen Dienste der Kantone, beachtliche Fortschritte, was die
Kenntnis von Stadt- und Landhäusern angeht, erzielt worden. Das schweizerische Mit-
telland zwischen Jura und Alpen, die Juratäler und -Plateaus, die Basler Gegend und
auch die breiteren Alpentäler waren mit einem dichten Netz von *Villae rusticae* überzogen. Der vorherrschende Villentypus ist der der Porticusvilla mit Eckrisaliten. Einer
Zusammenstellung von Walter Drack verdanken wir neuerdings einen guten Überblick über die vorkommenden Typenvarianten [368]. Nur bei wenigen Villen sind allerdings außer dem Herrenhaus, d.h. der *pars urbana*, auch die Gesindehäuser, Scheunen
und Stallungen samt der den ganzen Komplex umfassenden Hofmauer ausgegraben
worden. Das beste Beispiel ist hier die Villa von Oberentfelden (Kanton Aargau), bei 174
der in geradezu klassisch zu nennender Form sich die Gesindehäuser zu beiden Seiten
innen an eine Hofmauer anlehnen. Der Zugang zum ganzen Komplex wird durch
einen Torturm gesichert. Im Osten, in bevorzugter, leichter Hanglage findet sich die
pars urbana in Form einer Porticusvilla mit angebautem Badekomplex. Ob sie durch
eine Quermauer von der *pars rustica* abgetrennt war, ist leider nicht untersucht worden.
Ein scheunenartiges Gebäude liegt in der Mittelachse der Hofanlage.

Nicht vollständig ausgegraben, aber in den wesentlichsten Zügen faßbar, ist die Villa 175
von Munzach bei Liestal (Kanton Basel-Land). Hier scheinen die Gesindebauten
außen an die Hofmauer angefügt zu sein. Das Herrenhaus ist auch nicht völlig freigelegt. Es scheint zu einem Reihentypus mit vorgelagerter Porticus zu gehören. Die Porticus biegt freilich rechtwinklig um und führt zu einem Bau, der durch neun Pfeiler-
stellungen gegliedert ist und hallenartigen Charakter hat. Fragmente einer reichen
Mosaikausstattung und Bronzefunde weisen auf den Luxus der *pars urbana* der Villa
von Munzach hin.

Bei der Villa von Seeb (Gemeinde Winkel, Kanton Zürich) kennen wir zwar den 176
Umfang der ganzen Anlage, wissen aber relativ wenig Bescheid über die *pars rustica*. 177
Der Wirtschaftshof ist trapezförmig, die Gesindehäuser scheinen innen an die Umfassungsmauer angebaut zu sein. Bekannt sind vier zu je zweien fast symmetrisch angelegte, große, hallenartige Bauten, in denen man Scheunen oder Stallungen erkennen
darf. Die *pars urbana* ist durch eine Quermauer abgetrennt. Vor dieser Mauer steht auf
der Mittelachse der ganzen Anlage ein Brunnenhaus. Zwei symmetrisch angelegte, bis
auf Einzelheiten identische Bauten sind an die Trennmauer angelehnt. Sie gehören zum
Hallen-Basilikatypus, denn sie enthalten beide eine Mittelhalle mit zwei Stützenreihen.
Wir möchten hier die Wohnhäuser der Verwalter *(vilici)* erkennen. Das eigentliche
Herrenhaus ist in seinem letzten Bauzustand eine recht komplexe Anlage mit mehreren, rechtwinklig angebauten Flügeln, die u.a. Badeanlagen enthalten. Wir wissen über
die Geschichte des Baus recht gut Bescheid. Er läßt sich auf einen von Portiken umgebenen Hallenbau vom Basilikatypus zurückführen, der die erste Bauanlage auf dem Platz
darstellt. An der Villa von Seeb läßt sich somit aufzeigen, daß der Basilikatypus einer
Frühform des Villenbaus entsprechen kann. Wir finden den Typus in Seeb bei den bei-

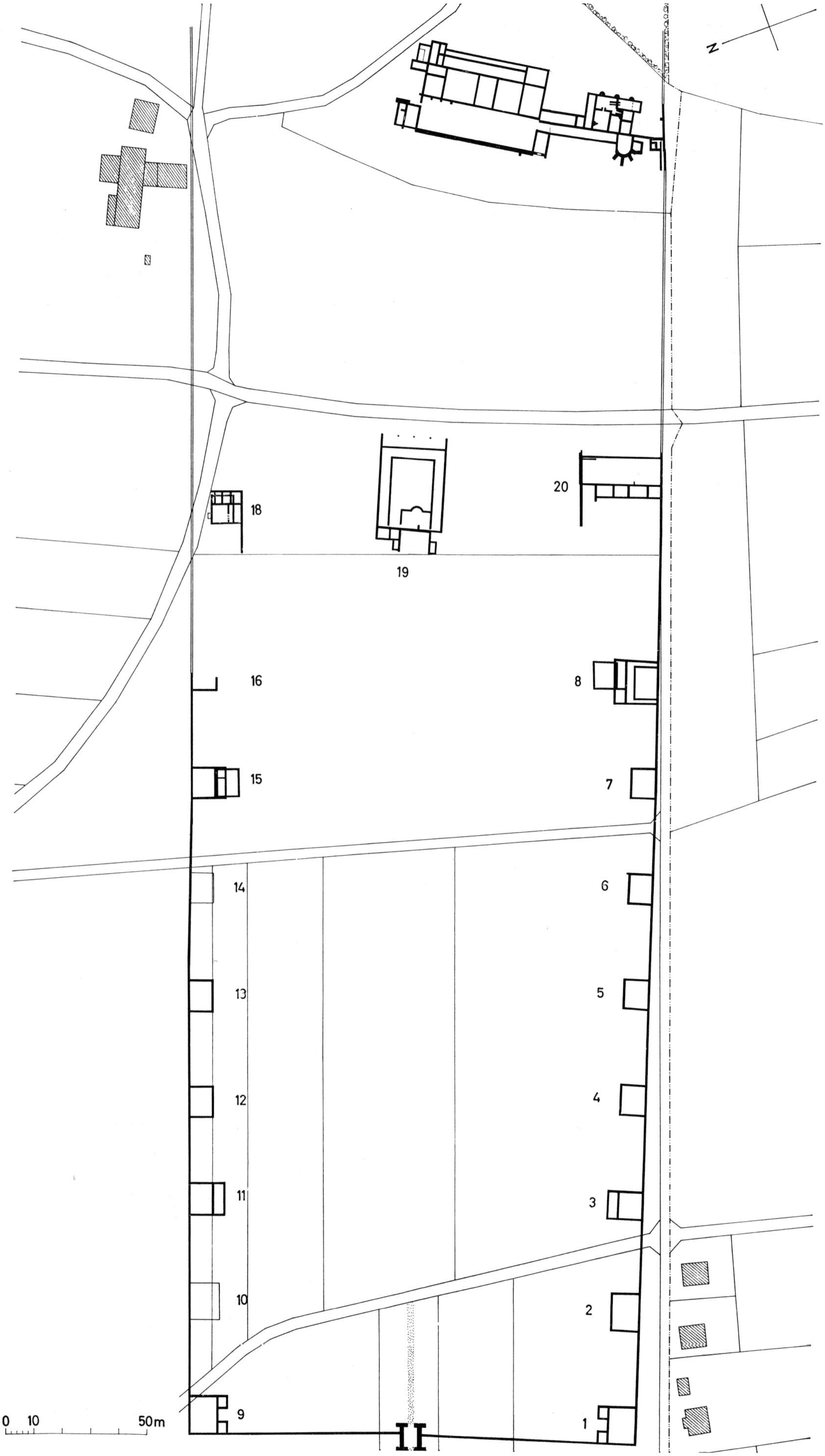

174. Gutshof von Oberentfelden AG. Grundriß. (UFAS V, S. 50, Abb. 1).

den Verwalterhäusern und als Kern des später um- und ausgebauten Herrenhauses. Nicht alle Herrenhäuser hatten eine derart komplexe Baugeschichte und wurden durch die Anfügung von Annexen zu raffinierten Luxusbauten umgestaltet. Die Villa von 178
Hölstein (Kanton Basel-Land) ist ein Beispiel für ein Herrenhaus vom Hallen-Basili- 179
katypus, das diese Grundform während seiner ganzen Benützungsdauer beibehalten hat. Zwar wurde gelegentlich eine rudimentäre Porticus angefügt und im Innern erfolgte eine zusätzliche Unterteilung des Hallenraumes. Schließlich leistete man sich sogar im 2. Jh. n. Chr. den Luxus eines Badeanbaus, der mit Mosaik und Wandmalereien recht luxuriös ausgeschmückt wurde. An der Grundform des Hauses selber wurde aber nichts geändert. Dieses zähe Festhalten an einer Tradition bei einer Villa, die in einem etwas abgelegenen Jura-Seitental liegt, läßt den Gedanken aufkommen, die Grundform des Hallenhauses, mit oder ohne «basilikale» Stützenstellung, könnte auf keltische, vorrömische Einflüsse zurückgehen.

175 (links). Teile des Gutshofes in Munzach, Gemeinde Liestal BL. (UFAS V, S. 53, Abb. 4).

176 (rechts). Gutshof von Seeb, Gemeinde Winkel ZH. (UFAS V, S. 51, Abb. 2).

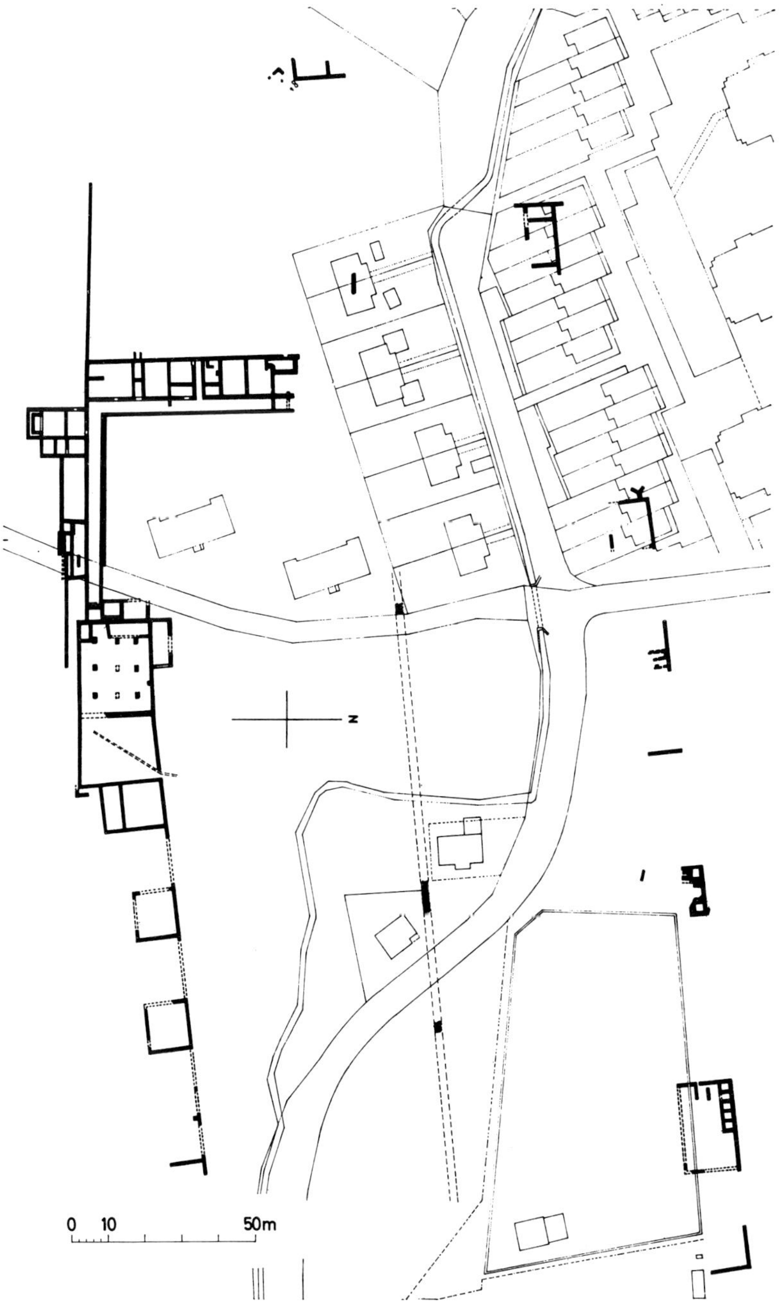

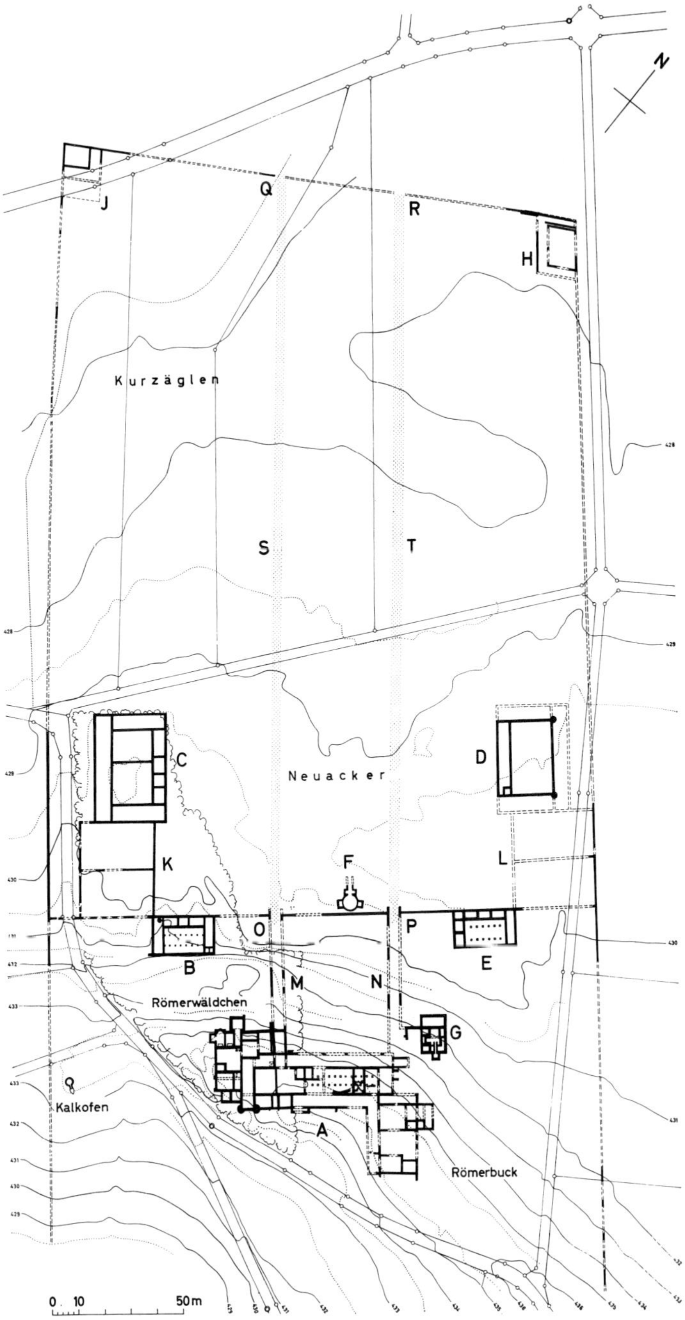

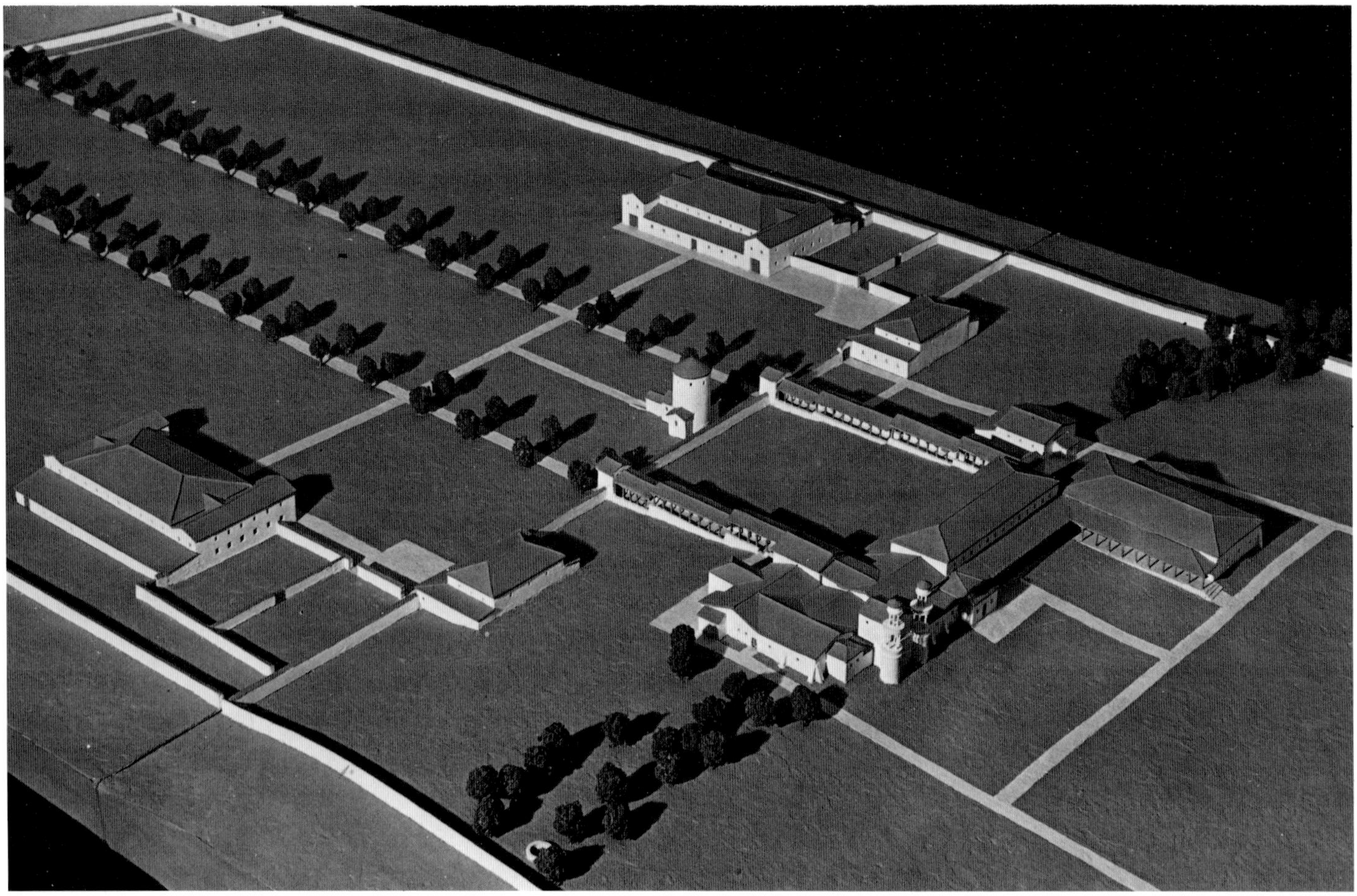

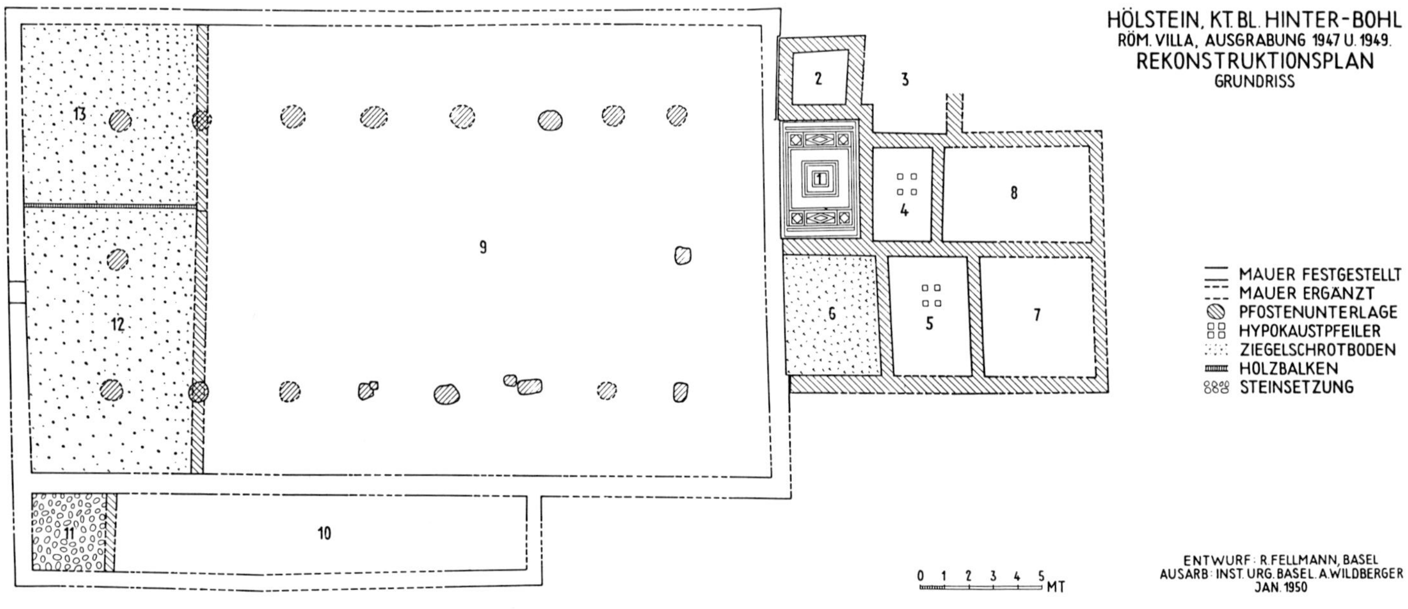

177. Gutshof von Seeb. Modell.
178. Villa rustica im Hinterbohl bei Hölstein BL. Ergänzter Grundriß der letzten Periode.
179. Villa rustica im Hinterbohl bei Hölstein BL. Rekonstruktionsversuch.

In einem Falle gelang es, bei einer *Villa rustica* den frühesten Holzbau zu fassen. Bei 180
der Villa Müschhag (Gemeinde Laufen, Kanton Bern) konnte durch Alban Gerster und Gerhard Bersu ein Pfostenbau mit leicht verschobenem rechteckigem Grundriß (ca. 13,50 × 10 m) freigelegt werden. Ausdrücklich wird vom Ausgräber festgehalten, daß es sich nicht um ein Gebäude aus der Spätlatènezeit handelte, da keinerlei Keramik dieser Periode vorlag. Es muß tatsächlich der erste römische Bau auf dem Platze sein. Dies ist sehr aufschlußreich, zeigt es doch, daß die Siedler z. T. erst zum traditionellen Holzbau griffen. Bei der Villa im Müschhag wurde dann allerdings in der Folge nicht eine Umsetzung des Holzbaus in Stein vorgenommen, sondern Tabula rasa gemacht und ein konventioneller Bau mit Eckrisaliten und u-förmig abgewinkelter Porticus errichtet, der später durch Annexe erweitert wurde.

180. Gutshof im Müschhag bei Laufen BE. Herrenhaus/Gebäude I. Steingerechter Grabungsplan von A. Gerster. (Helvetia Archaeologica 33, 9, 1978).

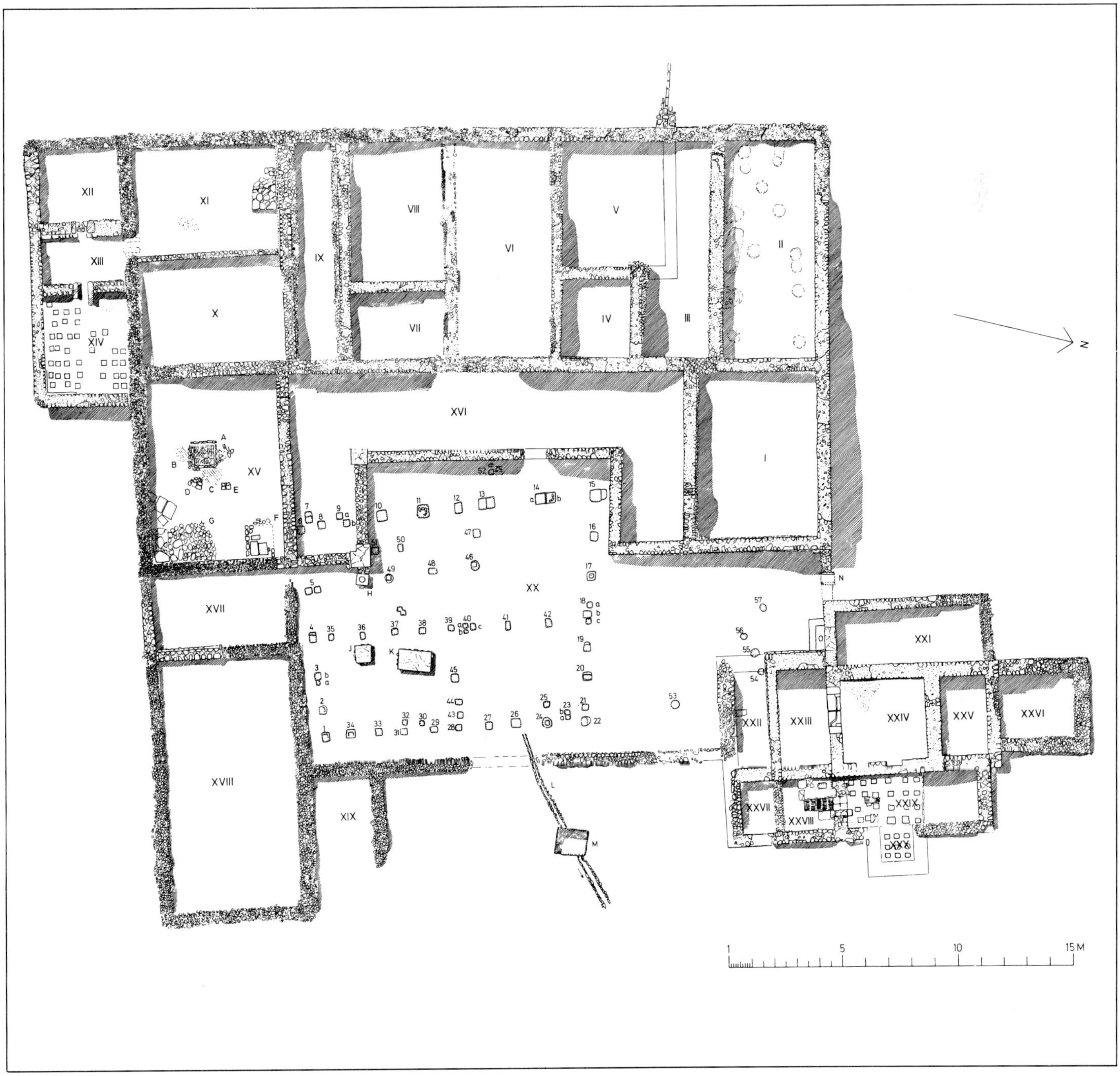

181, 190 Eine der größten und bedeutendsten Villenanlagen in der Schweiz war bis vor kurzem nur durch ihre schönen Mosaikböden bekannt, die teilweise freigelegt und in Schutzbauten zugänglich gemacht sind. Es handelt sich um die Villa von Boscéaz bei Orbe (Kanton Waadt). Hier haben nun die Luftaufnahmen größere Klarheit gebracht und uns eine Anlage erkennen lassen, die sehr bedeutende Dimensionen hatte. Der ganze Komplex scheint von einem Außenhof umgeben zu sein, der eine Breite von über 400 m aufwies. Dieser Hof stößt wahrscheinlich an eine römische Überlandstraße, die heute noch als «Vy de l'Etraz» *(via strata)* faßbar ist. Die Gesindebauten scheinen innen an die Umfassungsmauer angebaut gewesen zu sein. Eine deutlich faßbare Quermauer dürfte den Hof in eine *pars rustica* und eine *pars urbana* trennen. Letztere liegt auf einer Geländestufe terrassenförmig über der Ebene, in der sich der Wirtschaftshof hinzieht.

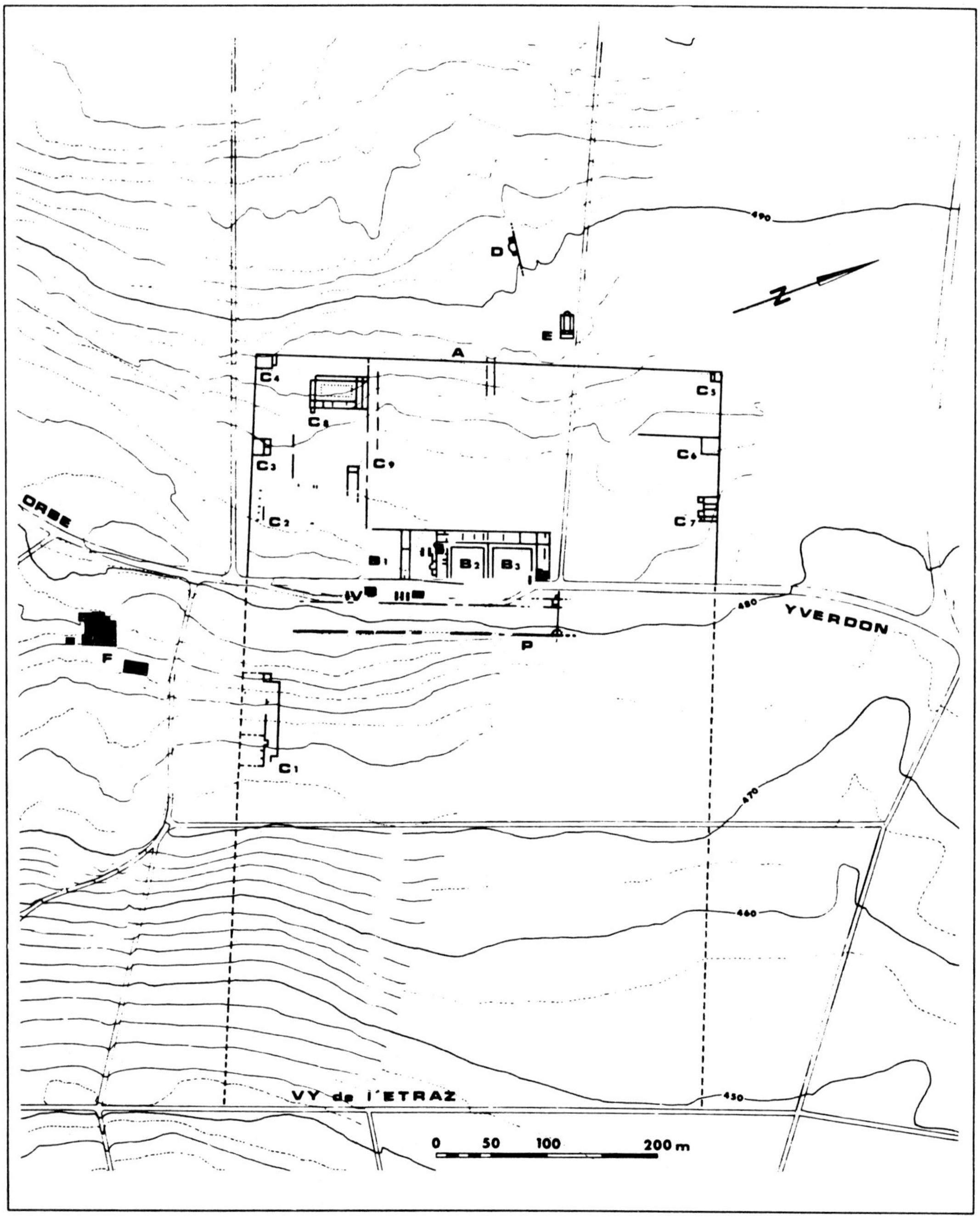

181. Orbe, Boscéaz VD. Plan der bisher erfaßten Bauteile eines großen Gutshofes. (Archaeologie der Schweiz 1, 1978, Heft 2).

182. Orbe, Boscéaz VD. Luftaufnahme. Basilica E.

Faßbar ist auf jeden Fall ein Gebäude vom Hallen-Basilika-Typ mit umgebenden Portiken. Wir haben diesen Bautypus jetzt schon mehrfach festgestellt und als Haus des *vilicus* (Verwalters) zu interpretieren versucht. Nach dem Typus entspricht er ja einem kleinen Herrenhaus, wie wir es bei der Villa von Hölstein fassen konnten. Vom eigentlichen Herrenhaus in Boscéaz zeigen die Luftaufnahmen nun Spuren, die den Schluß nahelegen, daß es sich hier um eine monumentale Anlage vom Peristyltypus gehandelt haben dürfte.

Was aber größtes Interesse beanspruchen darf, ist der Bau, der auf den Luftbildern westlich außerhalb der Umfassungsmauer deutlich zu erkennen ist. Es handelt sich um eine dreischiffige Basilika mit Apsis und quer gelagerter Vorhalle. Haben wir hier eine christliche Kirche im Kontext des Gutshofes vor uns und somit allenfalls parallele Verhältnisse zu denen bei Villen in Britannien der Spätantike? Schlüsse sind hier noch verfrüht. Erst die Ausgrabung wird Klarheit bringen [369]. 182

Es ist hier anschließend kurz noch auf das Schicksal der *Villae rusticae* in der Schweiz einzugehen. Die Gründung der meisten Anlagen dürfte ins 1. Jh. n. Chr. fallen. Viele der Anlagen gingen in den unruhigen Zeiten des 3. Jh. n. Chr. zu Grunde. Sei es, daß sie bei einem der Einfälle der Alemannen zerstört wurden, sei es, daß die Bewohner der mißlichen wirtschaftlichen Verhältnisse wegen abwanderten. Wir müssen uns aber nach dem neuesten Stand der Forschung von der Vorstellung freimachen, daß im Jahre 259 n. Chr. ein verheerender Alemannensturm durch die Schweiz gebraust sei und daß alle *Villae rusticae* dabei in Flammen aufgegangen wären. Die Zerstörung erfolgte eher in Etappen, und die Hinweise mehren sich, daß in vielen Villen das Leben auch im 4. Jh. n. Chr. weiterging. Allerdings war meist das Herrenhaus zerstört, doch hatten sich die Bewohner in einem der Nebenbauten installiert und führten von dort aus den Betrieb

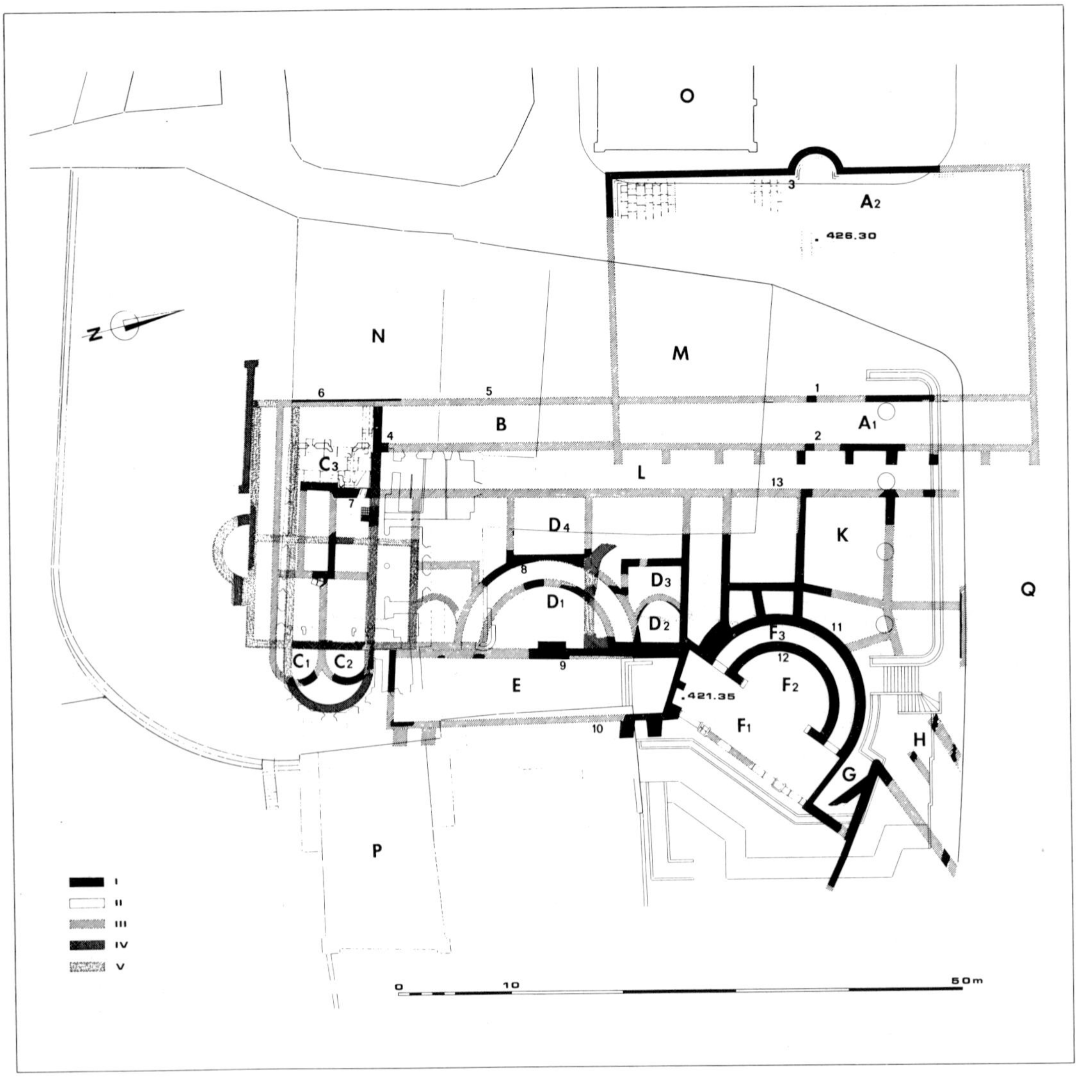

183. Pully VD. Grundriß der römischen Villa. (Archaeologie der Schweiz 1, 1978, Heft 2).

in reduziertem Umfang weiter. Es gibt sogar eine *Villa rustica,* die erst an der Schwelle zur Spätantike entstanden ist, die vom Görbelhof bei Rheinfelden (Kanton Aargau). Der Betrieb scheint irgendwie mit dem *Castrum Rauracense* (Kastell Kaiseraugst) als Zulieferbetrieb zusammenzuhängen. Hier wie wohl auch andernorts brachte der verheerende Alemannensturm in der Mitte des 4. Jh. n. Chr. das Ende. Nach dieser einschneidenden Zerstörung dürften es die überlebenden Bewohner vorgezogen haben, ihre Felder von der sicheren Hut der spätrömischen Kastelle aus zu bestellen.

Wohl nicht zu den eigentlichen *Villae rusticae,* sondern eher zum Typ der *Villae suburbanae* muß man jene luxuriösen Anlagen rechnen, die sich am Gestade des Genfersees
200 *(Lacus Lemannus)* hinzogen. Eine der am besten bekannten dieser Anlagen stellte die Villa «du Prieuré» in Pully (Kanton Waadt) dar, die dank dem Einsatz des waadtländischen Kantonsarchäologen Denis Weidmann teilweise freigelegt und konserviert werden konnte. Die komplexe Anlage scheint in Etappen während des 1. Jh. n. Chr. entstanden zu sein. Leider ist nur der südliche Flügel der Anlage erfaßt. Soweit wir die vorhandenen Bauteile beurteilen können, dürfte es sich ursprünglich um eine Villa vom Reihentypus mit rückwärtiger Porticus handeln. Großzügige Ausbauten haben das Bauwerk zu einem luxuriösen Palast werden lassen. Besonders die halbrunden, exedraartigen Säle fallen auf. Sie sind in den Berg hineingebaut und durch raffinierte Vorkehrungen (Doppelmauer mit Isolationszwischenraum) gegen die Hangfeuchtigkeit

abgedichtet. Die Ausschmückung eines dieser Räume mit einer Zirkusszene konnte aus den Fragmenten teilweise wieder hergestellt werden[370]. Auch in den *vici*, den typischen römischen Straßensiedlungen, war die schweizerische Forschung in den vergangenen Jahren aktiv. Besonders instruktive Grundrisse konnten im *Vicus Lousonna* (Vidy bei 185
Lausanne, Kanton Waadt) freigelegt werden. Aber auch in den *vici* von Lenzburg (Kanton Aargau), Bern-Engehalbinsel, *Aquae Helveticae* (Baden, Kanton Aargau) und *Curia* (Chur, Kanton Graubünden) konnten interessante neue Aufschlüsse gewonnen werden. Sie zeigen, daß die *vici* nicht nur Zentren von Handel und Gewerbe waren, sondern auch religiöse Funktionen hatten, da sie zumeist mit einem Tempelbe-

184. Vidy VD. Inschrift aus dem Vicus Lousonna.

185. Vidy VD. Grundriß von Streifenbauten im Vicus Lousonna. (Revue Hist. Vaudoise 71, 1963).

zirk und eventuell mit einem Theater oder einem Amphitheater verbunden waren. Das typische Vicushaus ist durch seine langgezogene Form gekennzeichnet. Mit der Schmalseite stößt es an die Straße. Eine Porticus kann die Front schützen. Hinter dieser betrat man eine große Halle, die für gewerbliche Zwecke oder als Ladenlokal diente.
185 Wohnräume waren in eher bescheidenem Maße im rückwärtigen Teil untergebracht, meist war nur ein Raum für den Winteraufenthalt heizbar. Sehr oft endet die Liegenschaft auf der von der Straße abgewandten Seite mit einem Hof, der als Werkplatz diente, wo sich auch Handwerker etablierten, deren Tätigkeit eine gewisse Feuergefahr in sich schloß (Töpfer, Glasmacher)[371].

Diese typischen Streifenbauten in den *vici* konnten eng aneinandergebaut sein, doch so, daß zwischen ihren Außenmauern eine schmale, kaum betretbare Gasse entstand. In manchen Fällen war allerdings die seitliche Mauer mit dem Nachbarhaus gemeinsam, also sogen. halbscheidig. Diese Tatsache, die zu nachbarlichen Streitereien Anlaß geben kann, prägt ja das Bild der mittelalterlichen und modernen Städte. Um die Tatsache der Halbscheidigkeit allezeit vor Augen zu führen und auch für spätere Generationen jeden Rechtshändel zu vermeiden, hat ein Besitzer im *Vicus Lousonna* nicht auf eine Eintragung im Grundbuch oder die exakte Vermessung (wie das heute der Fall wäre) vertraut. Er hat im Gegenteil das juristische Faktum gleich inschriftlich fest-
184 halten lassen. «*Paries perpetu[u]s communis est* = Diese Wand ist auf ihrer ganzen Länge gemeinsam», hält der Text ausdrücklich fest[372]. Daß Urkunden, die Grund- und Liegenschaftsbesitz betreffen, überhaupt allgemein in Form von Inschriften am betreffenden Grundstück angebracht wurden, ist unserem Rechtsempfinden eher fremd. Wir sind es gewohnt, daß solche Transaktionen sich in der Stille der Notariatskanzleien und in der Verschwiegenheit der Grundbuchämter abspielen. Allenfalls erfährt die Öffentlichkeit durch eine Veröffentlichung im Amtsblatt von der Transaktion. «*Loc(us) empt(us) ex d(ecreto) d(ecurionum) fact(us) privat(us) ita ut consaept(us) est. Florus scribit.* = Dieser Platz wurde gekauft nach Beschluß des Stadtrates und zu Privateigentum gemacht, so wie er eingezäunt ist, Florus hat es registriert[373]». So lautet der Text einer Inschrift, die im Musée d'Art et d'Histoire in Genf aufbewahrt wird, aber vermutlich aus der *Colonia Iulia Equestris* (Nyon, Kanton Waadt) stammt. Ein ähnlicher Rechtsakt dürfte der Erstellung vieler solcher Bauten vorausgegangen sein.

Das Gebiet der heutigen Schweiz kennt drei römische Bürgerkolonien: Die eben genannte *Colonia Iulia Equestris,* sodann *Aventicum (Colonia Pia Flavia Constans Emerita Helvetiorum Foederata* = Avenches (Kanton Waadt) und *Augusta Raurica (Colonia Paterna (?) Pia Apollinaris Augusta Emerita Raurica* = Augst, Kanton Basel-Land). Die *Colonia Iulia Equestris* hat bis heute kaum Reste von Wohnbauten geliefert, da ihr Gebiet weitgehend vom mittelalterlichen Städtchen Nyon überdeckt ist. Anders ist die Lage bei Avenches und Augst, wo die Koloniestädte in bis vor kurzem weitgehend unbebautem Gebiet gelegen sind. Die rasche Erstellung von Industrie- und Wohnbauten hat aber an beiden Orten zu ausgedehnten Grabungen gezwungen, die zahlreiche städtische Wohnbauten zu Tage gefördert haben; mehr als andernortes in den gallischen und germanischen Provinzen, Britannien wohl ausgenommen. Beiden Koloniehauptorten ist der regelmäßige Stadtplan mit sich rechtwinklig kreuzenden Straßen und der Einteilung in *Insulae* gemeinsam. In Aventicum konnte z. B. eine Halbinsula
186 vollständig freigelegt werden (Insula 16 Ost). Sie enthielt eine große Peristylanlage im Innern, auf die sich die Wohnräume eines luxuriösen Stadthauses öffnen. Auf der einen Längsseite der Insula führt die Eingangstüre in diese, offenbar weitgehend nach innen

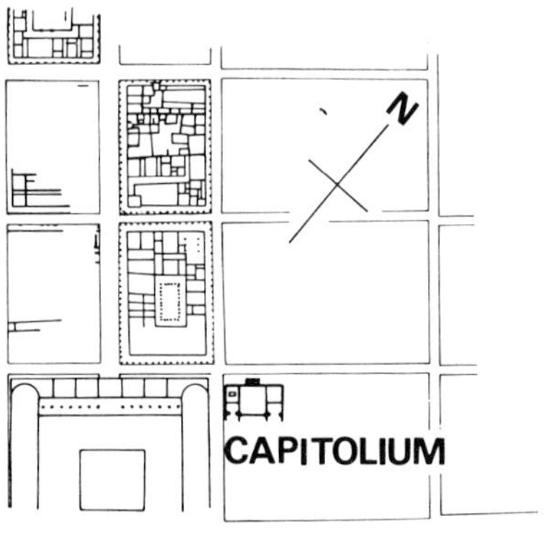

186. Avenches VD. Insulae 10 Ost und 16 Ost.

187. Mosaik aus Tabarka mit der Darstellung einer Sommer-Villa. Musée du Bardo, Tunis.

188. Trier. Wandmalerei: Villa rustica mit Bauern.

189. Orbe, Boscéaz (Kt. Waadt, Schweiz). Mosaikfußboden mit Darstellung der Wochengötter aus der Pars Urbana der Villa rustica.

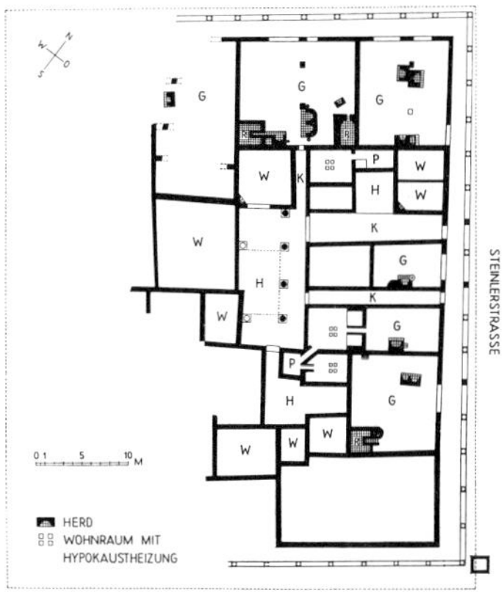

190a. Augst BL. Insula 23, Handwerkerquartier mit Werkstätten und Wohnräumen. Grundriß.

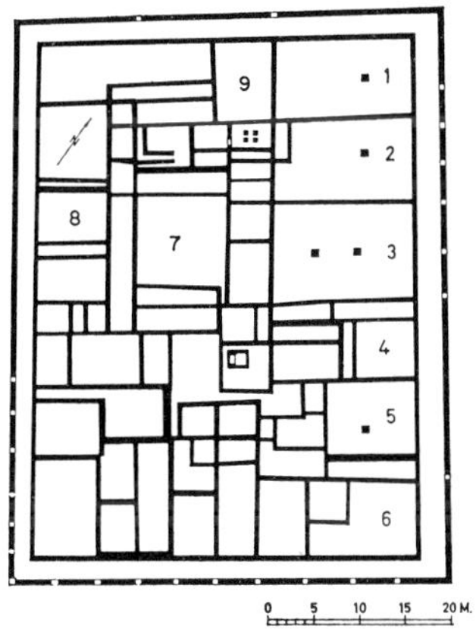

190 b. Augst BL. Schema der Parzellierung, abgeleitet aus dem Grabungsplan der Insula 24.

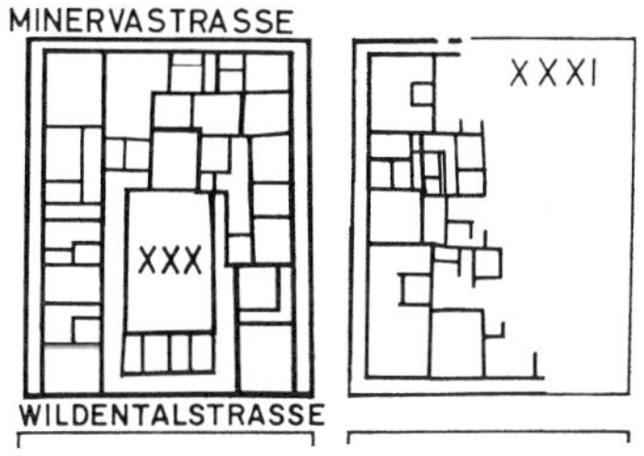

190c. Augst BL. Insula 30: Großgebäude mit Innenhof und Gladiatorenmosaik; letzter Bauzustand. Insula 31: Handwerkerhäuser, Ausgrabungsstand 1965.

gerichtete und darum vom Stadtlärm abgeschiedene Wohnanlage hinein. Der südwestliche Teil der Insula scheint dagegen von Tabernen eingenommen worden zu sein, die sich auf die Straße und die begleitende Porticus hin öffnen. Ihre Lage war bevorzugt, denn gegenüber lagen andere Tabernen, die bereits zum Komplex des Forums gehörten. Wir finden somit eine charakteristische Bebauung. Der Innenkern der Insula wird für Wohnzwecke genutzt, die periphere Zone für Läden und Werkräume, die nicht unbedingt mit der Wohnzone kommunizieren müssen. Die benachbarte Halbinsula 10 Ost in Aventicum zeigt, daß auch andere Einteilungsschemata möglich waren. Hier ist das rechtwinklige Gebiet quer in drei ungleich große und nicht einmal rechtwinklig abgetrennte Parzellen unterteilt. Alle drei scheinen eine Kombination von Gewerbe- und Wohnräumen zu enthalten. Es sind, so will uns scheinen, gleichsam drei in eine städtische Insula hineingepreßte Vicushäuser[374].

Die Grabungen in der *Colonia Raurica* bestätigen die in Aventicum gewonnenen Ergeb- 190 a–c
nisse. Die Insula 23 z. B. zeigt eine Kombination von Werkhallen, die sich zur Straße hin öffnen. Die in diesen Hallen gefundenen Öfen zeigen, daß hier fleischverarbeitendes Gewerbe angesiedelt war. Zwischen den Tabernen (Werkräumen) führen schmale Korridore in den Kern der Insula, wo ein kleines Halbperistyl von Wohnräumen umgeben ist. Die Insula scheint allerdings in zwei Parzellen aufgeteilt zu sein, da der Wohnkomplex in der Mitte gleichsam halbiert ist. Ähnliche Verhältnisse finden sich in der Insula 24, d. h. wiederum Gewerberäume mit Öffnung zur Straße hin und über einen schmalen Korridor erreichbare Wohnräume im Kern der Insula. In der Insula 31 scheinen sich, soweit das faßbar ist, in dichter Enge Handwerkerhäuser zu drängen, die wir eher dem Vicustypus zuweisen möchten. Anders sind die Verhältnisse in der Insula 30. Sie gleichen denen in der Halbinsula 16 Ost von Aventicum. Eine große, luxuriöse Wohnanlage mit Peristyl scheint den Kern der Insula einzunehmen. Hier wurde auch ein schönes Gladiatorenmosaik gefunden. Nach außen scheinen sich aber wiederum Werkhallen zu öffnen, die mit dem Wohnbau nicht kommunizieren[375].

Aus den in den Koloniestädten Augusta Raurica und Aventicum gewonnenen Ergebnissen scheint sich zu bestätigen, daß die städtischen Quartierinsulae nach ganz verschiedenen Bauschemata überbaut werden konnten. Queraufteilungen in mehrere Parzellen waren möglich, Kleinbauten in gedrängter Enge konnten die Insula ausfüllen, oder aber eine zentrale Wohnanlage war nach außen von einem Kranz von Gewerbelokalen umgeben und gleichsam abgeschirmt.

Obschon Julius Cäsar bereits 55 v. Chr. in Britannien eingefallen war und Teile der Insel 54 v. Chr. kurz besetzt hatte, verzögerte sich ihr Eintritt in das römische Reich bis in die Zeit des Kaisers Claudius, der sie 43 n. Chr. zu einer Provinz machte[376].

Die römischen Truppen landeten in Richborough (Rutupiae). Nach vorbereitenden Angriffen faßte Claudius seine Legionen zusammen und machte Colchester (Camulodunum) zur Hauptstadt der neuen Provinz. Die Legionen marschierten nach Westen, Norden und Nordwesten und 47 n. Chr. wurde die «Fosse Way» zwischen Lincoln (Lindum) und Süd-Devon die erste römische Grenze. Als Klientelherrscher wurden unterstützt und geschützt: Cogidubnus im Westen, der sein königliches Haus in Fishbourne bei Chichester hatte, Prasutagus, der im Nordosten über die Iceni herrschte und weiter im Norden Cartimandus von den Brigantes. Im Jahre 61 n. Chr. gab es ernsthafte Unruhen, als Boudicca (Boadicea), die Witwe des Prasutagus als Freiheitsheldin revoltierte. Colchester wurde geplündert, London aufgegeben und die IX. Legion geschlagen. Weil es von der Mittelmeerwelt weit abgelegen war, spielte

England bis ins 3. und 4. Jh. n. Chr. keine größere Rolle in den Annalen des Reiches. Das Schweigen der literarischen Quellen wird glücklicherweise durch reiche archäologische Befunde aufgewogen. Bodenforschung sowie die Luftbildphotographie geben Antrieb und Anhaltspunkte für die Auffindung von Städten, Lagern und Landgütern[377]. Verulamium und die Civitas-Hauptstädte Wroxeter (Viroconium) und Silchester (Calleva Atrebatum), wie auch Castorby-Norwich, sind aus der Luft fast vollständig sichtbar. Die gebietsmässig viertgrößte römische Stadt in Britannien, Wroxeter (Viroconium), hat eine Stadtanlage von mehr als 28 ha, die sich aus der Luft anhand von Wachstumsunterschieden wahrnehmen läßt. In der Eisenzeit hatte das keltische Britannien vor der Eroberung durch Rom vieles mit dem ländlichen Gallien und dem Rheinland gemein. Eine bäuerliche Gesellschaft lebte auf isolierten Gehöften in primitiven Behausungen aus Holz oder Stein, die oft durch Gruben zum Speichern von Getreide ergänzt waren[378]. Die grasbedeckten Hütten, Häuschen und strohgedeckten Behausungen der keltischen Stammesgesellschaft ließen kaum die Herrenhäuser und Landsitze der Kaiserzeit vorausahnen. Diese einheimischen Häuser, die häufig zu kaum näher bestimmten Gemeinwesen zusammengeschlossen waren, wurden überall in den Fenlands und in Wessex in den Sussex Downs, im Themsetal sowie im Gebiet von Severn gefunden.

Die Romanisierung brachte neue landwirtschaftliche Methoden, die Arbeit sparten und bei weitem produktiver waren. Sie führten auch zu heilsamen Verbesserungen in den miserablen, ungesunden Wohngewohnheiten der Briten. Die rechteckigen und runden Holz- und Steinhütten der Vorfahren wurden nun durch rechteckige Häuschen mit Holzböden ersetzt, die auch wie die Häuser und *tabernae* in den aufblühenden Provinzstädten farbigen Verputz und verglaste Fenster erhielten. Der römisch-britannische Bauer mit seinen neuen, doch schwer verdienten Geldmitteln trachtete danach, die Annehmlichkeiten und die Lebensweise des Stadtbewohners in den Provinzen des

191 (links). Fishbourne (Sussex). Palast-Villa des Cogidubnus. Isometrische Zeichnung von David Neal, Cunliffe, fig. 30.
192 (rechts). Fishbourne (Sussex). Palast-Villa des Cogidubnus im Vergleich mit heutigem Siedlungsplan. Cunliffe fig. 31.

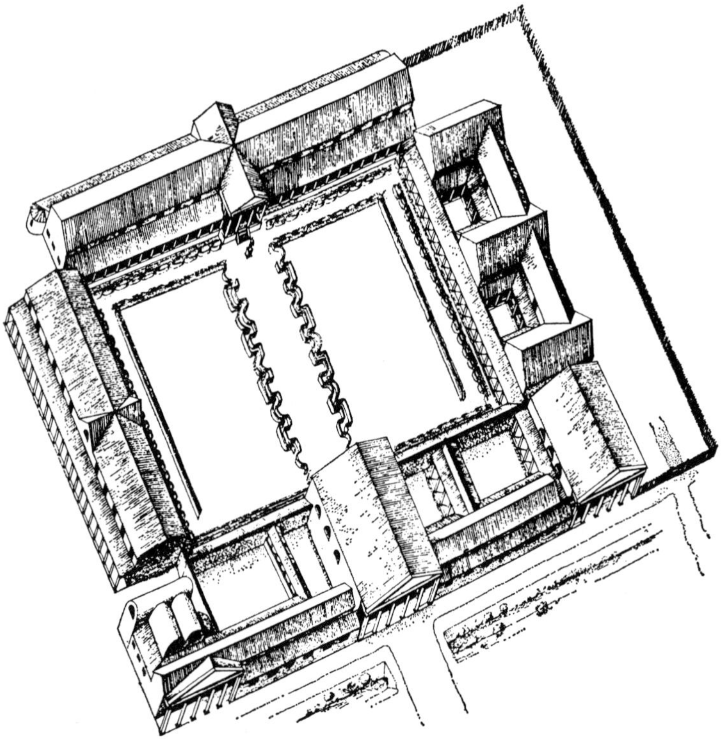

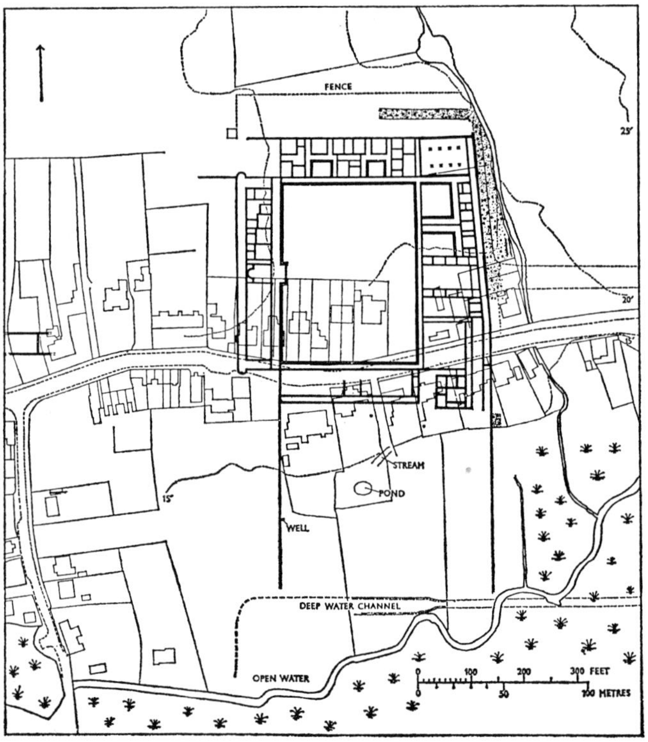

Festlandes nachzuahmen. So entstanden solide kleine Häuser, die praktisch und bequem waren; doch stürzte man sich nicht Hals über Kopf auf alles Römische. Viele Britannier, besonders im Hinterland von Wales und im Südwesten, blieben bei ihrer ursprünglichen, vom Hirtendasein geprägten Lebensweise. Außerhalb des römischen Besatzungsgebietes ging die Eisenzeit nur langsam zu Ende.

Da sie schon ein Merkmal des keltischen Stammessystems war, bedeutete die Sklaverei für das römische England keine Neuheit. So fand man sich leicht in eine Herrschaftsstruktur, die auf Großgrundbesitz und Villenbewirtschaftung mit ortsansässigen Gutsherren oder Verwaltern, sowie auf Vasallen und Pächtern, welche die Arbeitskräfte stellten, beruhte. Im 4. Jh. n. Chr., als die Villenexpansion in England ihren Höhepunkt erreichte, waren das Personal und die Pächter *(coloni)* auf erblicher Grundlage wie mittelalterliche Leibeigene an das Land gebunden, zahlten ihre Pacht in Naturalien oder mit Geld und sorgten für die Erhaltung und Bearbeitung der herrschaftlichen Besitzungen.

Greifbare Beweise für die Anpassung an das Vorbild der Römer und ihre Lebensweise ergeben sich aus den zahllosen Scherben von Terrasigillata und aus den Münzen. Die britannischen Bauern erhielten als Entschädigung für ihre Unterwerfung neue Geräte und Werkzeuge, wie beispielsweise einen leistungsfähigeren Pflug, der ihnen ermöglichte, größere und ertragsreichere Felder zu bewirtschaften, sowie Waffen, Spaten, Rechen und Sichel aus Eisen zusammen mit Meißel, Hobelmesser, Schabeisen und Zimmermannshobel [379].

Um ihr Getreide in einer feuchten Erntezeit schützen zu können, bauten sich wohlhabende Bauern Anlagen zum Getreidetrocknen, die mit doppelten Fußböden und unterirdischen Luftschächten ausgestattet waren. Die römische Hydraulik führte zur Verbesserung der Bewässerungsmethoden und der Wasserversorgung mit Brunnen, die bis zu 60 m tief waren. Niemals wurden die Viehbestände besser genährt als in der Römerzeit. Neue Pflanzensorten, Obstbäume, Blumen und die Bienenzucht wurden importiert; die Praktiken der Rinder- und Pferdezucht machten Fortschritte und in Somerset und in den Cotswold Hills bewirtschafteten reichere Bauern ungewöhnlich große Gehöfte, die auf Schaf- und Großviehzucht eingestellt waren[380].

Das bemerkenswerte vorrömische Gehöft in Little Woodbury[381], südwestlich von Salisbury, ist ein 1,2 ha großes, von einer Holzpalisade umgebenes Gut. Innerhalb der Umfassung gibt es zwei runde Hütten von 9 und 15 m Durchmesser, die mit einem Holzgerüst und Flechtwerk- oder Bretterwänden gebaut waren. Grubensilos, groß genug, um darin jährlich 2500 Liter Getreide zu speichern, weisen darauf hin, daß die bebaubare Fläche wahrscheinlich zwischen 6 und 8 ha umfaßte, wozu noch zusätzliches Land für Saatkorn sowie Brachland gerechnet werden muß. Knochenreste lassen annehmen, daß der Besitzer kleine Herden von Großvieh und einige Schafe hielt; Hunde hüteten die Schafe und schützten die Herden. Eine Töpferei und eine Eisengießerei machten das Gut autark.

Die Grundform der Hütten wurde zunächst auf Drei- und Vierzimmerhäuschen ausgedehnt. Allmählich setzten sich rechteckige Holzhäuser vom Porticus-Typ durch. Sie waren bereits in neronischer Zeit fester Bestandteil der Hausformen. Ein vorspringender Flügel (oder zwei) an einer Seite (oder beiden) der Fassadenporticus bildete die Grundlage für eine neue, symmetrische Form. Der Eingang befand sich normalerweise in der Mitte. An den Seiten gab es nun zusätzliche Veranden und etwas abgeschiedenere Wohnräume. Die Haupträume lagen kabinenartig an der Hauptporticus aufgereiht, die den Grundriß prägte. Aber das neue Bauernhaus bedeutete nicht, daß sich die bisherigen Formen und Lebensweisen grundsätzlich je geändert hätten. S. Frere schreibt, daß die Villen «als ein neues System zu werten sind, das sich neben dem alten und aus diesem heraus entwickelte. Einerseits führen sie die Tradition des alten abgelegenen keltischen Gehöftes fort, belegen aber andererseits ein neues Verhalten, welches sich in schneller Anpassung an römische Techniken und in der Fähigkeit zur vorteilhaften Nutzung neuer Gegebenheiten zeigt»[382]. Angeregt durch Formen des Stadtlebens und über größere Geldmittel verfügend, hat ein Villenbesitzer gelegentlich an der Rückseite seiner Porticus-Villa einen zweiten solchen Bau angefügt. Die dreifach unterteilte Porticus-Villa mit vier oder mehr Zimmern, die hinter der aus Stein mit Holzpfosten und hölzernen Dachstützen gebauten Hauptporticus lagen, war nicht nur für Britannien im 1. Jh. n. Chr. typisch, sondern auch allgemein für *Villae rusticae* auf dem europäischen Festland. Auf Stein- oder Steinschüttungsfundamenten errichtet, mit innen und außen verputzten Wänden ähnelte die zweistöckige Version der Porticus-Villa einer ersten Entwicklungsstufe des Gutshauses der viel späteren Tudorzeit.

Die *Villa rustica* in Lockleys, Welwyn (Herts), 1937 ausgegraben und vor einigen Jahren von Graham Webster aufs neue untersucht, erhebt sich über den umstrittenen Resten von zwei gallischen Hütten aus dem 1. Jh. n. Chr.[383].

Der erste als Fachwerkhaus gebaute Porticusbau (21 × 6 m) mit seinen fünf Zimmern ist nach der Eroberungszeit entstanden (60–150 n. Chr.). Das zweite, an dieser Stelle errichtete Haus war dem ersten sehr ähnlich (150–300 n. Chr.). Es wurde durch Feuer zerstört. Der letzte Bau (um 340 n. Chr.), der an der Südseite des Geländes entstand, unterschied sich gänzlich in seiner Anlage von den Vorgängern und war bis zum letzten Viertel des 4. Jh. n. Chr. bewohnt.

193. Ditchley (Oxon). Römische Villa mit ihren Nebengebäuden. Luftaufnahme.

Für die Villa von Park Street (Herts)[384] gibt es Anzeichen einer langen Baugeschichte. Sie beginnt mit einer ersten runden oder ovalen gallischen Hütte, gefolgt von einem rechteckigen Steinhaus (8 m lang und 3–3,50 m breit). Eine dritte Bauphase war im Grundriß und Bauweise fast mit der Villa von Lockleys identisch, nur fehlte ihr eine Veranda. Die mit Flügeln versehene Porticusform tritt im Neubau des 2. Jh. n. Chr. in Erscheinung, der auch einen zum Getreidetrocknen vorgesehenen Raum mit Hypokaustenkanälen hatte. Das Haus wurde schließlich ein letztes Mal zu Beginn des 4. Jh. n. Chr. vollkommen neu gebaut.

Die Villa von Ditchley[385], nordwestlich von Woodstock in Oxfordshire gelegen, 193
bedeutet gegenüber der Villa von Lockleys und Park Street einen Fortschritt. Das ursprüngliche, in flavischer Zeit entstandene Haus war ein rechteckiger Holzbau, den aber im frühen 2. Jh. n. Chr. eine Porticus-Villa mit Eckrisaliten ablöste, die inmitten einer aus einem Graben bestehenden Einfassung stand. Im wesentlichen ist der Grundriß dem der Villa von Lockleys vergleichbar, außer den zwei Räumen an den beiden Seiten. Später wurde an der Rückseite eine Porticus angefügt, deren eine Hälfte unterteilt war und eine kleine Küche, Anrichte und Speisekammer enthielt. Obwohl Wasser zweifellos reichlich vorhanden war, gibt es keine Belege für eine Badeanlage in dem neu gestalteten Haus. Eine 21 m breite und 85 m lange Scheune wurde durch Holzpfosten in ein Hauptschiff mit zwei Seitenschiffen unterteilt und diente als Schlafraum für die Sklaven sowie als Lagerraum. Das Gelände und seine Gebäude waren fast ein Jahrhundert lang aufgelassen, bevor es um 300 n. Chr. wieder bewohnt und erneuert wurde. Damals wurden an beiden Fassaden Steinportiken, die dem Haus ein elegantes Aussehen verliehen, und ein zweites Stockwerk hinzugefügt. Der nicht am Ort wohnende Besitzer besuchte das Haus zweifellos gelegentlich, aber ein Verwalter lebte ständig dort. Während des 4. Jh. n. Chr. wurde die Scheune durch einen großen Getreidespeicher mit 11 m Seitenlänge ersetzt, welcher den Ertrag eines 200–400 ha großen Gutes fassen konnte. Die Knechte waren *coloni*, deren Aufgabe darin bestand, den Besitzer mit Arbeitskräften und Naturalienzahlungen von den Getreidefeldern und aus den Gemüsegärten, die das Gut ausmachten, zu versorgen.

Die Villa von Dichtley mit ihren Nebenbauten ist ein vergleichsweise bescheidenes, aber typisches Beispiel für die in ganz England anzutreffende Porticus-Villa. Man findet den Typus in Mansfield Woodhouse und Norton Disney in Nottinghamshire, in Brading auf der Insel Wight, in Llantwit-Major in Glamorgan, in Staffordshire und anderen Orten[386].

In nur wenigen Gegenden Englands gab es während der römischen Besatzung keine Villen oder Städte, so besonders im südlichen England in der Salisbury Plain, im Cranborne Chase und im Fen Basin[387]. Und doch zeigt das Vorhandensein von Gehöften und Bauerndörfern wie auch von Entwässerungsdeichen und Kanälen, daß dort Menschen lebten, die vielleicht unter kaiserlicher Duldung Pächter auf Land waren, das nach Aufständen eingezogen worden war.

Andernorts gibt es reichliche Beweise dafür, daß in die Landstädte und Bezirke eine neue Lebensweise einzog. Gewiß erforderte auch die Anwesenheit der römischen Legionen vermehrten Getreideanbau und zusätzliche Viehzucht. Die Britannier reagierten unverzüglich auf den Bedarf der Armee an Getreide, Fleisch, Salz, Leder, Töpfer- wie Eisenwaren und dergleichen. Die Entlöhnung war großzügig. Gewiß brauchte es für die Erneuerungs- und Umbauten in den Villen von Park Street, Lockleys bei Verulamium und in Ditchley, die nach der Mitte des 1. Jh. n. Chr. ausgeführt wurden,

Erfahrung und Kapital, welche bis dahin nicht zur Verfügung gestanden hatten. Senecas Darlehen stellten hierfür zweifellos Mittel bereit; so handelten auch Händler vom Festland, die auf der Suche nach Wohlstand aus Gallien und Italien auswanderten, in den Städten Häuser bauten und sich dem Landbau zuwandten.

In den Städten wohnende Römer und aristokratische Britannier, die Gruppe der Curialen (Ratsherren) und die merkantile Schicht, waren wahrscheinlich Besitzer der größten Güter. Den Lebensunterhalt bezogen sie von ihrem Landbesitz, ließen ihn aber vermutlich von dem Villenverwalter, von Pächtern und Sklavenfamilien bewohnen, während vielleicht jüngere Söhne, missratene Familienmitglieder oder bedürftige Verwandte zum Schein die Rolle der Besitzer übernahmen. S. Frere vertritt die Hypothese, daß «obgleich einige Villenbesitzer Spekulanten aus anderen Provinzen oder deren Handlanger gewesen sein mögen, andere auch Garnisonscenturionen im Ruhestand, setzte sich doch der Großteil aus den reicheren Mitgliedern der einheimischen britannischen *civitates* zusammen». Allein die Einfachheit und die langsame Entwicklung der meisten frühen Villen machen dies deutlich[388].

Sicherlich wurden nicht alle britannischen Gehöfte romanisiert, selbst baulich nicht; konservativ und selbstzufrieden blieben viele den Lebensformen der Eisenzeit verhaftet. Der Wandel, der mit der römischen Okkupation einherging, trat weder plötzlich ein, noch griff er schnell um sich. Die meisten heute verfügbaren archäologischen Befunde lassen annehmen, daß der Änderungsprozeß und die Assimilation sich über eine lange Zeit erstreckten. Benachbarte Garnisonsstädte und prosperierende städtische Gemeinwesen vermittelten den besten Anreiz zu einer neuen Lebensweise. Oft waren Händler, Militär, aufgeklärte Gouverneure und gelegentlich auch königliche Besucher die besten Befürworter und Förderer von Romanisierungsbestrebungen. M. Trebellius Maximus, von 63 bis 69 n. Chr. Gouverneur in England, war ein würdiger Vorgänger des vorbildlichen Agricola (78–84 n. Chr.). Beide versuchten die häufig im Gefolge der römischen Besatzung auftretenden Auswüchse und Grausamkeiten einzudämmen, indem sie sich für gesittete Zustände und eine kulturelle Synthese einsetzten. Das Aussehen von Stadthäusern in Canterbury und Colchester (Camulodunum) in den ersten Phasen der Römerzeit und das der *villae rusticae* in Lockleys und Park Street, die Fachwerkhäuser auf Kiesel- und Mörtelfundamenten waren, unterscheidet sich deutlich von dem der Eisenzeithäuser der vorangegangenen Zeit.

Während des 2. Jh. n. Chr. entfaltete sich die Eleganz aufs prachtvollste, nachdem Stadtplätze und öffentliche Bäder, Basiliken und Tempel, gepflasterte Straßen, reichliche Wasserversorgung und hinreichende Abwässeranlagen sowie ein gewisses Maß an Sicherheit in den Garnisonsstädten und in den aufs neue belebten Civitas-Hauptstädten zur allgemeinen Norm geworden waren. Agricola, der Schwiegervater des römischen Historikers Tacitus, unternahm eine lebhafte Kampagne zur kulturellen Belebung und zur Umerziehung von eingefleischten Armeeoffizieren zu achtbaren Stadtleuten. Beim Eintritt in den Ruhestand werden wohl viele von ihnen ihre Ersparnisse in suburbanem Grundbesitz angelegt haben.

Das Stadtleben in Britannien unterschied sich in der Tat sehr wenig von dem in anderen westlichen Provinzen. Römische Koloniestädte übernahmen normalerweise das römische Schachbrettmuster. Abgesehen von Silchester (Calleva Atrebatum), St. Albans (Verulamium), Colchester (Camulodunum) und Wroxeter (Viroconium) und neuerdings auch von Bath (Aquae Sulis), ist das Fundmaterial unbestritten spärlich. Wir dürfen aber wahrscheinlich mit einigem Recht annehmen, daß an den Straßen der Städte Häuser *(domus)* und *tabernae* standen. Im 1. und 2. Jh. n. Chr. sind die Hausgrundrisse in Verulamium gewöhnlich rechteckig (15 × 20 m lang, 7–10 m breit) und rechtwinklig zur Straße angelegt; die frühesten Häuser in Silchester sind im Durchschnitt 25 × 12,5 m groß. Die Wohnhäuser von Verulamium haben häufig fünf oder sechs Räume, von denen einer oft mit einem gelben Mörtelboden ausgestattet ist, mitunter in *opus signinum,* während die übrigen Räume Lehmböden haben. Nach der Mitte des 2. Jh. n. Chr. und einer Brandkatastrophe (um 155 n. Chr.) wurden die Privathäuser in Verulamium größer und dauerhafter gebaut, teilweise wohl auch, um einer erneuten Feuersbrunst vorzubeugen. Kiesel und Mörtel erscheinen in den Fundamenten und in den unteren Wandteilen; Ziegeldächer, Wandmalereien, Mosaikbodenbeläge waren ein Zeichen für den aufkommenden Wohlstand. «Ein römisch-britannischer Stadthaustyp hatte sich herausgebildet. Jeder Bau scheint vom eigenen Grundstück umgeben gewesen zu sein, befand sich häufig an der Ecke einer *insula,* war L-förmig oder um einen Hof angeordnet und konnte zehn bis dreißig Räume umfassen, die ein Korridor miteinander verband»[389].

Die Häuser in Silchester waren noch aufwendiger, jedoch älter. Es kam vor, daß die Porticus-Veranda drei oder vier Seiten zierte. Das Fachwerkhaus ruhte auf Kieselfundamenten. Wahrscheinlich gehen wir mit der Vermutung nicht fehl, daß für Wohnhäuser in den Städten der Streifenhaustyp, den wir aus den *Vici* kennen, bevorzugt wurde, und daß es lange, schmale, rechteckige Gebäude waren, gemeinhin ungefähr 15 × 12,5 m groß, die an der Vorderseite ein Geschäftslokal und dahinter oder darüber Wohnräume hatten. Dieser Haustyp war eine Antwort auf die wachsende Bevölkerung in den Städten sowie auf hohe Preise für Baugrundstücke, besonders in den Geschäftsvierteln der Ortschaften, wie sich ja auch heute Gebäude den Erfordernissen von Verkehr und Wirtschaft anpassen.

Geschäftslokale *(tabernae)* bestanden seit frühester Zeit gewöhnlich aus einer Lehm und Fachwerkkonstruktion oder aus einfachen luftgetrockneten Ziegeln. Am besten sind sie von den *vici,* bei den Lagern und Kastellen in den Grenzzonen bekannt[390]. Ähnlich wie die Häuser mit Geschäften in Pompeji, Herculaneum und Ostia hatten viele der Stadthäuser an der Vorderseite Ladenlokale, vor denen Straßenhandel getrieben wurde.

Die Zahl der ausgegrabenen Römersiedlungen in Britannien ist noch gering: Silchester, Caerwent, Verulamium, Caistor-by-Norwich, Wroxeter und Bath. Die beiden letzteren sind nur teilweise freigelegt.

Silchester[391], das vollständig ausgegraben ist, war eine Stadt mit 2500 bis 4000 Einwohnern. Die alte Stadt aus dem 1. Jahrhundert n. Chr. wies ein Forum, eine Basilika, öffentliche Bäder, mehrere Tempel und nach römischem Vorbild gebaute Häuser auf. In dem frühen Gemeinwesen existierte noch keine eigentliche Stadtplanung. Sicherlich veranlaßte Hadrians kaiserlicher Besuch die Stadtväter zur Anlegung eines regelmäßigen Straßensystems, und dies hatte den Neubau oder Umbau früherer Gebäude zur Folge. Die antoninische Stadt erstreckte sich über eine Fläche von 40 ha. Die Stadtmauern haben bis zu einer Höhe von 4,5 m überdauert. Die um 350 n. Chr. wieder aufgebauten Bäder zeigen an, daß auch dann noch der Bedarf an städtischen Dienstleistungen nicht nachgelassen hatte.

Das um 50 n. Chr. gegründete römische Colchester (Camolodunum) war die früheste Stadtgründung auf den britischen Inseln[392]. Die römische Kolonie zählte 15 000 Personen und bedeckte eine Fläche von 72 ha. Das schachbrettartige Straßensystem hatte 40 *insulae.* Der Tempel für den Kaiserkult, der unter Claudius errichtet worden war, wurde nach der durch Boudiccas Plünderung von 61 n. Chr. wieder aufgebaut. Zweifellos blieb Colchester die kulturelle und religiöse Kapitale der Provinz während der ganzen römischen Okkupation. In London (Londinium)[393] finden sich relativ wenige Spuren aus römischer Zeit. Die Stadt genoß aufgrund ihrer Lage am strategischen Übergang über die Themse Schutz und Gunst der Römer. Zuerst vom Handelszentrum, dann vom prosperierenden Verkehrszentrum angezogen, verließen die Regierungsstellen allmählich Camulodunum und zogen nach London. Groß (45 000 Einwohner) und wohlhabend, verbesserte sich die Stellung Londons noch durch den Bau des Gouverneurspalastes, der bei der heutigen Cannon Street Station die Themse überragte. Kontinuierliche Besiedlung und Bautätigkeit haben es schwierig gemacht, vom römischen London zusammenhängende Reste zu finden, obwohl die Zerstörungen im 2. Weltkrieg größere Grabungen ermöglichten.

Bath (Aquae Sulis)[394], ein bedeutendes therapeutisches Zentrum und Mittelpunkt einer wichtigen Zinnindustrie und von Steinbrüchen, präsentierte sich als eine geschäftige Marktstadt, die ein Sammelpunkt für den Weizen aus der Ebene von Salisbury war. Dreißig Villen wurden im Umkreis von 16 km um Bath zusammen mit Resten einiger Häuser und einer Herberge in der Stadt selbst gefunden. Im späten 3. und im frühen 4. Jh. n. Chr. erlebte die Bautätigkeit innerhalb der Stadtmauern, auf oft vorher unbebauten Grundstücken, einen beträchtlichen Aufschwung, was vermuten läßt, daß Villenbesitzer hinter den Verteidigungsanlagen der Stadt Schutz suchten, während wohl ihre Verwalter auf den Gütern verblieben.

191 Der stattlichste der frühen Landsitze im römischen Britannien ist der prächtige flavi-
192 sche Palast in Fishbourne[395] bei Chichester in Sussex. Er wurde 1960 zufällig entdeckt. Anschließende Ausgrabungen, die Barry Cunliffe überaus sachgemäß leitete, ergaben Beweise für mehrere Bauphasen. Der älteste Holzbau diente wahrscheinlich in der Zeit der römischen Okkupation als Militärstützpunkt. Danach begann 75 n. Chr. eine Phase ziviler Nutzung mit einem luxuriösen Steinbau, der auf einer Lehm- und Steinplattform stand und eine Fläche von 80 a einnahm. Der Grundriß war beeindruckend. Er bestand aus einem großen Kolonnadenhof von ca. 70 m Antenlänge und zusätzlichen Höfen an der Nord- und Ostseite, die beide Gartenanlagen enthielten. Den Hauptraum im etwas höher gelegenen Westteil des Komplexes erreichte man vom Haupthof aus über eine Treppenflucht; offensichtlich diente er als Audienzsaal. Diese großartige Anlage war eindeutig zum Wohnsitz für eine oder mehrere sehr hochgestellte Persönlichkeiten bestimmt, am ehesten wohl für Cogidubnus, den einheimischen Klientelkönig und treuen Diener Roms, der in den senatorischen Rang eines *legatus Augusti* erhoben worden war. Die Dekoration im Herrenhaus ist ein Meisterwerk: marmorne Wandverkleidungen aus Carrara und Skyros; *opus sectile*-Böden und schwarz-weiße Bodenmosaiken. Am beachtenswertesten ist aber die wunderbar mit Wegen, Hecken, Brunnen und Wasserbecken gestaltete Gartenanlage, die an die Wandmalereien von Livias Sommer-*triclinium* in Prima Porta außerhalb von Rom erinnert[396].

Der Grundriß, der einer Porticus-Villa mit Eckrisaliten, ist uns vertraut; aber die Porticus, die alles zusammenschließende Grundform, beherrscht hier zwei weitere Höfe, an denen sich die Wohn- und Repräsentationsräume befanden. Der Ostflügel enthält die Eingangshalle und das Badehaus sowie die zwei größeren Peristylhöfe; der Westflügel hat in der Mitte einen Audienzsaal und beherrscht die ganze Anlage. Diese großartige Villa ist zum Schaustück für das römische Britannien geworden, das für die Kultiviert-

heit und den Luxus jener *ultimi Britanni* zeugt, die Roms Wohlgefallen gefunden hatten. Die Anlage atmete italischen Geist, aber ihre Gestalt mit dem Hof vor dem Saal und vor den wichtigsten Wohnräumen war der Provinzialarchitektur verhaftet; die Bautechniken und die Gestaltung der Gärten waren ein römischer Beitrag zu den Gepflogenheiten der Provinz. Nach mehrmaligen Erneuerungs- und Umbauten wurde die Villa schließlich durch Feuer zerstört. «Wir sind deshalb berechtigt, in der Villa ein Landhaus zu sehen, dessen Besitzer sich als Stadtbewohner fühlte, auch wenn er nicht ursprünglich von dort stammte. Wirtschaftliche Überlegungen oder Romantik im Sinne Virgils mochten die Pole sein, zwischen denen seine Beweggründe für die Ausübung der Landwirtschaft schwankten, aber durch die Ausstattung blieb sein Haus doch *urbs in rure*. In seinem Herzen blieb der Besitzer ein Bürger der Stadt»[397].
Die römische Villa von Lullingstone in Kent[398] ist ein glänzendes Beispiel für Rivets 194
obige Definition. Auf einer Uferanhöhe stehend, von wo man den Fluß Darenth über- 195
schaut, war das erste Haus ein eher einfacher Bau mit Kiesel- und Mörtelwänden, den 196
ohne Zweifel ein Anhänger von Agricolas Romanisierungsprogramm errichtet hatte. Um 180 n. Chr. wurde das Haus weitgehend erneuert und erhielt eine Badeanlage, eine flußseitige Loggia, Mosaikböden und farbigen Verputz. Der wahrscheinlich aus dem Mittelmeerraum stammende Besitzer bemühte sich, sein bescheidenes Sechszimmerhaus mit modernem Dekor aufzuwerten. Aber wie in Campanien, wo Villenbesitzungen abrupt die Hand wechselten, litt die Lullingstone-Villa unter den Konfiskationen nach dem Siege des Septimius Severus und der Besitzer mußte seinen Ruhesitz am Flußufer verlassen. Um 280 bis 290 n. Chr. wurde das Haus wahrscheinlich von einem reichen Landwirt wiederhergestellt, der sich in dieser Gegend gute Erträge von den weiten Feldern, Vieh- und Pferdeweiden und aus den ausgedehnten Wäldern versprach. Doch erst im 4. Jh. n. Chr. erreichte der Bau den eindeutigen Höhepunkt seiner Geschichte. Innen und außen erneuert, nahm die Villa das Aussehen eines stolzen Herrenhauses an. In der Mitte lagen Speisesäle und Empfangsräume, die beide mit polychromen Mosaikböden geschmückt waren und die von Fenstern an der Südwand Licht erhielten. Das Badegebäude lag an der Südseite des Herrenhauses und wurde um 280 n. Chr. erneuert. Der sogenannte «tiefe Raum», einst einem Wassergöttinnenkult geweiht, wurde zum verschlossenen Aufbewahrungsort für zwei Senatorenbüsten aus Marmor, welche ohne Zweifel dem ersten Bauherren gehört hatten und die nun imponierende Zeugnisse für das Schicksal des ursprünglichen Bauherren wurden. Einige Zeit später (um 350 n. Chr.) verwandelte der Besitzer die Säle über dem «tiefen Raum» in eine Hauskirche oder Kapellenanlage. Ein Raum mit einem Fries, der sechs betende Christen darstellt, diente als Sanktuarium; eine Vorkirche oder Narthex stand davor. Über die Besitzer und die Verwendungsart der Kapelle besteht Ungewißheit, doch könnte man vermuten, daß die Villa von ihren Besitzern als Sommersitz benutzt wurde. Der Verwalter und die Dienstleute müssen dort die Mitglieder der christlichen Gemeinde in der Kirche oder Hauskapelle aufgenommen haben, die somit ein praktischer Ersatz für die in allen größeren und kleineren Städten vorhandene Basilika war. Die Ausstattung der Villa von Lullingstone war luxuriös. Die zum Eßzimmer führende Empfangshalle hatte einen Mosaikboden, dessen Mittelbild Bellerophon auf dem Pegasos reitend, wie er zum Todesstoß gegen die Chimaera ausholt, zeigt; die Eckzwickel waren mit den Göttern der Jahreszeiten geschmückt, unter anderem mit einer mädchenhaften Frühlingsgöttin, auf deren Schulter eine Schwalbe sitzt. Dahinter lag das apsidiale Eßzimmer mit seinem roten Mosaikboden. Hier zog die Darstellung des Jupi-

194. Lullingstone (Kent). Villa mit Tempel-Mausoleum und Rundtempel. Rekonstruktionszeichnung.

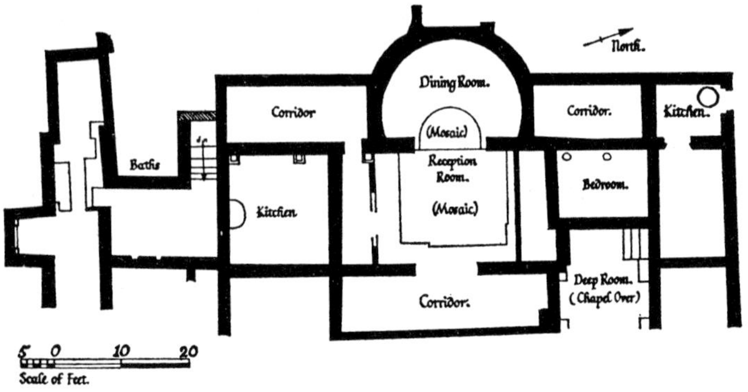

195. Lullingstone (Kent). Römische Villa (330–80 n. Chr.). Grundriß. Meates, fig. 3.

196. Lullingstone (Kent). Villa. Innenräume mit apsidialem Eßzimmer.

ter, der als Stier verkleidet Europa entführt, die Aufmerksamkeit der Speisenden auf sich, während ein Vers auf Virgils Aeneis anspielt. Die Haupträume erhielten Licht durch kleine Fenster in der Südwand. Die Bäder mit den üblichen Vorrichtungen und Hypokaustheizung waren mit dem Haus durch einen mosaikbelegten Gang verbun-

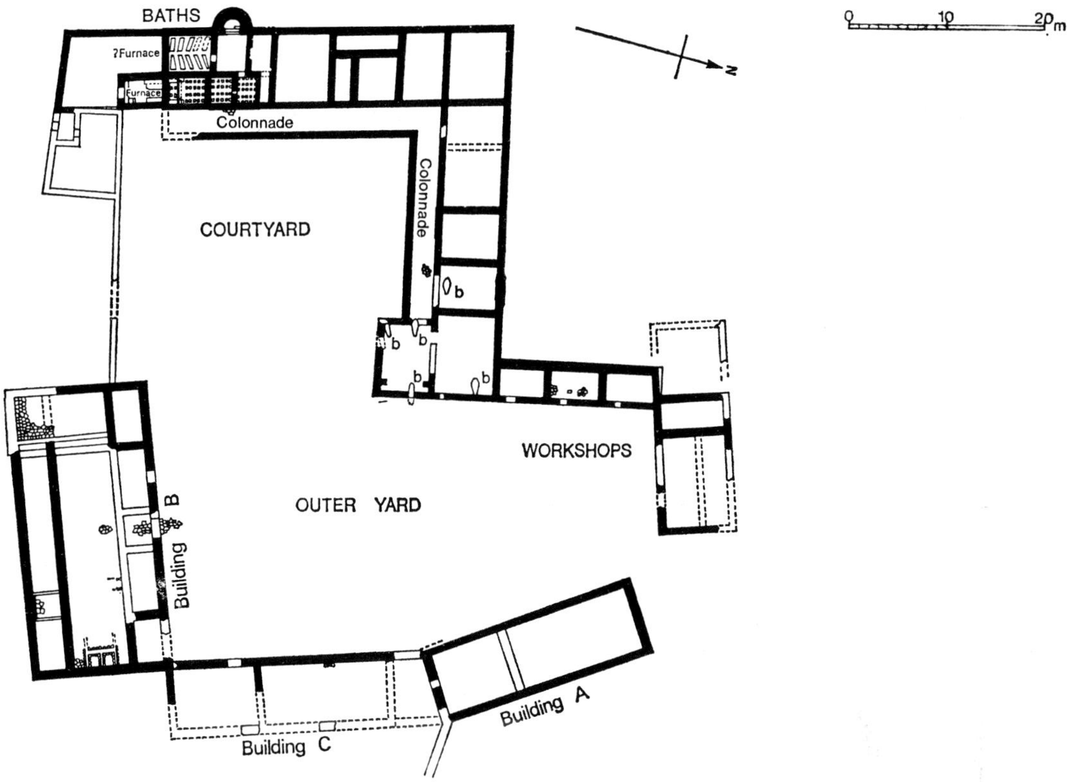

197. Llantwit-Major (Glamorgan). Villa mit Nebengebäuden. Plan nach Nash Williams, fig. 20.

den. In dem einstöckigen Haus gab es, außer einem kleinen Zimmer, in dem zwei Münzhorte gefunden wurden, keine eindeutig als Schlafzimmer bestimmbaren Räume; wahrscheinlich benutzten die Besitzer die Speiseliegen im *triclinium* als Schlafgelegenheit. Die Küche lag an der Nordwestecke der Villa. Hinter der Villa haben die Ausgrabungen auf einer zweiten, höheren Terrasse Spuren von zwei religiösen Bauten ergeben. Es handelt sich um einen kleinen, später niedergelegten Rundtempel aus dem 2. Jahrhundert n. Chr. sowie um ein größeres Mausoleum, das zur Aufnahme der Bleisärge von zwei jungen Leuten, eines Mannes und einer Frau, errichtet worden war. Die Särge befanden sich unterhalb der quadratischen Grabkammer. Der von Süden zugängliche Hauptraum besaß einen Wandelgang und ein Tuffsteingewölbe. Seit dem Beginn der Christianisierung ließ man das Mausoleum verfallen. Nach 380 n. Chr. wurden die Bäder zugeschüttet, die Scheune diente für kurze Zeit als Geräteschuppen und Stall und gegen 400 n. Chr. wurde die verfallene Villa, deren christliche Kapelle noch benutzt wurde, von Barbaren in Brand gesteckt.

Zwischen den Kastellen von Cardiff und Neath lag in Llantwit-Major in Glamor- 197
ganshire[399] ein weiteres Landhaus in weniger als 3 km Entfernung vom Bristol-Kanal, zu dem der Blick schweifen konnte. Die von 1938 bis 1948 ausgegrabenen Gebäude bedecken eine Fläche von ungefähr 75 m Seitenlänge. Die ursprünglichen Holzbauten (um 180 n. Chr.) lösten Steinbauten ab (um 300 n. Chr.). Sie umstanden in einer eher zufällig wirkenden Anordnung zwei Höfe, was ohne Zweifel eine Folge von periodischen Um- und Neubauten war. Das Herrenhaus hatte farbig verputzte Wände, einige Mosaikböden und eine in sich abgeschlossene Badeanlage an der Westseite des L-förmigen Grundrisses. Eine Scheune von basilikalem Typus enthielt Unterkünfte für die Knechte, Tiere und Werkstätten. Als die Familie, die das Haus bewohnt hatte, sich um 350 n. Chr. zurückzog, wohnten die Diener und die Knechte weiterhin in dem basilikalen Nebenhaus, während das Haupthaus langsamem Zerfall anheimfiel. In ihrer

im 4. Jh. n. Chr. neugestalteten Form existierten die Bäder lange, doch am Ende wurde aus ihnen eine Eisengießerei. Ungefähr gegen 400 n. Chr. wurde schließlich das ganze
193 Gut aufgegeben.

197 Die Villen vom sogenannten «Hallen-Basilica»-Typus, die in Llanwit-Major und Ditchley gefunden wurden, sind in Britannien häufig, besonders am Humber und in den Fens, anzutreffen[400]. Das früheste Beispiel für eine solche Villa vom «Basilica»-Typus wurde in Ening (Suffolk) entdeckt, wo der ursprüngliche Holzbau aus dem 2. Jh. n. Chr. später durch einen teilweise in Stein ausgeführten Neubau ersetzt wurde. Normalerweise unterteilten zwei Stützenreihen das Innere in ein Mittelschiff mit zwei Nebenschiffen. Obwohl die Bauten neben eigentlichen Wohnzwecken auch zur Bereitstellung von Räumen für das Personal, für Fahrzeuge, Nahrung, Zugtiere und landwirtschaftliches Gerät bestimmt waren, konnten sie auch sozialen Zwecken dienen. Grundherr und Pächter konnten in einem solchen Gebäude feiern und miteinander verkehren. Ihre nächste Entsprechung würden dann diese Bauten in den mittelalterlichen Hallen finden. Wir haben oben gesehen, daß der Bautypus auch in Gallien vorkommt (Villa von Hölstein).

Während der späten flavischen und in der antoninischen Zeit waren römisch-britannische Bauernhäuser meist vereinfachte Versionen von italischen Landsitzen, die in einigen wenigen Fällen mit zentraler Heizung, Mosaikböden und bemalten Wänden versehen waren. Nach dem 3. Jh. n. Chr., einer aufrührerischen, Veränderungen bringenden und wirtschaftlich angespannten Zeit, erholte sich die Wirtschaft, und in den *villae rusticae* Britanniens taten sich neue Lebensformen kund. Dieser auf der Insel nochmals auflebende Wohlstand, der innerhalb des Reiches außergewöhnlich ist, war eine direkte Folge größerer Stabilität in den Geschicken der Insel. Während Bauernaufstände im 3. und 4. Jh. n. Chr. Gallien zerrissen, was vielleicht für nervöse Grundbesitzer Anlaß war, ihr heimisches Kapital in Britannien anzulegen, und während Kaiser in plötzlicher drastischer Abfolge sich ablösten, überlebte Britanniens wirtschaftliche Eigenständigkeit die Krisenzeiten. Die Oberschicht in Britannien gab weder ihr Land auf, noch trat sie von der Verantwortung für ihre Pächter zurück, und als Frieden und Ordnung wiederhergestellt waren, konnte das Land seinen Wohlstand ungehindert und umfassend entfalten. Obgleich sich barbarische Marodeure und Plünderer gefährlich den Grenzen und Seehäfen näherten, machte sich das römische Britannien in einem plötzlichen Ausbruch von Extravaganz zu einem umfänglichen Programm von Neubauten oder Reparaturarbeiten, Verschönerungen und Vergrößerungen auf. Kapital war überreichlich vorhanden, und so fiel der letzte Triumphschrei des römischen Britannien kräftig und lang anhaltend aus.

Die letzte Wiederbelebungsphase brachte eine erneute Betonung der angenehmen und schönen Seiten des Lebens: Hypokausten waren nicht mehr auf einen einzigen Raum beschränkt; geometrische oder figürliche Mosaikböden sowie Badeanlagen waren in dieser letzten Blütezeit unerläßlich, als römisch-britannische Villen einen Umfang und Komfort erreichten, die dem der Landhäuser aus dem viel späteren Zeitalter Georgs I. vergleichbar sind. Unverändert blieb die Anordnung der Gebäudegruppen, die dicht gedrängt einen oder mehrere Höfe umstanden; die wirtschaftliche Seite des Landgutes verlor indessen nie ihre Bedeutung; die Vorstellung vom angenehmen Landleben verdrängte nie die des wirtschaftlichen, gewinnbringenden Landgutes. So hat beispielsweise Bignor in Sussex[401] natürliche Grenzen, die annähernd 800 ha Ackerland, durchsetzt mit Waldstreifen, baumlosem Hügelland und sumpfigem Schwemmland für

198. St Albans (Verulamium). Mauerfragment mit Darstellungen von Fasanen und Panthermasken vom Blue House Hill.

Viehweiden, einfassen. Eine einzige Scheune auf diesem Gut vermochte genügend Futter für 50 Stück Großvieh aufzunehmen, das in den Nebenschiffen untergebracht werden konnte. Woodchester[402] (Gloucestershire) ist ein herrschaftliches Landgut aus dem 4. Jh. n. Chr., das auf erhöhtem Grund gelegen, ein geräumiges Herrenhaus und landwirtschaftliche Bauten aufweist, welche vom Haupthaus getrennt an einem unteren Hof stehen. Die Lage nahe bei weitem, baumlosen Hügelland läßt vermuten, daß der Eigentümer Schafzüchter war. Das Haus hat ein im Hauptgebäude zentral gelegenes Eßzimmer und beheizbare Flügel, die in der Art der Villa von Fishbourne symmetrisch um einen weiten Gartenhof angeordnet sind; am äußeren, durch ein dreifaches Tor zugänglichen Hof befinden sich zwei zusammengebaute Gebäude vom Scheune-Wohnhaus-Typ. Im *triclinium* lag ein kreisrundes Fußbodenmosaik von 7,50 m Durchmesser. Der Grundbesitzer war entweder in großem Stil Schafzüchter, oder ein Finanzgewaltiger aus dem nahegelegenen Cirencester (Corinium Dubonnorum), der sich die Woodchester Villa als luxuriösen Ruhesitz hielt oder sie als «Hobby» betrieb. Das Leben entlang der beiden Verteidigungslinien im Norden der Insel, in den Garnisonsstandorten und Kastellen liegt infolge der Luftbildphotographie und der Bodenfunde wie ein offenes Buch vor uns[403]. Entlang des Hadrianwalles waren die Gehöfte flächenmäßig mindestens doppelt so groß wie ihr schützendes Kastell. Die Niederlassungen, die sich hier wie auch in Germanien am obergermanisch-raetischen *Limes* um die Kastelle scharten, sind meist unsystematische, zufällige Siedlungen entlang der Zufahrtsstraßen zu den Kastellen. Oft sind die Gebäude reine Holzbauten mit langen niederen *tabernae*, Trinklokalen und Werkstätten, die die Legionäre und ihre Angehörigen versorgten. Wir kennen diesen Haustypus ja bereits von den *vici*. Die Trajansäule in Rom zeigt typische Niederlassungen außerhalb der Mauern von Kastellen des Donaugebietes. In Chesters (Cilurnum), einer anderen, zur Hauptsache von Ladenbesitzern bewohnten Stadt, befindet sich vor dem Südtor ein solcher *vicus*, eine dörfliche Siedlung.

Herrenhäuser wie die Villa von Lullingstone überlebten bis gegen Ende des 4. Jh. 194
n. Chr.[404]. Um diese Zeit entfiel mit dem Rückzug der römischen Armee und mit dem 195
Zusammenbruch der Zentralregierung die Instandhaltung der Straßen, Aquädukte, 196
Abwässerkanäle usw. und bald darauf wurden sie auch nicht mehr benutzt. Die Sachsen trafen auf eine auseinanderbrechende Gesellschaft, in der die Porticus-Villen und die

«Basilica»-Villen schnell verschwanden. Der Wegzug der Besitzer sowie Feuer und Schwert richteten unendlichen Schaden an. Man könnte argumentieren, daß vielleicht die Sachsen, deren Sozialordnung ja auf der großen Halle basierte, einige der Hallenhäuser bewohnten; aber da diese inzwischen hoffnungslos abgelegen und auch ihrer wirtschaftlichen und sozialen Funktion beraubt waren, blieben wohl keine übrig, deren Benutzung sich gelohnt hätte.

Die englische Archäologie hat nicht nur Standorte und Grundrisse von zahllosen Stadthäusern und Villen gesichert, sondern auch den materiellen Hintergrund, d.h. die Art und Weise, in der zur Zeit der Römer nicht allein in England, vielmehr überall in Westeuropa ein Wohnhaus unterhalten wurde[405]. Das Leben in der Inselprovinz scheint sich nicht wesentlich von der gallischen oder selbst von der italischen Lebensweise unterschieden zu haben, nur war es weniger ostentativ. Überall wurden annähernd gleiche Baumaterialien benutzt. Britannische Baumeister, die schon immer meisterhaft mit Lehm und Holz umzugehen wußten, waren mit Unterstützung und Rat der Legionsarchitekten leicht fähig, zweistöckige Stadt- und Landsitze zu errichten[406]. Aus Flußkieseln bestehende Sockelmauern hatten den Zweck, das Holzgerüst 60–90 cm über den Boden zu erheben und verminderten die Gefahr von Holzfäule. Die Wände waren oft 60 cm dick, die Ecksteine waren Backsteine, mitunter sogar sorgsam bearbeitete Hausteine: gelegentlich weisen die Mauern auf römische Art gemauerte Ziegelschichten auf. Für Türschwellen wurde normalerweise Holz oder Mörtel verwendet, aber eine dauerhaftere Version bestand aus Platten oder Ziegeln. Eingangstüren waren bis zu 2,70 oder 3 m breit; Innentüren, obgleich hier die Beweislage spärlich ist, waren zwischen 90 und 180 cm breit. Die Türen waren meist massive, mit Ziernägeln und Bronzeschmuck beschlagene Eichenholzkonstruktionen; sie drehten sich in Türangeln oder manchmal in Lederscharnieren und waren mit Querbalken oder Schlössern gesichert. Die Fenster endeten oben eckig oder rund und saßen gewöhnlich ein gutes Stück über dem Straßenniveau. Die oft grünlichen und halb transparenten Scheiben waren in Holzrahmen eingelassen und meist 20 × 30 cm groß[407]. Die Dächer waren entweder mit Stroh gedeckt oder aber auch mit Schindeln, mit einer Grasnarbe oder mit Ziegeln. Die 2,5 cm dicken Dachziegel waren gewöhnlich rechteckig, 30 × 40 cm groß und hatten an den Seiten Leisten; halbrunde Hohlziegel überdeckten die Nahtstelle zwischen den Ziegelreihen; die Giebelenden zierten oft Ornamente oder ein Akroter aus Stein oder Ton.

Aufgrund der Decken, die in Italien überdauert haben, ist anzunehmen, daß diese auch hier gewöhnlich verputzt und mitunter tonnengewölbt waren. Wo Bauholz reichlich vorhanden war, werden Hausbesitzer Balken- oder Bohlendecken bevorzugt haben. Römisch-britannische Wände waren verputzt und hatten seit den frühesten Zeiten Bemalung, die oft aus einer in den grellsten Primärfarben gehaltenen Zusammenstellung von gestreiften und gesprenkelten Marmormustern bestand. Die Innenwände scheinen indes auch oft von den Mustern und Moden der Innendekoration in Pompeji, Stabiae, Rom und andernorts abzuhängen. Mehrere ungewöhnliche Wandmalereien sind in Verulamium in den Ruinen eines Stadthauses aus dem 2. Jh. n. Chr. entdeckt worden[408]: es sind Teile einer rotgrundigen Wand mit bemalten Feldern, auf denen zwei Kandelaber, delikates Laubwerk oder eine Art Spiralendekoration sowie in der Mitte eine blaue Taube auf einem Zweig zu sehen sind; ein Deckenbild aus demselben Korridor zeigt ein aus Weizenähren zusammengesetztes Gitterwerk vor violettem Grund. Aus einem anderen Gang stammt ein großes Stück Verputz (3,60 m lang und

1,50m hoch) mit einem wunderschönen, figürlich durchsetzten Spiralmuster. Auf einen gelben Grund malte der Künstler eine aus grünen und schwarzen Akanthusblättern und Ranken bestehende Spirale, in die abwechselnd hell aufleuchtende Fasanen und Panther eingefügt sind; scharlachrote Akanthusknospen, die hier im Profil erscheinen, treten auch sonst in Verulamium auf, ferner in Cirencester und Dorchester. Die Wandmalereien in Verulamium sind wahrscheinlich das Werk ortsansässiger, aus dem Mittelmeerraum eingewanderter Innendekorateure, die mit einheimischen Künstlern zusammenarbeiteten. Bevor der Eigentümer eines Hauses erste Wandmalereien oder eine Innendekoration anbrachte, wird er wohl Musterbücher eingesehen haben, wie man heute Mustersammlungen von Tapeten durchsieht, um die zusagenden Bildthemen oder Motive auszusuchen. So bestehen in der Tat relativ nahe Parallelen zwischen den Wandmalereien von Verulamium und solchen in Pompeji, beispielsweise solchen im «Haus des tragischen Dichters» und im «Haus mit dem zweiten Mosaikbrunnen».

Die aus dem 2. Jh. n. Chr. stammende Lullingstone-Villa hatte crèmefarbene Wände mit roten, blauen und gelben Tupfern. Im Kellerraum sind in einer Wandnische Spuren der Darstellung von drei Wassernymphen erhalten geblieben, ferner weiße Wände mit einer aus Rechtecken und Rauten bestehenden Sockelzone, Bildfeldern und bräunlichen Dattelpalmen mit scharlachroten Früchten. Aber mehr noch sind die sechs Christen an den Wänden der Hauskapelle ein eigentlicher Blickfang: alle sind in halber Lebensgröße dargestellt, tragen leuchtende Gewänder und sind mit Perlenketten behangen. Das rote Chi-Rho-Monogramm auf weißem Grund erscheint zweimal in einem farbenfreudigen Kranz; zwei Vögel, die schwankend auf Bänderzipfeln balancieren, lauern auf die scharlachroten, vom Kranz herabfallenden Früchte[409]. Die Villa in Llantwit-Major durchlief zwei Dekorationsphasen. In der ersten gab man den polychromen Inkrustationstechniken des 1. pompejanischen Stils den Vorzug, in der zweiten hingegen karminroten und dunkelbauen Tüpfelungen auf hellblauem Grund. Obwohl zweifellos Stuckarbeiten die Wandmalerien in den reicheren britannischen Häusern ergänzten, ist die Zahl der gefundenen Beweisstücke bescheiden. Keines kann sich mit dem erlesenen Material im Trierer Landesmuseum messen. Ein zwischen 1955 und 1960 in Gorhambury ausgegrabenes römisches Haus hat jedoch ein bemaltes Gesims und Stuckprofile von einem Figurenfries ergeben. Es handelt sich um Schmuckelemente eines tonnengewölbten Raumes[410].

Die Fußböden in den früheren Stadthäusern, wie auch regelmäßig in den Landhäusern, bestanden aus Lehm oder Kreide oder auch aus festgestampftem Kies; *opus signinum*-Platten und *tesserae* erscheinen in den Stadthäusern des 2. Jh. n. Chr. sowie in den besseren Landhäusern; Holzböden, die eine ständige Feuergefahr darstellten und für Fäulnis anfällig waren, blieben auf Erdgeschoßräume beschränkt und treten oft in den *tabernae* auf. Geometrisch und figürlich gestaltete, schwarzweiße und polychrome Mosaikböden sind in großer Zahl aufgetaucht. Die prächtigsten und bestbekanntesten sind die Bodenbeläge in Lullingstone, Low Ham und Hinton St-Mary[411].

Die Lullingstone-Mosaike wetteifern mit der prachtvollen Bildabfolge von Dido und Aeneas, die aus dem *frigidarium* der Badeanlage von Low Ham stammt (heute im Schloß-Museum von Taunton). In Hinton St Mary befindet sich im Zentrum eines großen Bodenmosaiks eine Christusbüste, hinter deren Kopf das Chi-Rho-Monogramm eingelassen ist. Ferner zeigt das Mosaik einen Lebensbaum, Jagdszenen, Rosetten und Granatäpfel sowie Bellerophon im Kampf mit der Chimaera, ohne Zweifel eine Allegorie christlichen Triumphes über das Böse und den Tod. Bodenmosaike aus einer Kapelle (?) in Frampton (Dorset), die wahrscheinlich das Werk der Mosaizisten von Hinton St. Mary sind, zeigen Neptun mit dem Chi-Rho-Monogramm. Die schönsten Mosaiken, seien sie nun christlichen oder heidnischen Inhalts, stammen aus den Besitzungen, Hauskapellen und Badeanlagen reicher Großgrundbesitzer. Dies erlaubt mindestens zwei Schlußfolgerungen; die eine, daß das Christentum im römischen Britannien in erster Linie unter den wohlhabenden Landbesitzern verbreitet war, und die andere, daß die Themen und Kompositionsschemen, die oft nahe Parallelen zu gallischen und nordafrikanischen Beispielen aufweisen, Musterbüchern entnommen wurden, welche die Künstler, vielleicht sogar die Buchmaler, überall im Reich anregten.

Die größeren Villen im römischen Britannien und generell in Europa enthielten zumindest zehn oder zwölf Räume, deren Beheizung ein immerwährendes Problem darstellte. War hinreichend Geld vorhanden, nahm der Hauseigentümer Zuflucht zu einer Hypokaust-Heizung oder einer Kanalheizung in mindestens einem Raum außerhalb der Badeanlage. Sonst nahm man Kohlebecken zu Hilfe, in denen Holzkohle verbrannt wurde, oder man hatte offene Feuerstellen aus Tonplatten. Wandkamine gab es selten. Boons knappe Beschreibung des in Silchester üblichen Hypokaustensystems ist hilfreich: «unter dem Fußboden wird ein Hohlraum angelegt und an ein *praefurnium* angeschlossen, das sich auf Fundamenthöhe in einer Außenmauer befindet. Die hier erzeugte Hitze und Gase zirkulierten unter dem Boden, erwärmten ihn und stiegen durch kleine, in die Wände eingelassene Heizungsröhren auf. Diese bestanden aus kastenförmigen, an den Wänden verklammerten Tonröhren und waren mit einem elastischen Verputz bedeckt. Es ist unsicher, wie die Heizungsröhren oben endeten, aber es scheint wahrscheinlich, daß sie rechtwinklig durch die Wände nach außen geführt wurden, um unter dem breiten Überhang der Dächer ins Freie zu treten»[412]. Das Heizmaterial für das *praefurnium* wird wohl relativ reichlich vorhanden gewesen sein: Eiche, Weide, Haselstrauch, Erle, jegliche Art brennbarer Abfälle. In den Gehöften ohne Hypokaustenheizung wird die Familie die Küche als Wohnraum benutzt haben. Manchmal ruhten beheizte Räume direkt auf massivem Mauerwerk, das kreuzweise geführte Heizungskanäle durchzogen. Das auf der Saalburg durchgeführte Experiment zur Beurteilung der Wirksamkeit des Systems zeigte auf, daß ein Raum (4,5 × 5 m) auf Fußbodenpfeilern mit einem 20 cm starken Boden *(suspensura)* und mit Wandröhren *(tubuli)* bei einer konstanten Temperatur von 20° gehalten werden konnte, nachdem anderthalb Tage lang zweimal täglich mit Holzkohle angeheizt worden war[413]. Stadtleute ohne Innenheizung in ihren Häusern konnten die öffentlichen Bäder aufsuchen.

Untertags kam das Licht durch hochgelegene Fenster (eine Notwendigkeit in den Porticus-Villen), von Türen und von großen Fenstern, die auf Innenhöfe und Peristylgärten hinausgingen. Ansonsten konnte man die Dunkelheit durch einzelne oder mehrfach aufgestellte Öllampen und Kerzen mindern, wenn auch nicht ganz aufheben. In den Civitashauptstädten und anderen Ortschaften war Wasser an den Stadtbrunnen erhältlich, während es auf dem Land von Brunnen oder Abzweigungen der Aquädukte kam. Nach Lincoln (Lindum) wurde das Wasser aus einer über 1,6 km entfernten Quelle transportiert. Es wurde durch eine zur Vermeidung von Brüchen einzementierte Wasserleitung gepumpt, die in einem Reservoir an der Stadtmauer endete[414]. Verulamium und Caerwent verwendeten ausgehölte Baumstämme als Verteilerröhren, die durch eiserne Ringmanschetten verbunden waren. Durch Ton-, Blei-, ja selbst Holzröhren konnte das Wasser in die Häuser geleitet werden. Obgleich in den Häusern der Unterschicht und in bescheideneren Bauernhöfen keine Sanitärinstallationen vorhanden waren, benutzte man gewiß in den Häusern der Mittelklasse und in den wohlhabenderen Höfen überflüssiges Wasser für die Wasserspülung; ohne Zweifel war es Stadtbewohnern erlaubt, täglich zu festgelegten Stunden ihre Schleusen zu öffnen. In Wrocester (Viroconium Cornoviorum) verlief neben der Hauptstraße ein Kanal für überschüssiges Wasser, mit dem die Abwasserkanäle der umliegenden Häuser gespült werden konnten. Jede größere Straße in Lincoln (Lindum) hatte aus Stein gebaute Abwasserkanäle, welche den Abfluß aus den Privathäusern und Geschäften aufnahmen. Haushaltsabfälle und Müll wurden verbrannt oder in Gruben im eigenen Stadtviertel oder in solche auf dem eigenen Grundstück geschüttet.

Die Innenausstattung, Stuckarbeiten, bemalter Verputz und Mosaikböden mochten wohl dem Leben in Britannien und generell in den europäischen Provinzen einen Hauch von Feinheit und Eleganz verleihen, aber die eigentliche Inneneinrichtung der durchschnittlichen *domus* oder *villa rustica* war vermutlich bescheiden und überdies ziemlich unbequem[415]. Hölzerne Stühle, Schemel und Bänke, Korbmöbel und Kissen waren die Grundausstattung; hölzerne Liegen mit gedrechselten, 30 cm hohen Beinen dienten als Polsterbank, *triclinium*-Liege und Tagesbett; *cubiculum*-Betten waren mit Kopf- und Fußenden ausgestattet, gewöhnlich gepolstert und mit Leder überzogen; durch Matratzen, Kissen und Decken einigermaßen bequem gemacht, waren sie in einem rauhen Klima gewiß dem Fußboden vorzuziehen. Webereien, buntleuchtende Decken, Felle, sowie wollene Teppiche und Wandbehänge verbreiteten in den Innenräumen Farbigkeit und Wärme. Die oft wildleuchtenden Farben an den Innenwänden entsprangen wohl dem Wunsch nach einer wärmeren Gestaltung des Hausinnern. Importierte Terrasigillata, einheimische Keramik, gallisches und rheinisches Zinn und Silber schmückten und belebten Buffets und Eßtische[416].

Die dalmatische Küste war seit spätrepublikanischer Zeit eine von italischen Händlern und Einwanderern bevorzugte Gegend[417]. Salona, Iader und Narona waren praktisch italische Städte in einem Italien ähnlichen und ertragreichen Landstrich. Obwohl Rom hier vor allem an Bergbau und an der Rekrutierung von Hilfstruppen interessiert war, wurden die militärischen Niederlassungen entlang des Save- und des Drautales der Kern vieler, in späterer Zeit bedeutender Städte: Emona (Laibach/Ljubljana), Siscia (Sisak) und Sirmium (Srimska Mitrovica), das später eine der Tetrarchenkapitalen in Diokletians neugeordnetem Reich wurde, waren alle ursprünglich römische Militärkolonien.

Leider sind bis vor einigen Jahren die Überreste römischer Hausarchitektur in den Donauprovinzen und auf dem Balkan stark vernachlässigt worden. Die Legionslager von Aquincum (bei Budapest) und das 40 km von Wien entfernte Carnuntum bilden bemerkenswerte Ausnahmen. Das gleiche gilt für die Villen von Pannonien, die Edith B. Thomas in vortrefflicher Weise beschrieben und dokumentiert hat[418]. Allgemein trifft zu, daß Hausgrundrisse in Noricum, Pannonien und Mösien an der unteren Donau stark von italischen Vorbildern und von dem defensiven Charakter der *castrum*-Architektur, die zu einem Merkmal dieser unruhigen Gebiete wurde, geprägt sind. Aufgrund vergleichbarer klimatischer und topographischer Bedingungen wirkt der italische Grundriß weder unverhofft noch unvernünftig. Der Zustrom von italischen Händlern und Legionären hat den Entwicklungsverlauf entscheidend bestimmt.

Dacien (Rumänien), die gefeierte von Trajan jenseits der Donau gemachte Eroberung (101–106 n. Chr.), hat seine romanische Sprache erhalten, hat aber wenig Architektur vorzuweisen, die für dieses Buch von Bedeutung wäre. Jedoch gibt das Wiederaufleben der rumänischen Archäologie für die Zukunft Hoffnung auf erneute Tätigkeit und eine wissenschaftliche Dokumentation[419].

Die pannonischen Villen sind weitgehend auf die Seengebiete des Platten- und Neusiedlersees, im Leitha-Tal und in den Gegenden konzentriert, die von der Donau sowie den Flüssen Drau und Save begrenzt werden[420]. Die Villen am Neusiedlersee, meist Ruhesitze von Veteranen aus den Kriegen des ausgehenden 2. Jh. n. Chr. gegen die Markomannen, sind stark von den Grundrissen der italischen Peristylvilla und der Porticusvilla beeinflußt. Andernorts kennzeichnen die Häuser von reichen Aristokraten, ritterlichen Großgrundbesitzern und Großkaufleuten Einflüsse von Roms asiatischen Provinzen, wo zweifellos oft die Quelle für einen Großteil ihres Reichtums und manchmal auch ihre Heimat lagen. Bedeutende Beispiele für pannonische Villen aus dem 1. und 2. Jh. n. Chr. sind in Baláca, Tac-Fövenypuszta und Eisenstadt-Göbelsäcken zu sehen. Ungarische Archäologen haben auch beeindruckende Herrenhäuser entlang des *Limes* ausgegraben, die aus Sicherheitsgründen in der Nachbarschaft der *castella* angesiedelt waren, so besonders in Brigetio und Aquincum. Interessanterweise waren sie alle im Besitz von Syrern, die in den kaiserlichen Legionen dienten. In städtischer Umgebung treten auch Atriumhäuser, so in Eisenstadt und in Gyulafirátót-Pogánytelek auf.

Wie auch sonst in Westeuropa schwankten die einheimischen Bauern und Großgrundbesitzer zwischen Annahme und völliger Ablehnung römischer Hausformen und Baumethoden. Zwischen 150 und 200 n. Chr. drang jedoch die Porticusvilla, die höchstwahrscheinlich aus dem Rheinland importiert worden war, weit nach Pannonien und Noricum vor. Abwechslungsreich wie immer, wo sie auftrat, ähnelten ihre Erscheinungsformen den von Westeuropa und Nordafrika bekannten Typen. Die Unsicherheit, welche vom 3. Jh. n. Chr. ein unausweichlicher Bestandteil des Provinzlebens war, veranlaßte isoliert lebende Grundbesitzer, oft waren es Pachtbauern, bei den Besitzern großer Güter Hilfe zu suchen. Der befestigte Landsitz in Sümeg nahe dem Plattensee ist ein von einer Mauer umgebener Bau mit vier kleineren Türmen. Er ist einem großen Hof mit landwirtschaftlichen Bauten und Wohnhäusern zugewandt, von denen einige sogar mit Hypokaustenheizung ausgestattet sind. Das an der Nord-, Ost- und Südseite zweistöckige Haupthaus ist typisch für die Prachtvillen, die es auch an anderen Orten in der ausgehenden Kaiserzeit gab. Eine andere Villa in Hosszúhetény, nahe dem heutigen Pécs, stellt eine ähnliche Antwort auf die Invasionsgefahr in der Tetrarchenzeit dar. Dieses glanzvolle Herrenhaus mit apsidialem Grundriß und starken Hausmauern steht in einem weiten offenen Hof, welchen man durch ein mit Türmchen besetztes Portal betritt. Wie anderswo hoffte hier die lokale Bauernschaft, in Gefahrenzeiten Sicherheit und Schutz zu finden. Von den über hundert Villen in Ungarn ist keine beeindruckender als die von Parndorf zwischen der Donau und dem Neusiedlersee[421]. Obschon ihre wilde Farbgebung im Innern und außen zu einem beklemmenden Erlebnis wird, ist die Villa mit den 12 ha, über die sich das Gut ausdehnte, schon allein durch die Größe des Hauses, 34 Räume, die alle beheizt waren, und aufgrund ihrer langen, über 200jährigen Geschichte ein denkwürdiger Ort. Das 16 km weiter nördlich gelegene Carnuntum war die Marktstadt, in der die Erträge des Gutes von Parndorf umgesetzt wurden. Die römische Villa in Katsch in der oberen Steiermark (Noricum) ist eine Porticusvilla

mit dem kanonischen Hof, landwirtschaftlichen Gebäuden und Schuppen; nach 160 n. Chr. wurde sie durch die Markomannen zerstört[422].
Die in Aquincum (Ungarn)[423] und in Carnuntum (Österreich)[424] ansässige Zivilbevölkerung lebte in wetterbeständigen, fast durchgehend einstöckigen Stein- und Holzhäusern. Der Porticus-Typ mit einer ausgedehnten Holzveranda war die von der Mittelklasse und der städtischen Oberschicht bevorzugte Hausform. Wohngewohnheiten ebenso wie wahrscheinlich die Lebensweise waren unbestreitbar römisch: «Fensterglas, farbiger Wandverputz und Stuckdekor, ein gelegentliches Bodenmosaik sowie regelmäßig ein Raum mit Zentralheizung»[425]. Der dem frühen 2. Jh. n. Chr. angehörende Gouverneurspalast in Aquincum hatte aus derselben Zeit stammende Rundtürme, welche in die Mauern der Hauptfassade eingebaut waren. An der Nordseite des eindrucksvollen Hofes standen Unterkünfte und Baderäume, an der Südseite Lagerräume und Werkstätten und in der Mitte ein kleiner Tempel für den Kaiserkult. Das Herrenhaus vom Porticus-Typus nahm die Ostseite des Hofes ein und enthielt Repräsentationsräume, einen zentral gelegenen Audienzsaal sowie symmetrisch angeordnete Raumfolgen mit Zentralheizung und Sanitäranlagen. Diese Legatenresidenz in Aquincum ähnelt jener in Dura-Europos und der von Sirmium. Sie läßt auch bereits den Diokletianspalast in Split vorausahnen.
Die Provinz Illyricum birgt wichtige Reste städtischer und ländlicher Hausarchitektur, die bedeutendsten sind natürlich die Villa Diokletians in Split, aber auch in Doclea nahe der albanischen Grenze gibt es ein beeindruckendes Stadthaus gegenüber dem Forum und eine Basilika des 2. Jh. n. Chr. Das rechteckige Herrenhaus (30 × 23 m) ist um einen zentralen Hof gruppiert; es enthält 20 Räume, eine Badeanlage mit Hypokaust-Installationen und ein *laconicum* (Raum mit Trockenhitze) sowie mehrere Sakralbauten. Das Haus ist überzeugend den Flavii zugewiesen worden, einer reichen Familie, die auch für den Bau des dortigen Forums verantwortlich war.
Die Stadtresidenzen bei Salona prägte das koloniale Schachbrettmuster, welches in christlichen Zeiten weitgehend verwischt wurde. Aus den Umrissen ergibt sich, daß die reicheren Bürger in rechteckigen Atriumhäusern mit zeitgemäßem Komfort lebten: Badeanlagen, Mosaikböden, Wandverputz, Zentralheizung und mitunter aus dem städtischen Reservoir gespeisten Hauswasserleitungen. Weitere Stadthäuser, die vom 1. bis in das 4. Jh. n. Chr. reichen, sind in Zadar (Iader), Asseria und Domavia ausgegraben worden. Schöne *villae rusticae* hat man in Dretwlj, Tastovčići (das sogen. papianische Gut) und Strupnić gefunden. Aus Ljušina bei Bosanska Krupa ist ein großes Herrenhaus mit ungefähr 20 Räumen, worunter einem apsidialen Saal, welche alle an drei Seiten eines offenen Hofes angeordnet sind, bekannt.
Diokletians kaiserliche Villa war eine geometrische Anlage, solide und schematisch wie sein neugeordnetes Reich. Seine durchgreifende Reichsreform mit der Unterteilung in Ost und West und sein auf vier Herrschern, zwei Augusti und vier Caesares, beruhendes System stellte eine bürokratische Lösung für die zunehmenden Probleme dar, die aus militärischen Befehlsbereichen, der kaiserlichen Thronfolge und aus der Inflation erwachsen waren. Die durch die Neuordnung erforderlich gewordenen Edikte und Maßnahmen können im Rahmen dieser Arbeit nicht dargelegt werden, aber ihre Auswirkungen lasteten im 4. und 5. Jh. n. Chr. schwer auf dem Provinzleben. In der Tetrarchenzeit blieb Landbesitz weiterhin den Begüterten vorbehalten. Die Senatorenschicht und die neureichen Träger des Regierungsapparates besaßen umfängliche Landgüter; lokale Finanzgewaltige, die Dekurionenschicht, bezogen noch immer ihren

Reichtum und Einfluß aus ihrem Grundbesitz. Allmählich erwarb ferner die Kirche große Güter. Aber eine Welle der Besteuerung und kaiserlicher Eingriffe brachte die Schicht der Kleinbauern zusammen mit ihren privaten Pachthöfen zum Verschwinden. Überall im Reich, naheliegenderweise in Nordafrika, in den gallischen und germanischen Provinzen und selbst in Italien blieben große Güter weiterhin die Existenzgrundlage für freie Pächter, *coloni* und Knechte, die jedoch infolge von Diokletians Zensus praktisch Leibeigene geworden waren, die außer unter besonderen Umständen unfähig waren, Grund und Boden zu verlassen.

Diokletians Reform brachte die Entstehung von vier neuen westlichen Hauptstädten mit sich: Trier (Augusta Treverorum), Mailand (Mediolanum), Ravenna und Sirmium; die östliche Hauptstadt wurde zunächst in Nicodemia (Izmit) errichtet, später in Byzantium, das Konstantin d. Gr. nach seinem Namen in Constantinopolis unbenannte. Die beiden Augusti Diokletian und Maximian dankten im Jahr 305 n. Chr.
199 ab. Obschon beide in Illyrien geboren waren, zog sich Maximian nach Sizilien zurück,
200 während es Diokletian vorzog, in seiner Palast-Festung in Split aus der Geschichte zu entschwinden[426].

Der in seiner modernen Einbettung beachtlich gut erhaltene Palast verbindet Eigenschaften einer Porticus-Villa mit jenen der Befehlshaberunterkunft und des Zentralgebäudes in einer militärischen Niederlassung[427]. Die Baumaterialien betonen die beträchtlichen Ausmaße und den Verteidigungscharakter des Palastes: Kalksteinmauerwerk, Gussmörtelkuppeln und Marmorsäulen. Am Grundriß des ummauerten Bezirkes ist sein Abweichen von starrer Regelmäßigkeit deutlich wahrnehmbar. Die dem Meer zugewandte Südseite mißt 183 m, die Nordseite 175 m und die Ost- und Westseite je 219 m. Quadratische und oktogonale Türme unterstrichen den Festungscharakter des Baukomplexes. Die Tore an der West- und an der Ostseite sowie im

199 (links). Plan des Diokletianspalastes mit den Ergänzungen von Niemann, rektifiziert von Kähler und R. Fellmann.

200 (rechts). Plan des Diokletianspalastes; Bestandesaufnahme der tatsächlich festgestellten Baureste. Schwarz: Aufgehende Bauteile; grau: Fundamente. Nach Marasović, McNally, Wilkes (1972).

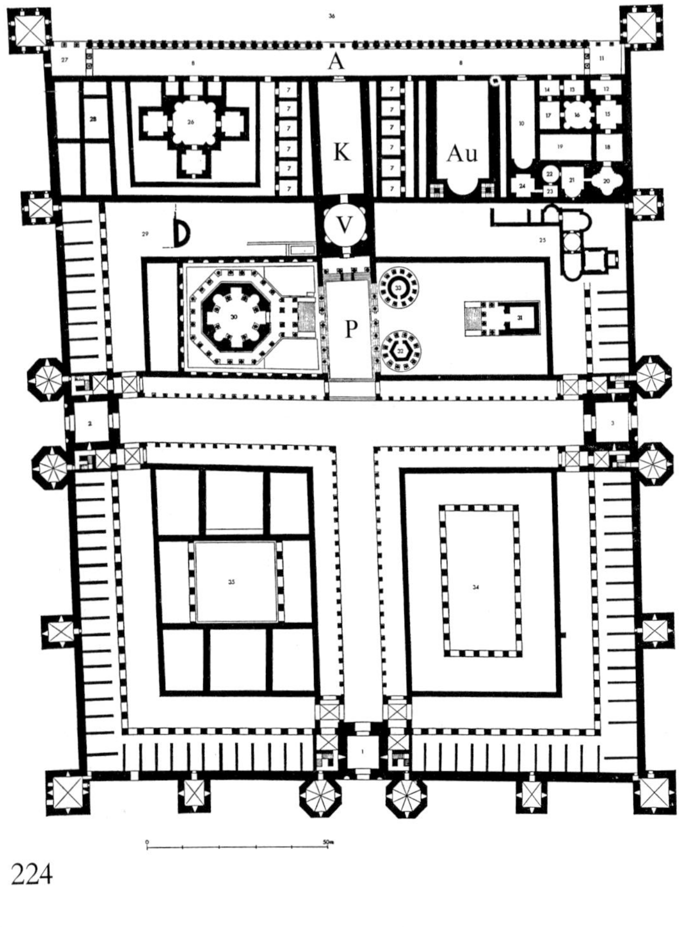

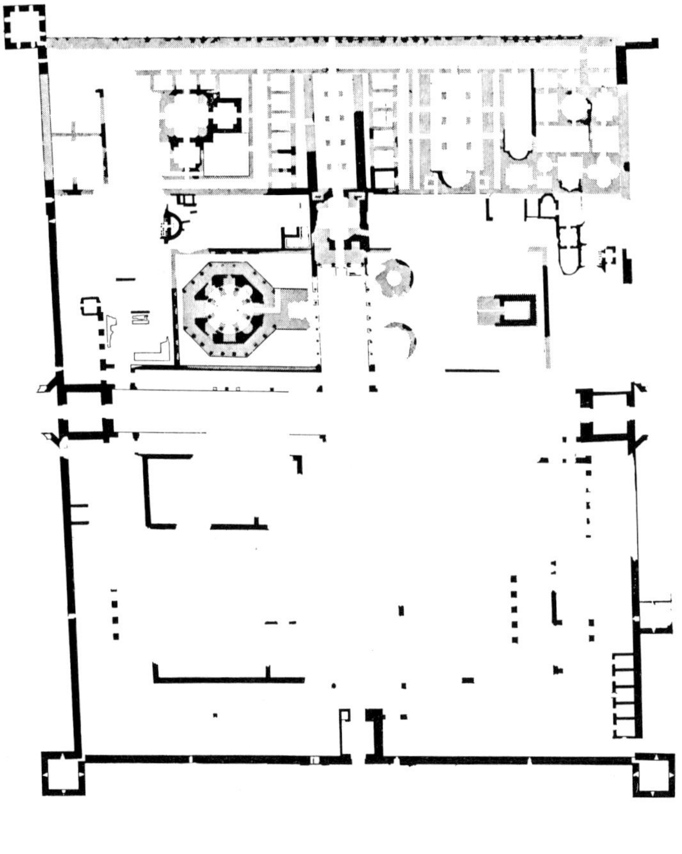

201. Split (Jugoslawien). Rekonstruktionsmodell des Diokletianspalastes nach Hébrard.

Norden (Porta Aurea) ließen die Besucher in axiale, in der Mitte sich treffende Kolonnadenstraßen ein. Der Wohnbereich des Kaisers befand sich an der Südseite, um aus dem herrlichen Ausblick auf das Meer vollen Nutzen zu ziehen. Der südliche Komplex enthielt ein kaiserliches, mit antiken ägyptischen Sphingen ausgestattetes Mausoleum und an der gegenüberliegenden (westlichen) Seite einen Jupitertempel (jetzt ein Baptisterium) sowie zwei Rotunden, deren Zweckbestimmung noch nicht gesichert ist. Einem Säulengitter gleich, bekrönte entlang der Seefassade eine Galerie, die aus rhythmischen Arkaden bestand, im Westen eine basilikale Audienzhalle und im Osten einen überkuppelten Speisesaal. Privatgemächer und eine Badeanlage lagen hinter den größeren Räumlichkeiten und vervollständigten die Palastanlage.

Diese Verschmelzung von Villa und *castrum* stellt einen Einzelfall dar. Die Unterkunft des Befehlshabers, ursprünglich ein Zelt im Zentrum des Lagers, war allmählich zu einem angemesseneren und wohnlicheren Stein- oder Holzbau geworden, der seitlich des nun die Lagermitte einnehmenden Stabsgebäudes *(Principia)* lag. Für die Annehmlichkeiten, die einem Legaten (und hier dem Kaiser) zustanden, war reichlich Vorsorge getroffen: Hypokaustenheizung, Mosaike und Wandmalereien, Speise- und Empfangssäle sowie Sklavenunterkünfte.

Vergleichbare, wenn auch weniger großartige Formen treten im Palast des severischen Dux Ripae in Dura-Europos in Erscheinung, ferner im Praetorium des Gouverneurs 147
in Köln (Colonia Claudia Ara Agrippinensium), in Pfalzel bei Trier sowie im vorkon- 171

stantinischen Palast in Trier, in Volubilis in der Mauretania Tingitana, im Legionslager von Vetera (Xanten) am Rhein, in Aquincum und in Carnuntum, sowie in Philippopolis (Shahba) im südlichen Syrien (Haurân).

Der Gouverneurspalast in Philippopolis, wo Kaiser Philippus Arabs (244–249 n. Chr.) geboren wurde, ist oft als Parallelfall, selbst als Vorbild für die Diokletians-Villa in Split angeführt worden. Doch als viel wahrscheinlicheres Vorbild und Modell bietet sich Diokletians Palast in Antiochia an, ein prachtvoller Bau, der sich auf einer Insel gegenüber der asiatischen Metropole entfaltete[428]. Architekturhistoriker haben festgestellt, daß in dem dalmatinischen Palast westliche und östliche Elemente, sowie solche der Zivil- und der Militärarchitektur miteinander verschmolzen sind. Mit der glänzenden, zeremonielle Aspekte betonenden Gesamtanlage zeigten die Architekten eine Vorliebe für hellenistische Formen gegenüber italischen; ihre unmittelbaren Vorbilder gehören der antoninischen und der severischen Zeit an. Die vorspringenden Türme finden sich in früheren ebenso wie in gleichzeitigen Villenanlagen; das oktagonale Mausoleum mit seinem runden Innenraum, die Bögen der Galerie an der seeseitigen Fassade, die an die Porta Nigra in Trier erinnern, und die apsidiale Audienzhalle sind alle der westlichen Architektur bekannte Elemente. Aber die Detailformen der Tore und Säulen sind erwiesenermaßen syrisch, denn sie sind vom Dionysostempel in Baalbek (Libanon) übernommen. Der Diokletians-Palast verbindet auf zugleich dramatische und harmonische Weise Bestandteile aus zwei Welten. 315 n. Chr. starb hier Diokletian, abgeklärt und zufrieden, wie wenige seiner Vorgänger oder Nachfolger.

Anmerkungen

Abkürzungen

ABSA	*Annual of the British School at Athens*
AJA	*American Journal of Archaeology*
AJP	*American Journal of Philology*
AM	*Mitteilungen des Deutschen archäologischen Instituts, Athenäische Abteilung*
BCH	*Bulletin de correspondance hellénique*
BdA	*Bolletino d'Arte*
Bull. Comm.	*Bulletino della Commissione archaeologica communale a Roma*
CAH	*Cambridge Ancient History* (Cambridge 1923–39)
Camp. Rom.	*Campania Romana: Studi e materiali editi a cura della sezione Campana degli Studi Romani,* vol. I (Rom 1938)
CQ	*Classical Quarterly*
HSCP	*Harvard Studies in Classical Philology*
ILN	*Illustrated London News*
Itinerari	*Itinerari dei Musei e Monumenti d'Italia* (Libreria dello Stato, Rom)
JDAI	*Jahrbuch des Deutschen archäologischen Instituts*
JHS	*Journal of Hellenic Studies*
JRS	*Journal of Roman Studies*
MAAR	*Memoirs of the American Academy at Rome*
Mel. Rom.	*Mélanges d'archéologie et d'histoire de l'École Française de Rome*
Mon. Ant.	*Monumenti Antichi*
NH	Plinius, *Naturalis Historia*
NS	*Notizie degli scavi di antichità*
NS	New Series
PBA	*Proceedings of the British Academy*
PBSR	*Papers of the British School at Rome*
RAAN	*Rendiconti della Accademia di archeologia, lettere e belle arti di Napoli*
RE	A. Pauly, *et al., eds, Real-Encyclopädie der classischen Altertumswissenschaft*
Rend. Linc.	*Rendiconti dell'Accademia dei Lincei*
Rend. Pont.	*Rendiconti della Pontificia Academia romana di archeologia*
RIL	*Rendiconti dell'Istituto Lombardo. Classe di Lettere, Scienze morali e storiche*
RM	*Mitteilungen des Deutschen archäologischen Instituts, Römische Abteilung*
Rostovtzeff, *SEHRE*[2]	M. Rostovtzeff, *A Social and Economic History of the Roman Empire* (2. Ausg., Oxford 1957)
St. Etr.	*Studi Etrusci*
UFAS	*Ur- und frühgeschichtliche Archäologie der Schweiz, Bde. I – VI, Basel.*

1 Bertha Carr Rider, *Ancient Greek Houses* (Cambridge 1916); Nachdruck, Chicago 1964.

2 Vgl. D. M. Robinson, u. a., *Excavations at Olynthus* (Baltimore 1929–46), speziell Bd. VIII, *The Hellenic House* (von D. M. Robinson und J. W. Graham), Bde. X (Innenbauten und Ausrüstung der Häuser von Olynth) und XII; J. W. Graham, «The Greek House and the Roman House», *Phoenix* XX (1966), 3–24; Rodney Young, «An Industrial District of Ancient Athens», *Hesperia* XX (1951), 135–288; H. A. Thompson, *Hesperia* XXVIII (1959), 98–103; für neuere Arbeit über Häuser auf Delos und frühere Bibliographie vgl. R. E. Wycherley, *How the Greeks Built Cities* (London 1962), Kap. VII, 185 ff.

3 Vgl. Dorothy B. Thompson, *Archaeology* XIII (1960), 234–40; dies., *The Athenian Shopping Center: The Athenian Agora* (Princeton 1971), Abb. 20 und Text; *AJA* LXXIII (1969), 341 ff.

4 A. Kriesis, «Tradition in Evolution: the Persistence of the Classical Greek House» *Architectural Review* (Juni 1949), 267 ff.

5 Das prächtig ausgestellte römische Material im Trierer Landesmuseum und die geschickte Rekonstruktion des Römerhauses in Augst (Augusta Raurica) sind beispielhafte Unternehmungen, geeignete Vorbilder für vergleichbare Möglichkeiten in Nordafrika, wo Landhäuser (Villae) mit intakten Mosaikböden zahlreich vorhanden

sind und in Frankfreich, wo römische Herrschaftshäuser in Bezug auf die Aufmerksamkeit der Touristen und Fachleute mit irgendeinem Loire-Schloß konkurrieren könnten. Das neueröffnete Museum, das neben dem Kölner Dom gebaut worden ist, beinhaltet das Dionysos-Mosaik aus dem 3. Jh. n. Chr. und das drei Stockwerke hohe Grabmal des Poblicius. Das J. Paul Getty Museum in Malibu, Kalifornien, ist nach dem Plan der «Villa dei Papyri» in Herculaneum gebaut.

6 Über römische Architekten in Italien vgl. W. L. MacDonald, *The Architecture of the Roman Empire. I: An Introductory Study* (New Haven, Conn., 1965), *passim;* für Architektur in den Provinzen vgl. Ramsey MacMullen, «Roman Imperial Building in the Provinces», *HSCP* 64 (1959), 207 ff.

7 C.C. Van Essen, «L'Architecture dans l'Énéide de Virgile», *Mnemosyne* 7 (1939), 225–36.

8 Vergil, *Aeneis* VI, 853 (Anchises zu Aeneas).

9 Über die Ursprünge vgl. u. a. J. B. Ward-Perkins, «The Problem of Etruscan Origins», *HSCP,* 1959, 1–26; G. Säflund, *Historia,* 1957, 10–22 (die Villanova-Leute werden mit etruskischen Einwandereren gleichgestellt); H. Henken, *Tarquinia and Etruscan Origins* (London 1968); H. H. Scullard, *The Etruscan Cities and Rome* (London 1967); M. Pallottino, *Etruscologia* (Mailand 1968) und *Le Origine degli Etruschi* (Rom 1947).

10 Herodot I, 94.

11 Dionysios von Halicarnass I, 20 f.

12 E. H. Richardson, *The Etruscans* (Chicago 1964), 1–9.

13 Vitruv IV, 7; vgl. L. Polacco, *Tuscanicae dispositiones. Problemi di architettura dell'Italia protoromana* (Padua 1952).

14 Über in den Felsen gehauene Grabkammern im allgemeinen vgl. M. Demus-Quatember, *Etruskische Grabarchitektur* (Baden-Baden 1958).

15 Für Caere, vgl. B. Pace u. a., «Caere: Scavi di Raniero Mengarelli», *Mon. Ant., passim.* Für Begräbnis-Pavillons, vgl. R. Ross Holoway, *AJA,* 1965, 341–7, und Richardson, a. a. O. (Anm. 12), 116, 198. Für die alte Überlieferung vgl. Strabo V, 2, 5; Vitruv II, 10, 2; Dionysios von Halicarnass I, 37, 4.

16 E. Gjerstad, *The Swedish Cyprus Expedition* IV, 2 (Stockholm 1948), 232 ff.

17 Vgl. J. B. Ward-Perkins, «Veii: The historical Topography of the Ancient City» *PBSR,* 1961; *NS,* 1922, 379–85, Abb. 3; A. de Agostino, *Veio: I Ruderi, Le Terrecotte,* (Führer des Ministero per la Publ. Educ.)

18 F. E. Brown, «New Soundings in the Regia; the Evidence for the Early Republic», *Entretiens sur l'antiquité classique,* 1967, 45–60 (rechteckige Hütten mit abgerundeten Ecken).

19 Vgl. G. Becatti und F. Magi, *Tarquinii* III–IV: *Le pitture degli Augure e del Pulcinella* (Rom 1955), *passim.*

20 Varro, *De Lingua Latina* V, 161. Das Wort *aethre* (= *atrium*?) erscheint auf der Mumienbinde von Zagreb in einem unbekannten Zusammenhang.

21 Vitruv VI, 3, 1: «Tuskanisch *(cavaedium)* sind diejenigen Höfe, bei denen die in der Breite des Atriums gelegten Balken Zwischenbalken und schräge, von den Ecken der Wände an die Ecken der Unterbalken laufende Kehlrinnen halten und ferner durch (schräg nach unten gelegte) Sparren der Abfluß des Regenwassers nach dem Compluvium in der Mitte erfolgt». Vitruv (VI, 3, 1) und Varro (*De Lingua Latina* 5, 161) schreiben die Haupthalle und den Empfangsbereich des Stadthauses den Etruskern zu. Was Vermutungen über den Ursprung des Atriums in höher gestellten etruskischen Häusern betrifft, vgl. A. Boëthius und J. B. Ward-Perkins, *Etruscan and Roman Architecture* (London 1970), 152; A. Maiuri, *NS,* 1930, 381 ff., 1942, 404 ff, 1944–45, 130 ff., für orientalischen Einfluß vgl. E. Gjerstad, a. a. O. (Anm. 16), 232 ff.; L. Crema, *L'Architettura romana* (Turin 1959), 105 ff.

22 G. Patroni, *Rend. Linc.,* 1902, 467–507.

23 *Phoenix,* 1966, 7.

24 E. Brizio, «Relazione degli scavi eseguiti a Marzabotto presso Bologna», *Mon. Ant.,* 1891, Sp. 249–442. G. Mansuelli, «La casa Etrusca di Marzabotto», *RM,* 1963, 44–62; ders., *ILN,* 13. Okt. 1962, 557; G. A. Mansuelli und R. Scarani, *L'Emilia prima dei Romani* (Mailand 1961).

25 Die Lebenszeit der Koloniestadt war begrenzt. Gegründet zu einer Zeit, als die Etrusker ihre Macht nordwärts nach der Aemilia ausdehnten, wurde sie wenig mehr als ein Jahrhundert später von den eindringenden Galliern zerstört und nie wieder aufgebaut.

26 Servius, *zu Vergil, Aeneis* I, 730, gibt an, daß im Atrium gekocht wurde und daß es seinen Namen (schwarzer Raum) von den Rauchflecken erhalten habe: *ibi etiam culina erat, unde et atrium dictum est; atrum enim erat fumo.*

27 Vgl. *NS,* 1922, 382, Abb. 3, und F. E. Brown, «Cosa I: History and Topography», *MAAR,* 1961, 7–113.

28 A. von Gerkan und F. Messerschmidt, «Das Grab der Volumnier bei Perugia», *NS,* 1931, 475–505; Boëthius und Ward-Perkins, a. a. O. (Anm. 21), 67 ff., Abb. 38 (Querschnitt und Plan).

29 A. Boëthius und J. B. Ward-Perkins, a. a. O. (Anm. 21), 63 ff.

30 Demus-Quatember, a. a. O. (Anm. 14), *passim;* G. Rosi, «Sepulchral Architecture as Illustrated by the Rock Façades of Central Italy», *JRS,* 1925, 1–59; ebenso M. Bizarri, *La Necropoli di Crocefisso del Tufo in Orvieto,* I, II (Florenz 1962–66).

31 Vgl. N. Alfieri Und P. E. Arias, *Spina* (Florenz 1958); N. Alfieri, «The Etruscans of the Po and the Discovery of Spina», *Italy's Life,* 1957, 91–104.

32 Livius X, 4; vgl. C. Laviosa, *St. Etr.,* 1960, 310–37 und 1961, 31–45.

33 Über etruskische Möbel im allgemeinen vgl. G. M. A. Richter, *The Furniture of the Greeks, Etruscans and Romans* (London 1966), 85–96, Abb. 427–75.

34 Richter, a. a. O., Abb. 427–429.

35 Vgl. S. de Marinis, *La Tipologia del banchetto nell'arte etrusca arcaica* (Rom 1961).

36 Vgl. M. Grant, *Cities of Vesuvius* (London 1971), 26 ff.

37 Plinius, *Briefe* VI, 16 und 20 (Auszüge).

38 Vitruv VI, 3.

39 Plinius, *NH* XXXVI, 6–7; Vgl. das «Haus mit der hölzernen Trennwand» in Herculaneum (III, 11–12); A. Maiuri, *Ercolano,* 207 ff.; ders., *Herculaneum*[5] (Rom 1959), 31 f.; Crema, a. a. O., 115 ff.

40 G. Patroni, *Rend. Accad. Linc.,* 1936, 1937; P. Grimal, *Les Jardins romains* (Paris 1953), Kap. 7.

41 Vgl. E. T. Salmon, *Samnium and the Samnites* (Cambridge 1967). – Das oskische Wort für Haus, *triibom* (vgl. lateinisch *trabem* = Balken) könnte vermuten lassen, daß samnitische und italische Häuser aus einer hölzernen Konstruktion bestanden, passend zu einer bäuerlichen Gesellschaft. Für eine archäologische Bestätigung vgl. F. von Duhn, *Italische Gräberkunde* I (Heidelberg 1924–39), 541 ff.; für den oskischen Ausdruck vgl. E. Vetter, *Glotta* 29, 1924, 215.

42 Cicero, *Paradoxa* V, 2, 38.

43 Pompejanischen Gebäuden werden drei Nummern zugeordnet: die erste, römische Ziffer bezieht sich auf die Region, die zweite (kleiner gesetzte) auf den Hausblock und die arabische Ziffer bezieht sich auf die Hausnummer innerhalb des Blocks; Gebäude in Herculaneum tragen für den Hausblock und für das Haus zwei Nummern. Gebäude in Ostia folgen dem pompejanischen Muster und die Nummern beziehen sich auf die Regionalkarte in G. Calza, G. Becatti *u. a., Scavi di Ostia,* Bd. I (Rom 1953).

44 Für das «Haus des Chirurgen» vgl. A. Mau, *Pompeji in Leben und Kunst*[2] (Leipzig 1908), 290–93; A. Maiuri, *Pompeii*[14] (Rom 1970), 38; A. Maiuri, *NS,* 1930, 391 ff.; L. Crema, a. a. O., 105, 108; E. Gjerstad, *Gnomon,* 1954, 135 ff.; Salmon, a. a. O., 140, Anm. 1, 2.

45 Vitruv VI, 3. Vgl. auch A. Maiuri, *NS,* 1930, 381 ff.; 1942, 404 ff.; 1944–45, 130 ff.

46 Vitruv VI, 5, 1.

47 Mau, a. a. O., 294–299; A. Maiuri, *Pompeii*[14] (Rom 1970), 98 f. Für neuere Ausgrabungen im «Haus des Sallust» vgl. A. Laidlaw und J. Packer, *AJA,* 1971, 206 f.

48 Vgl. F. Noack und K. Lehmann-Hartleben, *Baugeschichtliche Untersuchungen am Stadtrand von Pompeji* (Berlin und Leipzig 1936); L. Crema, a. a. O., 112, Abb. 101.

49 Cato, *De Agricultura* XXXVIII, 3, «Kalk und eine Mischung aus Stein und Ziegel als Gußmörtel verbunden.»

50 Vgl. G. Lugli, *La Tecnica edilizia romana* (Rom 1957), *passim.*

51 Vitruv II, 8, 1. *Opus incertum* bedeutet *opus caementicium* mit einer Verkleidung aus asymmetrischen Blöcken. Eine Art von Gußmörtelmauerwerk, die seit dem 2. Jh. v. Chr. im Gebrauch war.

52 Vitruv II, 7.

53 A. Mau, a. a. O., 315–324 (mit Plan); A. Maiuri, a. a. O., 51 f.; Vitruv VI, 3, 1 (tetrastyles Atrium).

54 Vitruv VI, 7, 3; L. Richardson Jr., «Pompeii: The Casa dei Dioscuri and Its Painters», *MAAR,* 1955, 63–5, 110, behauptet, daß das «Haus der Dioskuren» das einzige cyzicenische Atrium in Pompeji enthalte. Vgl. L. Crema, a. a. O., 116, Abb. 109.

55 A. Mau, a. a. O., 370; A. Maiuri, a. a. O. 37; A. Maiuri, *NS,* 1944–45, 142 f.; W. F. Jashemski, «The Flower Industry at Pompeii», *Archaeology,* 1963, 112–21; speziell 114, Taf. 5.

56 A. Mau, a. a. O., 300–311; A. Maiuri, a. a. O., 42 ff.; A. W. van Buren, *AJA,* 1963, 401 ff.

57 A. Maiuri und R. Pane, *La Casa di Loreio Tiburtino e la Villa di Diomede in Pompei* (Rom 1947).

58 Über den Peristyl-Anbau vgl. A. Boëthius und J. B. Ward-Perkins, a. a. O. (Anm. 21), 74, 155 f.

59 Cicero, *Ad Quintum fratrem* III, 1, 2 und 5; P. Grimal, a. a. O. (Anm. 40), *passim;* und W. F. Jashemski, a. a. O. (Anm. 55).

60 L. Richardson, a. a. O. (Anm. 54).

61 Andere pompejanische Beispiele für diese Einrichtung wurden im Atrium des «Hauses des Epidius Rufus» (IX, i, 20), im Atelier eines Appreteurs und Färbers (IV, viii, 21) und im *atriolum* des Bades im «Haus des Menander» (VI, vii, 21) entdeckt.

62 Schlüssel überdauerten im Peristyl und im *atriolum* des «Hauses der Vettier» (VI, xv, 1–2) und im Peristyl und in der Latrine des «Hauses der silbernen Hochzeit» (V, ii).

63 Vitruv VI, 3, 10.

64 A. Mau, a. a. O., 325–328; A. Maiuri, a. a. O. (Anm. 47), 56; L. Richardson, a. a. O., 7–18, (korinthische Atrien).

65 A. Maiuri, *Herculaneum*[5] (Rom 1959), 40 ff.

66 A. Maiuri, *Ercolano (Nuovi Scavi)* (Rom 1959), 280–302; a. a. O. (Anm. 65) 26 ff. Siehe auch A. Maiuri, *Studies in honor of D. M. Robinson I, 423–9 (Oecus Aegyptius).*

67 A. Maiuri, a. a. O. (Anm. 47), 77. Zwölf Wandgemälde, die während den Ausgrabungen von 1755–57 aus dem Haus entfernt worden waren, sind jetzt im Museo Nazionale, Neapel.

68 A. Maiuri, *La Casa del Menandro e il suo tesoro di argenteria,* 2 Bde. (Rom 1933); K. D. White, *Roman Farming* (London 1970), 435 ff.

69 A. Maiuri, a. a. O. (Anm. 65), 42 ff.

70 A. Mau, a. a. O., 329–337; A. Maiuri, a. a. O. (Anm. 47), 34 ff.

71 A. Mau, a. a. O., 338–359; A. Maiuri, a. a. O., 44–48

72 A. Maiuri, a. a. O., 49 ff.

73 A. Maiuri, a. a. O. (Anm. 65), 63 ff.; für die korinthische Banketthalle siehe Vitruv VI, 3, 8–10.

74 A. Maiuri, a. a. O. (Anm. 66), 302–22; a. a. O. (Anm. 65), 59 ff.

75 Petronius beherbergt seinen millionenreichen Freigelassenen Trimalchio in einem vergrößerten und verschönerten augusteischen Haus, das vier Speisezimmer, 20 Schlafzimmer, zwei Marmorportiken, drei Bibliotheken und im oberen Stockwerk zwei Herrschaftssuiten und einen Flügel für Gäste enthielt. Die «Hohe Pforte» führte in eine große Porticus oder Peristyl; das Atrium lag abseits in einer abgesperrten Zone. Die Porticus läßt Petronius mit einer Serie großformatiger, allegorischer Wandgemälde verziert sein, die Trimalchios Werdegang und Lebenslauf schildern. Zu dieser Diskussion vgl. G. Bagnani, *AJP* 1954, 16–39; P. W. Harsh, «The Origins of the Insula at Ostia», *MAAR,* 1935,

49–50 und A. Maiuri, *La Cena di Trimalchione* (Neapel 1945), 243–245.

76 Seneca, *Brief* XC, 25 (über den Gebrauch von Fensterglas).

77 Diodorus V, 40. Siehe auch Vitruv VI, 3, 7; VI, 5, 2–3; V, 9, 5 (Säulengänge und Fußwege); P. Grimal, a.a.O. (Anm. 40), *passim;* L. Crema, a.a.O. (Anm. 21), 113f.

78 V.J. Bruno, «A Town House at Cosa», *Archaeology*, 1970, 232–41.

79 Vergil, *Aeneis* VIII, 306–369.

80 Vergil, *Aeneis* VIII, 347ff. (Capitol); VIII, 455ff.

81 Vergil. *Aeneis* VIII, 652–654.

82 P.L. MacKendrick, *The Mute Stones Speak* (London 1962), 62–74, und Abb. Die Hütte von Romulus mißt 3,6m auf 4,9m.

83 Vergil. *Aeneis* VIII, 654; Vitruv II, 15.

84 F.E. Brown, «The Regia», *MAAR*, 1935; id., *Entretiens sur l'antiquité classique,* 1967, 45–60.

85 A. Boëthius, *The Golden House of Nero* (Michigan 1960), 10ff.

86 Plutarch, *Poplicola* X, 2–4; DH V, 19, 1–1; Cicero, *De Haruspicum Responsis,* XVI; Livius II, 7.

87 Plutarch, *Poplicola,* 20.

88 Livius XLIV, 16, 10. Für späteres Überleben vgl. Sueton, *Nero,* XXXVIII.

89 G. Lugli, *La tecnica edilizia romana con particolare riguardo a Roma e Lazio,* 2 Bände (Rom 1957; A. Boëthius, «Vitruvius and the Roman Architecture of His Age», *Svenska institutet i Rome Skrifter,* 1939, 114–43.

90 B. Tamm. *Auditorium and Palatium. A Study of Assembly-rooms in Roman Palaces during the First Century B.C. and the First Century A.D.* (Stockholm 1963), spez. 34ff.

91 Plinius, *NH* XXXVI, 4–8.

92 Plinius, *NH* XXXVI, 48–50.

93 Plinius, *NH* XXXVI, 109–110.

94 Cornelius Nepos, *Atticus* XIII, 1–2, 5; Plutarch. *Lucullus,* XXXIX.

95 G.E. Rizzo, *Le Pitture della «Casa dei Grifi» con note topografiche di A. Bartoli* (Rom 1936); A. Boëthius und J.B. Ward-Perkins, a.a.O. (Anm. 21), 157, Abb. 82 (Terassenhaus des Generals Championnet, Pompeji); A.W. van Buren, *Rend. Pont.* 3, 1940, 57–61.

96 Noack und Lehmann-Hartleben, a.a.O. (Anm. 48).

97 G.M. Hanfmann, *Roman Art* (Greenwich, Conn. 1964), 224, Taf. V. – Die Gemälde befinden sich im Antiquario del Palatino; der Mosaikboden ist *in situ.*

98 Domus Augusti (Liviae): E. Nash, *Pictorial Dictionary of Ancient Rom* I (London 1961), 310–15 und Bibliographie; B. Tamm, a.a.O., 44ff.; G.M. Hanfmann, a.a.O., 229, Taf. VII (Farbe, Rankendekor) und Bibliographie. Über neue Gemäde in einem überwölbten *cubiculum* im Oberstock, vgl. P. Romanelli und G. Carettoni, «Nuove Pitture del Palatino», *BdA*, 1955, 208ff.

99 Vitruv VI, 3, 8; die Räume könnten auch Suetons *conclavia sine marmore ullo* sein, die für Treffen und Bankette bestimmt waren.

100 Sueton, *Augustus* LXXII, 1.

101 Sueton, *Augustus* XLV; Cassius Dio LVII, 11. Für die augusteische *domus* vgl. O.E. Richmond, «The Augustan Palatium», *JRS* IV (1914), 193–226, der vermutet, daß das terassierte Haus unter dem monumentalen Zugang zum Tempel einst für kurze Zeit im Besitz von Marcus Antonius war, dann 31 v. Chr. Agrippa und Messalla geschenkt wurde und im Jahre 29 v.Chr. abbrannte. Größe, Badeanlage und die Aussicht über den Circus Maximus würden zum Lebensstil des Marcus Antonius passen. Vgl. dazu neuerdings G. Carettoni, «I Problemi della zona Augustea del Palatino alle luce dei recenti scavi», *Rend. Pont.* XXXIX (1966–67), 55–75; *Illustrated London News* 6790 (20. Sept. 1969), 6792 (4. Okt. 1969); N. Degrassi, «La Dimora di Augusto sul Palatino e la base di Sorrento», *Rend. Pont.* XXXIX (1966–67), 76–116.

102 Vitruv VI, 5, 2.

103 Domus Tiberiana: Vgl. E. Nash, a.a.O., 365–74 mit Bibliographie. Caligula erweiterte den Palast gegen Nordwesten und schloß den Castortempel mit ein.

104 A. Boëthius, a.a.O. (Anm. 85), 94–128.

105 Sueton, *Nero* XXXI; Seneca, *Briefe* LXXXVI, 6; C, 6; Statius, *Silvae* I, 3, 36–7; I, 5, 42–3. Vgl. E. Nash, a.a.O., 375–9 mit Bibliographie.

106 Vgl. E. Nash, a.a.O., 316–38 mit Bibliographie; H. Kähler, *The Art of Rome and Her Empire* (New York 1963), 115–20; A. Boëthius und J.B. Ward-Perkins, a.a.O. (Anm. 21), 230–35, 251–53.

107 Dio Cassius LXV, 10, 4.

108 Sueton, *Domitian* XIV, 4.

109 F.E. Brown, *Roman Architecture* (New York 1961), 40.

110 G. Becatti, «Case ostiensi del tardo impero», *BdA,* 1948, 102–28, 197–224. Haus der «Fortuna Annonaria», ibid., 23–5, Abb. 22; A. Boëthius und J. B. Ward-Perkins, a.a.O., 335, Abb. 130 A (Plan des Umbaus aus dem 4. Jh. n.Chr.); R. Meiggs, *Roman Ostia* (Oxford 1960), 254.

111 *House of the Tempio Rotondo:* R. Meiggs, a.a.O., 255, Abb. 17, Taf. 13a; G. Becatti, a.a.O.

112 R. Meiggs, a.a.O., 83–97; anderer Ansicht sind G. Calza und G. Becatti, *Ostia*[4] (Rom 1961), 10.

113 Haus von Cupido und Psyche: J.E. Packer, *AJA,* 1967, 123–131; A. Boëthius und J.B. Ward-Perkins, a.a.O., 334–36, Abb. 130: vgl. die Villa von Desenzano (4. Jh. n.Chr.), über Ähnlichkeiten, in E. Ghislanzoni, *La Villa romana in Desenzano* (Mailand 1962). Ward-Perkins findet die nächsten Parallelen zu diesen späten Häusern von Ostia in zeitgenössichen Häusern in Syrien, wie sie bei Ausgrabungen in Antiochia zum Vorschein gekommen sind.

114 M. Wheeler, *Roman Art and Architecture* (London 1964), 133.

115 A. Boëthius und J.B. Ward-Perkins, a.a.O. 285, beschreiben die *taberna* in ihrer entwickelten römischen Form «als ein hohes, tiefes Zimmer mit Tonnengewölbe, an der Vorderseite fast auf der ganzen Breite geöffnet… geschlossen mit Hilfe von einer Reihe von gleitendenHolztafeln… mit

einem hölzernen Zwischenstock (innen) für Lagerung oder Unterkunft, erreichbar über hölzerne Stufen und erhellt von einem kleinen Fenster über der Türe». Varro, *De Lingua Latina,* V, 162, gibt an, daß der Begriff *cenacula* ursprünglich im oberen Stockwerk gelegene Eßzimmer bezeichnete, aber später auch oben gelegene Wohnungen einschloß. Für Belege aus dem frühen Rom vgl. Livius XLIV, 16, 10; Scipio's Atriumhaus, Livius XXXIX 44, 7. – Für das pompejanische Forum vgl. J. Russell, *Phoenix* XXII, 1968, 306 ff.

116 G. Lugli, *Anxur-Terracina* (Rom 1926), Terracina alta, Zona III, Nr. 6, Abb. 17; A. Boëthius und J. B. Ward-Perkins, a. a. O., Abb. 67; A. Boëthius, a. a. O. (Anm. 85), 137 ff.

117 A. Boëthius und J. B. Ward-Perkins, a. a. O., 119 ff., Abb. 68; J. E. Packer, *MAAR* XXXI, 1971, 52 f.

118 Siehe oben S. 45

119 Das «Haus des Fabius Amandio» in Pompeji liefert eine weitere sog. «*pensione*».

120 A. Maiuri, a. a. O. (Anm. 66), 407–16; J. E. Packer, a. a. O., 55–6.

121 Vitruv II, 8, 20.

122 R. Meiggs, a. a. O. (Anm. 110), 237.

123 J. E. Packer, «Roman Ostia: Architectural Structure and Decoration», *AJA,* 1965, 172 f.: «das Wort scheint nur eine grosse Wohnung, in welcher kleinere Einheiten vermietet werden, zu bezeichnen. Demgemäß bezeichnet *insula* entweder ein großes Gebäude, das einen ganzen Block ausfüllt oder nur einen kleinen Teil eines anderen Bauwerks. Der Ausdruck wurde eher in juristischer als in architektonischer Bedeutung gebraucht».

124 Strabo XVI, 1, 5 (Babylon); 2, 23 (Tyrus); 2, 13 (Aradus); für *insulae* in Ephesos, siehe unten S. 000 ff.

125 J. J. S. Whitaker, *Motya, a Phoenician Colony in Sicily* (London 1921), 17.

126 W. Phillips, *Quatban and Sheba* (London 1955), 46, 60; A. Boëthius, a. a. O. (Anm. 85), 145, Anm. 20; G. C. Picard, *Daily Life in Carthage* (New York 1961), 48.

127 A. Boëthius, a. a. O., 146 ff.

128 G. Lugli, *La Tecnica edilizia romana,* 2 Bde. (Rom 1957), *passim;* ders. «L'Opus Caementicium in Vitruvio», *Studi minori di topografia antica,* 1965, 33–40.

129 Plinius, *NH* XXXVI, 109.

130 Juvenal, *Satire* XI, 12–13; Tacitus, *Annalen* XV, 46; Juvenal, *Satire* III, 223–5; Strabo V, 3, 7; Plinius, *NH* XXXVI, 24, 106; 54, 176; Martial, *Epigramm,* 117, 7 ff., etc.

131 Strabo V, 3, 7.

132 Juvenal, *Satire* III, 193–202.

133 Livius XXI, 62 (218 v. Chr.).

134 Strabo V, 3, 7 (Verordnungen); Forum Augustum (2 v. Chr.), vgl. A. Boëthius und J. B. Ward-Perkins, a. a. O. (Anm. 21), 190 ff.; P. Zanker, *Forum Augustum* (Tübingen).

135 Vitruv II, 8, 20.

136 Seneca, *De Consolatione ad Marciam* XXII, 3; *De Beneficiis* IV, 6, 2; *Briefe* XC, 10; *Controversiae* II, 1, 11; *De Ira* III, 35, 4–5; *De Tranquillitate Animi* XI, 7.

137 Betr. Arkaden vgl. G. Hermansen, *Grazer Beiträge* 3 (1975) 159–176. Tacitus, *Annalen* XV, 43. Augustus' Erlaß die Höhe der *insulae* betreffend, der offensichtlich von vielen Archtiekten nicht beachtet wurde, war überarbeitet worden, um zu verlangen, daß keine *insula* 21 m Höhe überschreiten sollte. Trajan reduzierte dann später die Höhe auf 18 m.

138 Cicero, *De Officiis* III, 66; Plinius, *NH* XXXVI, 55, 176; Plutarch, *Crassus* II; Vitruv II, 8, 17.

139 Vitruv II, 8, 17; A. Boëthius und J. B. Ward-Perkins, a. a. O. 118, Anm. 5.

140 Plinius, *NH* XXXVI, 55, 176; Tacitus, *Historien* III, 71; Vitruv II, 8, 17.

141 Strabo V, 3, 7; Sueton, *Augustus* LXXXIX.

142 Für die Aracoeli-*insula* vgl. A. Boëthius, a. a. O. (Anm. 85), 137 ff., Abb. 73; E. Nash, a. a. O. (Anm. 98), I, 506 f., Abb. 623 f.; gebaut aus Backstein, Travertin und Gußmörtel-«Beton», beherbergte sie vielleicht zwischen 40 und 50 Bewohner. Für die Läden mit Wohnungen an der Via Biberatica vgl. E. Nash, a. a. O., II, 149–58 und W. MacDonald, *The Architecture of the Roman Empire* (New Haven und London 1965), 75 ff.

143 Aulus Gellius, *Noctes Atticae,* 15, 1, 2 (Mitte des 2. Jh. n. Chr.).

144 Herodian VII, 12, 5–6 (3. Jh. n. Chr.); Symmachus, *Brief* VI, 37, erinnert an den Sturz eines Wohnhauses auf das Trajans-Forum (4. Jh. n. Chr.).

145 Für Geschichte und Gebäude Ostias vgl. R. Meiggs, a. a. O. (Anm. 110); G. Calza und G. Becatti, a. a. O. (Anm. 112); J. E. Packer, a. a. O. (Anm. 117), *passim.*

146 Hermansen, *Phoenix,* 1970, 342 ff., legt dar, daß Hausfrauen Balkone (und höher gelegene Fenster) dazu benutzten, um Geschäftsverhandlungen mit Straßenverkäufern zu führen und als Ablageplatz für Nahrungsmittel, Wasser, Wein etc., die man mit einem Korb oder Netz an einer Schnur nach oben zog.

147 A. Boëthius, a. a. O. (Anm. 85), 158 ff. mit Abb.

148 T. Kleberg, *Hôtels, restaurants et cabarets dans l'antiquité romaine* (Uppsala 1957); G. Girri, *La Taberna nel quadro urbanistico e sociale di Ostia* (Rom 1956).

149 Petronius, *Satyricon,* XCV.

150 Vgl. G. Calza und G. Becatti, a. a. O.

151 G. Calza, *NS,* 1923, 183–5; J. E. Packer, a. a. O., 152–5:, für Terassendächer vgl. Seneca, *Brief* CXXII, 8.

152 G. Calza und E. Nash, *Ostia* (Rom 1959), 27–8, Abb. 16; P. W. Harsh, a. a. O. (Anm. 75), 20, 25–7; J. E. Packer, a. a. O., 122–34. Der Plan erscheint wieder in vergrößerter Form in der sog. «Casa a Giardino» (III, ix, 1–26); G. Calza und G. Becatti, a. a. O., IV, 113–33.

153 G. Calza und E. Nash, a. a. O., 36–7; J. E. Packer, a. a. O. 166–71.

154 G. Calza und E. Nash, a. a. O., 29; B. F. Maj, «La Casa delle Volte Dipinte: Contributo alla edilizia privata imperiale», *BdA,* 1960, 45–65.

155 Bevölkerungszahlen sind notorisch ungenau. Für Rom

schlägt A. von Gerkan, *RM,* 1940, 165 ff., 700 000 in der Kaiserzeit vor; R. Meiggs errechnete Ostias Maximalbevölkerung mit 50–60 000 (a. a. O., 532–4); G. Calza schätzte 36 000; J. E. Packer, eher vorsichtig, aber glaubwürdig, schätzt 20 000 als Maximum.

156 Juvenal, *Satire* III, 62.

157 Vgl. G. Rickman, *Roman Granaries and Store Buildings* (Cambridge 1971), *passim.*

158 Cato, *De Agricultura;* Varro, *De Re rustica* I, 13; III, 5, 8–17 (Villa in Casinum); Vitruv VI, 6, 1–7; Plinius, *NH* XXXVI, 111 f.; Columella, *De Re Rustica* I, 6, 1, empfiehlt drei Villenkomplexe: *villa urbana, villa rustica* und *villa fructuaria* (produktiver Gutshof).

159 Über Puritanismus und Sparsamkeit, Horaz, *Satiren, Oden (passim);* Juvenal, *Satiren (passim);* Seneca, *Briefe (passim),* etc.

160 Für vergleichbare Verhältnisse in den USA vgl. K. Lehmann, *Thomas Jefferson, American Humanist* (New York 1947).

161 Cato, *De Agricultura,* XIV; Vitruv VI, 6, 1–7.

162 Für Belegstellen vgl. T. Frank, *An Economic Survey of Ancient Rome* I und V (Baltimore 1933 und 1940), 208 f.

163 Für Belegstellen vgl. T. Frank, a. a. O., 295 f.

164 Varro, *De Re Rustica* II, 6, 5; I, 20, 3; T. Frank, a. a. O., 367.

165 T. Frank, a. a. O., 367 ff. – Varros Tante zog in ihrer Villa bei Cures im Jahr durchschnittlich 5000 Drosseln auf. Sie verdiente damit 60 000 Sesterzen, doppelt soviel, als ein Gut von 200 *iugera* (= 52 ha) sonst abwarf (Varro, *De Re Rustica* III, 2, 14).

166 Vgl. L. P. Wilkinson, *The Georgics of Vergil: A Critical Survey* (Cambridge 1969); A. G. McKay, *Vergil's Italy* (Greenwich, Conn. 1970), K. D. White, a. a. O. (Anm. 68), 39–41.

167 Seneca, *Brief* LXXXVI.

168 Vgl. J. H. D'Arms, *Romans on the Bay of Naples* (Cambridge, Mass. 1970), 1 ff.

169 V. H. Poulsen, *San Giovenale* (Malmö 1960), 313–20 (2. Jh. v. Chr.)

170 P. von Blankenhagen, M. A. Cotton und J. B. Ward-Perkins, «Two Roman Villas at Francolise, Prov. Caserta, etc.», *PBSR,* 1965, 55–69 mit Illustrationen.

171 F. E. Brown, «Cosa I: History and Topography, *MAAR,* 1951, 89; id., *St. Etr.,* 1927, 447–9; ders., *NS,* 1927, 204–10; F. Castagnoli, *MAAR,* 1965, 164 f.

172 R. G. Carrington, «Studies in the Campanian Villae Rusticae», *JRS,* 1931, 110 ff.: «Some Ancient Italian Country Houses», *Antiquity,* 1933, 261–80; Rostovtzeff, *SEHRE*², 551–3, Anm. 26 (36 campanische Grundstücke); K. D. White, a. a. O., 415–45.

173 A. Mau, a. a. O. (Anm. 44), 382–388 und Plan IV; K. D. White, a. a. O., 422–6; über den Silberschatz, H. de Villefosse, «Le trésor de Boscoreale», *Monuments Piot,* 1899, 7–279, Taf. 1–36.

174 Für die eigentliche Lage der Küche: Vitruv VI, 6, 1; für Küchen und Zubehör: B. Fowler und E. Rosenbaum, *Apicius: The Roman Cookery Book* (London 1958), Kap. IV, 29–40.

175 Für diese Anordnung vgl. Plinius, *NH* XIV, 21, 136.

176 *AJA,* 1970, 148.

177 A. Maiuri, *La Villa dei Misteri*², 2 Bde. (Rom 1947); A. Boëthius und J. B. Ward-Perkins, a. a. O. (Anm. 21), 159 f., 319, Abb. 123; K. D. White, a. a. O., 438 f. betr. den nordöstlichen Flügel für landwirtschaftliche Bedürfnisse (14–63 n. Chr.).

178 Vitruv VI, 5, 3.

179 A. Maiuri, a. a. O. (Anm. 177), 42.

180 Für die «Villa des Diomedes», A. Maiuri, *Pompeii*⁶ (Rom 1953), 81 ff., Abb. 15; A. Mau, a. a. O., 376–381.

181 Vgl. D. Mustilli, «La villa pseudourbana ercolanese», *RAAN* NS, 1956, 77–97; J. H. D'Arms, a. a. O., 173 f.; H. Bloch, *AJA,* 1940, 490 ff.

182 G. Lugli (Übers. G. Bagnani), *Horace's Sabine Farm* (Rom 1930); Francesco Dioniso, «Le ville di Orazio: La villa rurale del «Digentia» e la villa signorile di «Tibur», *Società di Villa d'Este, Atti e Memorie* (Tivoli), 1966. Siehe auch M. Neuerburg, «The Other Villas of Tivoli», *Archaeology,* 1968, 288–97.

183 G. Bagnani, «The House of Trimalchio», *AJP,* 1954, 16–39; id., «And passing rich ...», *Studies in Honour of Gilbert Norwood* (Toronto 1952), 218–23; P. W. Harsh, a. a. O. (Anm. 152), 49–50; A. Maiuri, a. a. O. (Anm. 75).

184 Über saisonabhängige Speisezimmer siehe Vitruv VI, 4, 1–2; VI, 7, 3. – Für das Speisen *al fresco* vgl. P. Soprano, «I Triclini all' aperto di Pompei», in *Pompeiana, raccolta di Studi per il secondo centenario degli scavi di Pompei* (Rom 1950), 288–310.

185 J. H. D'Arms, a. a. O., *passim.*

186 S. V. Münzer, «C. Sergius Orata», *RE* 2 A, 1713–14; Plinius, *NH* IX, 168; Valerius Maximus IX, 1, 1; J. H. D'Arms, a. a. O., 18 ff.

187 Strabo V, 4, 7.

188 C. Gatti, «Le ville maritime italiche e africane», *RIL,* 1957, 285–305.

189 Cicero, *De Lege Agraria* II, 78.

190 Plinius, *Briefe* II, 17; V, 6; siehe besonders H. H. Tanzer, *The Villas of Pliny the Younger* (New York 1924), 7–26; A. N. Sherwin-White, *The Letters of Pliny* (Oxford 1960), 186 ff., 321 ff.; A. W. van Buren, *Rend. Pont.* (1943–44), 165–92 (Laurentinische Villa); für die Grundstücke in Como, Plinius, *Brief* IX, 7.

191 Zeitgenössische Kritik beinhalten: Cicero, *De Legibus* II, 1; Sallust, *Catilina,* 12; Horaz, *Oden* II, 15, 10 f.; Horaz, *Oden* III, 1, 33 ff., III, 24; Strabo V, 2, 5 (persischer Einfluß) und Horaz, *Oden* I, 38; Propertius III, 2, 8 ff.; Plinius, *NH* XXXV, 26; Plinius, *NH* XXXIV, 34; siehe auch J. H. D'Arms, a. a. O., 40 ff.

192 Vgl. K. M. Swoboda, *Römische und romanische Paläste*³ (Wien 1969); A. Boëthius, a. a. O., 94–102; H. Drerup, «Die römische Villa», *Marburger Winckelmann-Programm,* 1959, 1–77; M. Rostovtzeff, «Pompeianische Landschaften und

römische Villen», *JDAI,* 1904, 103–26; «Die hellenistisch-römische Architekturlandschaft», *RM,* 1911, 1–160. Für das Problem der Nomenklatur von *porticus* und *peristyl* vgl. A. Maiuri, *La Parola del Passato* I (1946), 306–22.

193 Vgl. P.W. Lehmann, *Roman Wall Paintings from Boscoreale* (Cambridge, Mass. 1953).

194 Vgl. Anm. 192.

195 A. Maiuri, *Capri (Itinerari, 93)* (Rom 1958), 60–9; vgl. auch A. Maiuri, «La villa augustea di ‹Palazzo a Mare› a Capri», *Camp. Ro.,* I, 115–41.

196 Für alte Zeugnisse, vgl. Plinius, *NH* III, 70; Plinius d.J., *Brief* VI, 16 (Villa des Pomponius); F. di Capua, «Contributi all'Epigrafia e alla Storia della Antica Stabia», *RAAN* NS 1938, 83–124; L. D'Orsi, *Gli Scavi Archeologici di Stabia*[2] (Mailand 1965); ders., *Come Ritrovai l'Antica Stabia*[2] (Mailand 1962); O. Elia, *Pitture di Stabia* (Neapel 1957); ibid., *Napoli Nobilissima* II, 2 (1962), 43–51 (Villa San Marco).

197 Varro, *De Re Rustica* I, 13, 3.

198 Vgl. u.a. R.T. Günther, *Pausilypon: The Imperial Villa Near Naples* (Oxford 1913), 145–62; L. Breglia, «Avanzi di una villa romana a Torre del Greco», *Camp. Rom.* I, 91–8; A. Schiavo, «La villa romana di Minori», *Palladio,* 1939, 129–33; A. Maiuri, *RAAN* NS, 1954, 89 ff.; P. Mingazzini und F. Pfister, «Surrentum», *Forma Italiae, Regio* I, Bd. 2 (Florenz 1946), 100–60 (Nr. 20–37, mit Karte I); P. Dubois, *Pouzzoles Antique* (Paris 1907), 355–66 (Puteoli); J.H. D'Arms, a.a.O., 129 *ff.*

199 Strabo V, 5, 8.

200 Sueton, *Augustus* LXV, 1 (6 n.Chr.); J.H. D'Arms, a.a.O., 75f.

201 Statius, *Silvae* II, 2.

202 Vgl. J.H. D'Arms, a.a.O., 220 ff. Über die Lage, P. Mingazzini und F. Pfister, a.a.O., 54–70.

203 Philostratus, *Imagines* I, praef. 4; F. Noack und K. Lehmann-Hartleben, a.a.O. (Anm. 48).

204 Vgl. A. Maiuri, *Campi Flegrei (Itinerari, 32)*[4] (Rom 1963), 72–86; A. de Franciscis, «Underwater Discoveries Around the Bay of Naples», *Archaeology,* 1967, 212–14; siehe auch R.F. Paget, «The Great Antrum» at Baiae: a Preliminary Report, *PBSR* NS, 1967, 102–12; C. G. Hardie, *PBSR,* 1969, 14–33; J.H. D'Arms, a.a.O., 109 ff.

205 A. Boëthius und J.B. Ward-Perkins, a.a.O. (Anm. 21), 140 ff., Abb. 77, 78, 79.

206 Vgl. Anm. 204.

207 A. Boëthius und J.B. Ward-Perkins, a.a.O., 322 ff., Anm. 15, Abb. 125.

208 Cicero, *Ad Familiares* VII, 1, 1.

209 H. Kähler, *Die Augustusstatue von Primaporta* (Köln 1959); in den einführenden Seiten untersucht Kähler die Lage der Villa, besonders den Terrassengarten auf der südöstlichen Seite des Komplexes; siehe auch J.M.C. Toynbee, *Gnomon,* 1963, 510–13, und H. Ingholt, *Archaeology,* 1969, 176–87, 304–18, der die Statue für eine Kopie einer Originalstatue, die im Hof des Heiligtums der Athene in Pergamon errichtet worden ist, hält (19 v.Chr.).

210 Vgl. M.M. Gabriel, *Livia's Garden Room at Prima Porta* (New York 1955). Für antike Erwähnungen der Villa vgl. Plinius, *NH* XV, 40, 136–7; Sueton, *Galba* I.

211 Tacitus, *Annalen* IV, 67, 5; Sueton, *Tiberius* LXV, 2. Vgl. A. Maiuri, «Il palazzo di Tiberio detto ‹villa Iovis› a Capri», *Atti del III Congresso Nazionale di Studi Romani* 1933, 156–71; ders. *Capri* (Rom 1958); J.H. D'Arms, a.a.O., 86–9.

212 A. de Franciscis, a.a.O. (Anm. 204), 215 ff.

213 Tacitus, *Annalen* IV, 59 (26 n.Chr.).

214 G. Jacopi, *L'Antro di Tiberio a Sperlonga* (Rom 1963); B. Conticello, «Restoring the Polyphemus from Sperlonga», *Archaeology,* 1969, 204–7; P.L. MacKendrick, a.a.O. (Anm. 82), 173–8; F. Fasolo, «Architettura classiche a Mare», *Quaderni,* 1956, 1–6.

215 A. Boëthius und J.B. Ward-Perkins, a.a.O., 204–8; 211–16.

216 G. Ucelli, *Le navi di Nemi* (Rom 1940); P.L. MacKendrick, a.a.O., 178 ff.

217 Villa von Antium: M.E. Blake, *Roman Construction in Italy from Tiberius through the Flavians* (Washington 1959), 40f.; Bauten in Baiae: Sueton, *Nero,* 31, 3; Kanal vom Avernus nach Ostia: Sueton, a.a.O.; Tacitus, *Annalen* XV, 41, 2; Agrippinas Schiff: Sueton, *Nero,* 34.

218 M.E. Blake, a.a.O., 41–2; Tacitus, *Annalen* XIV, 22 (60 n.Chr.).

219 J.B. Ward-Perkins, «Nero's Golden House», *Antiquity,* 1956, 209–19; A. Boëthius, a.a.O. (Anm. 85), 94–128; W.L. MacDonald, a.a.O. (Anm. 142), 20–46 (Neros Paläste).

220 Tacitus, *Annalen* XV, 42; Martial XII, 57, 21 *(rus in urbe).*

221 Sueton, *Nero,* XXXI; Varros Vogelhaus in Casinum: Varro, *De Re Rustica* IV, 5, 9 und A.W. van Buren, *JRS,* 1919, 59–66.

222 M.I. Rostovtzeff, *JDAI,* 1904, 103–22; *RM,* 1911, 1–185.

223 Varro, *De Re Rustica,* IV, 5, 9 (Casinum).

224 Stuck aus der Farnesina: G. Lugli, *Mél. Rom.,* 1938, 5–17 (eine augusteische *villa suburbana,* «Farnesina»); H.G. Beyen, *Studia Vollgraf* (Amsterdam 1948), 3–21, das Stadthaus von M. Vipsanius Agrippa und Augustus' Tochter Julia (19–12 v.Chr.); E.L. Wadsworth, «Stucco reliefs of the First and Second Centuries still extant in Rome», *MAAR,* 1924, 9–102, Taf. 1–49.

225 J.B. Ward-Perkins, *The Italian Element in Late Roman and Early Mediaeval Architecture* (London 1947), 6.

226 J.B. Ward-Perkins, *Antiquity,* 1956, 217.

227 Sueton, *Nero,* XXXI, 2.

228 Dio Cassius LXV, 9, 4; R.V.D. Magoffin, «The Alban Villa of Domitian», *AJA,* 1910, 79 ff.; G. Lugli, *Bull. Comm.,* 1917, 29–78; 1918, 3–68; 1919, 153–205; 1920, 3–69; G. Lugli, *NS,* 1946, 60–83 (Villa des Pompejus); W.L. MacDonald, a.a.O., 47–74.

229 G. Lugli, *Forma Italiae,* Regio I, Bd. I, 2, 65–76, Karte 3; G. Jacopi, *NS,* 1936, 21–50.

230 Sueton, *Augustus,* XVI, 4.

231 H. Kähler, *Hadrian und seine Villa bei Tivoli* (Berlin 1950); S. Aurigemma, *Villa Adriana*[3] (Tivoli 1955); E. Clark, *Rome and a Villa* (New York 1952), 141–94; R. Vighi (Übers. J. B. Ward-Perkins), *Villa Adriana* (Rom 1959).

232 F. E. Brown, a. a. O. (Anm. 109), 42.

233 A. Boëthius und J. B. Ward-Perkins, a. a. O., 330 ff., Abb. 128.

234 T. Ashby, *PBSR*, 1907, 97–112; N. Lupu, *Ephemeris Dacoromana*, 1937, 117–88; H. Bloch, *I Bolli laterizi e la storia edilizia romana* (Rom 1947), 256–68.

235 G. V. Gentili, *The Imperial Villa of Piazza Armerina* (Itinerari, 87) (Rom 1956), der sich für Maximianus als Eigentümer entscheidet; Azevedo begünstigt Nicomachus Flavianus, einen gelehrten Einsiedler; Ragona ist für Claudius Mamertinus. A. Carandini, *Ricerche sullo stile e la cronologia dei mosaici della Villa di Piazza Armerina* (Rom 1964), deutet an, daß der *dominus* möglicherweise ein Großlieferant von Tieren für die Spiele Roms gewesen ist, wahrscheinlich während des frühen 5. Jh. n. Chr. Siehe auch B. Pace, *I mosaici di Piazza Armerina* (Rom 1955); H. P. l'Orange und E. Dyggve, *Symbolae Osloenses*, 1952, 114–28; G. V. Gentili, *La Villa Erculia di Piazza Armerina: i mosaici figurati* (Mailand 1959); N. Neuerberg, «Some Considerations on the Architecture of the Imperial Villa at Piazza Armerina», *Marsyas*, 1959, 22–29.

236 P. L. MacKendrick, a. a. O., 340.

237 Varro, *De Lingua Latina* V, 125.

238 G. M A. Richter, a. a. O. (Anm. 33), 98 ff.

239 G. M. A. Richter, a. a. O., 102 ff.

240 G. M. A. Richter, a. a. O., 114

241 G. M. A. Richter, a. a. O., 115 ff.; A. Maiuri, *Ercolano* (Itinerari, 53) (Rom 1936), 41, Taf. XXIII, Abb. 42; Petronius, *Satyricon*, 29.

242 G. M. A. Richter, a. a. O., 110 ff.

243 Plinius, *NH* XXXIV, 14.

244 G. M. A. Richter, a. a. O., 105 ff.; D. K. Hill, «Ivory Ornaments of Hellenistic Couches», *Hesperia*, 1963, 295 ff.

245 Petronius, *Satyricon*, 97.

246 G. M. A. Richter, a. a. O., 107 f.; D. K. Hill, *Journal of the Walters* Art Gallery, Baltimore 1952–53, 49–61 (Bronzeliege aus dem 1. Jh. v. Chr.).

247 A. Maiuri, *Ercolano*, 41 f.

248 Plinius, *NH* XXXVI, 8, 14; G. M. A. Richter, a. a. O., 116.

249 R. Herbig, «Fensterstudien an antiken Wohnbauten», *RM*, 1929; V. Spinazzola, *Pompei alla luce degli scavi nuovi di Via dell'Abbondanza*, 1910–23 (3 Bde. Rom 1953), Kap. 3: «Fenestre e problemi della luce»; G. Webster, «Roman Windows and Grilles», *Antiquity*, 1959, 10–14, mit Abb.

250 Seneca, *Brief* LXXXVI (Scipios Villa in Liternum).

251 A. Maiuri erwähnt u. a. Bäder, die im «Haus der Cryptoporticus» und im «Hause des Menander» in Pompeji über die Öfen gebaut wurden (*NS*, 1933, 220, 270).

252 Plinius, *NH* XXXVI, 60, 184; K. Jex-Blake und E. Sellers, *The Elder Pliny's Chapters on the History of Art* (London 1896), 224; G.E. Rizzo, *La Pittura Ellenistica-Romana* (Mailand 1929), 42.

253 Petronius, *Satyricon*, 34.

254 Plinius, *NH* XXXVI, 61, 185.

255 Plinius, *NH* XXXVI, 62, 187.

256 Plinius, *NH* XXXVI, 63, 188.

257 Vitruv VII, 4, 5.

258 Plinius, *NH* XXXVI, 7, 48–50; 64, 189.

259 Vgl. B. Andreae, *Das Alexandermosaik* (Bremen 1959).

260 R.V. Schoder, *Masterpieces of Greek Art* (1960), Taf. 75 (Farbe), auch Anm. 84.

261 Für Illustrationen siehe G.M. Hanfmann, a. a. O. (Anm. 97), Taf. 20; auch A. Maiuri, *Ercolani* I, 393–403, Abb. 330 ff.

262 Vitruv VI, 3, 5–11.

263 Vitruv VII, 7–14; Plinius, *NH* XXXV, 30–49.

264 Plinius, *NH* XXXVI, 6, 47.

265 Plinius, *NH* XXXVI, 7, 48.

266 Plinius, *NH* XXXVI, 8, 49–50.

267 Vitruv VII, 5, 1. Über die Stile siehe A. Maiuri, *Roman Painting* (Genf 1953), *passim*.

268 H.H. Scullard, *The Etruscan Cities and Rome* (London 1967), 122 f.

269 Vitruv VII, 5, 2.

270 M.H. Swindler, *Ancient Painting* (New Haven, Conn. 1929), 328, 338 f., Abb. 529, 542; A. Maiuri, *Roman Painting*, 33 ff.; W. J. T. Peters, a. a. O., 27–32. P. H. von Blanckenhagen, *RM* LXX, 1963, 100–46; A. Gallina, *Le Pitture con paesaggi dell'Odissea dall' Esquilino* (Rom 1964).

271 G.E. Rizzo, *Monumenti della pittura antica*, sez. III, fasc. 3, «La casa di Livia» (Rom 1936); für Verzierung des neuerdings identifizierten Hauses des Augustus, O. E. Richmond, *JRS* IV (1914), 193–226; G. Carettoni, «I Problemi della zona Augustea del Palatino alla luce dei recenti scavi». *Rend. Pont.* XXXIX (1966–7), 55–75; ders., *ILN* 6790 (20. Sept. 1969) (Tafeln).

272 M.M. Gabriel, a. a. O. (Anm. 210).

273 M. Bieber, *AJA*, 1959, 101; A. Maiuri, *La Villa dei Misteri*[2] (Rom 1947); ders., *Roman Painting* (Genf 1953), 51, 59 f.; M. Cooke, *JRS* III, 1913, 167 ff.; M. Bieber, JDAI, 1928 (1929), 298–330; J. M. C. Toynbee, *JRS* XIX, 1929, 67–87; G. Zuntz, *PBA* XLIX, 1963, 177–201; A.M.G. Little, *Roman Perspective Painting and the Ancient Stage* (Kennebunk, Maine 1971); ders., *A Roman Bridal Drama at the Villa of the Mysteries* (Kennebunk, Maine 1972).

274 Vitruv VII, 5, 3.

275 B. F. Cook, «The Boscoreale Cubiculum: A New Installation», *Bulletin of the Metropolitan Museum of Art*, 1964, 166–83; P.W. Lehmann, a. a. O. (Anm. 193), 189 ff. (Bibliographie).

276 Vitruv V, 6, 9.

277 G.M. Hanfmann, a. a. O. (Anm. 97), 226 und Taf. VI.

278 Vitruv VI, 5, 2; A.W. van Buren, *MAAR*, 1938, 70–81.

279 Cicero, *Brutus*, 261.

280 Vitruv VII, 3, 10; Plinius, *NH* XXXV, 49, 173.

281 G. Bagnani, a. a. O. (Anm. 183).

282 Zur sog. Programm-Malerei vgl. K. Lehmann, «The

Imagines of the Elder Philostratus», *Art Bulletin*, 1941, 16–44; id., «A Roman Poet Visits a Museum», *Hesperia*, 1945, 159–69; C. Schefold, *Pompejanische Malerei: Sinn und Ideengeschichte* (Basel 1952); ders., *Vergessenes Pompeji* (München 1962); M. L. Thompson, *Programmatic Painting in Pompeii: The Meaningful Combination of Mythological Pictures in Room Decoration* (unveröffentlichte Dissertation, New York University 1960).

283 C. Schefold, a. a. O., 139 ff.; M. Borda, *La pittura romana* (Mailand 1958), 78 ff.; 87 ff.; H. Kähler, a. a. O. (Anm. 106), 106–9.

284 Petronius, *Satyricon*, 39 (Wandgemälde); 71 (Grabreliefs).

285 Elia, *Pitture di Stabia* (Neapel 1957).

286 R. MacMullen, *HSCP* 64 (1959), 207–235.

287 J. A. O. Larsen, «Roman Greece» in Tenney Frank, *Economic Survey of Ancient Rome* IV.

288 H. S. Robinson, *The Urban Developement of Ancient Corinth.* American School of Classical Studies in Athens, 1965.

289 Th. Wiegand, H. Schrader, *Priene* (Berlin 1904; P. MacKendrick, *The Greek Stones Speak*, s. v. Priene und Bibliographie.

290 Vgl. G. Kleiner, *Das römische Miletos* (Wiesbaden 1970); P. MacKendrick, a. a. O., s. v. Ephesus und Bibliographie.

291 Arif Müfid Mansel, *Die Ruinen von Side* (Berlin 1963).

292 F. Miltner, *Ephesus* (Wien 1958); J. Keil, *Führer durch Ephesus* (Wien 1964); P. MacKendrick, a. a. O., s. v. Ephesus, mit Bibliographie; Hakki Gültekin, *A Guide to Ephesus* (Izmir 1965); W. Alzinger, *Ein Rundgang durch die Ruinen* (Berlin/Wien 1972).

293 H. Vetters, *ILN* 244 (16. Mai 1964), 766–8; (23. Mai 1964), 822–5; ders., *Österreich. Akad. der Wissenschaften* (Wien), Anzeiger CIX (1972) 83–102; ders., «Zum Stockwerkbau in Ephesos», *Mélanges Mansel* (Ankara 1973), 69–92.

294 *Apostelgeschichte*, I, 13 (oben gelegenes Zimmer oder Speicher: *hyperōon*); Homer, *Ilias* II, 514; XVI, 184; *Odyssee* I, 362, gebraucht *hyperōon* für den oben liegenden Teil des Hauses, der für Frauen reserviert ist; Antiphon, I, 14, für einen Reserveraum; Aristophanes, *Ritter* 1001, für eine Mansarde oder Dachstube. Das letzte Abendmahl spielte sich in einem oben gelegenen Raum ab, der wahrscheinlich auch der Treffpunkt der Jünger nach der Auferstehung war.

295 Fresko im *frigidarium*, Villa San Marco (Villa des Narcissus) in Stabiae; das Wandgemalde aus dem 1. Jh. n. Chr. stellt die gleiche Figur aus einem anderen Blickwinkel dar.

296 Strabo XVI, 1, 5 (Babylon); XVI, 2, 23 (Tyrus); XVI, 2, 13 (Aradus). Pomponius Mela II, 7, 6 bezieht sich auf die hohen Gebäude von Aradus.

297 Vgl. Y. Yadin, *Masada: Herod's Fortress and the Zealots' Last Stand* (London 1966).

298 (Flavius) Josephus, *Der Jüdische Krieg.* Der Palast und die Belagerung durch den Gouverneur Flavius Silva sind im Buch VII beschrieben: 252, 280–303 (Beschreibung und Geschichte des Palastes), 304–406 (Belagerung und Eroberung von Masada).

299 A. Boëthius und J. B. Ward-Perkins, a. a. O., 416.

300 J. A. Pritchard, «The Excavation at Herodian Jericho, 1951», *Annual of the American Schools of Oriental Research* XXXII–XXXIII, 1–13, mit Tafeln. Die Villa aus dem 1. Jh. v. Chr. enthält eine Badeanlage; Aristobulos, der Bruder von Mariamne, ist wahrscheinlich dort ertränkt worden.

301 A. Boëthius und J. B. Ward-Perkins, a. a. O., s. v. Syrien; G. Tchalenko, *Villages antiques de la Syrie du Nord*, 3 Bde. (Paris 1953–58).

302 Vgl. R. Stillwell, *Antioch-on-the-Orontes* III (Princeton 1941), 1 ff.; ders., «Houses of Antioch», *Dumbarton Oaks Papers* XV (1961), 45–57; Glanville Downey, *Ancient Antioch* (Princeton 1963).

303 Ammianus Marcellinus, XXII, 9, 14.

304 Doro Levi, *Antioch Mosaic Pavements*, 2 Bde. (Princeton 1947).

305 Die Überreste einer Villa der Septimii, Eigentum des Vaters oder Bruders von Septimius Severus, sind 1869–70 in der Nähe von Baccano, 40 km nördlich von Rom, erforscht worden. Für Details vgl. G. Becatti, E. Fabricotti, A. Gallina, u. a., *Mosaici Antichi in Italia: Regione Settima. Baccano: Villa Romana* (Rom 1970).

306 Wegen vieler Vorteile bevorzugten in Asien und Afrika die Baumeister der Antike luftgetrocknete Ziegelsteine: sie waren billig herzustellen und verlangten keine gelernten Arbeiter; sie waren feuerfest und elastisch gegenüber Erdbebenstößen (vgl. die moderne Türkei und den Iran); sie waren schalldicht (in einer städtischen Siedlung!) und boten eine vernünftige Isolation gegen Hitze und Kälte. Ein Überzug von Stuck oder Ton, in hellen Farben oder in erdiger Färbung, schützte vor Verwitterung.

307 Für allgemeine Ausstattung und Kultverbände vgl. M. I. Rostovtzeff, *Dura-Europos and its Art* (Oxford 1938).

308 Am 19. Mai 1972 lud die tunesische Regierung durch die UNESCO zur Teilnahme an einer im großen Stil durchgeführten archäologischen Kampagne «Pour Sauver Carthage» ein. Die antike Stadt ist nie systematisch ausgegraben worden und die punischen, römischen und byzantinischen Überreste sind durch die Ausdehnung der modernen Stadt Tunis gefährdet.

309 A. Deman, «Virgile et la colonisation romaine en Afrique du Nord», in *Hommages à Albert Grenier* (ed. M. Renard) (Collection Latomus, Bd. LVIII. Teil 1 (3) (Brüssel 1962), 514–26.

310 Vgl. E. Schmidt. *Studien zum Barberini-Mosaik in Palestrina* (Strassburg 1929), 38–42; G. Gullini, *I Mosaici di Palestrina* (Rom 1956); G. M. Hanfmann, *Roman Art* (Greenwich, Conn. 1964), Farbtaf. XXVI, mit Kommentar und Bibliographie.

311 J. J. S. Whitaker, *Motya, a Phoenician Colony in Sicily* (London 1921), 17.

312 Vgl. M. Nowicka, La Maison privée dans l'Egypte ptolemaïque (Warschau/Krakau 1969), mit 101 Abb.

313 Vgl. R. Thouvenot, Volubilis (Paris 1949): Palast des Gordian, 47–8; Haus mit dem Venusmosaik, 54–6; ders., *Les*

Maisons de Volubilis: le palais de Gordien et la maison à la mosaique de Vénus (Publications du Service des Antiquités du Maroc, XII), Rabat 1958; R. Etienne, *Le Quartier nord-est de Volubilis* (Paris 1960).

314 J. W. Graham, «The Greek House and the Roman House», *Phoenix* XX (1966), 20–4.

315 J. W. Graham, a. a. O., 23.

316 C. H. Kraeling, u. a., *Ptolemais, City of the Libyan Pentapolis* (Chicago 1962).

317 G. Pesce, *Il Palazzo delle Colonne in Tolemaide* (Rom 1959);

318 P. Mingazzini, *L'Insula di Giasone Majno a Cirene* (Rom 1966); R. Goodchild, *Cyrene and Apollonia, a historical guide* (London 1959); id., *Kyrene und Apollonia* (Zürich 1971).

319 E. Boeswillwald, R. Cagnat, A. Ballu, *Timgad, une cité africaine sous l'empire romain* (Paris 1905); H. F. Pfeiffer, *MAAR* (1931), 157–65 (Restauration); C. Courtois, *Timgad; antique Thamugadi* (Algier, Service des Antiquités 1951; S. Germain, *Les mosaïques de Timgad: étude descriptive et analytique* (Paris 1969).

320 A. Merlin, *Forums et maisons d'Althiburos* (Notes et documents, VI): (1913), 39–45; A. Boëthius und J. B. Ward-Perkins, a. a. O., 185.

321 A. Boëthius und J. B. Ward-Perkins, a. a. O., 185 (Plan); J. Baradez, «Les Fouilles de Tipasa», *Libyca* II (1954), 89 ff.

322 A. Lézine, «House of the Figured Capitals», *Karthago* VII (1956), 3–53; ders., *Carthage-Utique. Etudes d'Architecture et d'Urbanisme* (Paris 1969) (*insulae* aus dem 2. Jh. n. Chr., Häuser, Läden).

323 P. Gauckler, «House of the Laberii», in *Monuments et Mémoires Piot* III (1896), 177–299.

324 L. Foucher, *La Maison de la procession dionysiaque à El-Jem* (Paris 1963).

325 G. Guidi, «La Villa del Nilo», *Africa Italiana* V (1933), 1–56 (Villa aus dem 2. Jh. n. Chr. in Leptis Magna).

326 Z. B. in Bulla Regia (Hamman Daradji in Tunesien).

327 A. Merlin, «La Mosaïque du Seigneur Julius à Carthage», *Bulletin du Comité Archéologique des Travaux historiques et scientifiques* XXXVIII (1921), 95–114; G. Charles-Picard, «Mosaïques africaines du IIe siècle après J. C.», *Revue Archéologique* II (1960), 171 ff.; Th. Précheur-Canonge, *La vie rurale en Afrique romaine d'après les mosaïques* (Paris 1962).

328 I. A. Richmond, *Civitas Capitals of Roman Britain* (ed. J. S. Wacher), 82.

329 Vgl. R. MacMullen, *Soldier and Civilian in the Later Roman Empire* (Cambridge, Mass. 1963); P. Brown, «Christianity and Local Culture in Late Roman Africa», *JRS* LVIII (1968), 49–86. Türme, die gebaut wurden, um Höfe zu überwachen oder die an den Ecken von Landhäusern standen, könnten ein Vermächtnis der Epoche der karthagischen Herrschaft sein. Vergil, *Aeneis* IV, 585: regina *e speculis* ut primam albescere lucem/ vidit et aequatis classem procedere velis.

330 *JRS* XLIII (1953), 73.

331 P. Grimal, «Les Maisons à tour hellénistiques et romaines», *Mélanges d'archéologie et d'histoire de l'École française de Rome* LVI (1939), 28 ff.

332 Vergil, *Aeneis* I, 282, 278–9.

333 Vgl. Ramsay MacMullen, «Roman Imperial Building in the Provinces», *HSCP* 64 (1959), 207–35 *passim*.

334 P. MacKendrick, *The Roman Mind at Work* (Princeton 1958), 28.

335 P. MacKendrick, *Roman France,* 128.

336 R. Agache, «Aerial Reconnaissance in Picardie», *Antiquity* XXXVIII (1964), 113–19; R. Agache, R. Chevallier, General G. Schmiedt, *Etudes d'archéologie aérienne* (Paris 1966), speziell Agache, «Recherches aériennes de l'habitat gallo-romain en Picardie», 75–88; R. Agache, La Somme préromaine et romaine, *Mém. Soc. Ant. Picardie,* Tome 24. 1977.

337 Für Details vgl. M. H. d'Arbois de Jubainville, *Recherches sur l'origine de la propriété foncière et des noms de lieux habités en France* (Paris 1890).

338 H. Rolland, «Fouilles de Glanum», *Gallia, Supplément* I (1946); XI (1958); F. Chamoux, «Les Antiques de St-Rémy-de-Provence», *Phoibos* VI–VII (1951–3, publ. 1955), 97–111; P. MacKendrick, *Roman France,* 21–8 (Luftansicht, Tafel 1.10).

339 J. Sautel, *Vaison dans l'antiquité,* 3 Bde., mit Suppl. (Avignon-Lyon 1927–42); ders., *Vaison dans l'antiquité: sites, histoire et monuments de Vaison-la-Romaine* (Lyon 1955); P. MacKendrick, a. a. O., 105–14 (Luftansicht, Tafel 4.9); R. Syme, *Tacitus,* Band II (Oxford 1958), 622 ff.; P. Pellerin, *En ressuscitant Vaison-la-Romaine* (Paris 1962). P. A. Février, *JRS* LXIII (1973) 1–28, spez. 24–25 (Maison du Dauphin).

340 J. Soyer, «Découverte d'emplacement d'habitat gallo-romain dans la plaine d'Aix», *Revue archéologique de Narbonnaise* I (1968), 201–18.

341 Vgl. J. Le Gall, *Alésia, archéologie et histoire* (Paris 1963); P. MacKendrick, a. a. O., 45–56 (Plan, Abb. 2.10).

342 R. De Maeyer, *De Romeinsche Villa's in Belgie* (Antwerpen 1937), 77–83.

343 R. Agache, *Antiquity* 38 (1964), 118.

344 L. Joulin, «Les établissements gallo-romains de la plaine de Martres-Tolosanes», *Mém. Acc. Inscr.* I, Série 11 (1901) (= Chiragan); P. MacKendrick, a. a. O., 131–4 (Plan, Abb. 5.3).

345 H.-P. Eydoux, «La fasteuse villa de Montmaurin», *Monuments et trésors de la Gaule* (1958), 220–52; G. Fouet, «La villa galloromaine de Montmaurin (Haute Garonne)», *Gallia,* Suppl. XX (1969); P. MacKendrick, a. a. O., 134–40 (Luftaufnahme, Tafel 5.5; Modell, Tafel 5.7).

346 H.-P. Eydoux, «La Résurrection de Lugdunum Convenarum», *Lumières sur la Gaule* (1960), 157–89; B. Sapène, *St-Bertrand-de-Cominges (Lugdunum Convenarum), centre touristique de l'art et d'histoire* (Toulouse 1954).

347 Sidonius Apollinaris, *Gedichte und Briefe.* unser Zitat: *Brief* II, 2.

348 E. Oelmann, «Ein Gallorömischer Bauernhof bei Mayen»,

Bonner Jahrbücher CXXXIII (1928), 51–140; ders., «Zu den Rekonstruktionen des Hauptgebäudes im gallorömischen Bauernhof bei Mayen», a.a.O., 141–52; E.M. Wightman, *Roman Trier and the Treviri* (London 1970), 139.

349 P. Steiner, «Die römische Villa von Bollendorf», *Trierer Jahresberichte* XII (1923), 1–59.

350 *Trierer Zeitschrift* XXIV–XXVI (1956–58), Jahresberichte, 511–26; E.M. Wightman, a.a.O., 139–41 (Plan, Abb. 13).

351 Decimus Magnus Ausonius, *Mosella* 321–48; F. Marx, «Ausonius' Lied von der Mosel», *Rh. Mus.* 80 (1931), 368–92.

352 H. Mylius, «Die Rekonstruktion der römischen Villen von Nennig und Fliessem», *Bonner Jahrbücher* CXXIX (1924), 109–20; E.M. Wightman, a.a.O., 145–47 (Plan, Abb. 16); P. MacKendrick, *Romans on the Rhine* (New York 1970), 147–51 (Grundrisse und Pläne, 148; Mosaik, 151).

353 Eine Pfeifenorgel mit einem Luftdruck-System, das mit Wasser reguliert wurde, fand man in der Garnisonsstadt von Aquincum (Ungarn). W. Walcker-Mayer, *Die römische Orgel von Aquincum* (Stuttgart 1970); P. MacKendrick, a.a.O., 202–4 (Tafel, Modell).

354 P. Fremersdorf, *Der römische Gutshof Köln-Müngersdorf* (Berlin 1933); H. Schmitz, «Die wirtschaftliche Bedeutung des römischen Gutshofes in Köln-Müngersdorf», *Bonner Jahrbücher* CXXXIX (1934), 80–93; P. MacKendrick, a.a.O., 55–8 (Modell, 57); E.M. Wightman, a.a.O., 153–4, 156, 185.

355 *Trierer Zeitschrift* XVI–XVII (1941–42), Jahresberichte, 229–35; P. MacKendrick, a.a.O., 145–7 (Rekonstruktionszeichnung).

356 E. Gose, «Die Kaiserliche Sommerresidenz in Konz, Landkreis Saarburg», *Germania* XXXIX (1961), 204–6; E.M. Wightman, a.a.O., 165–8 (Plan, Abb. 19); P. MacKendrick, a.a.O., 243–4.

357 F. Kutzbach, «Das ältere Hochschloß in Pfalzel bei Trier», *Germania* XIX (1935), 40–53; J. Steinhausen, «Palatiolum und Venatius Fortunatus», in *Aus Mittelalter und Neuzeit, Festschrift G. Kallen* (Bonn 1957), 303–15; E.M. Wightman, a.a.O., 168–9 (Plan, Abb. 20).

358 H. Mylius, a.a.O., 120–8; P. MacKendrick, a.a.O., 144 (Plan, Modell, 146); E.M. Wightman, a.a.O., 143–145 (Plan, Abb. 15).

359 F. Fremersdorf, *Das römische Haus mit dem Dionysos-Mosaik vor dem Südportal des Kölner Domes* (Berlin 1956); ders., *Das Dionysos-Mosaik in dem römischen Haus vor dem Südportal des Kölner Domes* (Köln 1957); O. Doppelfeld, «Das Dionysos-Mosaik am Dom zu Köln», *Schriftenreihe der archäologischen Gesellschaft Köln* VIII, 3 (1967).

360 E.M. Wightman, a.a.O., 145 (Tafel 6 b).

361 F. Drexel, «Die Bilder der Igeler Säule», *Römische Mitteilungen* XXXVIII (1920), 83–142; H. Dragendorff, E. Krüger, *Das Grabmal von Igel* (Trier 1924); P. MacKendrick, a.a.O., 239–44 (Ill.).

362 P. MacKendrick, a.a.O., 190–1 (Ill.).

363 W. von Massow, *Die Grabmäler von Neumagen* (Berlin 1932), 132 ff., mit Rekonstruktionen; E.M. Wightman, a.a.O., Tafeln 14a, 14b, 16c, 17a; P. MacKendrick, a.a.O., 234–9.

364 F. Oertel, «Die römische Villa bei Blankenheim in der Eifel», *Bonner Jahrbücher* CXXIII (1916), 210–25; P. MacKendrick, a.a.O., 143–4 (Modell, Phasen I und III).

365 H. Koethe, «Die Hermen von Wellschbillig», *Jahrb. d. deutsch. Arch. Inst.* L (1935), 198–237; E.M. Wightman, a.a.O., 169–70 (Tafeln 13a, 13b); P. MacKendrick, a.a.O., 151–3 (Rekonstruktionszeichnung des Beckens).

366 Vgl. Anm. 351: *Mosella* 20–22.

367 *Die Römer in Baden-Württemberg*, Hrsg. Ph. Filtzinger/D. Planck/B. Cämmerer, (Stuttgart 1976), S. 129–135.

368 Eine vortreffliche Zusammenstellung über die *villae rusticae* in der Schweiz stammt von Walter Drack, *UFAS* V, Die Gutshöfe, S. 49–72.

369 Villa Seeb: Drack, *UFAS* V, S. 52 und Abb. 2; ders., Der römische Gutshof bei Seeb, *Archäologische Führer der Schweiz* 1, Basel 1969; Villa Oberentfelden: Drack, *UFAS* V, S. 52 und Abb. 1; Villa Munzach: Drack, *UFAS* V, S. 53 und Abb. 4; Villa Hölstein: R. Fellmann, Die gallo-römische Villa rustica von Hinterbohl bei Hölstein, *Baselbieter Heimatbuch* V, 1950, S. 28–78; zur Frage des Hallen-Basilika-Typus allgemein vgl. J.T. Smith, Romano-british aisled Houses, *The Archaeological Journal*, Vol. 120, 1964, 1–30; Villa Orbe/Boscéaz: V.v. Gonzenbach, Die römischen Mosaiken von Orbe, *Archäologische Führer der Schweiz* 4, 1974; Drack, *UFAS* V, S. 52 und Abb. 5; Denis Weidmann, L'établissement romain d'Orbe/Boscéaz, *Archäologie der Schweiz* 1, 1978, Heft 2, S. 84–86; Villa Laufen/Müschhag: A. Gerster, Der römische Gutshof im Müschhag bei Laufen, *Helvetia Archaeologica* Nr. 33, 9, 1978, S. 2 ff.

370 Villa von Pully: Denis Weidmann, La villa romaine du Prieuré à Pully, *Archäologie der Schweiz* 1, 1978, Heft 2, S. 87–92.

371 Allgemein zu den *vici* und ihren Bauten: Harald v. Petrikovits, Kleinstädte und nichtstädtische Siedlungen im Nordwesten des römischen Reiches, in: *Das Dorf der Eisenzeit und des frühen Mittelalters*, Abh. Akad. Wiss. Göttingen, Philolog.-hist. Klasse, 3. Folge, Nr. 101, Göttingen 1977, S. 86–135; Franz Oehlmann: Gallorömische Strassensiedlungen und Kleinhausbauten, *Bonn. Jbb.* 128, 1923, S. 77–97; Vicus Bern/Engehalbinsel: H.-J. Müller-Beck und E. Ettlinger, Die Besiedlung der Engehalbinsel in Bern auf Grund des Kenntnisstandes von 1962, *43./44. Ber. RGK.* 1962–63, S. 107–153; Vicus Chur: A. Defuns und J.R. Lengler, Die Bergung der römischen Wandmalereien von Chur-Welschdörfli, *Archäologie der Schweiz* 2, 1979, Heft 2, S. 103 ff. (mit gutem Plan); Vicus Baden/Aquae Helveticae: H. Doppler, Baden in römischer Zeit, *Helvetia Archaeologica* 1, 1970, 2, S. 26 ff.; Vicus Lenzburg: H.-R. Wiedemer und Th. Tomasević, Lenzburg, *Jber. Ges. pro Vindonissa* 1967 (1968), S. 63 ff.; Vicus Lousonna: H. Bögli, Lousonna, *Revue Historique Vaudoise*, 71, 1963, S. 97–186; G. Kaenel, Vidy, *Mitt. Bl. der Schweiz. Ges. f. Urgeschichte* 7, 1976, 28, S. 5 ff.;

G. Kaenel und A. Tuor, Les Basiliques romaines de Nyon et de Vidy, *Archäologie der Schweiz* 1, 1978, 2, S. 79 ff. (mit Plan des neuesten Forschungsstandes).

372 G. Walser, *Römische Inschriften in der Schweiz,* 1. Teil, Westschweiz, (Bern 1979), Nr. 57, S. 122.

373 G. Walser, a.a.O. Nr. 17, S. 42 = CIL XII 2610.

374 H. Bögli, *UFAS* V, S. 36 und Abb. 4 und 7.

375 R. Laur-Belart, *Führer durch Augusta Raurica,* 4. Aufl. (Basel 1966), Abb. 92.

376 C. E. Stevens, «Britain between the Invasions», in *Aspects of Archaeology in Britain and Beyond* (W.F. Grimes, ed.) (London 1951).

377 J. K. St Joseph, «The Contribution of Aerial Photography», *The Civitas Capitals of Roman Britain* (J.S. Wacher, ed.) (Leicester 1966).

378 H.W. Bowen, «The Celtic Background», in *The Roman Villa in Britain* (A. L. F. Rivet, ed.) (London 1969), 1–48.

379 Vgl. K.D. White, *Roman Farming* (London 1970).

380 S. Applebaum, «Agriculture in Roman Britain». *Agricultural History Review* VI (1958), 68–86.

381 Vgl. A.L.F. Rivet, *Town and Country in Roman Britain* (London 1966), 37–40 (Plan, 109) (Little Woodbury, Wilts.).

382 Sheppard Frere, *Britannia: a history of Roman Britain* (London 1967), 265.

383 J.B. Ward-Perkins, Antiquaries Journal XVIII (1938), 339–76; id., *Antiquity* XIV (1940), 317 ff.; und G. Websters Neubeurteilung in *The Roman Villa in Britain* (ed. A. L. F. Rivet), 243–6.

384 *Arch. J.* CII (1945), 21–110; CXVIII (1961), 100–35.

385 A.L.F. Rivet, Town and Country in Roman Britain, 111–12 (Luftaufnahme, Watts Wells, Ditchley); J. Liversidge, *Britain in the Roman Empire* (London 1967), 108 (Plan der Ausgrabung).

386 W.H. Manning, «The Villas in Roman Britain», *Antiquity* XXXVI (1962), 56 ff.; Sir Ian Richmond, «The Plans of Roman Villas in Britain», in The Roman Villa in Britain (A. l. f. Rivet, ed.), 49–70; A. L. F. Rivet, *Town and Country, passim.*

387 Vgl. C. F. C. Hawkes, «Britons, Romans and Saxons around Salisbury and in Cranborne Chase», *Arch. J.* CIV (1948), 27–81.

388 S. Frere, a. a. O., 265.

389 S. Frere, a. a. O., 247–8.

390 Vgl. Sir Ian Richmond, «Industry in Roman Britain», in J.S. Wacher (ed.) *The Civitas Capitals of Roman Britain,* 76–86; P. Solway, *The Frontier Peoples of Roman Britain* (Cambridge 1967), 167 ff.; I. Liversidge, a. a. O., 68 ff.; S. Frere und andere, *Verulamium Excavations,* Bd. I (Oxford 1972), beschreibt eine lange Reihe von Ladenlokalen in Steinbautechnik entlang des *cardo maximus* mit einer Frontkolonnade oder Porticus (275 n. Chr.).

391 G.C. Boon, Roman Silchester: *The Archaeology of a Romano-British Town* (London 1957): Kapitel VI, Häuser (134–52), Kapitel VII, Wohnen (157–73).

392 Vgl. M. R. Hull, *Roman Colchester* (Oxford 1958).

393 Vgl. R. Merrifield, *The Roman City of London* (London 1965); J. Liversidge, a. a. O., 102–13; W. F. Grimes, *The Excavation of Roman and Mediaeval London* (London 1967).

394 Vgl. B. Cunliffe, *Roman Bath* (Society of Antiquaries Research Report, London 1969); id., *Roman Bath Discovered* (London 1971).

395 Vgl. B. Cunliffe, Excavations at Fishbourne, 1961–1969. Bd. I: The Site. Bd. II: The Finds. The Society of Antiquaries, London 1971; ders., Fishbourne. *A Roman Palace and its Garden* (London 1971).

396 M.M. Gabriel, *Livia's Garden Room at Prima Porta* (New York 1955).

397 A. L. F. Rivet, *Town and Country in Roman Britain,* 105.

398 Vgl. G.W. Meates, *Lullingstone Roman Villa* (London 1955); id., *Lullingstone Roman Villa* (London 1963; Nachdruck 1966).

399 V.E. Nash Williams, «The Roman Villa at Llantwit-Major in Glamorgan», *Archaeologica Cambrensis* CII (1953), 89–163; und Neubeurteilung von Graham Webster in A. L. F. Rivet (ed.), *The Roman Villa in Britain,* 238–43.

400 J.T. Smith, «Romano-British Aisled Houses», *Arch. J.* CXX (1964), 1–30; S. Frere, a. a. O., 270 ff. (Scheune/Wohnung, Villa vom basilikalen Typus).

401 S.E. Winbolt und G. Herbert, *The Roman Villa at Bignor,* Sussex (Guidebook, Chichester, o. Jahr).

402 Vgl. S. Lysons, *An Account of Roman Antiquities discovered at Woodchester in the County of Gloucester* (1797); *Transactions Bristol and Gloucester Archaeological Society* XLVIII (1927), 75–96; LXXIV (1956), 172–5.

403 Die Wohnung zusammen mit der Werkstatt ist eher ein Vermächtnis aus den gallischen Provinzen denn aus Rom selbst. Diese Kombination lebt bis in unsere Tage in den alten Familienbetrieben weiter. Wir haben hier die Gegenwelt zu den Warenhäusern vor uns; es handelt sich nicht um für Massenherstellung eingerichtete Betriebe sondern um solche für sorgfältig hergestellte, vorbestellte Einzelanfertigungen. – Sir Ian Richmond, *The Civitas Capitals of Roman Britain* (ed. J.S. Wacher), 76. Vgl. auch L. Rossi, *Trajan's Column and the Dacian Wars* (London 1971), zweistöckige Läden in Rumänien; P. Salway, a. a. O., 167 ff. (Häuser und Läden in den *vici* Britanniens).

404 S. Frere, «The End of Towns in Roman Britain», in J.S. Wacher (ed.), *The Civitas Capitals of Roman Britain.*

405 Für soziale und wirtschaftliche Blickpunkte vgl. A. L. F. Rivet, *The Roman Villa in Britain,* 173–216; für kritische Einschätzung der Villa-Forschung, vgl. G. Webster, «The Future of Villa Studies», *The Roman Villa in Britain* (A. L. F. Rivet, ed.), 217–49.

406 Vgl. G.C. Boon, *Roman Silchester;* A. Birley, *Life in Roman Britain* (London 1964); J. Liversidge, *Britain in the Roman Empire.* Diese Abrisse liefern zusätzliche Details und Beispiele für jeden Aspekt des häuslichen Lebens im römischen Britannien.

407 D. Harden, «Domestic Window Glass, Roman, Saxon and

Mediaeval», in E.M. Jope (Hrsg.), *Studies in Building History* (London 1961), 44–52; G. Webster, «Roman Windows and Grilles», *Antiquity* XXIII (1959), 10–14.

408 Vgl. J. Liversidge, «Wall-paintings from Verulamium», *British Museum Quarterly* XXXV (1971), 87–93; id., *Britain in the Roman Empire,* 84–101; id., «Furniture and Interior Decoration», in *The Roman Villa in Britain* (Hrsg. A.L.F. Rivet), 127–72; und als Hintergrund für die Wandmalereien in Verulamium, J.M.C. Toynbee und J.B. Ward-Perkins, «Peopled Scrolls: a Hellenistic motif in Imperial Art», *PBSR* XVIII (1950).

409 K.S. Painter, «Villas and Christianity in Roman Britain», *British Museum Quarterly* XXXV (1971), 156–75.

410 Vgl. I. Antony, «The Roman Building at Gorhambury», *St. Albans Architectural and Archaeological Society Transactions* (1961), 21–30. Für zusätzliche Stuckverzierungen in der Villa von Bignor und in Fishbourne, vgl. die Berichte (oben).

411 Für christliche Mosaiken vgl. J.M.C. Toynbee, *Art in Britain under the Romans* (Oxford 1964), 228 ff.; id., *The Christian Roman Mosaic, Hinton St. Mary, Dorset,* Dorset Monographs III, Dorset Natural History and Archaeological Society, 1964; K.S. Painter, «The Roman Site at Hinton St. Mary», *British Museum Quarterly* XXXII (1967), 15–31; D.J. Smith, «The Mosaic Pavement», in *The Roman Villa in Britain* (A.L.F. Rivet, ed.), 71–125.

412 G.C. Boon, *Roman Silchester,* 102; siehe auch 101–14 für einen detaillierten Bericht über das Hypokaustsystem in Silchester; auch J. Liversidge, *Britain in the Roman Empire,* 41–50; G. De Angelis D'Ossat, *Tecnica costruttiva e impianti delle terme* (Mostra della Romanità: Civiltà romana, No. 23, Rom 1940); R.J. Forbes, *Studies in Ancient Technology,* Bd. V: Wärme und Heizung, Kühlung, Licht (2. Aufl. 1966).

413 Für den wiederaufgebauten Hypokausten in der Saalburg und die dortigen Experimente vgl. F. Kretzschmer, «Hypokausten», *Saalburg Jahrbuch* XII (1953), 7–41 und neuerdings H. Hüser, «Wärmetechnische Messungen an einer Hypokaustanlage in der Saalburg», *Saalburg Jahrbuch* XXXVI (1979), 12–30 und D. Baatz, «Heizversuche an einer rekonstruierten Kanalheizung in der Saalburg», *Saalburg Jahrbuch* XXXVI (1979), 31–44.

414 Über den Aquädukt und die Pumpe von Lincoln, F. Thompson, *Roman Lincoln,* 1945–54 (Lincoln 1955); J. Liversidge, a.a.O., 50–7 (Drainage, Wasserversorgung); G.C. Boon, *Roman Silchester,* 159–60 (Pumpe für Quellwasser, Abb. 31); S. Frere, a.a.O., 245 f. (Abwasserkanal von Verulamium, etc.).

415 J. Liversidge, *Furniture in Roman Britain* (London 1955); und «Furniture and Interior Decoration», in *The Roman Villa in Britain* (A.L.F. Rivet, ed.), 127–72.

416 Vgl. K. Jackson, *Language and History in Early Britain* (Edinburgh 1953) für eine Liste von lateinischen Wörtern, die in brittonischen Sprachen weiterleben, zusammen mit dem Artikel oder dem Begriff, z.B. plumbum, stagnum, columna, cuneus, fenestra, maceria, paries, porta, postis, scala, transtrum, vitrum, cera, flamma, focus, fontana, puteus und taberna; und J.W. Brailsford, *The Mildenhall Treasure: a Handbook* (2. Aufl., London 1955), ein Silberservice aus dem 4. Jh. n. Chr. mit speziell christlichem Charakter.

417 J.J. Wilkes, «The Military Achievement of Augustus in Europe, with special reference to Illyricum», *University of Birmingham Historical Journal* X (1965), 1–27.

418 E.B. Thomas, *Römische Villen in Pannonien* (Budapest 1964).

419 H. Daicoviciu, *Dacii* (Budapest 1965); L. Rossi, *Trajan's Column and the Dacian Wars* (London 1971).

420 Vgl. A. Boëthius und J.B. Ward-Perkins, *Etruscan and Roman Architecture* (Harmondsworth 1970), 363 ff.; P. MacKendrick, *Romans on the Rhine* (London 1970), 140 ff.

421 P. MacKendrick, a.a.O., 141–2 (Plan S. 142).

422 P. MacKendrick, a.a.O., 140–1 (Plan 5.8).

423 Vgl. J. Szilagyi, *Aquincum* (Berlin 1956).

424 Vgl. E. Swoboda, *Carnuntum: seine Geschichte und seine Denkmäler* (Römische Forschungen in Niederösterreich), (4. Aufl. Graz und Köln 1964).

425 L. Septimius Severus, Gouverneur von Oberpannonien, Mitglied einer punischen Familie, gebürtig aus Leptis Magna, wurde von seinen Legionen bei Carnuntum im Jahre 198 n. Chr. zum Kaiser ausgerufen.

426 Der heutige Ortsname Split oder Spalato wird üblicherweise von *palatium* hergeleitet. J.J. Wilkes *(Dalmatia,* 388) verbindet richtigerweise den Namen mit dem späten römischen Ortsnamen Aspalathus, nach einer dornigen Pflanze, die eine Essenz für Parfüm und duftende Öle lieferte.

427 Vgl. E. Hebrard, J. Zeiller, *Le Palais de Dioclétien* (1912); K.M. Swoboda, *Römische und romanische Paläste,* 148 ff.; T. und J. Marasovic, *Diocletian Palace* (Zagreb 1968); A. Boëthius und J.B. Ward-Perkins, a.a.O., 524–9 (Abb. 200, 201); L. Crema, *L'Architettura romana,* 612–19 (Abb. 775, 810–13, 824); J.J. Wilkes, *Dalmatia,* 387 ff.; R. Fellmann, «Der Diokletianpalast von Split im Rahmen der spätrömischen Militärarchitektur», *Antike Welt,* 1979, 2, 47–55.

428 A. Boëthius und J.B. Ward-Perkins, a.a.O., 528; G. Downey, «The Palace of Diocletian at Antioch», *Annales archéologiques de Syrie* III (1953), 106 ff.

Bibliographie

Allgemeine und einführende Arbeiten

Anderson, W. J., *Architecture of Greece and Rome* (London 1927)
Blake, M., *Ancient Roman Construction in Italy from the Prehistoric Period to Augustus* (Washington 1947)
Ders., *Roman Construction in Italy from Tiberius through the Flavians* (Washington 1959)
Boëthius, A., and Wark-Perkins, J. B., *Etruscan and Roman Architecture* (Harmondsworth 1970)
Brown, F. E., *Roman Achitecture* (New York 1961)
Crema, L., *L'Architettura romana (Enciclopedia Classica,* III, vol. 12, I) (Turin 1959)
Etruscan Culture, Land and People; Archaeological Research and Studies conducted in San Giovenale and its environs by members of the Swedish Institute in Rome (New York und Malmö 1962)
Fyfe, H., *Hellenistic Architecture* (London 1936)
Graham, J. W., 'The Greek and the Roman House', *Phoenix* XX, 1966, 3–31
Grimal, P., *Les Jardins romains à la fin de la république et aux deux premiers siècles de l'empire* (Bibliothèque des Écoles françaises d'Athènes et de Rome, CLV) (Paris 1943)
Homo, L., *Rome impériale et l'urbanisme dans l'antiquité* (Paris 1951) s. v. *insula, cenaculum, villa,* etc.
Lawrence, A. W., *Greek Architecture* (Harmondsworth 1957)
Lugli, G., *La Tecnica edilizia romana con particolare riguardo a Roma e Lazio,* 2 Bde. (Rom 1957)
Macdonald, W. L., *The Architecture of the Roman Empire* I: *An Introductory Study* (New Haven, Conn., 1965)
Mansuelli, G. A., *Le ville nel mondo romano* (Mailand 1958)
Martin, R., *L'urbanisme dans la Grèce antique* (Paris 1954)
Nash, E., *Pictorial Dictionary of Ancient Rome*[2] (2 Bde. London 1968)
Plommer, H., *Ancient and Classical Architecture* (London 1956)
Robertson, D. S., *A Handbook of Greek and Roman Architecture*[2] (Cambridge 1954)
Scranton, R. L., *Greek Architecture* (New York 1962)
Vitruvius, *De Architectura* libri X, ed. C. Fensterbusch (mit dt. Übersetzung) (Darmstadt 1964)
Wheeler, R. E. M., *Roman Art and Architecture* (London 1964)
Wycherley, R. E., *How the Greeks Built Cities*[2] (London 1962)

Die etruskischen Grundlagen

Åkerström, A., Studien über die etruskischen Gräber (*Acta Instituti Romani Regni Sueciae,* III) (1934)
Banti, L., *Il Mondo degli Etruschi* (Rom 1960)
Boëthius, A., and Ward-Perkins, J. B., *Etruscan and Roman Architecture* (London 1970), Part I, ch. 3, Etruscan Architecture, 25–83
Demus-Quatember, M., *Etruskische Grabarchitektur* (Baden-Baden 1958)
Dennis, G., *The Cities and Cemeteries of Etruria* (London 1883)
Ducati, P., *Etruria antica* (Turin 1927)
Durm, J. W., *Die Baukunst der Etrusker und Römer* (Stuttgart 1905)
Heurgon, J., *La Vie Quotidienne chez les Étrusques* (Paris 1961)
Mansuelli, G. A., *Etruria and Early Rome* (London 1966)
Pallottino, M., *Etruscologia*[6] (Mailand 1968)
Ders., *Le Origine degli Etruschi* (Rom 1947)
Pareti, L., *La tomba Regolini-Galassi* (Rom 1947)
Richardson, E. H., *The Etruscans* (Chicago 1964)
Scullard, H. H., *The Etruscan Cities and Rome* (London 1967)
Wolstenhome, G. E. W., and O'Connor, C. M., (Herausg.), *Ciba Foundation Symposium on Medical Biology and Etruscan Origins* (London 1959).
Dieselben (Herausg.), *Etruscan Culture, Land and People,* Archaeological Research and Studies conducted in San Giovenale and its environs by members of the Swedish Institute in Rome (New York und Malmö 1962)

Die italischen Stadthäuser: Pompeji, Herculaneum und Cosa

Boëthius, A., and Ward-Perkins, J. B., *Etruscan and Roman Architecture* (Harmondsworth 1970), 118 ff., 152 ff., 312 ff.
Brion, M., *Pompeii and Herculaneum: The Glory and the Grief* (New York 1961)
Brown, F. E., 'Cosa I, History and Topography', *MAAR* XX, 1951, 5–114
Ders., Richardson, E. M., and Richardson, L., Jr., 'Cosa II: The Temples of the Arx', *MAAR* XXVI, *1960*
Carrington, R. C., *Pompeii* (Oxford 1936)
Catalano, V., *Storia di Ercolano* (Neapel 1953)
Corti, E., *The Destruction and Resurrection of Pompeii and Herculaneum* (London 1951)

Crema, L., *L'Architettura romana (Enciclopedia Classica,* III, vol. 12, I) (Turin 1959)
D'Arms, J. H., *Romans on the Bay of Naples* (Cambridge, Mass. 1970)
De Franciscis A., *The Pompeian Wall Paintings in the Roman Villa of Oplontis* (Recklinghausen 1975)
Deiss, J. J., *Herculaneum, Italy's Buried Treasure* (New York 1966)
Della Corte, M. *Case ed abitanti di Pompeii*² (Pompeji 1954)
Étienne, R., *Pompeji, das Leben in einer antiken Stadt* (Stuttgart 1974)
Grant, M., *Cities of Vesuvius: Pompeii and Herculaneum* (London 1972)
Grimal, P., *Les Jardins romains à la fin de la République et aux deux premiers siècles de l'Empire: Essai sur le naturalisme romain* (Bibliothèque des écoles françaises d'Athènes et de Rome, CLV (Paris 1943)
Jashemski, W. F. , *The Gardens of Pompeii, Herculaneum and the Villas Destroyed by Vesuvius* (New Rochelle, N. Y., 1979)
Lugli, G., *La Tecnica edilizia romana con particolare riguardo a Roma e Lazio* (2 Bd. Rom 1957)
MacKendrick, P. L., *The Mute Stones Speak* (London 1962)
Maiuri, A., *Ercolano: I Nuovi Scavi* (1927–1958) (Rom 1959)
Ders., *Herculaneum*⁵ *(Itinerari, 53)* (Rom 1959)
Ders., *Herculaneum and the Villa of the Papyri* (Novara 1963)
Ders., *Pompeii*¹⁴ *(Itinerari, 3)* (Rom 1970)
Ders., *Pompei ed Ercolano: Fra Case ed Abitanti* (Mailand 1959)
Ders., *L'Ultima Fase edilizia di Pompei* (Instituto di Studi Romani, Sezione Campana. Italia romana: Campania romana, II, Rom 1942)
Mau, A., *Pompeji in Leben und Kunst*
Polacco, L., *Tuscanicae dispositiones. Problemi di architettura dell' Italia protoromana* (Università di Padova. Pubblicazioni della facoltà di lettere e filosofia, XXVII) (Padua 1952)
Spano, G., *La Campania Felice nelle età più remote. Pompei dalle origini alla fase ellenistica* (Rom 1941)
Spinazzola, V., *Pompei alla luce degli scavi nuovi di Via dell'Abbondanza* (Anni 1910–1923) (Rom 1953)
van Buren, A. W., *A Companion to the Study of Pompeii and Herculaneum* (Rom 1938)
Dies., s. v. 'Pompeii', in *RE* XXI (1952), cols. 1999–2038
von Duhn, F. K., *Italische Gräberkunde, umgearbeitet und ergänzt von F. Messerschmidt* (Bibliothek der klassischen Altertumswissenschaften, II) (Heidelberg 1924–39)
Warsher, T., *Codex Topographicus Pompeianus,* 37 Bde. (Rom 1936)

Rom und Ostia: Domus und Palatium

Becatti, G., 'Case Ostiensi del Tardo Impero', *BdA,* 1948, 102–28; 197–224
Blake, M.E., *Roman Construction in Italy from Tiberius through the Flavians* (Washington 1947), 115–123 (Domitian-Palast).
von Blanckenhagen, P.H., *Flavische Architektur und ihre Dekoration* (Berlin 1940)
Boëthius, A., 'Vitruvius and the Roman Architecture of his Age', *Dragma... M. Nilsson* (Lund 1939), 114–43.
Ders., 'The Neronian Nova Urbs', *Corolla Archeologica,* 1932
Ders., 'Remarks on the Development of Domestic Architecture in Rome', *AJA,* 1934, 158 ff.
Brown, F. E., *Roman Architecture* (New York 1961)
Carettoni, G., et al., *La Pianta marmorea di Roma* I (Rom 1961)
Gatti, G., 'Caratteristiche edilizie di un quartiere di Roma antica», *Saggi in onore... V. Fasolo* (Rom 1961), 49–66
Grant, M., *The Roman Forum* (London 1972)
Harsh, P.W., 'Origins of the *Insulae* at Ostia', *MAAR,* 1935 9 ff.
Kähler, H., *The Art of Rome and Her Empire* (New York 1963)
Lugli, G., *Roma antica* (Rom 1946), 509–17 (Palast des Domitian)
Ders., *Capitolium,* 1947, 41–50 (vor-neronisches Rom)
Mac Donald, W.L., *The Architecture of the Roman Empire* I: *An Introductory Study* (New Haven, Conn. 1965), ch. 3.
Meiggs, R., *Roman Ostia* (Oxford 1960)
Packer, J. E., 'The Insulae of Imperial Ostia' (unveröffentl. Diss., Rom und Berkeley 1964)
Ders., 'The *Insulae* of Imperial Ostia', *MAAR,* 1971, esp. 65–79
Robathan, D.M., 'Housing Conditions in Ancient Rome', *Classical Outlook,* 1953, 33–5
Wataghin-Cantino, G., *La Domus Augustana: personalità e problemi dell'architettura flavia* (Turin 1966)

Italische Mehrfamilienhäuser

Becatti, G., *Scavi di Ostia: I mosaici e i pavimenti marmorei* (Rom 1961)
Blake, M. E., *Roman Construction in Italy from Tiberius through the Flavians* (Washington 1959)
Boëthius, A., 'Remarks on the Development of Domestic Architecture in Rome', *AJA* XXIV, 1934, 158–70
Ders., *The Golden House of Nero* (Michigan 1960), 129–85
Ders., *Town Architecture in Ostia* (Göteborg 1951)
Ders., und Ward-Perkins, J. B., *Etruscan and Roman Architecture* (Harmondsworth 1970)
Buttafava, C., *Elementi architettonici ostiensi* (Mailand 1963)
Calza, G., 'Le botteghe in Roma antica', *Capitolium* XIV, 1939, 221–30
Calza, G., Becatti, G., et al., *Scavi di Ostia,* Bde. I–IV (Rom 1953–61)
Calza, G., and Nash, E., *Ostia* (Rom 1959)
Carcopino, J., *Daily Life in Ancient Rome* (New Haven, Conn. 1940)
Dudley, D. R., *Urbs Roma* (London 1967)
Frier B. W., 'The Rental Market in Early Imperial Rome', *JRS* 67 (1977) 27–37.
Germano, P., *La casa celimontana dei SS. Martiri Giovanni e Paolo* (Rom 1894)
Harsh, P. W., 'The Origins of the *Insula* at Ostia', *MAAR* XII, 1935

Grant, Michael, *The World of Rome* (London 1960)
MacMullen, Ramsay, *Soldier and Civilian in the Later Roman Empire* (Cambridge, Mass. 1963)
Mattingly, H., *Roman Imperial Civilization* (London 1957)
Mommsen, Th., Römische Geschichte, Bd. 5, Die Provinzen von Caesar bis Diokletian, 6. Aufl. (Berlin 1908)
Millar, Fergus, et al., *The Roman Empire and its Neighbours* (London 1967)
Petit, P., *La Paix romaine* (Paris 1967)
Rostovtzeff, M.I., *The Social and Economic History of the Roman Empire*[2] (rev. by P.M. Fraser, Oxford 1957)
Walbank, F.W., *The Awful Revolution, The Decline of the Roman Empire in the West* (Liverpool 1969)

Asia und die östlichen Provinzen

Akurgal, Ekrem, *Ancient Civilizations and Ruins of Turkey* (Istanbul 1973)
Bean G.E., *Kleinasien, ägäische Türkei von Pergamon bis Didyma* (Stuttgart 1969)
Ders., *Kleinasien II, türkische Südküste von Antalya bis Alanya* (Stuttgart 1970)
Ders., *Kleinasien III, jenseits des Mäander, Karien mit dem Vilayet Muğla* (Stuttgart 1974)
Butler, H.C., *Ancient Architecture in Syria* (Princeton Univ. Archaeol. Exped. II B) (Leyden 1909)
Colledge, M.A.R., *The Parthians* (London 1962)
Cook, John, *Ionia and the East* (London 1967)
Downey, G.A., *A History of Antioch in Syria* (Princeton 1961)
Jones, A.H.M., *The Cities of the Eastern Roman Provinces*[2] (Oxford 1971)
Kraehling, Carl H., *Gerasa, City of the Decapolis* (New Haven, Conn. 1938)
Lawrence, A.W., *Greek Architecture* (Harmondsworth 1957)
Lepper, F.A., *Trajan's Parthian War* (Oxford 1948)
MacKendrick, P., *The Greek Stones Speak* (New York 1962)
Magie, David, *Roman Rule in Asia Minor to the end of the Third Century after Christ,* 2. Bde. (Princeton 1950)
Martin, Roland, *L'Urbanisme dans la Grèce antique* (Paris 1956)
Rosenbaum, E., et al., *A Survey of Coastal Cities in Western Cilicia* (Ankara 1967)
Rostovtzeff, M.I., Bellinger, A.R., et al., *The Excavations at Dura-Europos, conducted by Yale University and the French Academy of Inscriptions and Letters.* Final Reports, 1943 ff.
Rostovtzeff, M.I., *Caravan Cities* (Oxford 1932)
Ders., *The Social and Economic History of the Roman Empire*[2] (rev. by P.M. Fraser, Oxford 1957)

Die afrikanischen Provinzen: Ägypten, Cyrenaica, Africa, Proconsularis und Mauretania

Aurigemma, Salvatore, *L'Italia in Africa. Le scoperte archeologiche* (1911–43):
Ders., *Tripolitania:* Vol. I, 1–2 (Rom 1960–2). Publ. by Comitato per la documentazione dell'opera dell'Italia in Africa
Ders., *I Mosaici di Zliten* (Rom-Mailand 1926)
Baradez, J., *Fossatum Africae. Recherches aériennes sur l'organisation des confins sahariens à l'époque romaine* (Paris 1949)
Bell, H.I., *Egypt from Alexander the Great to the Arab Conquest* (Oxford 1948)
Benoit, F., *L'Afrique mediterranéenne* (Paris 1931)
Bianchi-Bandinelli, R., *Leptis. Magna* (Rom 1963)
Ders., *Rome, The Late Empire. Roman Art, AD 200–400,* transl. Peter Green (London 1971)
Birley, A., *Septimius Severus. The African Emperor* (London 1971)
Broughton, T.R.S., *The Romanisation of Africa Proconsularis* (Baltimore 1929)
Charles-Picard, G., *La Civilisation de l'Afrique Romaine* (Paris 1959)
Ders., 'Africo-romani centri', *Enciclopedia Universale dell'Arte* I, col. 147 ff. (Venedig-Rom 1959)
Di Vita, A., *Sabratha* (Basel 1969)
Floriani-Squarciapino, M., *Leptis Magna* (Basel 1966)
Gatti, C., 'Le ville maritime italiche e africane', *RIL* XCI (1957), 285–305
Germain, Suzanne, *Les mosaïques de Timgad: étude descriptive et analytique* (Paris 1969)
Gsell, Stephane, *Les monuments antiques de l'Algérie* (Paris 1901)
Haynes, D.E.L., *An Archaeological and Historical Guide to the pre-Islamic Antiquities of Tripolitania*[2] (Tripolis 1955)
Johnson, A.C., *Egypt and the Roman Empire* (The Jerome Lectures ser. 2) (Ann Arbor 1951)
Leschi, L., *Djémila: antique Cuicul.* (Algier 1953)
Lézine, A., *Carthage-Utique: Études d'Architecture et d'Urbanisme* (Paris 1968)
Luckhard, Fritz, *Das Privathaus im ptolemäischen und römischen Ägypten* (Bonn 1914)
Romanelli, P., *Storia delle province romane dell'Africa* (Studi pubblicati dall'Istituto Italiano per la Storia antica, XIV, Rom 1959)
Ders., *Topografia e archeologia dell'Africa Romana* (Turin 1970) S. 230–258, (Villen und Häuser)
Thebert, Y., *Cahiers de Tunisie* 19 (1971) 11 ff. (unterirdische Stadthäuser in Bulla Regia)
Thouvenot, R., *Les Ruines de Dougga* (Tunis 1958)
Warmington, B.H., *The North African Provinces from Diocletian to the Vandal Conquest* (Cambridge 1954)

Hispania

Alarcão, J., *Portugal Romano* (Lissabon 1974)
Almagro, M., *Ampurias, Guia de los excavaciones* (Barcelona 1951)
Bairrão, J.M., et al, *Conimbriga, Guia do Museu e das Ruinas* (Conimbriga 1972)
Garcia y Bellido, A., *Colonia Aelia Augusta Italica* (Madrid 1960)
MacKendrick, Paul *The Iberian Stones Speak: Archaeology in Spain and Portugal* (New York 1969)

Hermansen, G., *Phoenix* 24 (1970) 342 ff.
MacKendrick, P. L., *The Mute Stones Speak* (New York 1960) 251–65
Maiuri, A., *Ercolano, i nuovi scavi,* I, II (Rom 1958)
Meiggs, R., *Imperial Ostia* (Oxford 1960)
Packer, J. E., *'Roman Ostia: Architectural Structure and Decoration', AJA,* 1965, 172 ff.
Ders., *The Insulae of Imperial Ostia* (Diss. PhD, Berkeley 1964)
Ders., 'The *Insulae* of Imperial Ostia', *MAAR,* 1971
Robathan, D. M., 'Housing Conditions in Ancient Rome', *Classical Outlook,* 1930, 33–5
Squarciapino, M. F., 'Piccolo Corpus dei Mattoni Scolpiti Ostiensi', *Bull. Comm.,* 1956–58, 183–204
van Aken, A., 'The Cortile in Roman Imperial Insula-Architecture', *Svenska Institut i Rom,* Skrifter XV, 1950, 112–28
Ward-Perkins, J. B., 'The Italian Element in Late Roman and Early Mediaeval Architecture', *PBA,* 1951, 163–94
Wilson, F. H., 'Studies in the Social and Economic History of Ostia, *PBSR,* 1935, 41–68; 1938, 152–63

Italien: Villae rusticae, suburbanae und maritimae

Balsdon, J. P. V. D., *Life and Leisure in Ancient Rome* (London 1969)
Billiard, R., *L'Agriculture dans l'antiquité d'après les Géorgiques de Virgile* (Paris 1928)
Blake, M. E., *Roman Construction in Italy from Tiberius through the Flavians* (Washington 1959)
Boëthius, A., *The Golden House of Nero* (Michigan 1962)
Ders., und Ward-Perkins, J. B., *Etruscan and Roman Architecture* (Harmondsworth 1970)
Brehaut, E., *Cato the Censor on Farming* (Übersetzung und Kommentar) (New York 1933)
Crova, B., *Edilizia e tecnica rurale di Roma antica* (Mailand 1942)
D'Arms, J. H., *Romans on the Bay of Naples (Cambridge, Mass. 1970)*
Della Corte, M., *Case ed abitanti di Pompei,*[3] ed. P. Soprano (Neapel 1965)
Dubois, C., *Pouzzoles Antique, Bibliothèque des Écoles Françaises d'Athènes et de Rome,* fasc. 98 (Paris 1907)
Étienne, R., Pompeji, das Leben in einer antiken Stadt (Stuttgart 1974)
Frank, T., *An Economic Survey of Ancient Rome,* vol. I (Baltimore 1933); vol. V (Baltimore 1940)
Grimal, P., *Les Jardins romains à la fin de la république et aux deux premiers siècles de l'empire. Bibliothèque des Écoles françaises d'Athènes et de Rome, CLV* (Paris 1943)
Heitland, W. E., *Agricola, A Study in Ancient Agriculture from the Point of View of Labour* (Cambridge 1921)
Maiuri, A., *La Casa del Menandro* (Rom 1932), 186 ff, figs. 87–98
Ders., *La Villa dei Misteri*[2] (2 Bde. Rom 1947)
Mansuelli, G., *Le ville nel mondo romano* (Mailand 1958)
Mau, A., *Pompeji in Leben und Kunst* (Leipzig 1908)
McKay, A. G., *Ancient Campania I: Cumae and the Phlegraean Fields* (Hamiton, Canada 1972); *Ancient Campania II: Naples and Coastal Campania* (Hamilton, Canada 1972)
Rostovtzeff, M., *The Social and Economic History of the Roman Empire*[2] (Oxford 1957)
Swoboda, K. M., *Römische und romanische Paläste* (Wien 1924)
Tanzer, H. H., *The Villas of Pliny the Younger* (New York 1924)
Toynbee, A. J., *Hannibal's Legacy,* I, II (Oxford 1965)
van Buren, A. W., s. v. 'Villa,' *RE* 2 XVI (Halbbd. (1958), 2142–59
White, K. D., *Roman Farming* (London 1970)

Römische Innenausstattungen und Dekorationen

Becatti, G., *Arte e gusto negli scrittori latini* (Florenz 1951)
Beyen, H. G., *Die pompejanische Wanddekoration vom 2. bis 4. Stil* (Den Haag 1938)
Borda, M., *La Pittura romana* (Mailand 1958)
Calabi-Limentani, I., *Studi sulla società romana: il lavoro artistico* (Mailand 1958)
Curtius, L., *Die Wandmalerei Pompejis* (Leipzig 1929)
Dawson, C. M., *Romano-Campanian Mythological Landscape Painting* (New Haven, Conn. 1944)
Felletti Maj, B. M., 'La Casa e l'Arredamento', *Mostra della Romanità, Civiltà Romana,* No. 15 (Rom 1940)
Liversidge, J., *Furniture in Roman Britain* (London 1935)
Maiuri, A., *Roman Painting* (Genf 1953)
Mau, A., *Pompeji in Leben und Kunst* (Leipzig 1908)
Peters, W. J. T., *Landscape in Romano-Campanian Mural Painting* (Groningen 1963)
Richter, G. M. A., *The Furniture of the Greeks, Etruscans and Romans* (London 1966), 97–121
Schefold, K., *Die Wände Pompejis* (Berlin 1957)
von Blanckenhagen, P. H., and Alexander, C., 'The Paintings from Boscotrecase', *RM, VI Ergänzungsheft* (Heidelberg 1962)
Warsher, T., *Codex Topographicus Pompeianus* (Rom 1936)

Östliche Provinzen und Nordafrika
Die europäischen Provinzen

Allgemeines

Badian, F., *Roman Imperialism in the Late Republic* (Oxford 1968)
Balsdon, J. P. V. D., *Rome, The Story of an Empire* (New York 1972)
Brown, Peter, *The World of Late Antiquity* (London 1971)
Charlesworth, M. P., *The Rome Empire* (London 1951)
Frank, Tenney, *An Economic Survey of Ancient Rome,* 5 Bde. (Baltimore 1933–40). Vol. II, Roman Egypt to the reign of Diocletian; III, Britain, Spain, Sicily, Gaul; IV, Africa, Syria, Greece.

Sutherland, C.H.V., *The Romans in Spain, 217 B.C.-A.D. 117* (London 1939)
Syme, Sir Roland, *Colonial élites: Rome, Spain, and the Americas* (Oxford 1958)
Thouvenot, R., *Essai sur la province romaine de Bétique* (Paris 1940), Chapter X, 528–40
Wiseman, F.J., *Roman Spain, : an Introduction to the Roman Antiquities of Spain and Portugal* (London 1956)

GALLIA NARBONENSIS, GALLIA AQUITANIA, GALLIA LUGDUNENSIS

Benoit, F., *Recherches sur l'hellénisation du Midi de la Gaule* (Aix 1965)
Brogan, Olwen, K., *Roman Gaul* (London 1953)
Chevallier R., *Römische Provence* (Zürich 1979)
Dion, R., *Histoire de la vigne et du vin en France* (Paris 1959)
Donnadieu, A., *La Pompéi de la Provence: Fréjus* (Paris 1927)
Duval, P.-M., *La vie quotidienne en Gaule pendant la paix romaine* (Paris 1952)
Gauckler, P., et al., *Inventaire des mosaïques de la Gaule et de l'Afrique* (Paris 1909–15)
Grenier, A., *Manuel d'archéologie gallo-romaine,* 4 vols (Paris 1931–60)
Ders., 'La Gaule romaine', in Tenney Frank, *Economic Survey of Ancient Rome* III (Baltimore 1937), 379–664
Harmand, L., *L'Occident romain* (Paris 1960)
Hatt, J.-J., *Histoire de la Gaule romaine*[2] (Paris 1966)
LeGlay, M., Tourrenz, S., *Archeologia* 26 (1969) S.18–29 (St. Romain-en-Gal, luxuriöses Quartier von Vienne).
MacKendrick, Paul, *Roman France* (New York 1972)
Maeyer, R. De, *De Overblijfselen der Romeinsche Villa's in Belgie* (Antwerpen 1940)
Ders., *De Romeinsche Villa's in Belgie* (Antwerpen, 1937)
Pobé, Marcel (Jean Roubier, photographs), *The Art of Roman Gaul* (London 1961)
Powell, T.G.E., *The Celts* (London 1958)
Stern, H., *Receuil Général des Mosaïques de la Gaule* (Paris 1957, 1960, 1963)

GALLIA BELGICA, GERMANIA INFERIOR, GERMANIA SUPERIOR

Breuer, J., *La Belgique romaine* (Brüssel 1946)
Chadwick, N.K., *Poetry and Letters in Early Christian Gaul* (London 1955)
Cüppers, F., *Frühchristliche Zeugnisse im Einzugsgebiet von Rhein und Mosel,* W. Reusch, ed. (Trier 1965), 152–62
Filtzinger, Ph., Planck, D., und Cämmerer, B., *Die Römer in Baden-Württemberg* (Stuttgart 1976)
Holmes, T. Rice, *Caesar's Conquest of Gaul*[2] (Oxford 1911)
Jones, A.H.M., *Later Roman Empire* (Oxford 1964)
Koethe, H., 'Die Bäder römischer Villen im Trierer Bezirk', *Berichte der Römisch-Germanischen Kommission* XXX (1940), 43–131
MacKendrick, Paul, *Romans on the Rhine* (New York 1970)
Oelmann, E., 'Gallo-Römische Straßensiedlungen und Kleinhausbauten', *Bonner Jahrbücher* CXXVIII (1923), 77–97
Parlasca, K., *Die Römischen Mosaiken in Deutschland* (Römisch-Germanische Forschungen, Vol. XXIII, Berlin 1959)
Petrikovits, H. von., *Das römische Rheinland* (Köln 1960)
Schindler, R., *Landesmuseum Trier, Führer durch die vorgeschichtliche und römische Abteilung* (Trier 1970)
Schönberger, H., 'The Roman Frontier in Germany: an Archaeological Survey', *JRS* LIX (1969), 144–97
Stähelin, Felix, *Die Schweiz in römischer Zeit*[3] (Basel 1948)
Steiner, P., *Römische Landhäuser im Trierer Bezirk* (Berlin 1923)
Ders., *Das römische Landgut bei Fliessem.* Führer (1939)
Swoboda, K.M., *Römische und romanische Paläste*[3] (Wien 1969)
Ternes, C.M., 'Les Villas romaines du Grand-Duché de Luxembourg', *Helinium* VII (1967) 121–143
Thompson, E.A., *The Early Germans* (Oxford 1965)
Wightman, Edith M., *Roman Trier and the Treveri* (London 1970)

BRITANNIA

Birley, A., *Life in Roman Britain* (London 1964)
Birley, E., *Roman Britain and the Roman Army* (Kendal 1953)
Blair, Peter Hunter, *Roman Britain and Early England: 55 BC–AD 871* (London 1963)
Bonser, W., *A Romano-British Bibliography* (Oxford 1964)
Boon, George C., *Isca: the Roman Legionary Fortress at Caerleon, Mon.* (Cardiff 1972)
Ders., *Roman Silchester: The Archaeology of a Romano-British Town* (London 1957)
Burn, A.R., *Agricola and Roman Britain* (London 1953)
Corder, P., *The Roman Town and Villa at Great Casterton, Rutland,* i–iii (Nottingham 1951, 1954, 1961)
Dudley, D.R. and Webster, G., *The Rebellion of Boudicca* (London 1962)
Frere, S.S., *Roman Canterbury*[3] (1962)
Ders., *Britannia: a history of Roman Britain* (London 1967)
Jackson, Kenneth, *Language and History in Early Britain* (Edinburgh 1953)
Liversidge, Joan, *Britain in the Roman Empire* (London 1968)
MacMullen, Ramsay, 'Rural Romanization', *Phoenix* XXII (1968), 337–41
Richmond, I.A., *Roman Britain* (Pelican History of England I). (Harmondsworth 1955)
Ders., 'The Roman Villa at Chedworth', *Gloucestershire Archaeological Society* LXXVIII (1959), 5–23
Ders., 'Roman Britain', *JRS* L (1960)
Ders., *Roman Archaeology and Art* (London 1969) S.260–79 (Roman provincial palaces)
Rivet, A.L.F., *Town and Country in Roman Britain* (London 1958)
Ders., (ed.), *The Roman Villa in Britain* (London 1969)
Toynbee, J.M.C., *Art in Britain under the Romans* (Oxford 1964)

Wacher, J.S. (ed.), *The Civitas Capitals of Roman Britain* (Leicester 1966)
Ders., *The Towns of Roman Britain* (London 1975)
Wheeler, R.E.M. und T.V., *Verulamium: a Belgic and two Roman Cities* (Society of Antiquaries Research Report, XI, Oxford 1936)
White, K.D., *Agricultural Implements of the Roman World* (London 1967)
Ders., *Roman Farming* (London 1970)

RAETIA, NORICUM, PANNONIA UND DALMATIA

Alföldy, G., *Noricum*. Translation from German by A. Birley (London 1974)
Hoddinott, R.F., *Bulgaria in Antiquity* (London 1975)
Kellner, H.J., *Die Römer in Bayern*[3] (München 1976)
Thomas, E.B., *Römische Villen in Pannonien* (Budapest 1964)
Wilkes, J.J., *Dalmatia* (London 1969)

Glossar

Abacus: Quadratische (dorische) oder rechteckige (jonische) Tafel, die in den verschiedenen Säulenordnungen den oberen Teil des Kapitells bildet. Die Funktion des Abacus besteht darin, den Säulenschaft mit dem unteren Teil des Gebälks (oder Architravs) zu verbinden.

Abbondanza (Abundantia): Göttin des Überflusses.

Acheron: Fluß des Vergessens.

Aedicula: Kleines, tempelartiges (Haus-)Heiligtum.

Aedil: Römischer Beamter, dem die Aufsicht über die Spiele, die Getreideversorgung Roms, die Aufsicht über Straßen und Markt u.a.m. zustanden.

Aera: Zeitrechnung, System einer Zeitrechnung oder einer Jahreszählung.

Ager Pompeianus: Zum Pompeji gehöriges Umland.

Aggermauer: Mauer mit stadtseitig angeböschtem Erdwall.

Akroter: Bekrönung eines Tempelgiebels.

Alae: Zum Atrium hin offene Räume, die Ahnenbilder und Schränke bargen.

Ambilatio: Terrasse für Spaziergänge.

Amoretten: Kleine geflügelte Eroten.

Amphora: Transportgefäß für Wein, Öl und dgl., zweihenkelig.

Andromeda: Tochter des Kepheus, des Königs von Aethiopien, und der Kassiopeia. Ihre Mutter behauptete, schöner zu sein als Nereiden. Diese waren eifersüchtig und riefen Poseidon an, den Gott des Meeres; um ihnen gefällig zu sein, sandte dieser ein Meerungeheuer, das das Land des Kepheus verwüstete. Um den göttlichen Zorn zu besänftigen, wurde Andromeda an einen Felsen gefesselt und als Sühneopfer preisgegeben. Dort erblickte sie Perseus, tötete das Ungeheuer, befreite Andromeda und heiratete sie.

Andron: Den Männern vorbehaltener Raum, speziell für das Essen.

Annona: Staatliche Getreideversorgung und -verwaltung.

Antae: Seitlich vorgezogene Wände der Tempelcella.

Antiquarium: Gebäude zur Ausstellung antiker Funde.

Anubis: Ägyptischer Gott; er ist Einbalsamierer und Führer der Toten und wurde in der Gestalt des Wildhundes oder «ägyptischen Schakals» verehrt, wie viele ägyptische Gottheiten auch in Pompeji.

Apodyterium: Aus- und Ankleideraum in den Thermen.

Apollo: Sonnengott, Zwillingsbruder der Artemis.

Apsis: Runde Nische als Abschluß eines Raumes.

Archaisierend: Stilform, die eine Kunstart in alten Formen erstehen läßt.

Architrav (Epistyl): Von Säulen oder Pfeilern getragener Balken.

Ariadne: Tochter des Königs Minos von Kreta; nachdem Theseus sie auf Naxos verlassen hatte, wurde sie die Gemahlin des Dionysos.

Ars Amatoria: Liebeskunst (Lehrgedicht Ovids).

As: Römische Münze, im Umlauf seit dem 3. Jh. v. Chr.

Ascia: Querbeil, Dechsel.

Äskulap: Heros und zugleich Gott der Medizin, die er vom Kentauren Chiron erlernt hat; er ist an seinem Attribut zu erkennen: dem Stab, um den sich eine Schlange windet.

Astragalleiste: Eigentlich Knöchelleiste, Zierleiste aus alternierenden Halbkugeln und Scheibchen.

Atlant: Statue eines knieenden oder stehenden kräftigen Mannes, der auf dem Kopf eine Basis für ein Architekturglied trägt.

Atriolum: Kleines Atrium.

Atrium: Es ist der Kern der frühen italischen Wohnung und der zentrale Raum, um den sich die übrigen Zimmer des Hauses gruppieren. Man unterscheidet verschiedene Formen von Atrien, wobei man vor allem von den verschiedenen Konstruktionsformen des Daches ausgeht; in diesem Dach ist eine Öffnung *(compluvium)* ausgespart, die dem Raum Licht gibt und das Regenwasser in ein Becken *(impluvium)* gelangen läßt, das darunter und in der Mitte des Atriums liegt.

Atrium Corinthium: Mit *compluvium* und mehr als vier Säulen.

Atrium Displuviatum: Mit *compluvium* und nach außen abwässerndem Dach, in Pompeji nicht nachgewiesen.

Atrium Testudinatum: Mit geschlossener Decke und nach außen abwässerndem Dach, ohne *compluvium*.

Atrium Tetrastylum: Mit *compluvium* und vier Säulen.

Attika: Glatter Aufsatz über dem Hauptsims eines Bauwerks.

Auge: Tochter des Aleos, Königs von Tegea in Arkadien. Ein Orakel hatte Aleos vorausgesagt, seine Tochter werde einen Sohn bekommen, der seine Oheime töten und statt ihrer herrschen werde. Daher verbot er ihr zu heiraten. Als Auge einen Sohn von Herkules bekam, wurde sie an Sklavenhändler verkauft, während ihr Sohn Telephos in Arkadien blieb und von einer Hirschkuh ernährt wurde.

Auguren: Wahrsager aus dem Vogelflug.

Augustale: Priester des Kaiserkultes.

Aura: Luft, Personifikation der Lüfte.

Aurea Aetas: Goldenes Zeitalter.

Auxiliartruppen: Hilfstruppen, aus Soldaten ohne römisches Bürgerrecht.

Balcone Pensile: Vorkragender Balkon.
Baldachin: Schirmdach, Prunkhimmel aus Stoff über Altar, Thron, Bett.
Balneum: Bad.
Balteus: Schwertgurt. Auf das Pferdegeschirr bezogen, meint *balteus* auch das Schmuckband um den Hals und den Brustpanzer der Pferde.
Basilika: Dreischiffiges Bauwerk mit überhöhtem Mittelschiff.
Biclinium: Urspr. Speisesofa für zwei Personen, dann auch Speiseraum mit zwei Sofas.
Biga: Zweigespann.
Bottega (it.): Laden.
Bouleuterion (curia): Rathaus.
Bracae: Weite oder anliegende Beinkleider, die bei den Griechen und Römern als Charakteristikum der Barbaren galten.
Bucranium: Stierschädel, als dekoratives Element in Reliefs verwendet.

Caduceus: Attribut des Merkur, bestehend aus einem Stab, der in zwei Flügeln endet und um den sich symmetrisch zwei Schlangen ringeln.
Caldarium: Warmbaderaum in den römischen Thermen.
Calydonische Jagd: Sage aus dem Sagenkreis des klassischen Altertums; Jagd auf einen gefährlichen Eber. Hauptpersonen: Meleager und Atlanta.
Campanile: Freistehender Glockenturm einer Kirche.
Cardo Maximus: Hauptachse römischer Städte.
Carpe Diem: Nütze den Tag (röm. Redensrat).
Caseggiato (it.): Mehrfamilienhaus.
Castellum: Kastell, Festung.
Castellum Divisorium: Wasserverteiler, Wasserschloß.
Caupona: Schenke, Speisegaststätte.
Cavea: Ansteigender Zuschauerraum im römischen Theater.
Cella: Innenraum des Tempels, Standort des Kultbildes.
Cella Meretricia: Vermietbares Zimmer für käufliche Liebe. Größe ca. 4 m^2, direkt von der Straße zugänglich.
Cenaculum (Caenaculum): Speisezimmer, Obergeschoß.
Centurio: Führer einer *centuria* im römischen Heer (80 Mann).
Ceres: Göttin der Fruchtbarkeit.
Chalcidicum: Vorhalle.
Charon: Fährmann der Toten.
Chiton: Eins der wichtigsten Kleidungsstücke der Griechen beiderlei Geschlechts; er wurde direkt auf dem Körper getragen und war hemdförmig, mit Öffnungen fur den Kopf und die Arme. Man trug ihn als einziges Kleidungsstück oder unter anderen Gewändern entsprechend dem Typ des Chitons. Er war fein gefältelt, meistens aus Leinen und wurde oft in der Taille durch einen Gürtel zusammengehalten.
Chlamys: Oblonge Tracht für Reisende und Krieger, die mit einer Fibel auf der Schulter geschlossen wird.
Chtonisch: Auf die Erde bezogen, bei Göttern auf die Unterwelt.
Cippus: Denkstein, Grabstein, oft prismatisch.
Cisium: Leichter zweirädriger Wagen.
Classis Germanica: Römische Rheinflotte.
Clementia: Milde.
Cognomen: Beiname.
Collegium: Innung, Zunft, Verein, Bruderschaft.
Comitium: Ort für Wahlversammlungen.
Compluvium: Rechteckige Öffnung in dem nach innen geneigten Dach des Atriums zur Abführung des Regenwassers in das *impluvium*.
Conclavium: Länglicher, abgeschlossener Raum.
Consortium: Gemeinschaft, Genossenschaft aus Teilhabern gleichen Rechts.
Cornicularius: Unteroffizier mit der Funktion einer Art Stabssekretär.
Cortile: Innenhof.
Cryptoporticus: Unterirdischer überwölbter Umgang, der das Licht durch schräge Fensteröffnungen im Tonnengewölbe empfängt.
Cubiculum: Schlafzimmer.
Cuneus: Keilförmige Sitzabteilung im Bereich der *cavea* des Theaters.
Curator: Verwalter einer Korporation, auch eines *vicus*.
Curia: Rathaus.

Dado: Sockelzone einer Wandmalerei.
Decumanus Maximus: Hauptachse römischer Städte; rechtwinklig zum *cardo maximus*.
Dendophor: Religiöses Amt im Kult der Kybele.
Destriktorium: Raum zur Reinigung von Schweiß und Öl in den Thermen.
Diadochen: Nachfolger Alexanders des Großen.
Diaeta: Wohnraum, Aufenthaltsraum.
Dionysischer Zug: Zu den Gefährten des Dionysos (Bacchus), des Gottes des Weins und der mystischen Trunkenheit, gehören die Satyrn, Naturdämonen, die halb Mensch, halb Böcke sind, die Silene oder alten Satyrn, die Agrargötter Pan und Priapus, die Mänaden (wörtlich: besessene Frauen); letztere sind nackt oder mit leichten Schleiern bekleidet und spielen auf der Doppelflöte, schlagen einen Tamburin oder bewegen sich in leidenschaftlichem Tanz.
Dioskuren: Etymologisch Söhne des Zeus (Jupiter). Die Zwillingsbrüder Kastor und Pollux entstammen der Liebe des in einen Schwan verwandelten Jupiter und der Leda. Sie sind kriegerische Gottheiten und werden oft zu Pferd oder neben einem Pferd dargestellt; ihr typischer Kopfschmuck ist eine konische Kappe, nach einer Überlieferung die Hälfte des Eis, aus dem sie entsprungen sind.
Diptychon: Schreibmaterial aus zwei Holztäfelchen mit Wachsbelag, die durch Schnüre miteinander verbunden sind.
Distyl: Aus zwei Säulen bestehend.
Diversorium: Absteigequartier, Herberge, Gasthaus.
Dolium: Großes Vorratsgefäß aus Ton.
Domus: Haus für *eine* Familie.
Dromos: Laufbahn in der Palästra; Korridor, der zu einer Grabkammer führt.
Duoviri (Duumviri): Die beiden höchsten Magistratspersonen der röm. Kolonien.

Emporium: Stapelplatz für fremde Waren, Warenhalle. Davon abgeleitet *Emporiae* = Ampurias, Stadt in Spanien, Gründung durch Phokäer in der 1. Hälfte des 6. Jh. v. Chr.

Ephemer: Vergänglich, eigentlich «nur einen Tag lebend».

Epistyl: Balken über Säulen oder Pfeiler.

Ergastulum: Kleiner fensterloser Raum, Gefängnis für Sklaven.

Euripus: Kanalartiges Bassin im Ziergarten.

Exedra: Etymologisch im Griechischen äußerer Sitzplatz. Die Exedra ist in Griechenland und in Rom eine halbkreisförmige Bank, die von einer Halbkuppel überdacht sein kann. In den Privathäusern ist die Exedra ein «Konversations»-Raum, ein Salon. In Pompeji wechseln Ort und Form der Exedra je nach den Häusern, doch sie liegt allgemein in der Mittelachse der Wohnungen und öffnet sich in voller Breite auf die Portikus an der Seite des Peristyls, die dem *tablinum* gegenüberliegt.

Faber: Handwerker, Künstler.

Familia: Dienerschaft.

Familia Rustica: Landsklaven.

Familia Urbana: Stadtsklaven.

Fanum: Heiligtum.

Fauces: Eingangspartie des Hauses.

Favissa: Ort innerhalb eines Tempelbezirks, wo abgeräumte Weihgaben rituell vergraben wurden.

Flamen: Priester eines einzelnen Gottes.

Fontana (it.): Laufbrunnen.

Forum Civile: Marktplatz.

Forum Gallinarium: Geflügelmarkt.

Forum Holitorium: Gemüsemarkt.

Fossa: Körperbestattung in rechteckiger Grube, im Gegensatz zum Kammergrab und zur Urnenbestattung.

Fresko (Al fresco): Wandgemälde auf frischem Putz.

Frigidarium: Kaltwasserraum in den römischen Thermen.

Frutteto (it.): Obstgarten.

Fundus: Großes Landgut.

Ganymed: Er hütete die Herden seines Vaters in den Bergen, die die Stadt Troja umgaben, als Jupiter, von der Schönheit des Jünglings hingerissen, ihn in Adlergestalt entführte. Dieses Thema ist in Pompeji und Herculaneum oft dargestellt.

Gastrum Urinarium: Tongefäß zum Sammeln des Urins der Passanten für Zwecke der Tuchwalkerei.

Gorgoneion: Medusenmaske; ein Schutzbild, das bei den Griechen und Römern den «bösen Blick» abwendet und das sich häufig auf Kleidern, Rüstungen, Pferdegeschirren sowie auf dem Mobiliar des Hauses findet.

Graffito: Eingeritzte Darstellung oder Inschrift (auf Wänden oder Keramik).

Herme: Ein rechteckiger Pfahl, der oben einen Kopf trägt und in Griechenland ursprünglich ein volkstümliches Abbild des Gottes Hermes war. Doch viele andere Götter wurden in dieser rudimentären Form dargestellt, und da der Pfahl auch authentische Porträts zu tragen hatte, verlor die Herme in gewissen Fällen ihre symbolische Bedeutung. Die Römer übernahmen diesen Stelentyp von den Griechen; in den Vesuvstädten hat man ihn häufig vorgefunden.

Hexastyl: Aus sechs Säulen bestehend.

Hippodamischer Plan: Stadtplan mit sich im rechten Winkel kreuzenden Straßen. Entwickelt von Hippodamos von Milet.

Horreum: Getreidespreicher.

Hortus: Garten, Park.

Hospitium: Herberge, Hotel.

Hypokausten (Hypocausis): Antike Warmluftheizung des von Pfeilern getragenen Fußbodens *(suspensura)* und der mit Warzenziegeln *(tegulae mammatae)* oder Röhrenziegeln *(tubuli)* versehenen Wände, die mittels eines im Heizraum *(praefurnium)* erzeugten Holzfeuers beheizt wurden.

Impluvium: Rechteckige Vertiefung in der Mitte des Atriums zur Aufnahme des durch das *compluvium* zugeführten Regenwassers, mit Abfluß in die Zisterne.

Infectorium: Färberei.

Inkrustation: Einlegearbeit mit farbigen Steinplatten.

Insula: Von Straßen allseitig umgrenztes bebautes Grundstück; Baublock; auch Mietskaserne.

Insulatypus, Haus vom: Mehrfamilienhaus ohne Atrium, Fenster zur Straße hin.

Iter: Bürgersteig.

Kandelaber: Kerzenhalter, auch als Träger von Lampen verwendet.

Kenotaph: Eigentlich leeres Grab; Grabmonument, unter dem keine Bestattung liegt.

Kohorte: Unterabteilung einer Legion.

Kolonnaden: Säulenreihen.

Korinthischer Oecus: Saal mit vorgeblendeten Säulen.

Krater: Gefäß mit weiter Öffnung, das zum Mischen von Flüßigkeiten diente, aber auch zum Schmuck der Häuser verwendet werden konnte; das trifft für die großen Marmorkratere zu, die man in den reichen römischen Wohnungen in Pompeji gefunden hat.

Krypta: Überwölbter Raum im unteren Geschoß.

Labrum: Rundes steinernes Wasserbecken auf rundem Fuß für die Besprengungen in den Thermen.

Laconicum: Baderaum der Thermen zum Schwitzen in trockener Hitze.

Lararium: Kapelle für die Laren, die Schutzgötter des Hauses; es kann sich im Atrium, in einem angrenzenden Raum oder im Garten des Hauses befinden. Die Statuen der Laren, die durch eine mehr oder weniger tiefe Nische geschützt wurden, standen häufig neben den Bildern anderer Gottheiten.

Laren: Römische Götter, die den häuslichen Herd beschützen, deren Wachsamkeit sich aber auf alle Orte erstreckte, die von Menschen bewohnt sind: Straßen, Felder, Kreuzwege. In den Häusern weihte man ihnen Kapellen oder Lararien.

Latifundien: Riesige Landgüter, Großgrundbesitz.

Latinisches Recht: Rechtsstatus gewisser Städte, in denen nur die lokalen Beamten das römische Bürgerrecht erhielten, nicht aber die restlichen Einwohner.

Loculi: Grabnischen zum Niederlegen einer Bestattung.

Ludus: Spiel, Schauspiel, Schule.

Lupanar: Bordell, Freudenhaus.

Macellum: Markthalle.

Magistratus: Städtischer Beamter.

Mänaden: Die Begleiterinnen des Dionysos.

Megaron: Haupthalle eines mykenischen Palastes.

Mensa Ponderaria: Eichtisch.

Mercator: Kaufmann.

Metope: Quadratisches Feld im dorischen Fries, zwischen den Triglyphen. Oft mit Reliefs verziert.

Miles: Soldat.

Monochrom: Einfarbig.

Monolith: Aus einem einzigen Stein gehauen.

Monopteros: Runder oder rechteckiger, von Säulen getragener Bau ohne Cella.

Municipium: Siedlung mit römischem Bürgerrecht, die aber nicht wie eine *Colonia* aus der Bürgerschaft Roms ausgesandt wird, sondern aus einer bereits existierenden Siedlung geschaffen wird.

Natatio: Schwimmbecken der Bäder.

Nekropole: Gräberstadt.

Nymphaeum: Wasserspiel, Wasserkunst.

Octastyl: Aus acht Säulen bestehend.

Oecus (Oikos): Hauptraum; nach Vitruv Eßraum.

Officina: Werkstatt.

Opus Caementicium: Gußmörtel; Steine im Mörtel eingebettet, oft über Lehrgerüst.

Opus Craticium: Riegelwerk.

Opus Incertum: Wand aus unregelmäßig verlegten Bruchsteinen.

Opus Latericium: Backsteinmauerwerk.

Opus Reticulatum: Mauerverkleidung aus quadratischen, auf die Kante gestellten Quaderchen.

Opus Sectile: Wandverkleidung aus Marmorplatten, wobei auf die Komposition der Musterung geachtet wird.

Opus Signinum: Mörtelboden mit eingelegten Steinchen oder Marmorstücken.

Opus Spicatum: Fußboden aus Ziegelsteinen in Ährenmuster verlegt.

Opus Topiarium: Gemälde der *topia* oder Ziergärten: ländliche Gegenden.

Opus Vermiculatum: Ein Verfahren, das für das Fußbodenmosaik charakteristisch ist; es besteht aus Elementen, die kleiner als die *tessellae* und von sehr unterschiedlicher Form sind. Das *opus vermiculatum* gibt den Mosaikern die Möglichkeit, wirkliche Bilder zusammenzustellen.

Opus Vittatum: Wandverkleidung, kombiniert aus Tuffsteinen und Ziegeldurchschuß.

Ordo Decurionum: Stadtrat.

Orthostat: Unterste Steinreihe einer Mauer aus Blöcken; besonders als Basis für eine Mauer aus luftgetrockneten Ziegeln.

Oscillum: Runde Zierscheibe, zwischen den Säulen im Peristyl aufgehängt.

Osteria (it.): Weinschenke.

Paganus: Bewohner der außerstädtischen Landgebiete.

Pagus: Unterabteilung ländlicher Bezirke, die nicht zum Gebiet einer Colonia gehören. Ursprünglich Teilstamm innerhalb der gallischen Stämme.

Pagus Augustus Felix: Nördliche Vorstadt von Pompeji.

Pagus Suburbanus: Dörfliche Siedlung am Stadtrand.

Palästra: Ort, an dem Leibesübungen planmäßig betrieben wurden; Peristyl mit anliegenden Übungs-, Wasch- und Zubehörräumen.

Pappamonte (it.): Schwarzer Tuff von geringer Härte.

Paviment: Oberste Fußbodenschicht.

Penaten: Hausgötter.

Peperino (it.): Vulkanischer Stein aus den Albaner-Bergen südöstlich von Rom.

Pergola (Pergula): Hütte, Laden, Vorbau, Weingeländer, Bordell; in vorrömischer Zeit auch zur Straße offenes Speisezimmer im Obergeschoß.

Peristyl: Gartenhof, der von einem Säulengang umgeben ist und um den verschiedene Wohnräume gruppiert sind.

Pilaster: Mit der Wand verbundener, vor diese flach vorspringender Pfeiler, der im Unterschied zur Lisene Basis und Kapitell aufweist; als Wandgliederung sowie zur Einfassung von Fenstern und Türen verwendet.

Pinacotheca: Gemäldegalerie.

Piscina: Schwimmbecken, auch Fischbecken.

Podium: Podest, das für die römischen Tempel typisch ist; auch Sims, auf das man sich stützen kann.

Pomerium: Abgesteckte, religiös fixierte Zone von Siedlungen, oft mit Steinen markiert, innerhalb der nicht beerdigt werden durfte.

Populus: Bevölkerung.

Porticus, Portiken: Säulenhalle mit geschlossener Rückwand (das Wort ist weiblichen Geschlechts!).

Posticum: Hintertür, Nebeneingang.

Pozzolana (it.): Vulkanischer Sand. Gutes Bindemittel für hydraulischen Mörtel. Ermöglichte die Herstellung von Gußmörtel.

Pozzo Nero (it.): Sickergrube für Abwasser.

Praedium: Landgut, Grundstück.

Praefurnium: Einfeuerungsöffnung für Hypokaust.

Praetor: Römische Beamtung, besonders mit der Jurisdiktion beauftragt, bisweilen auch militärische Funktionen.

Praetorium: Wohnhaus des Lager- (Kastell-) Kommandanten. Auch Rasthaus für offizielle Reisende von Rang.

Princeps Libertinorum: Vorsteher der Freigelassenen.

Pulpitum: Podest.

Quadriporticus: Hof mit Portiken auf allen vier Seiten.

SACELLUM: Kapelle, kleiner Raum zur Verehrung der städtischen Schutzgötter und der Hausgötter.
SCENA: Bühne.
SCENA FRONS: Antike Theaterbühnenrückwand.
SCHOLA: Runde Nische, Rundbank, auch Versammlungs- oder «Klub»-Lokal.
SERAPIS: Alexandrinische Gottheit, von Ptolemaios I. in Ägypten eingeführt, vom Isiskult übernommen.
SERVUS: Diener, Sklave.
SERVUS PUBLICUS: Sklave in öffentlichen Diensten.
SIMA: Traufgesims.
IN SITU: An der ursprünglichen Stelle, im ungestörten Fundzusammenhang.
SOLARIUM: Sonnenterrasse.
SPECTACULUM: Schauspiel.
STABULUM: Stall, Gasthof, Bordell.
STOA: lat. *porticus*.
STYLOBAT: Basisplatte für eine Säule.
SUBURBIUM, SUBURBAN: Vorstadt, vorstädtisch.

TABERNA: Raum, der sich in der ganzen Breite zur Straße öffnet, als Werkstatt oder Verkaufslokal.
TABLINUM (Tabulinum): Zentraler Raum, der sich ans Atrium anschloß.
TABULARIUM: Archiv.
TEGULA MAMMATAE: Warzenziegel, verwendet in Bädern zur Beheizung der Wände.
TEMENOS: Eingefriedeter heiliger Bezirk, Tempelbezirk.
TEPIDARIUM: Raum für lauwarme Bäder der römischen Thermen.
TERRA SIGILLATA: Keramik mit rotem Glanzton-Überzug. Oft als Reliefschüsseln gepreßt. Antiker Name: *Vasa Samia*.
TESSELLA: In den Fußbodenmosaiken rechteckiger Stein, dessen Größe sich nach der Feinheit der Arbeit richtet. Die Tessellen haben alle die gleiche Größe und sind gitterförmig angeordnet. Dieses Verfahren schließt alle Möglichkeiten der Modellierung aus und wird oft für den Rahmen eines Mosaik-«Bildes» verwendet, das seinerseits in *opus vermiculatum* ausgeführt ist.
TETRASTYL: Aus vier Säulen bestehend.
THERMEN: Öffentliche Bäder.
THERMOPOLIUM: Garküche zum Verkauf warmer Speisen und Getränke.
THOLOS: Zylindrischer Rundbau.
TRAVERTIN: Weißer feinkörniger Kalkstein.
TRIANGOLARE (it.): Dreieckig.
TRIBUS: Wahlbezirk, Bürgerabteilung.
TRICILINIUM: Speiseraum mit drei Speisesofas.
TRICONCHOS: Raum mit drei Apsiden in Kleeblattanordnung.
TUBULI: Röhren aus gebranntem Ton mit rechteckigem Querschnitt für Wandbeheizung.

UNCTORIUM: Salberaum in den Thermen.
URBS: Die Stadt Rom.

VELUM, VELARIUM: Sonnensegel.
VENERIUM: Dirnenkammer.
VESTIBULUM: Raum vor der Eingangstür.
VETERAN (Veteranus): Ausgedienter Soldat.
VICUS: Dorfkorporation, Gasse, Stadtviertel.
VILLA: Landhaus, Landgut.
VIRIDARIUM: Baumpflanzung, Lustgarten.

XYSTUS: Offene Terrasse vor den Portiken römischer Villen.

Register

Abwasserleitungen 17, 42; Dachabfluß 88, 133, 180, 220, 155
Achaea 151
ad Gallinas 114
Ägypten, ptolemäisch 163; Tell Edfu 164
Agricola, Cn. Julius 210, 213
Agrippa, M. Vipsanius 178
Agrippa Postumus 112
Agrippina 119
Aix-en-Provence (siehe Aquae Sextiae)
Alba Longa 59
Albaner See (Lacus Albanus) 121
Albanerbergstein (peperino) 65
Albano (siehe Albanum)
Albanum (Villa) 121
Alesia (Alise-Sainte-Reine) 182
Althiburos (Tunesien), Haus der Musen 172
Ameria 96
Ammianus Marcellinus 160
andron 62, 109
Ansedonia (siehe Cosa)
Antiochia (Syrien) 226, 161
Antium (Anzio), Villa 118
Apollinopolis, Magna (siehe Edfu)
Apollo Palatinus, Tempel des 62, 64
Apuleius 162
Aquae Helveticae, Baden 201
Aqua Serino (Campanien) 56
Aquae Sextiae (Stadthäuser) 182
Aquae Sulis (siehe Bath)
Aquincum (Ungarn) 221, 222, 223, 226
Aquitania (Gallien) 178
Arabien (südliches) 164
Aradus 157
Ara Pacis Augustae (Rom) 62
Architekten:
Severus und Celer 66; Hadrian 121, 124; Zotikos, orientalische Namen 151
Ariadne, Villa der (siehe Stabiae)
Arretium (Arezzo) 25
Arsinoë (Ägypten) 164
Aschenurnen 10–11
Asia Minor (Türkei, Ägäis) 10, 13, 22, 29–30, 36, 39, 57, 60, 61, 76, 106, 129, 130, 137, 138, 178, 182, 151–152, 157, 160
Asseria (Illyricum) 223
Asturicus 128
Athen, griech. Häuser 6
Atria (= Adria) 14
atrium (atria), Grab der Kapitelle (Caere) 12; Herkunft 14; Prototypen 14–19; nach Vitruvius 14; tuskische 15; mit *impluvium* 15; etruskische Neuerungen 18–19; Hof 28; tetrastyles 30; korinthisches 30, 166; Land und Stadt 102; Schutzvorrichtungen 132; Kolonnadenatrium 164; afrikanischer Typus 167
Atticus, T. Pomponius, Villa 62
Attis, Haus der (siehe Glanum)
Auden, W.H. 7
Augst (Augusta Raurica) 6, 202
Auguren, Grab der (siehe Caere)
Augusta Treverorum (siehe Trier)
Augustinus 162
Augustus (Octavian) 62; Maßnahmen gegen Feuergefahr 85; Wohnbevölkerung 93; Gallien 178; Villa auf Capri 114, 116; Haus des Augustus (siehe Rom); Villa des Augustus (siehe Prima Porta)
Aulus Gellius 85
Ausonius, Villen an der Mosel 188, 189, 192
Austria (siehe Noricum)
Aventicum, Avenches 202
Avitactum, Villa 186
Aydat, Lac d' (siehe Avitactum)

Baalbek (Libanon) 226
Babylon, mehrstöckige Häuser 157
Baiae (Campanien) 105, 113, 132, 189
Baláca (Ungarn) 222
Balkone 87, 90
Banaqfur (Syrien) 160
Barberini-Mosaik 163, 164
Bardo-Museum (Tunis), Mosaiken 174
Bath (Somerset) 212
Bade-Gebäude: öffentliche 76, 90, 132, 220; private 36, 90, 98, 100, 104, 109, 116, 131, 188, 220–221
Bau-Details, Britannien, Häuser, Villen 218, 219
Bedachung, etruskische 12; römische 218, 163–167
Beleuchtung, etruskische 23; römische 131, 220
Betten (und Sofas), etruskische 22, 23, 221
Benabil (Syrien) 160
Benacus, Lacus (siehe Garda-See)
Benoit, F. 182
Berlin, Museum, Hausurne aus Chiusi 21
Beton, Verwendung 96
Bieda (Blera) 20
Bignor (Sussex), Villa 216
Blankenheim, Villa 192
Blera (siehe Bieda)
Blaue Grotte (siehe Capri)
Boëthius, A., Kategorien von *insulae* 87, 95; Entwicklung der *insulae* 78, 80
Bollendorff, Porticus-Villa 188
Bondorf, Villa bei 192
Boon, G.C., Hypokaustensystem 220–221
Boscéaz bei Orbe, Villa 198
Boscoreale (Herculaneum), Rekonstruktion des *cubiculum* 6, 141; Villa rustica (Nr. 13) 100; Villa des Publius Fannius Synistor 106, 140; Villa des Agrippa Postumus 112
Boscotrecase (Campanien), Villa 150
Bostra 160
Boudicca (Boadicea) 205
Brading (Isle of Wight), Villa 209
Brigetio (Ungarn), Limes-Herrenhäuser 222
Britannien 205–221; Eroberung 205; Romanisierung 206–207; Luftbildphotographie 206, 217; keltische Wohnhäu-

ser, Eisenzeit 206–207; Versorgung der Legionen 209; Stadtleben 210–211; Hausgrundrisse 211; *tabernae* 211; Wiederaufleben im 4. Jahrhundert 215–216; Villen 216–217
Brizio, E. 17, 18
Brunnen 19, 31–32, 207
Brown, F. 60
Bruno, V. 58
Buccino (Salerno), Villa rustica 100
Baumaterialien, etruskische 10, 12, 17; Tuffstein 35, 36; römische 60–61; Cato über Baumaterialien 95, 96; Pozzolano 35, 61, 105, 114; provinzielle 168, 184, 185, 207, 208, 218, 223
Burrus, Sextus Afrianus 181
Byzantium 161, 224

Caelius Hügel (Rom) 137
Caere (Cerveteri), Grab, der Kapitelle 12; mit dem Alkoven 12; mit dem bemalten Stuck 23–24; der Schilde und Stühle 22
Caerwent, Monmouthshire (Venta Silurum), Wasserleitungen 220–221
Caesar, C. Julius 103, 178
Caistor-by-Norwich (Venta Icenorum) 206
Caetronius, Haus des (siehe Pompeji)
Caligula (Gaius) 69, 118
Calvus, C. Licinius Macer, Haus 65
Calza, R. 87
Campanien, Häuser 29–30, 56–57; *villae rusticae* 99; landschaftlicher Reiz 105, 106; Porticus-Villen 112, 113
Camulodunum (Colchester, Essex) 205, 210
Canterbury, Kent (Durovernum Cantiocorum), Stadthäuser 210
capannae 10
Capri 26; Villa Jovis 66, 69, 107, 114, 116, 125, 159; Blaue Grotte 107, 117, 118; Villa di Damecuta 107, 116, 159; Villa Gradola 107
Carettoni, G. 64
Carnuntum (Österreich) 221, 222, 226
Carrara (Luna), Marmor 173, 174
cartibulum 31, 128
Carystus-Marmor 61, 137
Caserta 120
Casinum, Varros Sommerhaus 96, 119
Castel d'Asso 20
Castel Gandolfo (siehe Alba Longa)
castella 222, 175, 176
Castellamare di Stabia (siehe Stabiae)
Castor, Tempel des (Rom) 70
Castra Regia (siehe Regensburg)
castrum 175, 225
Castrum Rauracense (Kastell Kaiseraugst) 200
Cato, M. Porcius *(De Agricultura)* 32, 95; und Villa Sambuco 97
Catullus 61, 124
Catulus, Q. Lutatius 61
cavum aedium (cavaedium), nach Varro 14; *tuscanicum* 31; *testudinatum* 31; *displuviatum* 31
Celer, Architekt 66, 119
cenacula 40, 76
Cerveteri (siehe Caere)
Charles-Picard, G. 167
Chatissa (siehe Katsch)
Chichester (siehe Fishbourne)
Chiragan, Villa 184, 185
Chirurgen, Haus des (siehe Pompeji)
Chiusi (Clusium), Aschenurne 20
Christentum, Herculaneum, «Kreuz» 77; Mosaiken 215, 219, 220
Cicero, M. Tullius 30, 39, 61, 96, 105, 114, 177; Villa des Cicero (siehe Pompeji)
Circeii (siehe Circeo)
Circeo, Villa des Domitian 121
Cirencester, Gloucestershire (Corinium) 217, 219
Claudius, Kaiser 25
cliens, clientes 28, 60, 66
Clivus Palatinus (Rom) 69
Clodia 61
Clodius, P. 61
Cluentius 96
Clusium, Aschenurne 20
Cogidubnum, Ti. Claudius 212
Colchester, Essex (siehe Camulodunum)
Colonia Julia Equestris, Nyon 202
Colonne, Palazzo delle (siehe Ptolemais)
compluvium, Entstehung 14, 19
Contionacum (siehe Konz)
Corinium Dubonnorum (siehe Cirencester)
Cosa, *atrium publicum* 19; Baugeschichte, Ausgrabungen 56, 57; SUNY-Haus 56, 57; *villae rusticae* 100; Häuser, *insulae* 99
Cotswolds, Gutshöfe 207
Crassus, L. Licinius 61
Crassus, M. Licinius (Triumvir) 84
cubiculum, Boscoreale 6, 140
Cuicul (Djemila) 172
Cumae 10, 189
Cunliffe, B. 212
Cupido und Psyche, Haus von (siehe Ostia)
Curia, Chur 201
Curiosum Urbis Romae Regionum XIV 78
Cyrene (Cyrenaica), Haus des Jason Magnus 169, 170
Cyzicenischer *oecus* 48

Dacien 222
Dalmatische Küste 221
Damecuta, Villa di (siehe Capri)
Donauprovinzen 221, 222, 223
Daphne (antiochia), Haus des Bootes der Psyche 160
De Agricultura (siehe Cato)
De Architectura (siehe Vitruvius)
De Modo Aedificiorum 84
De Re Rustica (siehe Varro)
Decken (Zimmer) 162, 218
decumanus 17
de Franciscis, A. 113
Delos 134, 159
Deutschland (siehe Gallia Belgica)
Diana, Haus der (siehe Ostia)
Diokletian 124, 127, 224, 225
Diodorus Siculus 57
Diomedes, Villa des (siehe Pompeji)
Dionysische Mysterien 139
Dionysios von Halikarnassos 10, 12
Dioskuren, Haus der (siehe Ostia)
Dioskuren, Haus der (siehe Pompeji)
Dipinti, Casa dei (siehe Ostia)
Ditchley House, Oxfordshire, Villa 209
Djemila (siehe Cuicul)
Doclea (Illyricum), Stadthaus 223
Delphin, Haus des (siehe Vasio)
Domavia (Illyricum) 223
Domitian, Domus Flavia 68, 168; Lago die Sabaudia, Villa 121
domus, Stadthaus 70, 78; Domus Italica 14–16, 19, 29, 30; römisch 26–58; nach Vitruv 28; Axialität 29; *tablinum* 28, 29; Durchblick 29; *andron* 29; *triclinia* 29; *cubicula* 29; *ala* 29; Bautechnik 60, 61; Patriarchaische Hausform 76; römisch-britannisch 211
Domus Augustana (siehe Domus Flavia)
Domus Aurea (Rom) 68, 69, 118, 119, 149
Domus Flavia 61, 62, 66, 68, 69, 121
Domus Tiberiana 66, 68, 69
Domus Transitoria 66, 68, 119
Dorchester, Oxfordshire 219
D'Orsi, L. 109
Drau (Fluß) 221, 222

Dretwlj (Illyricum) 223
Dura Europos (Syrien), Palast des Dux Ripae 162, 226

Einflüsse von Osten, hellenistische 32
Einrichtungsgegenstände, etruskische 22–25; römische 128, 132; gallische 192; britannische 221
Eisenstadt-Gölbesäcken (Ungarn) 222
Elagabal, Kaiser 162
El Djem (Tunesien) 172
Emona (siehe Ljubljana)
Ening, Suffolk, Basilika-Typus 216
Ephesos (Türkei), *insulae* 155–157
Epidius Rufus, Haus des (siehe Pompeji)
Esquilin Hügel (Rom) 65, 66, 138
Etienne, R. 167
Etrusker, Ursprung 10, 11; Tempel 11, 12; Holzkonstruktion 12; Türen 14; hellenistische Häuser 20; Aschenurnen 20; Inneneinrichtungen 22, 23; tägliches Leben 24, 25
Etrusca disciplina 151
Euander 59

Farnese, Cardinal Alessandro 66
Faun, Haus des (siehe Pompeji)
Fenlands, keltische Häuser 206
Fenster, etruskische 12; römische 40, 42, 56, 86, 90, 91, 95, 114, 130–131, 218
Feuersbrünste, Ursachen 83; Vorkehrungen zur Verhinderung 83, 87
Fishbourne, Chichester, Sussex (Noviomagus Regnensium) 212–215
Fliessem (siehe Weilerbüsch)
Florenz, Aschenurne 20
Fußboden 133, 134, 219
Fortuna Annonaria, Haus der (siehe Ostia)
Fortuna Primigenia, Tempel der, Praeneste 163, 164
Frampton, Dorset, christl. Mosaik 220
Forma Urbis Romae (Marmor-Plan) 61, 85, 91, 93
Fouet, G. 185
Frankreich (siehe Gallien)
Francolise (Campanien), Posto, Villa 98; San Rocco, Villa 98–99
Frascati (Tusculum) 120
Frère, S.S. 208, 210
Fronto, Lucretius, Haus des (siehe Pompeji)
Gadara 103
Gallia Belgica 178, 181, 187–192; belgische Hütten 187; Romanisierung 187, 188; italischer und delischer Einfluß 182
Garda-See (Lado di) 124
Gärten, Landschaften 37, 38, 39, 56, 57, 91, 119, 120; in Britannien 212; Malerei 114, 139
Gallien, römische, Stadthäuser 179–182; Villen 182–186; Villen vom Porticus-Typus 182–183; Luftphotographie 179, 182
Gerasa (siehe Jerash)
Gerster, A. 197
Glanu, Haus des Sulla 180; Haus des Attis 180; Haus mit den Anten 180
Goodchild, R., befestigte Villen 175
Gorhambury, Haus, Stuckdekor 219
Gräber, etruskische 12–14, 17, 19, 20, 21–25
Graham, J.W. 16, 19, 167
Graticcio, Casa a (siehe Herculaneum)
Griechenland (römisches) 152
Greifen, Haus der (siehe Rom)
Grotto dell'Arsenale (Capri) 117
Grotta di Catullo (Sirmione) 124
Gyulafiratot-Poganytelek (Ungarn) 222

Hadrian, Kaiser 70
Hadrians Wall 217
Hadrians Villa (siehe Tibur)
Hallen-Basilika-Typus 195, 199
Hanfmann, G.M. 62, 141
Hausgrundriß, hellenistischer 151
Heizung 132; Hypokausten 219, 220
Herculaneum 26, 28, 29; Häuser: der Zweihundertjahrfeier 77, 133, 134; Haus mit den verkohlten Möbeln 130; Casa a Graticcio 77; Haus mit dem Mosaikatrium 45, 56, 131, 134; Haus des Neptun- und Amphitrite-Mosaiks 49, 137; Haus der hölzernen Trennwand 12; Samnitenhaus 20, 45, 77, 138; Haus der Hirsche 55, 134; Haus des Telephos-Reliefs 52; Insula Orientalis 76; Villa dei Papyri 27, 103, 192
Herodes d. Gr. 158, 159, 160
Herodian 85
Herodot 10
Heurgon, J. 24
Hinton, St Mary, Dorset 220
Hippodamus 6, 17, 151
Hirsche, Haus der (siehe Herculaneum)
Holloway, R. 12
Hölstein, Villa 195
Horaz 25, 103, 104
horrea 94, 191
Hosszuheteny (Ungarn), Villa 222
Hotels, Tavernen 89
Hausbotte (Nemi-See) 118
Hüttenurnen 11, 59

Iader (Jugoslawien) 221, 223
Igel (Trier) 192
Illyricum 221, 223–226
Imperialismus, allgemein 7, 177–178; im Westen 178, 179; im Osten 151, 152, 177, 178
impluvium 14, 39, 56
insula, insulae, Ursprung 78, 80, 156–158; Definition 78; Bauvorschriften 83; Gefahren 83–84; Vitruv darüber 84; Mietnutzung 88; Beispiele von Ephesos 155–157; Tyrus, Aradus 157; Ptolemais 164
Insula Orientalis (siehe Herculaneum)
Isishalle 69
Italische Häuser, Prototyp 14, 15, 29; Domus Italica 14, 15, 19, 29
Istacidius Zosimus, L. 103
Izmit (siehe Nicomedia)

Jashemski, W.F. 111
Jerash 160
Jericho 160; Villa des Herodes 168
Jerusalem 158
Josephus 158
Jucundus, Caecilius, L. Haus des (siehe Pompeji)
Judaea 158
Julia Felix, Villa der (siehe Pompeji)
Julier, Mausoleum der (Glanum) 180
Julius Mosaik (siehe Karthago)
Juvenal 6, 80, 85, 93, 94, 128

Karthago, Mosaiken 173, 174
Katsch (Österreich), Villa 223
keltische Häuser 182
Küche 42, 83, 88, 89, 100
Kleberg, T. 89
Köln (Colonia Agrippinensis), Peristyl-Haus 191, 226
Köln-Müngersdorf, ummauertes Gutshaus 189, 190
Konstantin, Kaiser 190
Konstantinopel 224

Kryptoporticus, Haus der (siehe Pompeji)
Konz (Contionacum), Porticus-Villa 190
Korinth 152
Kunstgalerien 28, 36, 56, 66, 142

Labyrinth, Haus des (siehe Pompeji)
Laelius, C. 96
landwirtschaftliche Geräte 207
landwirtschaftliche Großbetriebe 96, 97
Laodiceae (Syrien) 161
Larario, Caseggiato del (siehe Ostia)
lararium 31, 37
Latrinen 181
Laufen, Villa Müschhag 197
laurentinische Villa, Plinius d. J. 105, 106
Laurentum 70
Lehmann, P. 141
Lehmziegelbau (luftgetrocknet) 96, 161
Leptis Magna 161
Lepidus, M. Aemilius 62, 80, 96; Haus des (siehe Rom)
Lepidus, Triumvir 121
Lesbia 61
Licenza, Sabiner Landgut 103
Lincoln (Lindum) 205, 220
Liternum (Campanien), Scipios Villa 96, 97, 100, 176
Little Woodbury, Wiltshire 207
Livia, Haus der (siehe Rom); Villa der (siehe Prima Porta)
Livius 30, 60, 83
Liwan-Stil, Architektur 13
Ljubljana 221
Ljusina (Illyricum) 223
Llantwit-Major, Glamorgan 209; Villa vom Basilika-Typus 215, 216, 219
Lockleys, Hertfordshire 208, 209, 210
London (Londinium) 205, 212
Low Ham, Dido und Aeneas-Mosaik 219
Lucilius 133
Lucretius 95
Lucrinersee (Lacus Lucrinus) 96
Lucullus, Varro 163
Lucullus, L. 134, 137 (schwarzer Marmor)
lucumones 12, 19, 22
Luftbilder 21, 179, 182, 183, 206, 217
Lugdunensis, Gallia 178
Lugdunum Convenarum 186
Lugli, G. 35
Lullingstone, Kent, Villa 184, 189, 213–215, 217, 219
Lupanar 89

MacKendrick, P. L. 127, 178, 179
Maecenas 25, 66, 103
Mailand (Mediolanum) 224
Maiuri, A. 103
Malerei, Maler, Techniken 137; etruskisch 12, 23; pompejanischer Stil 85, 86; II. 138, 139; III. 42, 149; IV. 142, 143; programmatisch, zyklisch 142, 143, 149; delische Parallelen 58, 138; Odyssee-Landschaften 138, 144; Haus der Livia (Rom) 139; Prima Porta 139; Stabiae 108–111, 113; Boscoreale 141; Britannien 218, 219; Trier 191, 192; Ephesos 157
Mamurra 61, 134, 137
Manlius, Gn. 129, 130
Mannicius, M. 89
Mansfield Woodhouse, Nottinghamshire 209
Mansuelli, G. 17, 18
Marius, M., Villa des (siehe Pompeji)
Marius, C. 96
Markisen 132
Markomannen 223
Marmor, römischer, hymettischer 61; lucullischer (melianischer) 61; numidischer 61, 69; phrygischer 69; Carrara 61; Carystus 61; Porta Santa 69
Marta (Fluß) 20
Martial 85
Marzabotto 17–19, 151
Masada, Palast 158, 159
Mauretania Tingitana 226
Mausolos, Palast 137
Maximian 124, 127, 224
Maximus, Trebellius, M. 210
Mayen, Villa 187
megaron, megara 10, 13, 151
Meiggs, R. 78
Menander, Haus des (siehe Pompeji)
Mesopotamien 161
Messalla 66
Messii, Haus der (siehe Vasio)
Metellus Celer, Q. Caecilius 61
Metropolitan Museum, New York, rekonstruiertes *cubiculum* 6
Mietanzeigen 77
Milet 152
Milo, T. Annius 61
Misenum 26, 27
Moesien 221
Montmaurin, Villa 185, 186
Mosaik-Atrium, Haus mit dem (siehe Herculaneum)
Mosaiken (Campanien) 37, 48, 49, 50, 56, 133–137; Sizilien 125; Britannien 213, 214, 216, 219, 220; Nordafrika 173–175; Plinius d. Ae. dazu 133
Mosael (Fluß) 188, 189, 192
Motya (Sizilien) 164
Müngersdorf (siehe Köln-Müngersdorf)
Munzach bei Liestal, Villa 193
Mysterien, Villa der (siehe Pompeji)

Namur (Belgien), Anthée, Villa 182
Neapel 87, 105, 112
Narona 221
Nemi-See 118
Nennig, Villa 189
Nepos, Cornelius 62
Nepotianum 185
Neptun- und Amphitrite-Mosaik, Haus des (siehe Herculaneum)
Nero 66, 68, 83, 84, 118, 119
Neumagen, Reliefs 191
Neusiedlersee, Villen 222
Nicomedia 224
Norchia 20
Nordafrika 162–176
Noricum (Österreich) 221
Norton Disney, Nottinghamshire 209
Notizia (Rom) 78
Noviomagus (siehe Neumagen)
Nuceria (Nocera) 35, 36
Numa Pompilius 13, 60
nymphaea 37, 69, 108, 116–118, 121, 137, 164

Odyssee-Landschaften 138, 144, 149
oecus, oeci 29; gewölbte 36; tetrastyl 36; cyzicenisch 48; Aegyptus 45; Corinthus 42, 52
Oplontis (Campanien) 109
Oppianicus 96
opus caementicium 35, 61, 80, 84, 96
opus craticium 60, 77, 83
opus incertum 35
opus latericium 85
opus quadratum 98
opus reticulatum 35, 85
opus signium 50, 133
opus spicatum 116, 133
opus vitattum 85
Orata, Sergius 113
Orontes, Fluß 93
Orvieto 14, 17, 151
Ostia 70–75, 85, 86; *insulae* 78, 85–94; Entstehung 78; Konstruktion, Stil 85, 86; *tabernae* 85, 86; gewölbte Arkaden

86–87; Kategorien nach Boëthius 87; Numerierung 88; Annehmlichkeiten 88; Bauherren 88; Küchen, Latrinen, Abwasserkanäle 88, 89; *collegia* 89, 90; Hotels, Tavernen 89; Dekoration 90; Bäder 90; Bevölkerungszahl 93; Haus mit dem Runden Tisch 73; Haus der Fortuna Annonaria 70, 73; Haus von Cupido und Psyche 75, 160; Casa dei Dioscuri 90; Caseggiato del Larario 90; Caseggiato di Diana 91; Casa dei Dipinti 91; Casa delle Volte Dipinte 93; Haus der Säulen 167

Paläste, Rom: siehe unter Regia, Domus Aurea, Domus Flavia, Domus Tiberiana, Domus Transitoria; Italien: siehe unter Baiae, Villa Jovis, Capri; Provinzen: Aquincum, Dura-Europos, Fishbourne, Masada, Split; Etrurien: siehe unter Regia; Aschenurne (Florenz) 20; Grab der Volumnii 19
palaestra, palaestrae 102
Palatin, Dorf auf dem (Eisenzeit) 11; Hütten auf dem Palatin 59
Palatiolum (siehe Pfalzel)
Pandateria (Campanien) 105
Pannonien (Ungarn) 161, 221, 222, 223
Pansa, Haus des (siehe Pompeji)
Papyri, Villa dei (siehe Herculaneum)
Park Street, Hertfordshire 209, 210
Parndorf (Ungarn), Villa 222
Patroni, G. 15, 16, 28
patronus 28, 60, 66
Paullus, L. Aemilius 96
Peloponnes 152
pensione, pensioni (siehe *insulae*)
peperino 65, 83
peregrinatio 105
Peristyl 29, 30, 36; und *palaestrae* 30; und *gymnasia* 37; rhodisch 36; Gärten 48, 51, 52, 56; Umfang 66
Persius 25
Perugia (Umbrien), Grab der Volumnii 19
Petra 160
Petronius 89, 104, 129
Pfalzel (Deutschland) 190
Philadelphia 164
Philippi 152
Philippopolis (Syrien), Gouverneurspalast 226
Philippus Arabs, Kaiser 226
Philodemus 103
Philostratus, Villa 112, 113
Philoxenus von Eretria 134
Piazza Armerina (Sizilien) 124, 125
Picardie, Luftphotographie 179, 183
Pilatus, Pontius 158
Pillig 188
piscinarii 107
Piso, L. Calpurnius 103
Plattensee (Ungarn) 222
Plinius d. Ae. 28, 118, 129, 133, 134, 137
Plinius d. J. 26, 27, 70, 105, 177
Plutarch 60
Pollius Felix, Villa 112
Pompeji 26, 27, 76, 77; Häuser: des L. Caecilius Jucundus 142; des Caetronius 40; der Dioskuren 40–42; des Epidius Rufus 42; des Faun 37–39, 134, 138; der vergoldeten Amoretten 52, 142; des Labyrinths 54; des Loreius Tiburtinus 37, 38; des M. Lucretius Fronto 119; des Menander 48; des Pansa 36, 37, 39, 77, 131, 132; des Sacerdos Amandus 142; des Sallust 20, 32, 100, 138; der Silbernen Hochzeit 36; des Chirurgen 20, 30, 31; des tragischen Dichters 50, 51; der Vettier 51, 52, 143, 144, 149, 150; Villen: des Cicero 142; des Diomedes 99, 103; der Julia Felix 48, 77; des Marcus Marius 114; der Mysterien 99, 102, 103, 104, 106, 137, 139; Terrassenhäuser 32, 62, 103; Forumthermen, *insula* 76; Hotels, Restaurants 89; *tabernae* 76, 89
Pompeius d. Gr. 121
Pontiae (Ponza) 105
Pontifex Maximus 13, 59
Poplicola, P. Valerius, Haus des (siehe Rom)
Porta Nigra (Trier) 226
Porticus-Villen, Häuser 182, 207, 208, 209
porticus triplex 102
Posillipo (Neapel) 109
Posto Villa (siehe Francolise)
Pozzolana *(pulvis Puteolanus)* 35, 61, 105, 114
Praeneste (Palestrina), Heiligtum 113; *cenacula* 76; Toilettenkästchen 23; Mosaik 163–164
Priene 152
Prima Porta, Villa des Augustus 114; Villa der Livia 114, 139, 212
Provence 178
Ptolemais (Libyen) 164, 167–168, 169; Palazzo delle Colonne 168, 169; Villa 168
Puteoli (Pozzuoli) 96, 105, 149
Rabirius 68, 69, 70, 121
Ravenna 224
Reate (Sabinus) 97
Reihenhaus (Porticus-Haus) 182, 208–209, 215–217
Rheinfelden, Villa vom Gröbelhof 200
Richardson, L. 40, 41, 42
Richmond, Sir Jan 174
Rider, B.C. 6
Rivet, A.L.F. 213
Rohrleitungen, Toiletten, Latrinen 220, 221
Rom 59–70; Regia 13, 60; Euander 59; Hütte des Romulus 30, 59; Hütten auf dem Palatin 59; Zerstörung durch die Gallier 60; Germalus-Gebiet 61; *insulae, domus* 70; *domus, tabernae* 76; *insulae* 78–85, 93, 94; Feuersbrünste, Vorbeugungsmaßnahmen 6, 83, 84; Slums, Überbevölkerung 93, 94; Häuser: der Greifen 62, 69, 114; des Augustus 64–66; der Livia 64, 139; des M. Aemilius Lepidus 80; des P. Valerius Poplicola 60; des Scipio 60; Villa Farnesina 119; Villa von Sette Bassi 124; *tabernae veteres* 60; Tempel der Venus und Roma 120; Triumphbogen des Titus 158
Roscius 96
Rubra 114
Rufus, Caelius M. 61
Ruggiero, M. 109
Ruhebetten, etruskische 22; römische 129, 130; provinzielle 221
Rusellae (Roselle) 21
Rutilius 84

Saalburg 220
Sabiner Landgut des Horaz 103–104
Sabratha (Libyen) 162, 172
Sacerdos Amandus, Haus des (siehe Pompeji)
St Albans (siehe Verulamium)
St-Bertrand-de-Comminges (siehe Lugdunum Vonvenarum)
St-Rémy (siehe Glanum)
Salerno (Provinz) 100
Sallust, Haus des (siehe Pompeji)
Salona (Illyricum) 221, 223
Samnitenhaus (siehe Herculaneum)
samnitische Häuser 31, 32
San Giovenale 19, 20, 97
San Giuliano 20
San Rocco, Villa (siehe Francolise)
Satyricon 104
Sauer, Fluß 188

Säulen, Haus der (siehe Ostia)
Sautel, J. 181
Save, Fluß 221, 222, 223
Saxa Rubra (siehe Prima Porta)
Scaurus, M. Aemilius 61, 62
Schilde und Stühle, Grab der (siehe Caere)
Scipio, Haus des (siehe Rom)
Scipio Africanus Maior 96, 176
Scribonia 62
Seeb, Villa 193
Seius 61
Sejanus 117
Seleucia-Pieria 160
Sella di Baia (siehe Baiae)
Seneca, L. Annaeus 83, 97, 131, 210
Septimius Severus, Kaiser 70
Sette Bassi, Villa von (siehe Rom)
Severus, Architekt 66, 119
Severus Alexander, Kaiser 161
Sheba, Shehba (siehe Philippopolis)
Side (Türkei), 151
Sidonius Apollinaris, 186, 187
Silchester, Hamshire (Calleva Atrebatum), 206, 210, 211, 220
Silbernen Büste, Haus der (siehe Vasio)
Silbernen Hochzeit, Haus der (siehe Pompeji)
Simpelveld, Sarkophag 129, 130, 192
Sirmione (Gardasee), Villa 124
Sirmium (Illyricum) 221
Siscia (Sisak) 221
Somerset, Gutshöfe 207
Somme 179, 182
Sorrent, Pollius Felix 112; augusteische Villa 112; Strabo darüber 111
Sosus, Künstler 133
Spanien 178
Spalato (siehe Split)
Sperlonga (Spelunca) 118
Spina 21
Split, Diokletianspalast 127, 224–226
Srimska Mitrovica (siehe Sirmium)
Stabiae, Villen; der Ariadne 109; Villa San Marco 108, 109, 149
Statius 112
Stein, Gertrude 94
stibadia 186
Strabo 12, 105, 157
Stadthaus (siehe *domus*)
Stadtplanung 13, 17, 21, 181, 210, 211, 223
Strupnic (Ungarn) 223
Stuckdekor 119, 218, 219
Stühle, etruskische 22; römische 128; provinzielle 192, 221
Subura (Rom) 83
Suetonius 65, 118, 119
Sulla, P. Cornelius 61, 134, 163; Haus des (siehe Glanum)
Sümeg (Plattensee) 222
SUNY-Haus (siehe Cosa)
Sussex Downs, keltische Häuser 206
Swoboda, K. M. 106
Synistor, Fannius, Villa des (siehe Boscoreale)
Syrien 160

Tabarka, Villa, Mosaik 174–175
tabernae 18, 19, 60, 76, 83, 85, 87
Tisch, etruskischer 22, 24; römischer 128, 129
tablinum 14, 18, 19, 28, 29, 41, 42
Tac-Fövenypuszta (Ungarn) 222
Tacitus, Cornelius 84, 117, 181
Taqle (Syrien) 160
Tarquinia 12, 14, 23
Tastovici (Ungarn) 223
Taubenschläge *(columbaria)* 99
Telephos-Reliefs, Haus des (siehe Herculaneum)
Teppiche 130, 131
Terrassenhäuser 19, 20, 32, 62; Terrassen-Villen 99, 116, 120, 156–157
Terracina 96
Termessos 152
Thabraca (siehe Tabarka)
Themsetal, keltische Häuser 206
Thamugadi (siehe Timgad)
Thermae (siehe Bäder)
Thessaloniki 156
Tiber, Fluß 94
Tiberius, Kaiser 66, 114–117
Tiburtinus, M. Loreius, Haus des (siehe Pompeji)
Tibur (Tivoli), Hadrians Villa 121–123
Timgad 170
Tipasa 172
Titus, Triumphbogen des 69, 158
Tivoli (siehe Tibur)
Torre Annunziata (siehe Oplontis)
Torre del Greco 109
Trajan, Kaiser 88, 217, 222
Tragischer Dichter, Haus des (siehe Pompeji)
triclinia 29, 36, 37, 38, 56, 62, 125 (triconchos) 132–134, 144, 149, 160
Trier 189, 192, 226
Trimalchio 104, 129, 133, 142, 149
Türen 28, 29, 42, 60, 85, 218
Truhen, etruskische 23; römische 128
Tuffstein 14, 19, 60
Tunesien 164
Türkei 151–158
tuskisches Atrium 14
Tuscanicae dispositiones 11
Tyrus 157

Ungarn (siehe Pannonien)
Uthina 172
Utica 172

Vaison-la-Romaine (siehe Vasio)
Val di Catena 114
Valentinian, Kaiser 189, 190
Varano (Campanien) 107, 109
Varro, M. Terentius 14, 24–25, 95, 96, 106, 119
Vasio (Vaison-la-Romaine) 181–182; Haus der Silbernen Büste 181; Haus der Messii 181; Haus des Delphins 181, 182
Veji 13
Velia (Lucania) 96
Venafrum 96
Venusia 103
Vergil 7, 59, 97, 138, 144, 177
verkohlte hölzerne Objekte 27, 103
Verulamium 206, 210, 220; Malereien 218–219
Vespasian, Kaiser 62, 69, 158, 177
Vesuv 26–27
Vetera (Deutschland) 226
Vettier, Haus der (siehe Pompeji)
Vetulonia 99
Vicus Lousonna (Vidy bei Lausanne) 201
villae 95–127; *rusticae* 95, 96, 97–100, 124, 192, 223; *suburbana* 95, 100–102, 104, 114, 118–121; *maritima* 105–108, 121, 124, 168; archetypisches Gutshaus 14–16, 31
Villa Aldobrandini 120
Villa Borghese 120
Villa d'Este 37, 120
Villa Farnesina (siehe Rom)
Villa Gradola (siehe Capri)
Villa Jovis (siehe Capri)
Villa Rustica (siehe Boscoreale)
Villa San Marco (siehe Stabiae)
Villanovakultur 10, 11, 59
Virovonium Cornoviorum (siehe Wroxeter)
Vitruvius Pollio, Architekt 11, 12, 14, 15, 28, 31, 35, 36, 62, 66, 77, 83, 84, 95, 102, 133, 138, 140
Vittimose 100

Volte Dipinte, Casa delle (siehe Ostia)
Volubilis 164–167, 226
Volumnii, Grab der 19
Vorhänge, Draperien 42, 132
Vulci 138

Wadi Quelt 160
Wasserorgel 189
Wasserversorgung 28, 31, 40, 41, 155, 207, 221
Webster, G. 208
Weidmann, D. 200
Weilerbüsch 190
Weitersbach 188
Welschbillig 192
Werkzeuge 207
Wheeler, Sir M. 75
Wittlich 190
Wohnblocks, Wohnungen (siehe *insulae*)
Woodchester, Gloucestershire 217
Wroxeter, Shropshire (Uriconium) 206

Xanten (siehe Vetera)

Yadin, Y. 158
Yale University 162

Zadar (siehe Iader)
Zisternen 18, 19, 41, 77, 98, 100, 116
Zosimus, L. Istacidius 103

Abbildungsnachweis

Alinari-Anderson, Rom: 55, 99, 109, 134
Vincenzo Carcavallo, Neapel: 36
Deutsches Archäologisches Institut, Rom: 42, 88, 110, 112, 119, 156
Crown Copyright (Alan Sorrell): 193, 196
Hans Eschebach, Emden: 26, 27, 34, 47, 127, 128, 129
Felbermeyer: 3
Fototeca Unione, Rom: 19, 22, 32, 44, 50, 52, 53, 59, 65, 67, 68, 69, 81, 83, 90, 96, 101, 103, 104, 108, 111, 200
Monika Golfetto, Feldmeilen: 33, 43, 64, 116, 140, 141, 143
Franziska Golfetto, Feldmeilen: 49
Photo Hinz, Basel: 189
Heinrich Jud, Egg: 60, 61, 62, 63, 70, 71
Kant. Denkmalamt, Zürich: 177
Landesmuseum, Bonn: 166
Landesmuseum, Trier: 188
Gerhard Langmann, Wien: 142
Libero d'Orsi: 98
Oscar Savio: 86
R. Schoder: S.J.: 157
Edwin Smith: 120
Soprintendenza alle Antichità, Florenz: 15, 16
Villani, Bologna: 12
Leonard von Matt, Buochs: 35, 48, 130, 131, 135, 136, 137, 138, 139
J.B. Ward-Perkins: 162
D. Weidmann, Lausanne: 182